Le Miasme
Et La Jonquille

l'odorat et l'imaginaire social, xviiie-xixe siècles

惡臭與芬芳

感官、衛生與實踐
近代法國氣味的想像與社會空間

Alain Corbin

阿蘭・柯爾本——著 蔡孟貞——譯

「不，一個細膩易感的人，就該吸取這一路從馬路飄到他身上，混合了上百種酸腐穢物的恐怖氣體？這交纏著煙味、惡臭的邪惡之風、這籠罩了我們灰暗城市的夢魘，不，不，絕不能就這麼算了！」

法國史學之父米什萊（Jules Michelet），《女人》（*La femme*，1859）

目次

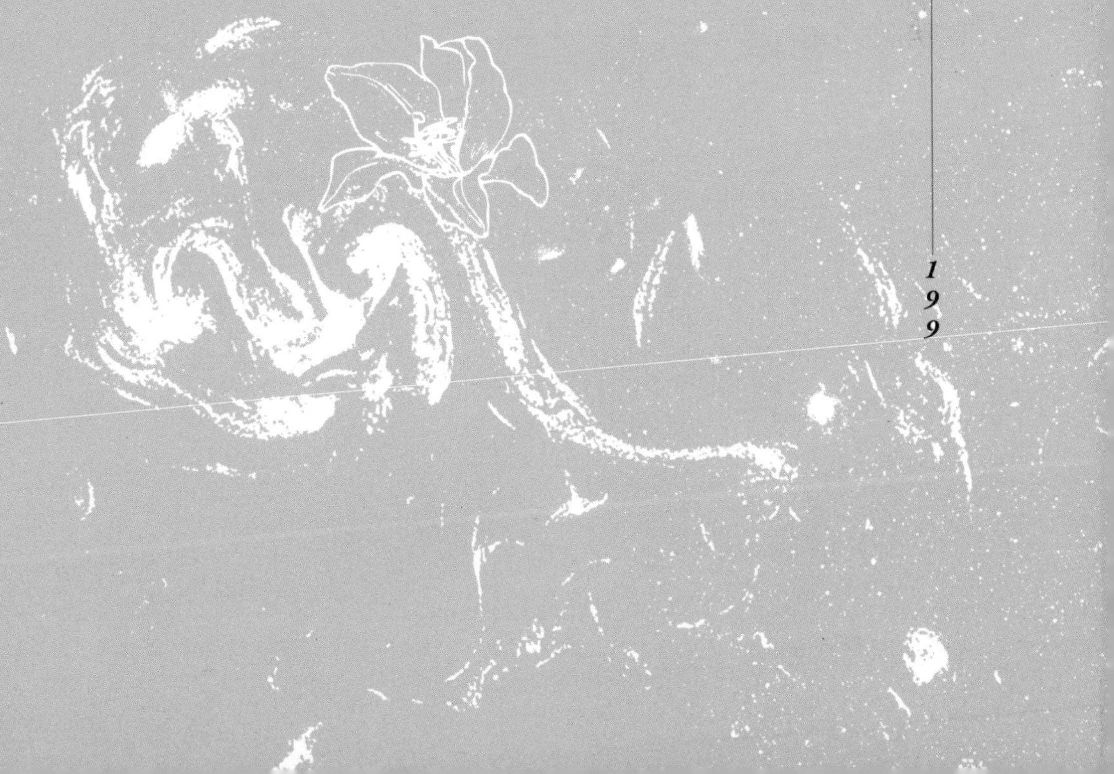

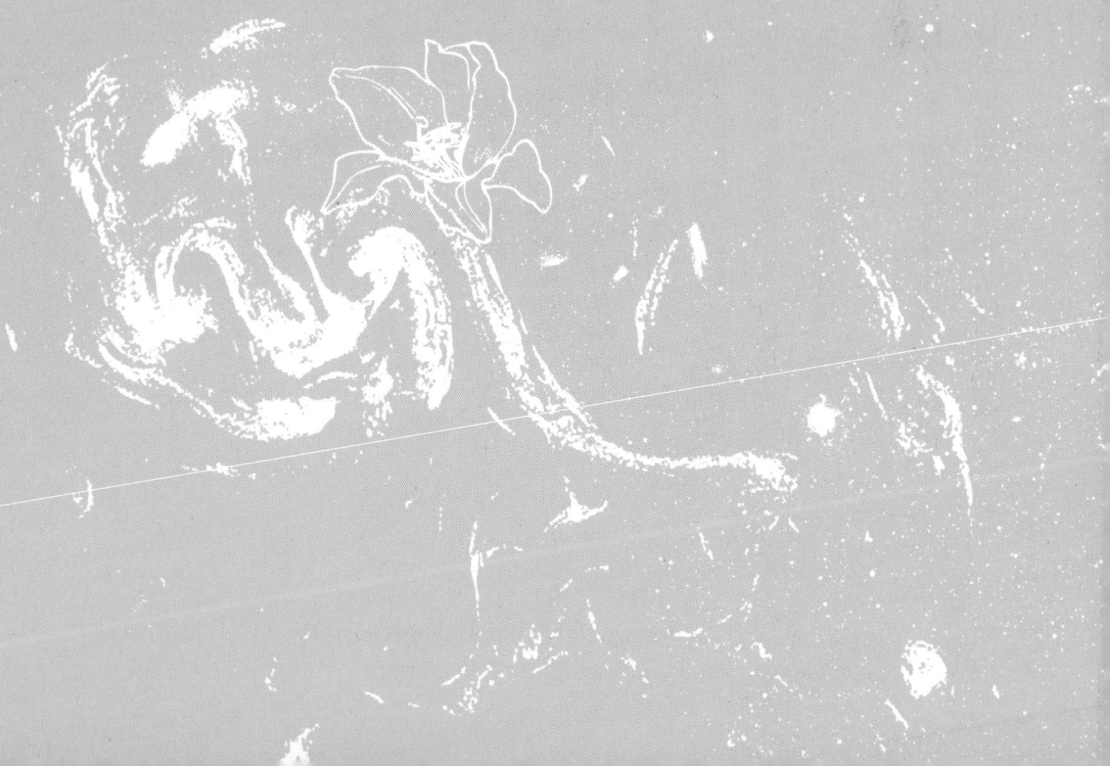

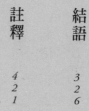

各界讚譽

「《惡臭與芬芳》的法文版出版於一九八二年，距今正好四十年前。這本書可說開啟了感官史的新領域，凸顯歷史寫作是如何視覺導向，排除了其他感官的歷史。在柯爾本筆下，我們看到十八世紀法國官員與科學家（當中要角為有「近代化學之父」之稱的拉瓦節），如何為都市中瀰漫的排泄物、精液、汗水、工業汙染物等氣味傷腦筋，訂定各種標準來確保一個文明社會該有的味道；我們也看到不同階層的人們如何與之周旋，捍衛自己聞的權利與品味。

在這人人戴口罩的當下閱讀柯爾本這本經典，不免讓人思考，我們已經多久沒有品味周遭人事物的味道？當辛曉琪唱著「思念讓人無處可逃」，而思念又有很大一部分來自外套、襪子與情人身上的味道時，口罩在確保我們的身體得以安頓之時，是否就讓思念無從定錨？如果說如柯爾本所言，嗅覺一直是社會中多方勢力爭相控制的對象，且在該過程中，一種現代的主體與社會想像逐步成形，在這個醒著的多數時候，人們只能聞到自己口腔氣味的當下，什麼樣的主體與社會又會隱隱浮現？

今年（二〇二一年）八月，數百人聚集在巴黎街頭。他們多為右翼，受過良好教育，為社會的中流砥柱。他們脫下口罩，高喊著「自由」。即便時代背景與史學發展早不可同日而語，

《惡臭與芬芳》仍將持續帶給我們啟發。」——洪廣冀，臺灣大學地理環境資源學系副教授

「在人類的五感中，嗅覺很少被重視，因此嗅覺的歷史研究比日本製的壓縮機還要稀少，但《惡臭與芬芳》卻勾勒出了一幅用鼻子感受的城市史，精彩萬分！」——謝金魚，歷史作家

「本書不僅嚴肅，而且有趣和重要，是那些會深刻改變我們對社會生活和歷史理解的研究。」

——《紐約時報書評》（*New York Times Book Review*）

「《惡臭與芬芳》對一七五〇年至十九世紀末『巴斯德革命』這段時間，關於氣味和對氣味的感知進行了精湛的闡述……這是一次重要，有時甚至是迷人的旅行……以想像力和勇氣探索了氣味在現代世界的焦慮和對立中的變化作用，柯爾本提醒了我們，社會史長期被淨化過，且往往是空泛的，我們必須為感官騰出空間。」

——《洛杉磯時報書評》（*Los Angeles Times Book Review*）

「這個故事從未被講得如此精彩、生動和敏銳。僅此一點就讓柯爾本的書值得一讀。但人們也可以通過閱讀本書，更深入了解現代城市對不健康事物的焦慮來源。」

——《新共和》（*New Republic*）

導讀
感官歷史的旗手：阿蘭・柯爾本的認知革命與感覺轉向

涂豐恩／「故事 StoryStudio」創辦人

阿蘭・柯爾本是當代最具創見的歷史學者。他數十年來著作無數，卻每每能別開生面、推陳出新，打開歷史研究的不同視野與境界。他寫過「沉默」的歷史、也寫過十九世紀法國鄉村的聲音；寫過人們對海與海濱的認知與想像，也寫過草與草地的體驗與記憶。他也參與編寫過「身體的歷史」、「男人的歷史」與「情感的歷史」。在他的筆下，什麼都可以成為歷史研究的主題。如今超過八十歲，仍然筆耕不輟，持續有新作問世。而且，身為學院派的歷史學者，他選擇這些題目，並非只是求新求變、追求趣味，而是有著理論的思考與反省。

《惡臭與芬芳》是他最具代表性的作品，以嗅覺與氣味作為主題，哪怕是在今天，都還稱得上是極為新穎的主題，尤其在啟蒙時代之後，一般認為「視覺」已經成為五官中位階最高者，其他五官重要性相對下降，嗅覺更時常被視為是原始、甚至近乎野蠻的感覺體驗。但柯爾本在一九八二年便完成這部作品，確實堪稱大膽前衛。那年他四十六歲，正是精力與創造力都極為旺盛的年紀。

本書自出版後，被翻譯成多國語言，受到熱烈討論，英國著名的醫療史學者波特（Roy Porter）曾為本書撰寫序言；哈佛大學出版社的英譯本誕生時，紐約時報還曾刊登書評，給予極高評價，也說明本書的讀者不限於學術界。而今《惡臭與芬芳》有了中譯本，而且是從法文直接翻譯而來，作為深受這部作品影響與啟發的讀者，不免深為感動，儘管距離法文原版首度問世已經四十年，但終於讓中文世界的讀者也能接觸到這部歷久彌新的經典之作。

阿蘭・柯爾本時常被視為法國年鑑學派的成員，不過，他的主要取徑與年鑑學派的要角布勞岱爾（Fernand Braudel）與其徒子徒孫那種運用大量資料、統計，重視自然環境、地理、氣候，並且企圖寫出無所不包的全史（total history）的風格有所不同。他毋寧是更接近年鑑學派在一九二〇年代創始者之一的費夫賀（Lucien Febvre），重視歷史中人們的「心態」，講究從歷史資料中挖掘出不同時代中一般人的感受與思考。但柯爾本做的也並非只是復古而已，他把心態史研究有進一步深化，而成為當代「感覺史」研究的旗手。《惡臭與芬芳》的出版，更奠定了他在這個領域的地位。

《惡臭與芬芳》寫了些什麼？柯爾本在前言中解釋，在十八世紀末葉開始，人們對於氣味的「認知與分析方法」出現改變，特別是對惡臭、特別是都市中的臭氣，「忍耐限度」愈來愈低；相對地，這些都市居民開始使用各種手段，除去城市中象徵不潔與令人不安的氣味。柯爾本問道：

嗅覺感知變得警覺敏感，代表了什麼樣的意義呢？令人費解又疑懼的除臭行動，讓人們開始排斥所有可能打破周遭環境嗅覺沉默（silence olfactif）的事物，那麼這些行動又是如何進行的呢？這些屬於人類學範疇的深層改變，又可分成哪些階段？這種評判模式和象徵制度的突然轉變，背後又隱藏著什麼樣的社會隱憂？

不過，他在書中並沒有用以簡單枯燥的分析方式回答以上問題，反倒是帶我們跟著那個時代的不同人物進入他們的生活世界中，看看他們對於各種氣味的認知如何逐漸出現變化。

本書的優點與缺點是一體兩面的，就是內容極為駁雜，柯爾本對於當時各種氣味有關的資訊和材料，一一做出討論，卻也不免讓人感覺時時岔開了話題，各章節之間的連結關係也不算強烈。但換個角度想，也許正是因為氣味的歷史太有趣，過往的研究又太為稀少，讓柯爾本忍不住要趁這個機會好好細數一番。所以柯爾本不只講了十八、十九世紀人們對氣味的厭惡，也談了香料與香水的發展、身體與疾病理論的發展、城市空間的變化、社交與社會階級。在這樣一本豐富的著作中，每個人都可以在其中找到自己感興趣的議題。讀者若非專業的研究人員，不妨也抱持著這樣的心態閱讀。

《惡臭與芬芳》為往後研究氣味歷史的人不只開了一扇窗，更打開了一座大門，讓人們可以繼續前去探索。許多學者受到柯爾本啟發，繼續追尋他口中「認知革命」在不同時代、不同區域的變化。對於柯爾本提出的論點，也多有辯論。我曾寫過一篇研究回顧式的文章〈感覺的歷史：理論與實踐〉（收錄於蔣竹山編，《當代歷史學新趨勢》，聯經出版），感興趣的讀者不妨參照。

文中我也提到加州大學柏克萊分校的歷史學教授傑伊（Martin Jay）為美國歷史學界最具代表性的刊物《美國歷史評論》（*The American Historical Review*）組織了一個紙上論壇，名為「歷史中的感覺」，邀請各界學者分析不同感官歷史研究的現況。作為組織者的傑伊也自信地宣稱歷史學正在迎接新一波的「感覺轉向」（sensory turn），宣告了歷史學的新趨勢。如果要理解這股新趨勢，《惡臭與芬芳》是個最好的起點。

前言

除臭與感知歷史

在閱讀法國醫生艾勒（Jean-Noël Hallé）的《回憶錄》（*les Mémoires*）時，我有了一個念頭，想編纂一部以嗅覺知覺為主體的歷史書。艾勒是舊制度時代（Ancien Régime）*皇家醫學會（Société Royale de Médecine）的成員，也是一七九四年巴黎開辦公共衛生講座時，首位開講的教授。

艾勒戮力消除噁心惡臭，因此一場去味除臭大戰於焉展開。一七九〇年二月十四日，在同僚的推舉下，他沿著塞納河（Seine）河岸邊坡搜尋異味，那可是一場不折不扣的實地河岸氣味丈量行動；[1]另一天，他則與當時法國科學界響叮噹的人物，一同到某條公認水質腐敗得特別嚴重的排水溝旁，監看汙水排放的情況，並同時測試臭味防治的可能方案。[2]這只是他日常工作的其中一項而已。艾勒教授回到醫院後，便埋頭分析，為每一種熏天臭味賦予精準的定義。他能從室內環境的氣味中，明確地辨識出該空間聚集了男性、女性還是孩童。行經巴黎西南近郊的比塞特（Bicêtre）時，他寫下：「這裡有淡淡的善良窮苦人家的味道。」[3]

他的這些行動並非單打獨鬥。若我們仔細閱讀這時期的文獻，會發現許多人在這方面超級敏感。十八世紀，當人們陶醉於眼前的英式花園美景，抑或完美的城市街廓[4]所帶來的喜悅之時，對同時撲鼻而來的都市惡臭卻是深惡痛絕。氣味方面，確實有落後當代的跡象。自從艾勒勞心勞力的調查至今，人們對於氣味的認知與分析方法已有所改變。此即本書的主旨所在。

嗅覺感知變得警覺敏感，代表了什麼樣的意義呢？令人費解又疑懼的除臭行動，讓人們開始排斥所有可能打破周遭環境嗅覺沉默（silence olfactif）的事物，那麼這些行動又是如何進行的呢？這些屬於人類學範疇的深層改變，又可分成哪些階段？這種評判模式和象徵制度的突然轉變，背後又隱藏著什麼樣的社會隱憂？

大家都知道法國歷史學家費夫賀（Lucien Febvre）對這個問題也有涉獵。嗅覺知覺史亦名列他所開闢的眾多歷史分徑當中。[5]但在他之後，卻是視覺史和味覺史擄獲了多數人的關注，前者受到了偉大的全視野夢想的發現所激勵，而且有美學當後盾；後者則是以想要分析日常生活中的社交與禮儀為庇護。於是，跟之前一樣，氣味再度經歷被冷凍的命運，但消

* 譯註：泛指法國歷史上從文藝復興末期，一直到法國大革命為止的一段時期，也就是十五至十八世紀。

除公共場所強烈惡臭的出擊態勢，已然出現雛形。6

嗅覺的沉默再次不請自來。感官的用處，還有對各個感官的高下之分，眾說紛紜。在這方面，各家並呈，誰也不讓誰。由此看來，專家對嗅覺的忽略可說是毫無理由，而對於臭味的否定，絕非單純地因為除臭技術的進步。身體芳香劑和噴霧劑並不是跟著臭味一起出現，它們反映的是長久以來人們對於身體氣味的困擾，進而興起一股久遠的風潮。

回顧這場知覺歷史戰役的時刻到了，我們必須深入探究引發這場戰役的意象系統之間的協調。這麼做的同時，必然會連帶地被迫面對社會的結構與多樣的知覺行為。宣稱要研究壓力與衝突，卻不考慮與這些衝突環環相扣的多種感知模式，無異是白費心力。嫌惡有它自己的力量，如同令人作嘔的垃圾會危及社會秩序，而令人寬心的衛生勝仗和沁人的芳香，則凸顯出社會的穩定。

嗅覺感知在科學上與在法令規章方面的論述分析、學者定義的行為社會學並賦予的主觀闡釋，以及上述一切共同形塑出來的公眾態度，使得嗅覺感知在極其複雜的背景下，經歷了難以忍受、令人欣喜或志得意滿的種種階段。另外，加上權責機關施行的種種策略，這一切讓感知史的研究變得零碎而無章法，交雜了真實與想像。這使得那些不計任何代價，只想著一刀釐清所有的企圖，無疑是癡人說夢。

面對這樣深廣的範圍，理智告訴我們必須縮小目標。在等待研究感知歷史的同仁得出一個全面性行為理論的同時，我願意提供自己耐心整理並標注了所有研究學者出處的參考資料，期盼他們的分析方法有助於日後發展出真正的心理史學。

令人不安的學術不確定性

乍看之下，艾勒的行動非常符合他那個時代的思想信念。格外看重感官數據的他，反映了感覺主義（sensualisme）主宰當時科學界的現象。這個信念承自英國哲學家洛克（John Locke），並於一七〇九年在法國作家默貝克（Antoine Maubec）的《人類理智跟情感的物理性原則》（*Principes physiques de la raison et des passions des hommes*）[7]一書中初次出現輪廓。之後，又有哈特利（Hartley）近一步詳盡闡述這個理論，他的書在一七五五年即有法文譯本問世，慢慢成就了一套邏輯系統。同時間，法國哲學家孔狄亞克（Étienne Bonnot de Condillac）出版了兩部重量級巨作：《論人類知覺起源》（*l'Essai sur l'origine des connaissances humaines*,1746）以及《感覺論》（*Traité des sensations*,1754）。過去一直以洛克為代表的「獨立自主且具自發性」[8]的智力，走向了孔狄亞克認為的「靈魂運作的整體或組成表現」。判斷、反思、慾望、激情都只是感覺的不同變化，大家應該都記得《感覺論》

裡那尊吸入玫瑰芬芳而有了生命，同時也產生困惑不安的雕像吧。＊

自此，所有學者、哲學家開始面臨到感覺主義的挑戰，儘管他們持保留的態度，仍不得不受它的宰制。這部分屬於啟蒙時代哲學史的篇章，不是我們這裡研究的重點。[9]我們關注的是人們的感官覺醒。感覺的「分析愈來愈盛，人體感到的歡愉和厭惡，其級別劃分得益發精細」。[10]始終嚴謹戒慎的艾勒，嗅到了氣味中隱含的致病威脅，相反地，樂觀的法國普呂什神父（Noël-Antoine Pluche）則邀請大家恣意享受大自然的奇觀。[11]

儘管如此，氣味仍是哲學界的冷門領域。學界的忽視印證了費夫賀的觀點：進入現代，嗅覺式微。[12]此外，有關這方面的科學論述，也開始語帶保留，甚至尷尬得陷入正反矛盾之中，進退無據。鼓吹和貶抑嗅覺數據的拉鋸戰，凸顯出學者們的想法存在著令人不安的不確定性。語言的貧乏不足以表述的窘迫，[13]加上氣味本質的令人費解，以及某些人堅持捍衛芳醇氣體說（l'esprit recteur）＊＊，凡此種種使得學說發展停滯，論述隱晦不明。[14]

有幾個相當簡單的典型描述，指出了氣味相關學說的矛盾。慾望、食慾、本能等知覺時常被蓋上獸性的印記，[15]嗅聞味道的動作因而被認為近似野獸的行為。就算假設嗅覺凌駕所有感官之上，但無法用言語轉譯這些氣味帶來的感受所產生的無力感，也讓人覺得自己深深受到外界的束縛。[16]由於嗅覺感受轉瞬即逝，難以持久幫助思考成形，嗅覺敏銳度的發展與智識的發展方向，可說是完全背向而馳。

嗅覺與聽覺和視覺不同，後兩種感覺之所以受到重視，乃根基於柏拉圖學派累世重中的偏見；而不受青睞的嗅覺，在社交關係上的用處極少。「嗅覺（對於人）比較不重要。人生來就是要抬頭挺胸往前走，以便遠遠地就能發現賴以為生的食物，而群體生活與交談能啟發我們，挖掘自身想要培養的生理強項」，瑞士生理學家哈勒男爵（Albrecht von Haller）如是說。[17]證據就是，野生動物的嗅覺敏銳度比文明人類高。法國植物學家泰賀德神父（Jean-Baptiste du Tertre）、[18]法國人類學家拉菲陶神父（Jean-François Lafitau）、德國自然科學家洪保德（Alexander von Humboldt）、英國航海家庫克（James Cook）等人類學先驅，[19]對於這件事的看法全都有志一同。如果說上述的某些說法聽起來有些異想天開，但若我們觀察野孩子的行為舉止，同樣印證了遠離群體環境成長的人，嗅覺的確較優。[20]

這樣的學術認定，等於把有關嗅覺功能的研究打進了冷宮。舉凡有關聞嗅行為、嗅覺敏銳度、偏愛動物性濃重氣味，或闡釋氣味在肉慾上扮演何種角色之研究，無一不引發質疑。聞嗅這種類近似野蠻人的行為，經證實為最接近獸類、缺乏教養、不合群體規範的行為。總

＊ 譯註：《感覺論》裡，孔迪亞克請讀者想像有這麼一尊雕像，跟你我有著同樣的生理構造，他有著一顆純白的心靈，從未經驗過任何感官的認知，之後各種感官認知逐一降臨。孔狄亞克認為嗅覺是最原始古老的感官。

＊＊ 譯註：即所有散發馨香氣味之物質的香氣來源體。

之，那人就是沒有學好社交定義下的禮儀。嗅覺跟它的難兄難弟——觸覺——一起被擺進了認知感官的末位，康德（Immanuel Kant）更是信誓旦旦地說它毫無美感可言。

艾勒的感官認知行動指出了這些指稱的謬誤。這裡我們看到了關於氣味的第一個悖論。嗅覺屬於獸類感官認知之說，其實完全源自觀察所得。然而，一項劃時代的重要任務終於交到了氣味之衛兵（Odorat-sentinelle）的身上。人們發現，鼻子（嗅覺）總能比味覺早一步，偵測出毒藥。[21]之後，這當然不再是嗅覺最要緊的任務了，因為人們開始透過氣味來檢測大氣潛藏的危機，且至今仍被視為空氣品質的最佳分析員。化學和感染醫學的興起，使得氣味益顯重要，一度重振了費夫賀之後凋敝的嗅覺認知研究。氣味能預測潛藏的威脅，能遠遠地偵測出對人體有害的腐物和瘴氣。氣味承載了人們對所有腐敗物質的厭惡。對空氣品質的重視，同樣地推昇了嗅覺的地位，順勢讓這個能夠偵測出危機所在的首要警戒感官，在新興的現代化學科學領域中，重新取得一席之地。

第二個實際研究上的悖論更讓人無所適從：氣味轉瞬即逝，而且常常是，氣味帶來的感受嘎然中斷，消失無蹤，使得人們根本無從去儲存氣味，進而分析比較氣味給人帶來的感覺。以至於所有教導人們領略氣味感受的嘗試，總是以失望告終。更何況，人們在規劃英式花園時，從來不曾將氣味納為考量重點，但這些花園正是學習領略氣味，和感受它所帶來的幸福感覺的最佳地點。

儘管如此，自古以來還是有醫生不斷重申，在所有的感覺器官當中，鼻子最靠近大腦，所以鼻子是「感覺的源頭」。[22] 此外，「鼻子所有的神經末梢，和每個末梢上互不相連的突起之間，都充滿了思想，然而一般的常識法則反而認定，離鼻子這個源頭較遠的神經末梢比較可靠」。[23] 這就是嗅覺感受的極致敏銳度，而這樣敏銳的感受，會隨著個人的知識程度變高而增強，這完全與原先認定野蠻人嗅覺敏銳度高的說法相反。今天，花朵的醉人芬芳「看來似乎是專為人類而生」。[24]

盧梭（Jean-Jacques Rousseau）認為，情感的認知與其奧祕可與想像和渴望相比擬。[25] 相較於視覺影像和聽覺聲音，氣味能更深刻打動人心，因為嗅覺彷彿能深入生命根源。[26] 很快地，氣味成為追溯模糊記憶的首要感官，是個人與這個世界共存的揭示，一種純粹私密的感覺。就像害怕腐臭空氣會造成染疫與防治傳染病學的發展，自我陶醉的意識[27]似乎也站在看來最沒有威信的感官——嗅覺——這一邊。

專研氣味的學說論述，織造了一張交織著動人禁忌和玄祕吸引力的網。從腐臭瘴氣帶來的警覺，到花朵醉人的芬芳、自我陶醉的馨香，進一步地蓋過對獸性肉慾本能的排斥。迷戀視覺和聽覺繽紛的我們，若逕自將氣味擱置在知覺歷史的洪流之外，未免流於太過急躁。

我的本意在探索這些未定理論中相關的人類行為。因此，先讓我們回到艾勒開拓的路徑上吧。

第一部

認知革命

或可疑氣味

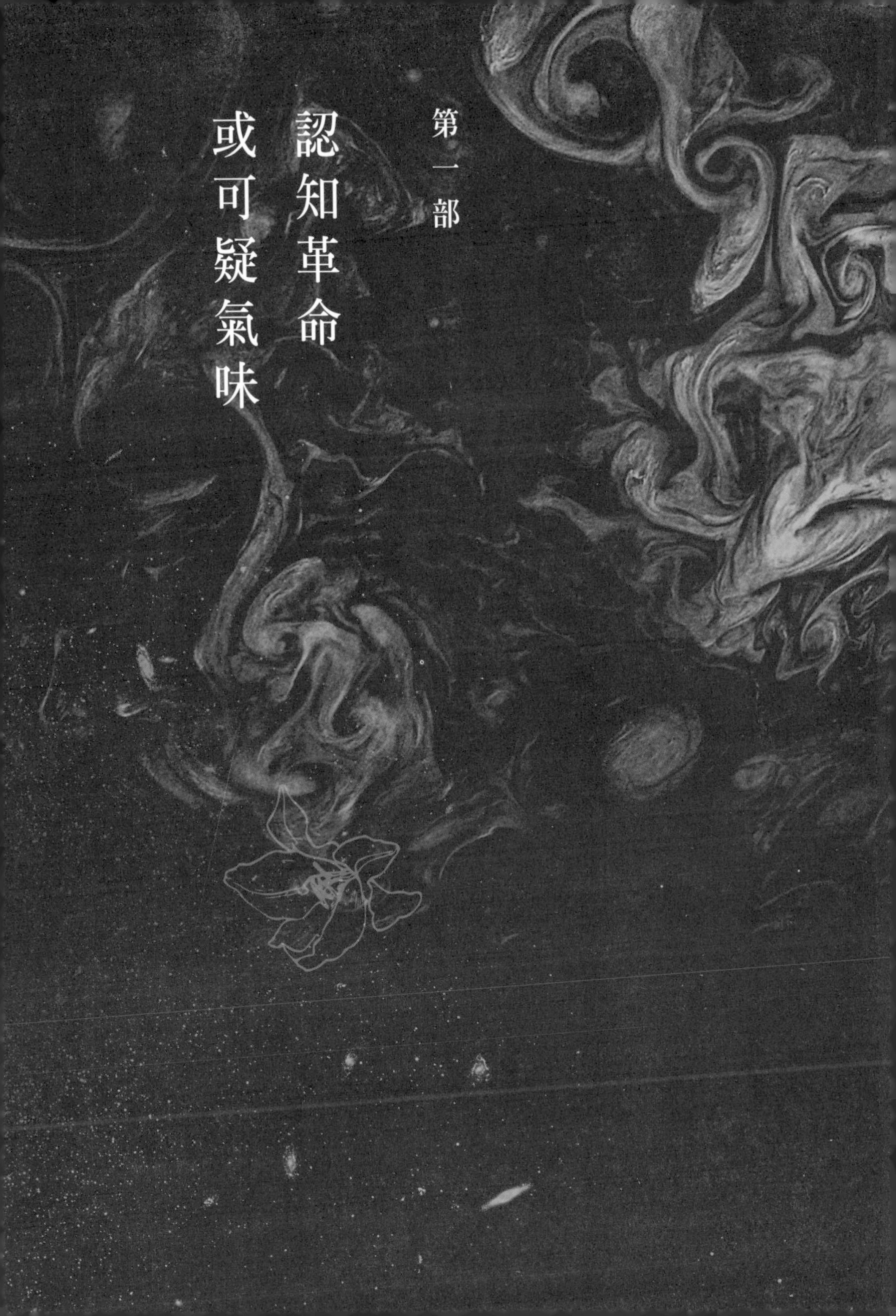

第一章　空氣與腐臭的威脅

恐怖的湯

約莫在一七五〇年的時候，早在所謂的氣動化學（Chimie pneumatique）出現關鍵突破之前，空氣一直被認為是基礎元素，而非化合物或混合體。[1]自從英國科學家黑爾斯牧師（Stephan Hales）的研究結果問世之後，學者開始相信，就連在有機活體生物的組織中，都有空氣的存在。因為組成生命體的所有物質，無論是流體或是固體，當它們之間的黏著力崩解時，均有空氣流出散逸的現象。這項發現擴大了空氣被假定為基礎元素的作用範圍。自此，人們認為空氣會以多種方式對生命體發揮作用：有簡單地透過皮膚或肺膜接觸、或毛細孔交換、或直接間接地攝入。加上，食物本身也有一部分是空氣，例如：乳糜。另外，血液裡都可能充滿著空氣。

空氣會隨著地域和季節的變化而改變。由於空氣具有這種物理特性，所以能調節氣體的擴張和纖維的緊繃。自從科學界證實空氣有重量之後，人們開始認識到，空氣會對有機體造成壓力。體內外的空氣壓力如果無法獲得平衡，生命體將無法持續。而原本保持的身體平衡，也會因為打嗝、風吹、進食和呼吸等機制的運作，而不斷地進行調節。[2]

空氣伸縮自如，彷彿有彈簧驅動。這樣的彈力，量大時等同重力，所以連最細小的氣泡都有穩定大片氣層的功用。彈力讓我們能夠呼吸，維持內臟運作，確保氣體重量擠壓造成的收縮能夠再次膨脹回來。空氣的彈性不會自己憑空消失，但是萬一空氣失去了彈性，就再也找不回來了。唯有流動、擾動能夠修復氣層，也就是說，能夠挽救有機體的生命。確實，當氣體不再有力量推進肺臟時，就是死亡降臨之時。

空氣中的溫度和濕度對身體也有間接的作用。透過微妙的壓縮和擴張機制，溫濕度能破壞、或者修復身體與大氣之間本就難以維繫的平衡。熱度能讓空氣變稀薄，藉此導致纖維鬆弛或是延展，而身體的外部構造，尤其是四肢的末端，會因為熱而腫脹，造成整個有機體因此感到無力，甚至倒地死亡；相反地，冷會壓縮固體，使纖維收縮，[3]讓氣體變得濃稠，藉此提升人的體力和活動力。矛盾的是，[4]一般人仍堅信空氣能冷卻血液，並轉而透過血液來調節有感發汗（transpiration sensible）與無感發汗（transpiration insensible）。空氣能冷卻血液的說法在十七世紀便得到義大利生理學家桑多里歐（Sanctorius）的證實。因此，清涼的空氣被視為對身體特別有益。[5]然而，過於寒冷的空氣卻有可能阻礙**排泄物**的蒸發，因而導致壞血病。

濕氣過重、清晨或夜晚的露水、持續降雨等，皆會導致固體崩解，使纖維拉長，因為水氣會促使空氣穿透毛細孔，同時減低體內空氣的彈性。濕熱空氣引發的危害，日積月累之下，很可能會把維繫生命存續的既有平衡破壞殆盡。

因此，身為基礎元素的空氣，扮演著穩定支撐的要角。[6]它驅使著大量與空氣不同的未知粒子。這種異質氣體（fluide hétérogène）具有跟空氣一樣的物理特性，會隨著時間和地域的改變而變化。

提出以上這些論述的作者認為，將這種異質氣體內含的成分列出清單應該不是難事。多數學者傾向於將它視為德國化學家斯塔爾（Georg Stahl）提出的燃素論（phlogistique）中所主張的燃燒擴大因素，因為單單就這個理由，即可認定生命之延續缺它不可。也有人把這種異質氣體視作熱向量（vecteur du calorique）。法國植物學家波希耶德索法之（François Boissier de Sauvages de Lacroix）則認為空氣能確保電流（fluide éléctrique）之傳輸流暢，[7]以維持本身的彈性。除外，還有許多學說[8]賦予空氣傳輸磁性粒子的功能，甚至還會傳遞某些來自未知星體的影響。

相反地，大家卻有志一同地相信，空氣裡懸浮著從人體剝離下來的東西。大氣的儲存槽（atmosphère-citerne）裡飽含土壤與動植物蒸散作用下所釋放出來的物質。對人們來說，一個地方的空氣就像一碗恐怖的湯，裡頭參雜著大地噴出的煙灰、硫磺，還有粘膩、瞬間即逝、油滑、與含鹽的水蒸氣。若還嫌不夠，不妨再加上大地嘔出的穢物，沼澤、小蟲子和牠們的卵與精子散發的臭氣。最可怕的是，屍體腐爛時產生的致病毒氣。

愛爾蘭科學家波以耳（Robert Boyle）曾嘗試分析那些混雜在空氣中難以偵測的成分，但因為當時分析方法粗略，[9]以致苦無重大突破。這鍋湯的組合成分不斷地因為受到擾動而變更：雷電奇異地使之發酵蛻變；暴風雨則將它的結構翻新改組，抑或分解掉過多的硫化粒子。就算是天氣平靜時的空氣組合也有可能成了殺人武器，因為停滯不動的恐怖氣體，能將避風港口和深水海灣變成水手的墳墓。

跟空氣的物理性質一樣，混合的氣體也是透過組成的總體，與組成成分的變動來調節有機體的健康狀態。硫磺、惡臭、有毒氣體會破壞空氣的彈性，進而衍生各種引發窒息的危險：金屬酸式鹽（sels acides métalliques）會使毛細血管的血液凝固；蒸散的水氣和瘴氣會汙染空氣的品質，傳播流行病。這些信念歸總下來，在人們心裡形塑出一股對大氣的警戒心，而這股戒心成為了自醫學之父希波克拉底（Hippocrates）以來驅動醫學研究的基礎，並在法國的舊制度時代結束時，帶起流行病學的研究風潮，同時啟發了皇家醫學會研討「肺部病理學」（pneumato-pathologie）[10]的計畫。希波克拉底與奉行他理念的科斯派（Cos）[11]門生，早在西元前四、五世紀，就已經主張空氣和地方環境會影響嬰兒胚胎的發展、性格的養成、興趣的萌生、語言的形式，甚至會影響國家棟梁的形塑甚鉅。

「任何物種天生都是要呼吸純淨、自然和自由的空氣的」，蘇格蘭醫生亞畢諾（John Arbuthnot）在書中這麼寫著。他的著作的法文譯本於一七四二年出版，[12]他在書中指出即便是幼小的動物也並非天生就具有這樣的容忍度，而是後天的習慣成自然，也因如此，城市人才能夠忍受容許範圍內的各種「非天然空氣」。早在研究氧氣的先驅，英國化學家普利斯特里牧師（Joseph Priestley）與法國著名的化學家拉瓦節（Antoine Lavoisier）專注在分析「一般氣體」（air commun）時，呼吸乾淨空氣是人類天生的權利的訴求已經出現。至於將純淨的概念納入考量，變成評估空氣成分變動的參考依據，則要再等一些時候才會出現。就現階段而言，最重要的是在「惡化」和「再淨化」[13]當中取得正確的平衡，但是這是一項不可能的追尋，因為要達到這樣的平衡，必須得屏除可能對衛生造成疑慮的所有變化，好比突如其來的冰層融化、雨水帶來的氣溫回暖、或是大旱之後的洪澇等。衛生專家只能推崇皎白的面容和透明的肌膚，並認為這是滋養生命體的氣體在體內交換良好的外在象徵。[14]

從空氣療法（aérisme）的觀點來說，可以概略將空氣定義為有益與有害兩類，進而依此制定健康和危害的標準。自此，空氣必須流動的概念已然粗略成形，拉起暴風雨的序幕。

在拉瓦節將呼吸與燃燒脫鉤並認定是兩回事之前，一七六〇年到一七八〇年間，科學界歷經了一段摸索期，新的研究發現將使得氣動化學徹底改觀。這二十年間的研究過程，對於本書的主題影響至鉅。在此之前，氣味跟評定空氣品質，兩者之間並沒有絕對緊密的關聯，甚至與「空氣療法」的發展，還有由它連帶衍生出的對空氣品質的憂慮，更是八竿子打不到一塊。當時要想評估大氣的物理特性，靠得是觸覺或者是使用科學儀器。關於瘴氣、病毒和氣體波（vague des émanations）的論述，因為缺乏正確的理論分析，字彙的使用亦不夠精確，反而使得嗅覺更加不受青睞。在這場以空氣傳染為主軸的正反論戰中，只有極少數的人提及嗅覺，也因此更顯得其意義重大。[15]

爾後，化學家的任務明確聚焦在精準定義空氣與空氣中所潛藏危害的分析。[16] 由此形塑出兩大計畫：（一）訂定氣體字彙表，一一列出組成空氣的成分，並為之命名，創造出能精確定義空氣構成成分的嗅覺氣味字彙；（二）劃分腐爛的階段和速度，制定以嗅覺為主要依據的各個腐爛階段。當時，嗅覺已經被認定是觀察物質發酵和腐化現象的主要感官。雖然氣體測量學（eudiométrie）才剛起步，理論不夠紮實，但完全不影響嗅覺在當時科學上的重要性，只是測量分析的器具精準度仍嫌不足，不過，比起義大利物理學家伏特（Alessandro Volta）或義大利教士馮大拿（Felice Fontana）所使用的工具，此時的器具敏銳度已經高出許多。

自此，化學家和醫生開始琢磨字彙，以便能夠精準地描繪出他們對氣味的觀察和感受。當嗅覺感知能夠具體地轉譯成科學語言後，十八世紀後期的專家開始大量記錄下他們警覺地感應到的所有氣味。這股警覺心被應用在多種物質標的之上，不僅用來偵測沼氣，尤其是那種讓人難以呼吸的「空氣」，還用來探索並記錄病毒、瘴氣、毒液，這些在當時都是看不見、摸不著的東西。只是，這項計畫註定以失敗告終，因為它植基在一個謬論之上：就像古希臘神話英雄薛西佛斯（Sisyhe）在谷中來回推巨石一樣地徒勞無功。直到巴斯德（Louis Pasteur）的細菌學說大放異彩，才有了突破。雖然人們無法透過氣味找出可怕的有害生物，但學界深信能靠著氣味探知它們對人體造成的影響，這樣的希望持續了很長一段時間。正當剛剛起步的臨床醫學開始將眼光放在觀察死者屍體內的病灶之時，在當時極具影響力的醫學綜合論（syncretisme）者，融合了承繼自新希波克拉底理論派與機械論（mécaniste）的論點，依據他們對物體腐爛程度的觀察所得，列出了病理學氣味分級表。

一七七〇年到一七八〇年間，學者瘋狂地搜集、移注和儲存「空氣」，也有人稱之為氣體，並同時觀察、辨識每一種氣體對有機體產生的作用。幾年後，瑞典化學家席勒（Carl Scheele）[17]出版的研究著作，正好為這股狂潮做出總結，書中附有一張列出可吸入的「空氣」，與有害氣體的區分表。儘管專有名詞仍未完全確立、分類仍不夠精準以致混亂叢生，這張表裡頭仍然有幾個亮點，好比固定氣體（air fixé）、硫酸、可燃氣體、氨水和硫肝。在這段時間，專家競相投入實驗，每個實驗——亦即靠著氣味來分辨氣體——都讓我們對空氣這個枝繁葉茂的大家族裡的成員，有了更多的認識。

老鼠、兔子和狗在實驗牢籠裡掙扎著死去的同時，與生命機能有關的空氣傳輸和氣體變化也逐漸在世人面前一一揭露。普利斯特里牧師[18]測知了「一般氣體」的敗壞，也就是人們呼吸的空氣，以及「燃素氣體」（air phlogistique，氮氣）和「固定氣體」（碳酸氣體〔gaz acide de carbone〕）的生成，會減低非燃素的「生命氣體」（l'air vital，氧氣）量。自此，普世認定「生命氣體」才是最適合人呼吸的氣體。可惜，英國哲學對燃素論的篤信不疑，斷了他們正確分析氣體之路。普利斯特里還概略地推演出了一套植物界進行氣體交換的理論，只可惜最終精確描繪出光合作用的功勞，還是拱手讓給了荷蘭生物學家英格豪斯（Jan Ingenhousz）。氧氣在日光照射下可產出能量的大發現，為英格豪斯和普利斯特里這兩位研究學者開啟了樂觀正面的遠景，原來遭到動物破壞的空氣，在大自然裡，可以透過植物的濾清作用自行調節。[19]

所有的發現，均指向不能再把空氣看作是一種基礎元素或化學合成物質了，空氣是一種混合體，而混合成分間的相互占比，才是決定空氣品質的關鍵。

此外，普利斯特里還證明了空氣「品質指數」的計算是可行的。一名馮大拿教士雲遊全歐時，身上總是帶著測氣計。當世之人仰之如望神祇，因為他聲稱能夠測知大氣的活性。但測量結果令人沮喪，巴黎中央市場（Halles）的空氣品質，似乎遠遠比不上山林裡的空氣。很快地，人們不得不拋棄原先投注在測氣儀器上的希望。最終只能仰賴從氣味中得到神啟了。

腐敗的氣味

去除氣體混雜，也就是這股「惡臭浪潮」，[20]以便能一窺疾病感染運作的真實面貌，才是探究氣體神秘變化的主旨所在。因為觀察發現，氣體與有機現象之間的連動，竟是如此密不可分。研究「氣體」，不啻是在研究生命的機制，於是「積氣學」實驗風潮四起，尤其在已經漸趨明朗化的某些領域中，這股風潮瘋狂地蔓延。有一個看似有些奇怪的轉折，是造成這股熱潮的主要原因：人們對死亡與活體截肢的恐懼。學界研究多傾向於認為，大氣是物質腐敗的實驗室，而非傳播繁衍的因子[21]或讓生命力蓬勃的泉源。學者面色凝重地觀察有機物質之分解過程，感覺身體內的「水泥」消散，[22]「固定氣體」的流失，這樣的過程如今已經是這一齣研究大戲的主要劇情。去感受——純粹字面上的意義——組成氣體間的凝聚力逐漸喪失，必然會讓人產生一股混雜著不安的興奮之情。因為這無疑是在體驗一個活生生的個體一步步邁向死亡的過程，而這一切的目的是，從中找出維繫生命玄奧平衡的方法。

在學者追尋如何維持生命平衡的實驗過程中，我們發現氣味深深糾纏其中，因此我們必須先大略講述一下有關腐爛研究的前史。英國哲學家培根（Francis Bacon）[23]可以算是這個領域的創始者。十七世紀初期，他就已經宣稱人體機器的運行只要稍被打亂，多少都會衍生腐爛與分解，[24]這會「徹底破壞人體各部位的結構」，從而誕生出新的合成架構。他提出的證據就是嗅覺的變異，也就是說，「他觀察到東西腐爛後，有龍涎香、麝香、麝貓香的味道，這些都是腐敗物質常見的氣味產物」。[25]

不過，一般都認為德國化學家貝歇爾（Johann Becher）從古典醫學中獲得啟發，從而得出的理論才是正宗。在他的眼裡，腐爛的過程是一種在體內持久的作用，不停地與身體各部位天然的聚合與火成特性對抗，是一種基礎燃燒。而這把燃燒之火之所以能夠持續不滅，得歸功於血液中的香脂（balsamique）。[26]從機械論的觀點來看，這種內臟運作，肇因於分子掙脫了將它們固定住的束縛，而這就是腐壞的人體產生嗆人臭氣的源頭。因此，臭味不能單純地被認為只是腐敗的徵兆而已，它其實是整個腐壞過程中必經的一環，而腐壞的程度要靠臭味和濕度來認定。有機物質含水的部位會釋放出膿水和膿血之類的東西，腐爛發酵的部位因此變得具有揮發性，以令人作嘔的氣味分子型態釋放出來，最終只剩泥土。

假設，這場在活體身上進行的激戰，腐爛站了上風；假設，萬一腐敗中的感疫病體釋放出來的致命惡臭被另一個有機體吸入了體內，進而打破了另一個有機體體內各種力量的平衡；再假設，萬一血管遭到阻塞，體液（humeurs）或傷口沾黏，導致血液中香脂的循環中斷，這表示潰瘍、梅毒、壞血病、瘟疫性或潰爛性高燒，最終在有機體內贏得了勝利。

防腐劑（antiséptique）——也就是能阻礙有機體加速腐爛的物質——應該存在於具有揮發性、溫熱、油潤、散發香氣且血管通暢的物體中，因為維繫生命的關鍵香脂需要透過血液循環來傳送。芳香療法盛行的原因，在於香氣具有揮發性和滲透力，這與希波克拉底主張利用氣味來防治鼠疫的古老傳統防治法不謀而合。[27]

貝歇爾的物理論點導出了氣味具有的雙重價值：惡臭反映體內組織失序，芬芳則打開通往生命本體（principe vital）之路，而病徵診斷和解藥處方靠的都是氣味。

黑爾斯採納了波以耳的看法，認為有機物腐爛會產生氣體。他開始專心研究並測量這股被釋放出來的氣體，他發現一立方吋的豬血能產出三十三立方吋的某種「氣體」。後來，英國醫生布拉克（Joseph Black）稱這種氣體是「固定氣體」。從此，物體腐敗分解的研究方向出現了轉變，因為腐壞的確是一種溶解作用，而且確實源自體內運作。於是，自此壞血病被視為是物質腐爛引發疾病的最佳範例，簡單來說，壞血病只是活體分崩腐爛壞死的結果。所以維繫人體組織與人體分解後剩餘物質的凝聚力量，不是泥土，而是氣體。身體的水泥，氣體，具有揮發性，等氣體揮發完畢之後，剩下的土、鹽、油和水等成分，會融入別的物質中與之混合。

一七五〇年，蘇格蘭醫生普林格（John Pringle）從這些重要的直覺性理論中獲得啟發，完成了他的研究。數年之後，又有一位來自都柏林的化學家麥布萊德（David Mac Bride）[28]同樣大受啟迪。據麥布萊德的研究發現，防腐劑具有四大功效：當然，首先它能有效防止「固定氣體」散佚，進而減緩血液腐敗分解，或纖維過度鬆弛。另外，它能確保體內的所有循環通暢，然後能幫助人體將暫時滯留體內的臭氣排出；最後，必要的時候，還能將腐壞的物質修復到原先正常的狀態。普林格此言一出，等於是將香氛、嗅鹽、金雞鈉（Cinchona），或者是在沒其他這類的東西可用時，也將空氣提升到防腐劑的地位——而這些也就是麥布萊德口中所謂能幫助纖維收縮的收斂劑。

英國學者的發現迅速傳播至法國。一七六三年，狄戎研究院（Académie de Dijon）舉辦了一場以防腐劑為題的研究競賽。德珀希醫生（Barthelemy de Boissieu）[29]贏得了首獎。他綜合整理了各方的論述，發表了一篇精彩絕倫的綜合性論文，文章中他一方面強調，在有機生命體體內，腐壞運作的無可避免，一方面重申體內平衡極不穩定，所以他認為需要時時予以監控。他不僅指出其中潛藏的可能危險，列出衛生學者在採取行動時，應該遵循的方針，更鉅細彌遺地規劃了一套未來的策略指引。總之，最重要的是，該如何嚴防「固定氣體」流失，因為在沒有任何防治的情況下，該氣體有自然向外散放的傾向，以回歸到自然調節生死的氣態交換（échanges aériformes）循環中。為了達成這個目標，我們必須避開某些潛藏的危險因子：（1）熱，熱會讓組成身體的粒子數目變得稀少，因而弱化了防護系統；（2）潮濕，濕氣會弱化身體各部位的凝聚力；（3）置身在喪失彈性的大氣環境中，因為空氣若果失去了彈性將無法有效地防止「固定氣體」流失。尤其是他認為必須遠離遭到腐壞氣體汙染的大氣環境，因為腐壞氣體會「攪壞體內運作」並連帶影響體液。這樣一來，將加快物質腐爛的速度。

於是，德珀希醫生認為所有能阻止氣體流失的方法都是好的。人們必須一方面確保氣體的循環流通，好讓氣體保持在固定的狀態，同時留意排泄順暢，以便排出髒汙體液，強化肺、毛孔、腹部與內臟周邊血管吸收氣體的功能，改善透過以乳糜為媒介所進行的氣體交換。為此，一定要慎選食物，並使用含香脂的防腐劑，或沐浴在香料加熱後散發的蒸氣之中，抑或沐浴在某些物質發酵釋放出來的氣體裡也行。就這樣，一個衛生政策誕生了，它遠遠超出了後希波克拉底醫學理論的範圍，因為這個理論太容易讓人畫地自限，一味只專注在分析空氣、對抗腐敗惡臭和歌頌香氛。

這類論述經過廣泛傳播後，影響所及，使得許多實驗室開始針對腐壞物質的氣味進行分析。在此詳實舉列既枯燥又乏味，就算只引用幾部主要的著述也一樣。貝歐爾費心費力地記錄下物質在不同腐爛階段時散發出的不同臭味。一七六〇年，費歐（Féou）在法國南部蒙佩里耶（Montpellier）進行了博士論文的口試，他的論文將貝歐爾的分析結果進一步地改良精進：死亡之初，出現的是一股「甜甜的氣味」，[30]有些人認為近似「葡萄酒發酵」的味道。之後，氣味變得比較嗆鼻，「類似起司腐壞的味道」，學者嘉爾丹（Joseph-Jacques Gardane）則形容為「凝固的酸味」（acidocaseuse）。「最後才是腐敗的惡臭，最初淡淡的，並不太嗆人，但這股淡淡的氣味卻讓人覺得反胃……。不知不覺中，味道變嗆、發酸，變得讓人無法呼吸。惡臭之後緊接而來的是一股草本氣味，還有龍涎香的味道……」，論文的作者最後結論：「必須交由醫生來評斷病患身上散發的氣味確實為何。」

小說家迪胡達貢維夫人（Thiroux d'Arconville）是鑽研腐壞臭氣的學者當中的佼佼者。文學教授莫茲（Robert Mauzi）[31]尤其強調這位醉心科學的貴族夫人，在這個領域的重要性。曾罹患天花的迪胡達貢維夫人，痊癒後留下滿臉痘瘢，於是深居簡出，潛心研究，她似乎在科學研究上找到了慰藉。她誇口自己至少針對三百多種的物質進行了實驗，希望能找出防止每一種物質腐壞的方法。最後，她得出一份長達六百頁的報告，這還不包括圖表在內。[32]她細心地按照季節之不同、溫度之變化、濕度的高低，還有風吹和日曬等不同條件，多方進行實驗。無論是城市或是鄉村，都有她的足跡。這位夫人每日規律鉅細靡遺地做科學紀錄，使她成為最優秀的氣味觀察家，毅力無人能及。她野心勃勃地企圖為每一種物質所歷經的每一個腐爛階段都標出進度。連續數月不間斷地反覆觀察，思索著隱藏在氣味細微變化中的神秘未知，她完全被氣味擄獲了。在這裡，自然本身才是最令人著迷的，她發現比起物質在腐壞過程中呈現出來的色彩變化，或者說發酵過程中產生的哨音和蜂鳴聲響，大自然更能激發想像力。

她絕非特例。高達（Godart）[33]也投遞了論文參加狄戎舉辦的科學競賽，他指出了物質腐壞時展現的不連貫氣味節奏，還有裝在瓶罐裡的氣味產生了他稱之為「爆燃」的現象，深深令他著迷。另一個例子是雷蒙醫生（Dr. Raymond），[34]他那本針對象皮病的研究著作裡，描述了他如何靠鼻子一步一步地追蹤活物腐爛的過程。嗅覺藉著這股研究風潮浮出了檯面。在洛克門徒和孔狄亞克派的影響之下，嗅覺研究逐漸將重心集中在可感知的現象，與對每一種感官的分析上。不同於一般世俗既定的想法，[35]嗅覺從中得到的關注說不定比視覺、聽覺或觸覺更多。當時，對於健康與不健康的界定，才剛有了初步的輪廓，嗅覺在這個定義中的關係極大。而這個定義對於爾後清潔衛生行為的相關規範制定，甚至對巴斯德的發現也有一定的貢獻。儘管初露頭角的臨床醫學提升了視覺、聽覺和觸覺感官的地位，但說到被埋沒至今的生理學之所以能重獲重視，還有想要掌控體液的變化與緊追「腐壞氣味」，[36]說到底還是要靠嗅覺。

專業術語的繁蕪混亂，衍生出新的訴求。有了一個完整的氣味分級系統，醫生自然應該能釐清病人複雜的症狀。經過微妙的嗅覺訓練，醫生便能知道如何運用這兩套氣味資料：首先是幫助他們分辨出聞到的氣味是哪一種氣體的資料，有了它們，便能偵測出空氣惡臭威脅的源頭；然後是發酵和腐敗的分析資料，多虧了這些資料，才能預知臭味演變，進而了解臭味對有機體的影響。自此，有關氣味的醫學論文多如過江之鯽。而氣味盤踞了艾勒教授的生活日常不放，這樣的說法實不足為奇。

但是，我們能就此理所當然地一味強調醫生和衛生專家的龐大影響力，進而斷言是他們寫下了這場知覺革命史的前史嗎？當然不行。就算醫生和衛生專家的確扮演了重要的微調者角色，但實際上，他們只不過是把當世學者敏銳至極的感官認知感受加以發揚闡述罷了。嗅覺的地位短暫地受到拉抬，因為相較於其他感官，它更能合理解釋那些「新興的憂慮」，[37]即在巴斯德發現細菌之前，那些讓世人惶惶不安的迷思。氣味能預告有機體生命的不穩定，這就是關鍵。這波腐壞臭味的研究風潮，在生活於衰亡的舊制度時代的菁英們心中，無疑是打開了一道深不可測的黑暗深淵。他們不停地傾聽體內的死亡腳步，縝密地分析打嗝、胃腹脹氣、風、腸絞痛、恐怖的腹瀉，而這一切肯定會讓他們產生前所未有的焦慮。他們依照排泄物的臭味級別，換算體內腐爛程度的深淺，這樣的計算弄得人們緊張兮兮，無不緊盯自身的排泄物。這部分我們後面將會再探討。

人與自身的生活環境之間，關係同樣出現了變化。專家已經不再那麼地強調空間寬敞、高海拔、日曬足，以及風的性質了，反而更著力於分析狹窄地方的品質、日常生活的侷限、四周的空氣，與包圍身體的氣層。從今爾後，危險的來源變成「變質的空氣」，即瘴氣、令人作嘔的臭氣，和腐敗物質釋放的臭味分子。這些「惡臭氣體」雖然沒有尖牙利爪，[38]但它們分解活體生物的能力卻強得驚人。而且它們的腐化能力，作用範圍更為廣大，已擴及植物、肉販攤上的肉，和碗櫥內的金屬器具。

氣味觀察的重心都擺在腐爛臭味上，這明白指出了人類內心的憂慮：無法**固定**（就是這個關鍵字眼）、留不住身體組成的元素。人們一方面希望自己還是原先的那個個體，同時又希望保有個體重新組合的可能。腐爛過程猶如時鐘滴答循序前進，而針對腐敗的研究卻是眾說紛紜，讓人無所適從。從此，對氣味時時心存警戒，不僅僅是為了偵測四周潛藏的威脅和感染的風險而已了，「氣味之衛兵」的概念已經顯得太狹隘。這股警覺心其實反映的是人們不懈地傾聽自己身體體內的分解變化。對王爾德（Oscar Wilde）筆下的格雷（Dorian Gray）來說——其實對我們也是一樣的——毀滅的徵兆是視覺上的，但對艾勒教授和他那個時代的人來說，毀滅的徵兆也聞得出來。這樣的態度，現今的我們難以理解。無法理解的我們看著當時因噁心臭味引發的大眾恐慌，想必會噗嗤笑出來吧。

法國歷史學家吉爾莫（Jacques Guillerme）[39]注意到，惡臭常被拿來跟魔鬼做連結，好比德國詩人施萊格爾（Schlegel）所言，臭氣的強度和地獄的深度彷彿有種說不清的正相關。作家描繪恐怖煉獄時，無不強調其惡臭，從米爾頓（John Milton）到包威斯（John Cowper Powys）[40]不一而

足。回到比較狹義的歷史角度來看，若想真正了解或思索法國大革命，或許也該把這股對腐爛臭氣的執念，與對屍體的著迷程度一併考慮進去。[41]總之，有一件非常重要的歷史事實擺在眼前：惡臭「刻畫了社交本質的典型樣貌」。[42]

第二章　嗅覺警戒的兩端

大地與惡臭考古學

厄哈（Jean Ehrard）強調，古時篤信地表氣體暗藏危機，而這樣的信念深深地影響著十八世紀前半的科學論述。他提出了法國作家杜波斯教士（abbé du Bos）意義深長的觀點作為佐證：「在中心赤焰的燃燒作用下，它（大地）持續不停地發酵，因而釋放出氣體，這些氣體的性質因著地底土壤質地的不同而產生變化。既然沒有任何東西比發酵更不穩定的了，那麼氣體之多樣，無論是從空間或時間軸來看都非常可觀。」[1] 一七五四年，波希耶德索法之醫生進一步闡釋：「只要地熱作用將溫度提高列氏（Réaumur）十度，＊整個地表便會產生相當大量的蒸氣，其密度比那些不受阻礙、能自由流動，且入夜就落回地面……的空氣來得高。」[2] 穆什博克（Peter van Muschembroeck）聲稱每平方呎的土地，每一年能釋放出多達四升六盎司的這種「大地汗水」。[3]

此外，地球的內臟更是一種「地下物理學」（physica subterranea）[4] 的實驗室。所謂地下土靠著其神祕不可知的配方，能不斷地回補遭到香脂氣體毒害的風。[5]礦工的例子便足以證明，某些大地的蒸氣會給人類帶來多麼驚人的危害。[6]

以研究職業傷害著名的義大利醫生拉馬奇尼（Bernardino Ramazzini）直指採礦井[7]特有的氣味會造成傷害。其實光聽到礦井二字，就會聯想到井底冒出的臭氣。有些職業也潛藏可怕的危機，尤其是「大理石、凝灰岩與某些岩石散發的金屬性蒸氣（vapeur métallique），會直接攻擊鼻腔和大腦」。[8]更恐怖的是試金石釋放的「惱人異味」。人在齊比尼斯山（Mont Zibinius）附近的拉馬奇尼，甚至能聞得到遠在一英里外的石油（岩油）場飄來的臭氣，這些臭氣正在毒害石油工人。[9]

這樣的觀察結果也為農業帶來危機。因而後來出現了一派所謂鄉村危害健康的論調。[10]一七八六年，夏瑟魯醫生（M. de Chamseru）在皇家醫學會（Société Royale de Médecine）發表一篇論文，陳述農夫彎腰翻土時，臉過於貼近翻開的土壤可能面臨危害。[11]波姆（Baumes）則呼籲禁止農民臉朝下貼著農地睡覺。[12]他痛訴鄉村長期籠罩在土壤翻動時釋放出來的「致命蒸氣」之中。而且驟然地開墾一直荒廢著的土地，風險更大。「新世界殖民地上有多少人，都是恐怖熱瘴氣的可憐受害者。泥濘、未開發的處女地，會產生致命的蒸氣！」[13]

爛泥地釋放出的氣體，對人體的損害更加可怕。這些地方的確堪稱危險地域，因為這裡的土壤

* 譯註：列氏溫標由法國科學家列歐米（René-Antoine Ferchault de Réaumur）於一七三一年提出，水的冰點為列氏零度，沸點是八十度。

發酵作用始終沒有斷過。義大利沃爾泰拉（Volterra）附近的濱海沼澤地，土壤長期受到「火成岩」、「地底釋放的氣體」，[14]以及一種「黏稠油狀物」所殘害。這片飽含鹽分的土壤會散發出不適合呼吸的瘴氣和有毒的惡臭。半個世紀後（一八四一年），義大利地質學家薩維（Paul Savi）認為這些有毒氣體正是引發間歇性熱病的病源。

人們同樣深信著，是這些臭氣造成地表出現縫隙、產生裂谷，以及與地面無法嚴密接合等地質現象。在所有可能產生危害的危險地域中，尤以水岸地形最需要嚴密的監控，因為毒氣就是由這些接縫之處滲出。

不消說，這些接縫處裡，最恐怖的就是地震造成的地表裂痕了。法國醫生杜泰勒（Étienne Tourtelle）就直指大地震隔日，里斯本（Lisbon）和西西里島（Sicily）的美西納市（Messine）就遭到傳染病大流行肆虐的原因，就是因為大地震造成的裂痕。[15]而充滿有毒瘴氣的沼澤泥塘會引發危害，歸根究底亦系出同源。沼澤地冒出的是最毒的臭氣：地底泥塘的瘴氣。害怕地底毒氣外洩的人們，於是對所有表面接合不密之處避之唯恐不及，像是：出現了裂縫的化糞坑、黏合不良的地板、石板鬆動的路面，和沒有加蓋的孔槽和洞穴。

大地不僅會吐出氣體，土壤裡還飽含、堆積了發酵和腐爛的物質。它簡直是個巨大的膿包。至於哪一天會將膿血噴出，還諸於地表之上，全看它高興。這段期間，害怕地表裂口的人愈來愈多，一地底土壤因為糞便堆積、屍體腐壞而變得濕透、鬆動，使得對土壤液化的恐懼也跟著隨之高漲。一塊土地受到汙染，變得令人作嘔，無疑只有遭到廢棄的命運。未來，人們將找不到一塊安身立命之處。大地乘載了歷代排泄物的重擔，某些地方已被壓得無力回天。地球的糞便軌跡變成了某些地方沉重的宿命。過往世代遺留下來的殘骸和垃圾，與證明生物曾來此世上一遭的垃圾坑，冒著蒸騰臭氣、殘害著有機活體，也破壞了生命的平衡。更何況，人們多少有自覺地相信著，大地是有感覺的，這股執念更強化了這揮之不去的夢魘。[16]

有些地方極度污染、臭氣熏天，對人體有立即的危害。蒙特福孔（Montfaucon）垃圾場周邊，危機儼然成形，大夥眼睜睜地看著：「地底下蘊積著頗為巨大，且持續不斷高漲的汙水，汙染了鄰近區域與鄉鎮的水井，損壞了土壤層和房舍地基。」「糞便中的腐壞物質」滲透土壤，可能危及未來建物的「基地」。[17] 一七八〇年，拉瓦節向皇家科學院（Académie Royale des Sciences）轄下的一個委員會提出了一份研究報告。該委員會奉命勘查巴黎聖馬丁（Saint-Martin）和佛萊委克（For l'Evêque）監獄。這些建物底下的「地基部分」已經完全被「有毒和腐壞物質滲透殆盡……，這等腐化的建物，想當然耳，必然是**時時飄散不潔的臭氣**」。[18] 腐臭噁心的監獄不得不遭到廢棄，只因為它太髒了。但地底黑牢其實是個充滿記憶的地方，囚犯與世隔絕的心情，都藉由在牆上塗鴉反映出來，這些塗鴉哀嘆了時間的流逝、見證了囚犯的更替，而蓄積在土壤記憶中的腐臭所激起的不安恐懼，在監閉室或黑牢[19]內濃縮結晶，自然是再尋常不過的事了。

至於屍臭，學者抨擊的對象不僅侷限於有機體的殘骸，這一點後面會再談到。遭到猛烈攻擊的標的，還包括被有害液體滲透的土地。[20] 法國大革命前夕，地底猶如蜂窩一般的首都巴黎，完全籠罩在土壤氣體的毒害之下，未來似乎只有毀滅一途了。建築系教授佛迪耶（Bruno Fortier）[21] 認為，一七四〇年左右，前述的想法激起了一波不安的浪潮。正是這股不安帶領著衛生專家前進。舊制度時代末期，恐慌日益加深。發酵腐爛臭氣的無聲威脅正虎視眈眈，等著一口吞掉巴黎。劇作家梅西耶（Louis-Sébastien Mercier）就高喊，巴黎的房子如同建在「深淵之上」。[22]出現裂縫的化糞池引發致命的土方位移，導致意外頻傳。一七四〇年巴黎淹大水，當時就已經聽得到急需進行市內土壤分析的聲音。[23]之後，聖雅克（Saint-Jacques）地區和聖日耳曼（Saint-Germain）的部分地區，開始進行地底強化的計畫，[24]許多市民紛紛提報周邊地底孔道和地牢之位置。當時，人民覺得自己是深受垃圾毒害的受害者，面對經年累月沉積的腐爛惡臭毫無還手之力。

從此，人們明白，氣味的偵測能窺知當下惡臭蘊積的飽合程度。爛泥地，確切的說是爛泥釋放的蒸氣，成為大家憂心忡忡的問題。各式各樣的描繪陳述，以及鉅細靡遺的分析結果讓人驚愕不已，卻讓法國哲學家巴舍拉（Gaston Bachelard）如獲至寶。[25]巴黎的爛泥地[26]組成成分複雜之極，包含了填充石板路縫隙的沙土、噁心的廢棄物、滯留路面的尿水和糞便。車輛輪胎輾壓過它，帶著它一路噴濺牆壁低矮處和路上行走的行人。

針對爛泥巴的研究更是方興未艾。法國公衛學者帕宏—杜夏特雷（Alexandre Parent-Duchâtelet）所制定的，便是民眾任意往石板路倒的洗碗髒水在路面變乾後所散發的臭味。偉大的化學家謝弗勒爾（Michel Chevreul）在十九世紀中期進行的臭味考古長期挖掘計畫，意義更加重大。他不畏艱難，搜集巴黎各地的爛泥並加以分析。他認為城市裡的腐臭味確實是陳年穢物累積的結果。有機物質「遲早會產生各類的汙染」。[27]所以他開始透過氣味，分析「巴黎石板路底下的黑色含鐵物質」。[28]

他採集許多樣本放在小玻璃瓶裡，然後用磨砂瓶蓋封住。他用這個方法搜集了「穆福達街（Mouffetard）路面，以及附近的翠普橋（Tripes）橋上的石板**間隙**，與石板**底下**的爛泥」，[29]並予以長時間的不開蓋封存。等到一八五二年十二月二十日，他才打開瓶蓋，去聞一八四六年十二月二十日採集的樣本。

大眾的恐懼揮之不去，使得謝弗勒爾同樣也受到些微影響，他指控「泥漿的毛細作用」是傳染疾病的途徑。原來當作分隔、支撐的牆體，竟變成複雜的爬升管道、路徑和貯積庫，就像土壤蘊積著腐敗的陳年穢物一樣。牆壁集合了泥土浸潤和吸入的臭氣，所以隱含各種不同的危害。新砌的牆散發的氣體有一種灰泥和潮濕的味道，法國醫生皮奧里（Pierre Piorry）[30]認為這味道非常獨特，聞起來有點像硫磺，但兩者都具有毒性。在巴黎，[31]為妓女新建的接客場所因此遭到棄置，因為新粉刷的牆釋放出的氣體會引發神經痛、急性關節或肌肉發炎。十九世紀一場醫學辯論便肇因於此。

牆壁會貯存氣味。霍華德（J. Howard）深表贊同地指出，聖彼得堡（Saint-Petersbourg）的海軍醫院，夏季期間會讓病人換病房，以減緩牆面受惡臭浸潤的毒害。[32]巴索醫生（Philippe Passot）表示，一些曾被監禁於文森堡（Château de Vincennes）塔樓地窖的囚犯，再次回到早已不再是國家監獄的塔樓時，[33]依舊能聞得到殘存的監獄味道。這種氣味蘊積下來的奇特力量非常驚人：「曾有一位醫生治療過感染了壞疽病（affection gangréneuse）的病人，在該名病人病逝兩年後，一日他巡房到那間病房探視如今收容的另一位病人時，還聞得到那股壞疽病的味道，那種**自成一格的氣**

味。」[34]牆壁會傳遞壞死組織的氣味，有時候，牆壁和天花板黏附的氣味量體，大到令人咋舌。歷經一場產褥熱（fièvre de lait）大流行之後，里昂（Lyon）醫院共計有十八名員工受害，他們都是消毒受汙染病房的清潔工，而敲除牆面的舊灰泥塗層，就是他們的工作項目之一。「隨著他們逐漸刮除了牆面和天花板的灰泥塗層，一股陳年腐臭味隨之釋放開來。」另一位專家拉波林尼耶（La Polinière）直稱：「其汙染之深，甚至比半圓形的病理解剖講堂還要嚴重。」[35]

牆面塗抹的硝石會先形成一片多孔隙、濕潤的油性軟質殼，然後再變成一層硬殼。吉侯（Mathieu Geraud）這麼寫著：「從那時候起，牆面就不斷地滲出氣體，[36]我們的先祖很有智慧地掛上厚厚羊毛壁毯阻斷之，但我們卻愚蠢地捨棄不用，改用壁紙或輕薄的布幔。」不僅牆面的灰泥塗層搞得人心惶惶，甚至連頭皮屑與阻隔酵母菌增生繁衍的保護膜，都有可能滋生病毒，值得深入專門研究。這樣的恐懼廣泛地出現在研究沼澤、排泄物和建築物的文獻當中。普歇醫生（Félix Pouchet）致力研究的可繁衍薄膜（pellicule proligère）就非常具有象徵意涵，正好反映出這股狂潮。

木材同樣引發惶恐不安。林德（Lind）[37]和杜默德孟梭醫生（Henri-Louis Duhamel du Monceau）[38]均指出，新造船艦上瀰漫著新鮮木頭骨架散發的氣味，這些氣味對人體有害。霍華德就對於木頭吸納氣體的能力著迷不已，腐臭氣體竟能鑽進橡樹樹幹中心！[39]伍斯特（Worcester）監獄的木頭地板就是被「囚犯呼出的濃烈口臭……弄到腐爛」。[40]肉販和魚販的攤位，浸染了滿滿魚肉腐臭味，這裡可是公共場所啊！民怨於是譁然，對中央市場和傳統市場的各種指謫怨聲四起。[41]

比起在土壤裡那些多少歷經了複雜發酵過程所產生的多樣臭氣，本節探討的氣味，要容易理解得多。相較於土壤長時間慢慢浸潤吸收，之後還諸於世人的那些土壤惡臭，本節要談的臭氣時序上也比較近一些。這些就是需要衛生專家積極監測的臭味，來自排泄物、屍體和腐肉的惡臭。這裡首先要認知一個事實：當時的生活環境中處處可見臭氣薰天的排泄物，公共場所散發的惡臭已經到了極點，民怨也跟著到了極點。年輕的盧梭剛踏入首都圈時，迎面襲來的就是聖馬爾賽鎮（Saint-Marcel）嗆人的噁心臭味。這臭味從司法院（Palais de Justice）到羅浮宮（Musée du Louvre）、杜樂麗花園（Jardin des Tuileries）、博物館，一直綿延至歌劇院，感覺「一路上好像被腐爛的東西和化糞坑的刺鼻臭味追著跑」。[42] 走進皇宮花園（Jardins du Palais-Royal），「夏季裡，不知該躲到哪裡停憩，才能避開那股酸腐尿味。」河岸臭氣翻騰，走道巷弄、路角石墩、出租馬車裡，到處可見排泄物。[43]

掏糞作業只會讓街衢更臭。[44] 掏糞工人懶得走到垃圾場，全都就近將一桶一桶的糞土倒進小溪溝了。儘管警察三令五申的禁止，災難性的戲碼仍一再上演。[45] 鞣革工坊裡的鞣鞣作業，也加劇了糞便氣味的擴散。[46] 巴黎市的民宅牆壁無不受到尿液侵蝕毀損。梅西耶曾這麼形容這如同末世災難般的場景：那是座「糞便層層堆疊、緊黏樓梯、貼近大門、毗鄰廚房，從各處噴出嗆人臭氣的大劇場」，[47]還有那千瘡百孔、經常斷裂的水管，汙水汩汩湧出淹沒民宅，以及冒出陣陣糞臭的便座，在受驚孩童的眼中，恍如地獄之門開啟。總之，號稱是「科學、藝術、時尚、品味」之都的巴黎，亦是「惡臭之都」。[48]

就連皇家都城也不例外。在凡爾賽，糞坑與皇宮比鄰而居。「公園、花園、城堡裡都散發著令人作嘔的臭氣。連通道、天井、側翼廂房、走廊，無處不充斥著屎尿味。部長辦公室那一側的樓下，還有一個燒烤攤，攤販每天在此宰豬烤肉。聖克盧（Saint-cloud）大道滿是腐臭淤積的髒水和死貓屍體……。」[49]牲畜在大馬路上隨地便溺，熏天惡臭甚至直達國王寢室門口。亞瑟・楊格（Arthur Young）描繪了一幅法國大革命前夕的都會臭氣群像，裡頭包括盧昂（Rouen）、波爾多（Bordeaux）、帕米耶（Pamiers）等城，尤其是克萊蒙費朗（Clémont-Ferrand），身在該處簡直無法呼吸。克萊蒙費朗是位於中部奧佛涅區（Auvergne）的首府大城，「道路多數髒黑、汙穢，臭氣逼人的程度，幾乎可比穿流於烏黑堆肥之間的窄小溝渠。」[50]這部分，重點無疑應該擺在一股新興的警覺之上，這在後面會再提到。

關於糞便，看法分歧。對於糞便的醫療價值，科學界正反兩派意見爭辯不休，火力全開。儘管普林格曾呼籲不要把糞便的臭味[51]和潛藏危害的惡臭混為一談，但陸續有大量的論文公開指出，糞便的臭氣的確會帶來危害。

法國大革命前夕，針對化糞坑排放的有害氣體之分析行動愈來愈積極，特別是在掏糞作業方面，其目的在防止鏟糞工人中毒窒息。事實上，這方面的科學研究，因為人們普遍相信糞臭具有腐化效能而面臨到重重困難。糞臭的腐化能力，對當時的人來說，潛藏著巨大的危害。吉侯就這麼寫著：「那些地方釋放出的蒸氣，能腐化各種肉類和肉汁……肉類會腐敗，是因為它吸收了茅廁散發出來的臭氣，臭氣融入空氣中，空氣又滲入肉體之故。」[52] 掏糞工程對環境也是一大傷害，它會「毒害空氣、汙染民宅，造成居民身體不適、病人病情加重」。[53] 它會使花朵枯萎、少女雙頰黯淡。[54]

危害有輕重之分。為害最烈的是：堆積不動的排泄物。當務之急，必先避免糞便堆積，也就是避免糞便物質濃縮。然而，自一五三九年維萊科特雷法令（l'édit de Villiers-Cotterêts）*頒布以來，首都巴黎的清潔工作，一直都是採用這種集中堆積的方法。自此，民眾對化糞坑產生了很大的疑慮。社會上於是出現盡量忍住不去方便的現象，這很可能導致城市的腐爛循環失調。糞便對城市帶來的危害遠大於鄉村，梅西耶就很羨慕農民能夠輕鬆地在田野間解放內急，而城市人卻只能坐在髒兮兮的便座上忍受惡臭，冒著感染熱病的風險。[55] 學者杜赫（Michel Thouret）此時注意到，若將蒙特福孔垃圾坑裡的穢物鋪平展開，暴露在空氣和日曬之中，久了就會變得無害。[56] 證據就是，氣味的變化。陳年堆積的糞便之所以高度危害健康，是因為產生了「分解」和「重組」的作用。糞便變成「與我們個人、我們的食糧和我們的傢俱，性質完全不相同的異質物」。[57] 糞便失去了身體的味道，因為它腐敗質變（transmutation）了。若我們持續採行目前的堆積貯存方案，會讓「未來

* 譯註：法王法蘭索瓦一世（François I）在維萊科特雷小鎮頒布的法令，自此法文取代拉丁文成為官方語言。

的族群」[58]為我們的大意付出昂貴的代價。

說到這裡，我們便能了解糞便問題會搞到草木皆兵的理由了。乍看之下，可能有些奇怪，因為它違反了學校裡所教、由喇沙神父（Jean-Baptiste Lasal）所訂定的禮儀規範，* 以及新頒布的政令。但我們可以想見，要求孩童保持緘默，不就等於證實了成人對此事的憂心與不安。糞便走進了路易十六（Louis XVI）的朝堂，成為宮廷話題。[59]伏爾泰（Voltaire）更說了，人類不是照著上帝的樣子創造出來的，因為上帝知道如何解決內急的問題。[60]梅西耶注意到人們已經習慣「盯著糞坑深處看」。[61]知名的喜劇作家博馬舍（P-A Carton de Beaumarchais）的《費加洛三部曲》（*Parades*,1792）見證了社會對此夢魘的恐慌瘋狂程度。作家努加雷（Pierre-Jean-Baptiste Nougaret）和馬裳（Marchand），甚至還把掏糞工人搬上了戲劇舞台。[62]學者加緊腳步分析糞臭，更試圖畫出糞便的臭味路徑，就像貝歇爾與他的追隨者一樣，試圖一一標出肉體死亡後的各個氣味里程碑，單舉下面這個參考範例就足以說明一切。艾勒極具耐心地將「化糞池散發的氣味和蒸氣」[63]一一標註編號，然後將這些氣體，與那些「有味道的氣息」，而且是尚未出現在氣動化學索引表裡的那些味道，加以區分，最終疊加成就了一座嗅覺金字塔，他將新鮮糞便的氣味、櫥櫃的氣味、便座冒出的氣味、掏糞的氣味，所有的氣味層層分級，無縫嵌合堆疊，完全吻合物質老化與腐敗的漸進過程。

由糞便衍伸出的故事離奇多元。譬如對於屎尿水肥的奇想、掏糞時發生的意外、掉進糞坑淹死人的事故，據說還有外鄉客在蒙特福孔垃圾場附近迷路，慘被積糞吞噬的驚險遭遇。[64]這些無一不加劇了巴黎市民對地底土壤的不安。糞便累積產生的臭氣和汙染，已經威脅到整個城市的生存。

梅西耶則從另一個完全不同的角度來看待此事。他強調首都隨處可見的糞便人人皆有份，這話隱含平均主義的意涵，而糞便的臭味更是全面性地將整個首都覆蓋，沒人逃得掉，真的是排便也不忘搬出人道主義的大旗。[65]

死亡成為十八世紀學者的心頭執念，[66]但在此我不贅述其發展過程。在這個問題上，需要借助嗅覺之力，因為氣味成為第一道警戒。自從化學家把「固定氣體」視為聚合身體的水泥之後，死亡的威脅便伴隨著屍臭，漂浮於空氣之中。身體的腐爛作用和生命的本體在有機體內共存。前者讓死亡持續停留在體內，而屍體釋放出的臭味和有害氣體能讓死亡滲入空氣的結構中。世代遺留下的危害不只存於地底土壤裡，因為「固定氣體」貪婪地尋找新東西結合，然後在生者四周盤旋，破壞生命的平衡，傳統的防護屏障——墳墓——於是完全失去了作用。

一七四一年，也就是黑爾斯一頭栽進這個領域的時候，屍體釋放的氣態殘留物質，成了滋養學者研究嗅覺警戒的養分。一七四五年，法國作家波赫神父（Charles-Gabriel Porée）指稱教堂裡的墓穴會散放臭氣，對人體有害，但他只單純地強調臭氣帶來的感官不快。[67]一年之前，醫學教授哈格諾（M. Haguenot）把開啟棺槨時所發生的意外歸咎於空氣失去彈性，與人體吸入腐敗惡臭。[68]十八世紀末，醫生維克達吉爾（Félix Vicq d'Azyr）不再執著於研究氣體的物理特性，轉而採用我們現在很熟悉的兩種做法：他開始收集地底洞穴裡的氣體，進行化學分析，排除了普利斯特里所指

* 譯註：喇沙神父一生致力於為貧苦學童提供免費教育，過程中他制定了許多實踐標準，包含教育資源、禮儀規範。

的「燃素氣體」和伏特研究的「易燃氣體」，進而將重心擺在布拉克所謂的「固定氣體」上。他將這種不適合呼吸的氣體，定調為他觀察得出的窒息氣體。但他跟當時大多數的人一樣，仍舊認為導致人體死亡的因子，就存在於一種「有味道的蒸氣」（vapeur odorante）裡。除了這種會讓人「當下斃命的氣體之外，還有第二種氣體，它會慢性地損害神經系統，破壞動物體液，明顯讓體液變質」。[69] 這種慢性因子的危害同樣巨大，一七八八年，德霍爾（De Horne）補充說明，這些身體病徵往往非常多變，要想揪出元凶非常困難，[70] 因為有味道的蒸氣會沉積在地底土壤和自然形成的蜂窩狀孔洞裡，而這便是聖潔無辜者公墓（cimetière des Innocents）一帶，商家地窖接連發生事故的原因。[71]

習慣上，醫生經常得處理或解剖屍體，但這並不表示他們不會感到不安。巴黎學院院長命令尚邦（Chambon）在考試時，示範從一具腐爛的屍體中取出肝臟解剖的事例，就是最好的證明。四位應試者中的第一位，一剖開肝臟，旋即被冒出來的惡臭擊垮，當場昏倒，被抬回家後，七十小時內竟一命嗚呼。另一位應試者，也就是知名的醫生弗夸伯爵（Antoine François, comte de Fourcroy），則爆發了非常嚴重的全身性急性皮疹。至於另外兩位，拉格漢（Laguerenne）和杜佛斯諾（Dufresnoy）則有好長一對時間精神萎靡，後者甚至一直沒有完全康復。

至於尚邦，雖然對院長的頑固獨斷感到非常憤怒，他依然面不改色地待在原地，在圍成一圈、猛往手帕噴清香劑的警官當中，完成了他的教學示範。大概是這種亢奮緊繃的精神狀態救了他，那天夜裡，他只發了幾次燒，然後全身爆大汗。[72] 繼貝歇爾之後，醫界也認為死屍的屍臭，以最先冒出的頭幾波對人體的危害最烈。原因無它，因為最靠近戰場的區域自然最是危險。

接下來的任務，就是要訂出危害所能及的界線了。二十多年後，被後世尊為法醫之父的弗德黑醫生（François-Emmanuel Fodéré）也加入了此一研究的行列。[73] 他聲稱腐屍的惡臭影響能及的作用範圍，與一般臭氣的範圍相吻合。此後，他全力投注於一系列的嗅覺氣味研究計畫，並制訂出一張臭氣潛藏危害分布圖。用不著多說，這些科學上的努力，為日後分析都會區墓園和埋屍場所飄散的腐臭研究，奠定了牢固的基礎。[74]

肉類屠宰同樣引來民眾的警戒，而警戒中則夾雜著義憤。在市區裡屠宰牲畜，讓都市的惡臭組成更加混雜。屠宰牲畜的窄小中庭裡，蒸騰著水肥、新鮮屎尿、肉類殘屑的味道，與內臟散發的噁心腥羶。尤其是露天的血水匯聚成河，湧向街道，滲入烏黑得發亮的石板路面、鑽進石板縫隙間，腐敗分解。既然「固定氣體」是靠血液來傳輸的，血水自然是所有殘餘物中腐爛得最快的一種。遭到滲透至人行道和商家攤位的難聞蒸氣所沾附，是最髒也是最讓人反胃的了，因為它們「能讓所有的生物體腐爛」。[75] 炸豬油那令人窒息的氣味，可說是這一大串都會惡臭集錦的最後點綴。因此，在城裡宰殺牲畜，遭到異常嚴厲的批判。[76]

然而，要說巴黎的極臭之地，自然非蒙特福孔垃圾場莫屬了。十八世紀後半，在首都的東北方，建造了這塊佔地遼闊、涵蓋了化糞池和牲畜肢解場的垃圾處理中心。之後，長達將近一個世紀之久，這座城鎮一直籠罩在恐怖的危害之中。蒙特福孔鎮首當其衝，是惡臭和腐爛穢物汙染的第一圈，然後惡臭慢慢地合圍夾擊整個首都圈——這中間有一部分是想像力在作祟——一舉斷絕了人們逃往土壤汙染較輕微之處的希望。人們懷疑糞水流灌地下土壤，所以西北風才會颳來惡臭。「一座腐爛沼澤就在首都門邊蒸騰」，這種奇異幻想逐漸變得活靈活現。有關惡臭末世景像的描繪，首推杜赫所言：「得親自到那些受汙染的地方走一遭，才能了解這些所謂的殘餘物或產物，也就是一個大城市排出的排泄物有哪些？也才能具體地認識這些增加速度快到無法預估的穢物、惡臭與腐爛物質，竟是人類群居造成的結果。」[77]

腐臭和糞臭味，宣告了土壤吸濕與排濕循環的開始。這場土地與空氣的交流，寫下了日後有機殘骸史（histoire des debris organiques）的重要篇章，只是這篇史話的盡頭很可能是煉獄，城市化為一灘膿水沼澤。[78]無論如何，對土壤與從土壤中釋放出來的氣體進行氣味的分析綜整，已是當時政府明令的當務之急，不過也不要忘了，爛泥臭味所帶有的想像意涵。

連跟氣味看似完全沒有牽連的水，也開始讓人心生戒懼。有必要再談一下水，才能清楚地了解除臭策略的發展過程。濕氣本身確有危害，因為它會使纖維鬆弛、導致組織液化，因此，普林格才說濕氣會讓東西腐爛。[79]此外，水蒸氣裡頭含有隨著濃霧重墜地表的各類殘餘物質，因此傍晚的露水是有害的，[80]用大量的水沖洗身體也會帶來危害，尤其是對血管這類腐爛物質含量較高的部位。而海水的水蒸氣含鹽，人類更要特別保持警戒。

任何滯留不動的水均潛藏著危機，因為流動才能帶來淨化。流動的水能帶走、碾壓、分解隱藏在水分子縫隙之中的有機體殘骸。為了舉證，黑爾斯用泰唔士河（Tamise）河水散發的臭味進行了多樣試驗，他發現封存太久的水桶與密閉式蓄水池，都會散放驚人的毒素。「一名水手在拔掉一只存放海水的木桶塞子時，當場暴斃身亡，此事發生在法國西南方的羅什佛耳港（Rochefort），當時國王的艦艇**駱駝號**（Le Chameau）正在卸除武裝，六名與受害者相距不遠的水手跟著嚴重痙攣倒地，隨後失去意識，艦上醫官連忙跑過去急救，也跟著昏迷倒地。死者的血從嘴巴、鼻子、耳朵汩汩流出，屍身腫漲變黑，腐爛速度之快，根本來不及開門通風。」[81]

淡水同樣危險重重。在法國南部貝濟耶（Béziers）醫院工作的園丁，因為吸入「用來澆花的水……裡面的毒氣」，而暴斃身亡。這些用來澆花的水停滯不動、烏黑、濃稠、黏膩，「水面長年覆蓋一層苔蘚般的異物」。這「致命蒸氣威力巨大，當場擊殺了可憐的園丁，儘管事發時他人在室外，也已經工作了半個多小時之久，甚至距離蓄水槽也有十幾公尺遠……。隔天早上，這個水槽的積水再度發威，把自告奮勇前往換掉那顆『索命』[82]水塞的年輕雜務修女嗆得窒息昏厥」。身為蒙佩里耶科學會會員的貝圖隆教士（Pierre Bertholon de Saint-Lazar）針對此事提出了報告，他指出這個毒氣的毒性極其活潑，毒發快如子彈，猛如利箭。

那麼，臭氣沖天的河水之所以引發惴惴不安，也就可以理解了。其中巴黎地區的比耶夫爾河（Bièvre），由於有機物殘骸長期淤積於此，有很長一段時間一直被視為是最具代表性的有毒河川。河川周圍高度的溼氣，提高了發酵和腐爛作用所產生的危害，相對地，去除流動空氣中的濕氣，便能降低風險，因此陽光的蒸散作用成了解救良方。濕氣會讓腐臭的氣體變重，往下沉降，然後在地上蔓延，也因此成為最危險的東西。不過，這並不是我們這些學過巴斯德理論的人認知中的汙染物。[83]連弗夸伯爵和艾勒這樣的學者都同意且宣稱，倒進塞納河後在河裡分解的糞便和排泄物，不會影響河水的純淨。真正的危險存在於漂流水面上的腐屍、平坦的沖積河岸上的腐爛淤積物，以及四散的垃圾。它們不斷地被來回沖上岸，旋復又被流水帶走。

死水淤積的最佳範例非「沼地」莫屬。沼地的概念過於廣泛，自義大利醫生朗契西（Giovani Maria Lancisi）以來，學者無不努力地想劃出明確的範圍。小小一攤水窪便具有危害，因此不建議在錯誤的時間點上用水清洗東西。路面石板接縫的空隙，無疑有如密密麻麻的小水窪。城市排水溝產生的危害，與鄉間或多或少臨時聚積而成的水澤，不斷引發民怨。在明定的危害層級表上，位居頂端為害最烈者，計有蓄水池、水坑，和「漁塘」裡的水。漁塘入列，原因在於人們多在此地，就地進行黃麻的漚麻工序。

沼地讓人著迷，因為它自成一個宇宙。這一方汙臭水澤，裡頭充斥著泡水發酵的植物殘骸、腐爛的有機物殘餘、與被肢解肉體招引來的恐怖蟲豸之屍體。水底的土壤、髒汙的潭面，與這池潭水之間，不斷地進行蒸氣的交換。那片隱藏在垃圾汙物與浮動的油膜底下的水，正暗中進行著恐怖的生命循環。研究分析暴露出了一種眼睛看不見，但鼻子聞得到的生命。「用小火蒸乾池塘池水或沼地死水之後，可以在大量泛黃的稀泥裡找到數條蠕蟲，幾種昆蟲和其他動物。」這些水裡「飽含水質裡不該有的物質、氣體、蒸氣、土壤散發的氣體、礦物、淤泥、植物、魚、腐爛的昆蟲與其它物質，而這些物質釋放的氣體多少都受到了汙染。」[84]

危害最劇的無疑是那些海水與淡水交界的沼地，例如：法國西南夏朗德（Charente）沿海地區的廢棄「碼頭岸梯」。[85]「若不是因為隨著海水漲潮而捲來的大量蟲和魚在岸邊腐爛，不然就是因為鹹淡水融合後，水質變得非常特殊……促使動植物的有機分子加速腐爛，導致在水裡，甚至雨水裡，也幾乎都找得到這些東西。」[86]

水澤暗藏的威脅被揭開，危險益發顯得切身逼近。將土壤暴露空氣之中同樣危險，因為割草時，連帶會將原本鎖在植物叢裡的水氣暴露於空氣中，導致氣息釋放。[87]都會區的排水溝除淤，或隨意地弄乾髒汙水窪，都等於是向傳染病招手。開墾剛剛變乾的土壤同樣無異是自殺的行為，因為河水氾濫淹沒的地方，在淹水退去之時最令人生畏，尤其是當地面還充滿泥濘的時候，更別說洪水氾濫的時節多在夏季。但，為難的是，一旦飄出警戒的惡臭時，就必須立即清除沼地，淨化河灣。

有長達半世紀的時間，化學家興味盎然地流連河岸。泥濘的河岸是觀察氣體的最佳地點之一，[88]但這不是本書的主旨所在。自從路易十五（Louis XV）的御醫，席哈克（Pierre Chirac）指出沼澤地的危害與該地散發的異味有關之後，學者的靈敏嗅覺變得搶手。更何況，氣味除了在水上織就了一張「絲般的網」[89]之外，水氣還陰森地擾動這張網，在沼地周圍，無庸置疑地可感受到氣息蒸騰。視覺與聽覺增強了嗅覺的感受，一股「可怕，而且有時候根本無法忍受的異味，說明了這些不斷釋放出來的氣體帶有毒性……鑽研這股氣味的人，多拿艾菊或火藥的味道與之相比擬，也有人說這臭味近乎屍臭」。[90]弗德黑居住在瓦朗賽（Valencay）很長一段時間，他曾隨心所欲、慢慢地研究布漢河（Brenne）的「熏天臭氣」。[91]

夜裡，在河岸周圍的這些氣體所造成危害也會變得較大，因為入夜後氣體停滯不動，甚至會回落地面，而此時又沒有陽光可以吸收掉它們。話雖如此，在大白天裡氣體的臭味反而最教人難以忍受。因此，波姆在仔細觀察每一天的氣味變化之後，[92]他非常謹慎，並沒有馬上將惡臭與有害健康劃上等號。這份嚴謹同樣適用於身體發出的氣息，但卻也讓氣味警戒說隱隱陷入無法自圓其說的窘境。

第三章　社交氣味

身體的味道

一七五六年，德國學者維多夫（Withof）信誓旦旦地說，每一種動物、每一個人都有自己專屬的味道。此話一出，隨即廣泛被人引用，腺體專家波爾德（Théophile de Bordeu）就對此多有評論。我們都知道，在狄德羅（Denis Diderot）的《達朗貝爾之夢》（*Rêve de d'Alembert*, 1830）*裡，波爾德扮演了什麼樣的角色。「專屬味道」這個沿襲自古典科學的信念，就這樣被十八世紀末的醫學界普遍地接受了。

關於體味，有三個重大的信念主宰生機論（vitaliste）的思想。[1] 波爾德清楚地定義如下：「活體身上的每一個有機部位，各有自己存在、作用、感受和行動的方式，且各有其滋味、架構、內部

* 譯註：這是狄德羅所著的三場哲學對話集裡的第二場對話，兩個對話角色中的一人即為波爾德醫生。

和外部形狀、氣味、重量與增生的方式。」[2]再者，也就是第二點：每個器官「無一例外地，都會往身旁、自身的**氣層**，或它所在的區間裡，釋放物質，那是一種氣味，一種擁有獨特色調與姿態的氣體，其實這些都是器官自身的一部分……一如肝臟的周遭會染上膽汁的色澤」，[3]鄰近腎臟的肌肉則散發一股發酵的酸味。最後是各種體液，無疑是人體真正的實驗室，它們會不停地輸送味道極重的「排泄物蒸氣」（vapeur excrémentielle），[4]人體排放臭氣的現象，證實了有機體在不斷地在進行自我淨化與修復。待所有的**排泄物**，包括腐壞氣息、經血、汗水、尿液和糞便，清除完畢之後，淨化才宣告結束。有機體的「排泄器官永遠冒著熱氣」。[5]

這樣的信念影響了醫學界長達一個世紀之久。這段期間有普悠德醫生（Jean-Joseph Brieude）、韋海（J.-J. Virey）、與蘭德—博非（A.-J. Landre-Beauvais）[6]等人長時間鑽研，並發表了豐碩的論文著作，此時的確可說是嗅覺器官學（osphrésiologie）的黃金時代。其中尤以克洛奎特（Hippolyte Cloquet）於一八二一年出版的《論氣味、感官、嗅覺器官》（*Traité des odeurs, du sens et des organs de l'olfaction*）最為重要。二十四年後，法立茲（Charles Falize）的研究讓此門科學與時俱進，[7]到了一八八五年，莫寧醫生（E. Monin）針對人體的味道出版一本資料極其完備的大部頭專書。[8]

體液的氣味差異出奇地鮮明。巴輝埃爾（Barruel）能區分出男人與女人的血液氣味。[9]若說經血散發出一種特別的氣味，能讓母親了解女兒的生理狀況，那是因為——這仍是採用波爾德的說法——「裡頭隱含著某些東西，因為每個月的經血裡面含有大量的隱形氣體。」[10]這大量的氣體，不是如同體液說（hydraulicien）一派所認定的那樣，單純地把它歸為多血症就完了，經血的氣體是體液淨化的一環。這個理論再度喚醒了舊時認定經血具有腐敗作用，能讓缸裡醃的肉或醬汁變質的說法。法國人類學家維迪耶（Yvonne Verdier）舉例，在法國東北的米諾（Minot）小村，村人對經血的效果深信不疑。[11]

膽汁也被認為同樣會腐敗而產生臭味。波爾德認為，女性的個人氣層（atmosphere individuelle）充滿了乳汁的味道，這種液體會不斷地來回消長循環，這正是它活力的來源。「我們的女人出汗會排出乳汁、尿尿會排出乳汁、咀嚼跟擤鼻嚏會排出乳汁，而且乳汁還會藉由大便來排出。」[12]總之，女體到處充滿著乳汁。

在這些理論下，可以想見精液也扮演同樣關鍵的角色，是「典型」的標竿體液。[13]精液被定義為生命之要素，因為它對整個有機體都能產生作用，且它的氣味是個人獸性的標誌。德國學者維多夫認為，精液能「滋養」男性器官，並刺激所有的纖維。它能產出「威猛男性身上散放的那種異味」，[14]這種氣味在太監身上是聞不到的。男性身上的這種「**精氣**」（aura seminalis），[15]是肉體與靈魂間的中介質，能鞏固兩者的連結。體毛豐厚的男性身上那股「不甚好聞的」味道，便是**精氣**外洩，即精液回流到血液與器官中時所產生的味道，不應該會引發人的厭惡感。普悠德還特別強調，精液和其他體液不同，它的氣味從來不會變動。[16]這套組織內飽含氣味的理論，在哈勒男爵的權威[17]背書之下，十九世紀有很長一段時間，曾反覆地被拿出來討論。[18]教士（prêtre continent）或學校訓導人員，及不修邊幅的單身漢，有關他們身上精液氣味的描寫經常出現在浪漫奇情文學中。左派作家瓦烈（Jules Vallès）直到一八七九年仍在批評這種現象。

器官與體液的氣味多少會夾帶一些排泄器官釋放的淨化產物。[19]波爾德認為這類的排泄器官共有七個，每一個都會散放強烈的氣味，包括「有毛髮覆蓋的頭顱、腋下、內臟、膀胱、輸精管、肛門、腳趾間隔」。[20]強烈的氣味是強烈獸性化（animalisation）的明顯表徵，也是個體和種族生命力蓬勃的明證。[21]這就是遠古醫療行為的科學基石。傳統上，在整群的牲畜中，人們傾向從年輕力壯的那一群裡找尋治療獸性不足症的解藥。垂垂老矣的大衛，看到躺在自己床上的年輕裸女時，瞬間找回男性的雄風。義大利醫學教授卡畢瓦修（Hieronymi Capivaccius）以同樣的方法，治癒了一位虛弱的年輕貴族；荷蘭醫生布爾哈夫（Herman Boerhaave）則藉此治好了一位垂死的德國王子。某些年老的老師甚至堅信，孩童身上的氣息有益身體健康。[22]

這樣的信念導致人們對有利於個人衛生的許多做法產生質疑。民族學學者與歷史學者都曾多次指出，農民不願清除自己孩子頭上的油脂，[23]但始終沒察覺到，不能清洗頭脂的醫學根據，落後於義大利薩萊諾（Salernitains）地區人民的戒律。蒙佩里耶的醫生甚至警告，魯莽地用水清洗身體，對身體有害，因為沐浴次數過於頻繁，尤其是泡澡，會弱化男性雄風，也就是說導致性慾下降。波爾德就看過一些勇猛的個體——「有強烈體味」者——被除臭和衛生清潔行為擊垮。「皮膚清洗後，濃重的體味和汗味被消滅殆盡，跟性事有關的一切能力，也跟著聲消匿跡。」[24]此外，「**精氣**」，也就是男性的吸引力，「在不修邊幅的個體上保存得比較好，因此男人更加犯不著為了洗澡，而浪費時間和元氣」。[25]波爾德要城市居民多加小心「奢侈的清潔」。這種潔淨對產婦和「發汗」的病人尤其不好。

普悠德採納了許多的民間戒律。因此，當某些理論學者——他們在當時確實如此——努力地想要以顧及感官的微妙感受，[26]或公共場所除臭之名義，改變民間流傳久遠的信念，普悠德抱持著謹慎的態度。

從排泄器官排出的水氣、氣體，拼湊組合後成為每個個體的氣層，使得兩百年來，醫生們見識了許多極其離奇的案例。早在古希臘，蘇格拉底就已經注意到，年輕夫妻不需要使用香水，他們本身就能散發一股甜美至極的氣味。繼羅馬時代的希臘作家普魯塔克（Plutarque）之後，蒙田（Montaigne）也記載了，亞歷山大（Alexandre）的身體會散發紫羅蘭花香；[27]哈勒男爵身上散發麝香味；《百科全書》（*Encyclopédie*）上寫著佩洛尼醫生（François de la Peyronnie）「認識一個貴族出身的男子，他的左臂腋窩，在盛夏熱氣蒸騰時，會散發出驚人的麝香氣息」。[28]

個體的氣層會按照一系列屬於人類學研究範疇的因素改變，這一點如今已是眾所皆知的事實，[29]在此，我想要強調的是，氣層在醫學理論根深蒂固的程度。活體的氣味變化肇因於體液的腐敗、器官的運作，與淨化的程度。能讓這幾個因素當中的任一個產生作用的所有東西，都會導致個體的味道出現變化。「居住地的氣候、遭逢的季節、攝取的食物、沉迷的愛好、從事的工作、身懷的絕技、挖掘的土地，以至他呼吸的空氣，在在以不同的方式影響著他的吸收消化，與排放的體液，因此必然會產生不同的氣味。」[30]於是，有一種人類學的邏輯出現了，它不標榜哪些人種絕對低下，頂多只是說他們是「退化」[31]罷了。事實上，他們只要調整上面表列的影響因素當中的任何一項，就能讓體味進化。

從童稚到衰老，人類一直循著一條嗅覺路徑：嬰兒時期出現的乳酸味，隨著時間會慢慢變薄，而至淡甜，到了此時也就是哈勒男爵無法忍受的垂垂老矣了。[32]在這人生的起點與終點的兩端中間，存在著童少的芳香，尤其印證在少女身上；在青春發育期，此時男子體味出現急劇變化，開始冒出成年男子的「**精氣**」，但女性身上原先的體味不會有男子般明顯的差異。因為「她們的纖維較鬆弛，而且很少運動到，因而在此時，童年期的酸味變得模糊，轉而使汗水帶著平淡微甜的氣味……」。[33]儘管如此，月經來潮，特別是性事，能短暫地改變她們的氣味特徵。

值得玩味的是，與個體特徵有關聯的特殊氣味，卻一點都引不起醫學界的注意，例如：各種臉頰色澤和頭髮顏色所散發的不同氣味。當然，也有人說脾氣暴躁的人身上有特別的氣味，還有紅頭髮的人聞著很臭，[34]但說是這麼說，卻沒有人深入追究。個體的興趣愛好也會對體液產生作用，所以也能影響一個人的氣味。有些作用進行得慢但非常深入，它會阻礙有機體的運行，截斷有機體的分泌。也曾聽過悲傷的人會失去身上的氣味，但也有些人因為悲傷過度，或遭受打擊，體味變得更濃；生氣的時候，因為膽汁加速腐敗，所以口臭會加劇；恐懼會讓腋下的汗漬發臭，變得噁心，也會讓人屁尿橫流，臭不可當。臭兮兮的貪吃鬼、冒著酸腐酒氣的酒鬼，加上傳統認定的腥臭漁夫，使得義大利籍的聖斐理伯乃利司鐸（Philippe Néri）不得不承認他們是注定要下地獄的靈魂。他認為反之可證，聖人會散發芬芳。[35]

「**攝食**」（ingesta）乃指吸收空氣、飲料和食物，攝入的物質當然會影響排出的**排泄物**，自然也影響了個體的味道。「黑人、西伯利亞北部的薩摩耶德人（Samoyede），還有骯髒的非洲西南部原住民霍屯督人（Hottentot），**應該**多少都有點臭。」[36]他們代表的是未開化的世界，因此獸性強烈。「居住酷熱地帶，黑人流的汗冒著一股惡臭，那味道臭得連在他們身旁待一下下都受不了。居住在極地附近的芬蘭人和愛斯基摩人（Eskimos），散發的臭味讓周圍的人無法忍受。」[37]哥薩克人（kosaky）也一樣。[38]韋海進一步說明道：「西非某些地區的黑人，例如：沃洛夫族（Jolofs），當他們身體熱起來的時候，會散發近似韭蔥的臭味。」[39]黑人和白人在熱帶區域一起玩水，前者因為身體散發的味道較強，比較容易招致鯊魚攻擊。[40]

這些說法的重點始終圍繞在氣候、[41]空氣品質、食物腐敗的程度之上。簡言之，就是身體排毒淨化（depurgation）的機制。薩摩耶德人跟黑人一樣臭，然而前者居住地區的氣候並不會加速體液腐敗，而是那些野人愛吃酸腐的食物。

這樣的分析結果大幅地改變了十九世紀末人類學的論述。證據是：學者暫且丟開了種族起源、生活條件貧困、衛生狀況落後之類的參考依據，開始在法國境內進行同樣的觀察分析。克洛奎特就寫道：「人們常說，當一隊哥薩克騎兵行經過後，他們遺留的氣味就算過了數個小時之久依然清晰可聞，其實，我國境內那些在『山裡放牛的牧人』[42]也會留下同樣的味道。」「鄉下人」的氣味和城裡人的氣味大不相同，前者的體液受到的毒害較輕，因為較為「接近植物天然的氣息」；[43]而臭味最濃的人，是肉類食品的愛好者，在那個年代，指的當然是城裡的人。

法國外省地方的人民各自有其獨特的氣味。再次強調，這是因為他們攝取的食物性質不同所致。「每到收割的季節，這些省民齊聚一堂時，很容易就能從他們身上散發的是大蒜氣味還是洋蔥味，猜出他們是西南方的凱爾西省人（Quercynois）或南部的胡爾格省人（Rouerguats），而奧維涅人（Auvergnats）身上的味道則比較近似快壞了的發酸乳清。」[44] 整體而言，南邊鄉間地方的味道要重一些。

個人從事的職業、因工作所需的生活型態，以及在工作場域裡操作的材料不同之故，同樣也會造成個體氣味上的差異。普悠德寫道：農民只要走在鄉野小徑之上，他敢肯定，每一位都能聞得出附近修女靜思室（cellules de religieuses）的淡淡氣息，那是「信仰尚未堅定或未臻完善的」[45] 味道。他不禁要想：「誰不是單靠氣味就能分辨出，迎面走來的是掏糞工、皮革工匠、燭臺匠、或肉販等等？……這些已經滲入工人體內的氣味漂浮粒子，有一定的數量會被逐出體外，而跟著體液排放出來的粒子幾乎沒有任何損壞，一部分很可能會互相結合在一起……。由此產生的氣味，就成了這些工人身體健康與否的明確徵兆。」[46] 普悠德碰過好幾位皮革工匠，身上聞不到從事皮革這行該有的味道，單憑這一點，他就能預先感覺到他們生病了。因此，對普悠德這位學者來說，氣味無關乎社交排斥的問題，是一種職業病。嗅覺觀察的結果，就這樣走進了職業病領域，而這正是自拉馬奇尼以來衛生專家一直企圖描繪定義的領域。

身體的味道也走進了病徵醫學（sémiologie）領域。希波克拉底很早就已經將體味列入病徵之林。[47] 人體喪失了健康的味道，與出現臭味一樣，都可以解釋為病痛入侵。罹病，爾後死亡，可以說是一場物質腐爛、由酸變鹼的過程。[48] 波爾德除了在下筆描繪自己發現的氣味時，感嘆「字彙缺乏」、屢感捉襟見肘之外，也直言不諱他那個時代，醫界人士常只「靠氣味診斷身體狀況，評判各身體部位健康與否」。[49]

醫生當然不只是專研惡臭的專家而已。他們得急急趕到病患床前，還得學會「邊聞味道邊思索」。[50]他們首先要進行一套複雜的氣味估算，以確認病患平常聞起來**應該是什麼味道**。他們衡量的因素包括病人的年紀、性別、個性、頭髮顏色、職業，如果可能的話，最好有病人身體強健時的體味紀錄。接著，醫生會參考每一種臭味特有的嗅覺變化表。如此一來，憑藉著病患的氣味，醫生便能診斷出病情，並確立後續的治療。很明顯地，醫生慣常分析的氣味偏重在「排泄口」處散發的臭味，特別是口臭、糞便，還有傷口膿水，尤其膿水味道的可信度高得驚人。「我們每天都能從傷口包紮處，甚至化膿的皮膚中，探知該名病患是否過度耽溺於激情、是否長時間過度勞動、是否營養攝取不足，或者特別愛喝烈酒和嗜吃酸性、過鹹或醃燻的食物，抑或他居住的環境周遭空氣是否遭到汙染或充滿瘴氣，因為化膿物質的特性會導致氣味跟著有所不同。」[51]

老百姓很早就知道，生病時要留意病人身上的氣味徵兆。特別是在鄉間，女主人或僕役會馬上把病人汗水、糞便、尿液、痰液、潰瘍的臭味變化告訴醫生，或拿病人穿過的衣物給醫生看。

若要一一列出研究氣味病徵學的論文，鑑於索引篇幅有限，實無此必要。但所有論文都劍指一處，被認定是危害最深的惡臭，首推壞血病的臭氣。「舉凡執業醫生都能清楚地辨識，這股從壞疽的潰瘍傷口散發出來的臭味。當然還有肺結核患者、痢疾患者、罹患斑疹傷寒導致高燒，或輕微發燒病人的獨特氣味，甚至是醫院熱病（fièvre d'hôpitaux）和監獄熱病（fièvre de prisons）患者常見的老鼠味。」[52]若醫生發現產婦慣常會有的乳酸氣味變得酸臭，這表示可能出現產褥熱。

針對氣味內含物的分析，甚至只是簡單的字彙統計（comptage lexicologique），都有助於界定嗅覺對照的範圍，與衡量某一嗅覺器官字彙的衍生含義。嗅覺器官字彙最常出現的時期約莫是在波旁復辟時期（Restauration）。

自普林格以降，多數醫生的診療、腐敗理論的研究，與已將氣味學納入的人類學，這些跟某些民間應急的治療行為，顯然並不相悖。已經落伍的體液醫學、斑疹傷寒論、自蒙佩里耶發跡的生機論，以及波爾德主張的有機論（organicisme），在醫學界可說是各擁一片天，他們全都清楚地闡釋了一個信念，一個根深蒂固的信念：體味的重要性不容忽視。接下來，輪到化學家上場，接手鑽研這股讓人著迷的**氣息**。

在拉瓦節與塞干（Séguin）發表氣體能透過皮膚進行交換的研究結果，並獲得科學界一致的認可之前，有一頁早已被人遺忘的科學史前篇，而這段期間曾經出現非常多令人困惑，甚至瞠目結舌的實驗。這些實驗衍生出了重重疑問：兩百年前，被尊為生命科學之父的義大利醫生散克托留斯（Sanctorius），曾透過計算體重的流失，來證明無感發汗的存在。那麼，是否可以藉由測量和分析皮膚流失的氣體，來證明體重減少呢？同樣的方法也能用來證明人體吸入了腐臭蒸氣嗎？這類的發現不是有助於釐清感染和傳染的機制嗎？難道他們都想錯了？

化學家們，其實不僅限於化學家，就這樣一頭栽了進去，置身瓶瓶罐罐之中、浸泡在浴缸滿滿的溫水裡，想盡一切辦法搜集從他們的手臂、腋窩，或體內器官排出來的氣體。一七七七年，米利伯爵（Nicolas-Christiern de Thy de Milly）在柏林研究院（Académie de Berlin）發表了一篇關於從他身上排出的氣體的分析報告。據他的說法，那些是「固定氣體」。英國化學學者克魯克山克（William Cruickshank）和普利斯特里決定倣而傚之，他們進行了第二次同樣的實驗，結果反而認為這樣的實驗操作方式可性度不高。到了一七八〇年，英格豪斯先是在巴黎，而後在德國西南部的巴登（Baden），搜集了從自己手臂皮膚滲出的氣體。他認為這些氣體裡頭有普利斯特里所謂的「燃素氣體」。他還踏進一位年僅十九歲的女孩的澡缸裡，發現女孩滲出的氣體，並不比從自己腋下蒐集到的氣體乾淨。[53]他因而認為所謂「青春氣體」具有療效的說法，不過是偏見。瑞士醫生朱林（Louis Jurine）進一步深入分析，[54]他找來十到十九歲的青少年，與三十六到六十六歲的成年男性，以及一位四十歲的女性，反覆進行實驗。他在所有人身上都採集到一種氣體，他名之為氣態酸（acide aérien）。朱林認為氣態酸的作用在排除體內的燃素（phlogiston）。

這時代各種千奇百怪的研究，雖說沒有多少真正的科學價值，但仍見證了學者一心追求真理的狂熱，與信念必奠基於科學之上的執著。義大利有一位議事司鐸，名叫賈多尼（Jules-Cesar Gattoni），他是伏特的門生，專門測量病人和殘疾人士身上產生的氣體變化。「我找來幾位行乞的小男童，多少以金錢誘之，讓他們彎身鑽進一個大牛皮袋或羊皮袋內，然後拉緊袋身，盡可能地收緊，讓裡頭的空間愈小愈好。為了盡可能地截斷皮袋內外的空氣流通，我還找人將袋口密密地縫實，然後把袋子放進水裡，讓小男童維持著這種難受的姿勢，直到他們不能忍受為止。隨後我再把他們放進一個注滿溫水的水槽裡，讓水淹至他們的腹部，水槽上頭早已經準備好了一個大漏斗，專門接收從密封的袋內跑出來的氣體，再將氣體封存在大玻璃罐中。之後，將這些得來不易的氣體，有系統地移注出來，用測氣計分析。」[55]

朱林和賈多尼採集人體釋出氣體的方法都差不多。前者以類似的程序，有條不紊地收集、研究積存在屍體腸道內的氣體，朱林的目的是為了透過分析，顯示內臟臭氣具有危害。[56]當然，這無疑確認了空氣確實可透過皮膚進行交換。但是在當時，這只是再一次證實了人體會吸入惡臭，這樣的一個普世信念而已。化學家不可能單靠測氣計就能弄清楚個體氣味的差異性。波爾德於是大獲全勝，[57]他嘲笑當時蔚為風潮的腸內積氣（即屁）研究，醫生的鼻子完勝化學專家的器材。

一個結論隱然是確立了：有機體會吸入惡臭氣體，進而影響個體的體味。體味這個問題在如今的我們看來，根本微不足道，甚至微感失禮，但在當時卻含有濃濃的情感上的意涵。被後世尊為現代組織學之父的法國生理學家畢夏（Xavier Bichat）以自身的經驗說明：「我發現在半圓形大講堂裡待了一陣子之後，我的腸內積氣總是帶著一股與腐爛屍體幾乎一模一樣的臭味。於是，我利用下列的方法，確定了皮膚和肺一樣，都能吸收氣味粒子。我捏住鼻孔，嘴裡含著一條稍微長一點的管子，讓管子穿過窗戶，以便我能呼吸外面的空氣。猜怎麼著！我待在放置兩具腐壞嚴重屍體的解剖室一個小時後，我的腸內積氣散發的臭味，跟屍體的屍臭味仍然相差無幾。」[58]

人們對自身的體味產生了嗅覺上的警戒心，並了解到腐臭氣體不斷地、神祕莫測地，滲入體內。民眾對於他人身上散發的味道，警覺心自然就更高了。

慾望與排斥的管理

個體氣層對人際關係的影響，可分為壁壘分明的兩種層次：一是情感上的好感與反感，二是身體上的感染與傳染。一七三三年，時任巴黎醫學院院長的艾科特（Philippe Hecquet）直指聖梅達主教（Saint-Médard）全身痙攣的原因在於，他受到了羅患痙攣症的病患身上散發的粒子之急劇衝擊，以致於引發了情慾的刺激。一七四四年時，哈特利則把引發性慾的源頭指向神經原纖維（neurofibril）作用時所產生的振動。法國大革命前夕，學者認定個體之所以相互吸引、排斥，都是對方體味造成的結果。這樣的想法至今仍是文學上最愛的一大主題。能證明這一點的為同情者理論（théorie des sympathistes）。[59] 法國醫生作家第帕涅（Charles-François Tiphaigne de la Roche）寫道：「他在四周的男女之間發現，人類散發某種少量的隱形物質，我們稱之為好感物質（matière sympathiste）。這少量的物質會與我們的感官起作用，產生喜愛或憎惡、好感或反感，所以，舉例來說，當好感物質懸浮於一位女子四周時，會引發男子感官上的愉悅感受。這時候該名男子就喜歡上那名女子了。」[60] 第帕涅認為這種好感物質就是醫生所謂的「流汗排出的物質」。[61] 就這樣，每個個體跟他人之間，好像有一條極其細微的線，將彼此連結在一起，它會「輕搔」，或者「拉扯」他們的纖維。[62]

同樣的說法還啟發了另一套理論，它以寓言的形式流傳，我們可以從法國作家米拉波（Honoré

Mirabeau）的《情色聖經》（*Erotika Biblion*,1783）第一章看出這套理論。米拉波透過書中的角色沙克利（Shackerley）講述了一個故事：居住在土星環（Saturne）上的居民，自帶一種獨特的氣息，而這種氣息跟「情感的神經突觸」（houppes nerveuses du sentiment）[63]有直接的關係。這些氣體能與他人散發的氣息交雜混合，這是兩個生物體透過無數相似的粒子在進行「活體的融合」。在土星環上，感情與知識都可以透過空氣傳遞交流。

情慾誘惑深受氣味支配已是老生常談。義大利情聖卡薩諾瓦（Casanova）坦承自己對氣味非常著迷，[64]因為氣味隱含著對愛情的期待、淡淡的慾念，不過當視覺感受帶來更精準的分析之後，當然這淡淡的感覺也有可能是一場烏龍。關於這一點，唐璜（Dom Juan）一度在艾薇拉（Elvire）的女人香（odor di femmina）中迷失的情節就是最好的例子。[65]一八〇二年，法國醫生卡巴尼斯（Pierre Cabanis）認為嗅覺是給人帶來好感的感官。直到十九世紀末，莫寧醫生（E. Monin）和賈洛潘醫生（Augustin Galopin），[66]仍始終認定嗅覺是優雅的感官。[67]

面對這相傳已久的刻板印象，學者再度展現了小心謹慎的態度。男性的「**精氣**」能撩撥女性情慾，如同女人會吊男人味口一樣。荷馬史詩中的特洛伊王子帕里斯（Pâris），靠著他「青春茁壯的鮮血」所散放出的那股「交融了焚香與玫瑰的香氣」迷倒一片宮廷仕女，爭相一親他的芳澤。[68]事實上，男性慾望的本質複雜得多了，但始終脫不出近似動物發情的模式。就連醫生也無法從中跳脫，他們一直深信，慾望升高與月經的氣味有很大的關聯，也都知道月經的角色曖昧不明，月經的產物屬於排毒淨化機制的一環，所以算是一種腐敗作用，但同時經血又飽含生命精萃（essence de vie）釋放出來的微妙蒸氣。[69] 蒙佩里耶學界認為，生命循環進入這一刻時，女性演繹的是生命的本質，她們傾洩充滿強烈獸性的產物、呼喊著繁衍，散播誘惑氣息。數十年後，卡戴德沃（Antoine Alexis Cadet de Vaux）讚嘆女體的氣層時，他用的雖是過時的術語，卻仍完美的歸納出他的意思：「芳醇氣體讓儲存體內的生命精萃奔放於外。」[70] 這種信念還衍生出一些女子具有特殊體質的說法：紅髮女子缺乏氣味的平衡桿，所以身上永遠聞得到那股特殊的味道，一種腐敗又迷人的氣息，她們彷彿跳出正常經期的循環軌道，永遠處在月事期，她們只有懷孕時會短暫地失去這股月經的氣息。[71]

米什萊也是以這樣的角度來看待此事，他對年輕妻子的月經來潮與過程非常著迷。我想在此先穿插一場這段時期發生的一場騷亂，免得以後還要從頭說起。一八二八年左右萌芽，一八四七年由普歇醫生提出的「自發排卵說」（ovulation spontanée），* 點燃了人們對女巫的畏懼。因為女巫散發的月事氣息能讓金屬變黑，能讓醬缸裡的醃肉變酸。於是，女性成了不祥之物，卻同時又是創造之母。自此，經血有了新一層的意義，它能讓男性情慾升高。為人夫者，跟婦科醫生一樣，一個個全變成了歷史學者，開始研究月事經血循環，與男性一直被排拒在外的生命孕育神祕過程，同時他們開始覺得應該伸手掌控這一塊了。聽見學者大力推崇女性月經，與月事的氣味，女性固然不再覺得

* 譯註：不必然需要經過交配，就能排卵之說。當時，有人認為成年女性（人與動物皆然）身體發熱時就會排卵。女性身體發熱時，若沒有男性與之交媾，她們也能再度讓身體發熱排卵。

汙穢羞恥，但也失去了她備受崇拜的力量。[72]

經期之外的時間裡，經血裡的生命蒸氣（vapeur vitale）則會透過別的管道釋放香氣。這些香氣支配了詩人的筆。女人髮絲散發的馨香，曾讓法國詩人帕爾尼（Evariste de Parny）和貝尼斯（M. de Bernis）驚艷，[73]此外，還有波特萊爾（Baudelaire）和流連百貨公司的「聞香客」，他們都被腋下汗水與汗溼襯衫散發的誘惑力所吸引，惹來諸多緋聞逸事，世人因此津津樂道。亨利三世（Henri III）自從在他的初戀情人，克萊佛斯的瑪麗公主（Marie de Clèves）換衣裳的小房間裡，聞了她衣衫的香氣之後，終其一生，始終深愛著她。嗅覺傳遞的訊息就在這裡得到見證，它是一見鐘情不可或缺的元素，得以在那瞬間扯下開場的帷幕。王子墜入了肉體芳香織就的情網，如同少年維特（Werther）見著門框上掛著的夏綠蒂（Charlotte）畫像時一樣，[74]又好比東方國度的蘇丹王，根據女子後頸沁滲的汗珠香氣來挑選寵妃；[75]歌德（Johann Wolfgang von Goethe）曾坦承自己曾經偷拿馮史坦夫人（Mme Charlotte Von Stein）的貼身馬甲，好放心大膽地聞個夠；[76]法國作家巴貝多德維利（Jules Barbey d'Autrevilly）彷彿被下了咒似的，竟然寄了一件自己的襯衫給一位可怕的教士，企圖勾引他；就連法國作家于斯曼（Joris-Karl Huysmans）都曾在《胳肢窩》（*Le Gousset*）中公開宣示自己醉心女性腋下的氣味。[77]

情婦酥胸上的花束，就堪稱極致的誘惑了，甚至使盧梭[78]也步上了帕爾尼的腳步，為之神魂顛倒。那麼，有戀鞋癖的情色小說家雷蒂夫（Nicolas Restif），[79]還有讓他驚為天人的嘴巴口氣和鞋子的氣味，又該怎麼解釋呢？當時的學者專家甚至還沒有發明戀皮革癖這個名詞呢！這些耐人尋味的沉默，或許是禁忌吧：除了寥寥幾個與月經相關的描述之外，這類情慾文學裡完全看不到有關陰道的氣味，與其魅惑能力的描寫。[80]

在女性一生的氣味軌跡中，青春期算不上關鍵階段。維迪耶在她的書中再次有條不紊地說明：月經來潮激化了青春期少女的吸引力，提醒了少女肩負傳宗接代的任務，只是它的氣味並不連貫。真正給女性帶來嗅覺印記的是男性的精子，還有性行為。它們能在許多雌性動物的血肉中注入一種特殊的氣味。[81]無論從哪一種觀點來說，性事都堪稱是終結女性生理特質的元兇。[82]

關於這一點，有幾個屢經傳誦的小故事頗有意思，更強烈放大了某些人物的嗅覺敏銳度。在這些故事裡完全看不到月經——或許因為月經的影響本就已是想當然爾，無需再言明？——只有談到性行為，像是：精液濡染女性的體液與器官，也就是說，男性排出精子蒸氣。

其中一個小故事指出，人稱「笑的哲學家」的古希臘學者德謨克利特（Démocrite），曾用笑懲戒故鄉「阿布德拉城的少女」（Abdéritaines）＊所犯的過錯。自從歐洲最早的學術期刊《學人雜誌》（*Journal des savants*）在一六八四年首度刊出有關一位布拉格信徒的報導之後，所有鑽研這個主題的醫學書籍，總少不了要談談那位信徒的事蹟，據稱他能靠氣味揪出紅杏出牆的女人。

縱慾過度的確會讓過多的精液在女性體液中橫流，腐壞女子的體液，從而產生讓人無法忍受的臭味。正因如此，妓女成了臭婊子，[83]在西元前一世紀的古羅馬詩人尤維納利斯（Juvenal）已然

＊ 譯註：參閱《拉封丹寓言》（*Fables choisies mises en vers*）。

有此一說。到了十八世紀初，法國醫生席爾法（J. B. Silva）試圖以科學的方式證明這個深入人心的想法，[84]因為在過去，光憑妓女身上的臭味，就足以認定妓女是危險的女人。

病體，也就是正在腐敗的活體生物，會釋放難聞的氣體，那是對人體有害人的臭氣。動物的病體最為可怕。動物傳染病大流行時，人類也處在危險之中。牲畜欄裡的空氣對人體不但毫無益處，甚至變得極具危害。[85]於是，斑疹傷寒論有了駁斥生機論一派信條的理論基礎。

病人四周的空氣，所造成的危害更劇。病人周遭會形成一片「多少傾向往外擴散的」氣層，「沾染了衣服、家具、臥室牆面。這片氣層沉甸甸地壓著，與普通空氣相比，流動性和彈性都比較差，而且會長期滯留於公寓的角落」。[86]所以光是聞到病人的臭味飄散，便足以引發大眾的危險警戒心。一七九九年間，駐紮尼斯（Nice）的法國軍團深受兵營熱病（fièvre des camps）的肆虐，「可憐的士兵渾身散發一種近似堆肥的含磷臭味，遠遠地就能聞到，這臭味瀰漫了病患人數較多的街道、民宅，且滯留其中久久不散」。[87]弗德黑確信，只要病人沒有完全「消除身體周遭的那片氣層」，就算病人已經在康復中，仍然會傳播疾病。

在所有的氣息當中，嘴巴口氣最能傳遞芬芳或惡臭。[88]波希耶德索法之醫生請民眾看到「生病的牲畜」時，一定要小心警戒。渾身惡臭的掏糞工，他們嘴裡噴出的口臭讓艾勒的一位同伴當場倒地昏厥。[89]氣息具體呈現了生命與誘惑的存在，證明了正確的呼吸能夠讓「維繫生命的氣體」回流。然而體液所堆積在排泄口的腐壞物質需要排出，對環境會造成危害的「燃素氣體」也需要宣洩。在這個有毒氣體似鬼魅般如影隨形，且腐爛臭氣與瘴氣令人惶惶不安的時代裡，人們對於他人的觀察重點，自然會偏重在對方散發的氣息、口氣和體味上了。

這股不安帶來的影響很大，使人們連帶開始對生物群聚所累積的蒸氣也有了警惕。對「社交氣體」（émanations sociales）[90]產生危機意識，形同對人類群居，與人畜雜處的髒汙群聚現象感到憂心。這份憂心催生出的驚人腐臭數據，取代了以往針對土壤進行的蒸氣釋放量的量測。一七四二年，亞畢諾已經在嘗試測量市民排出的氣體量了。「在約莫一英畝的土地上，注入不到三千人所排出的汗水，三十四天後，汗水會在這塊土地上形成七十一呎高的氣層。這片氣體物質跟空氣的密度相比，或許是八百比一。假設把這三千人移至面積達一百英畝的土地上，這種氣體物質大概只剩八吋高。也就是說，大部分的氣體並沒有消失不見，而是跟著**有味道**的微小氣體分子往外擴散，持續汙染面積相近的城市上空的空氣。」[91]九年後，波希耶德索法之加入計算：若一位城市居民每天消化五磅食物，他產出的排泄物經過「濃縮轉換成的氣體」，[92]會環繞著他十五呎的肌膚，形成一個高四呎七吋的圓柱氣層（重約五磅）。在城市裡，這種在人體周遭形成的圓柱形氣層，其密度比空氣高出一倍，但現實是，每位市民能擁有的空間面積，不超過人體表皮面積的一半。

只要有軀體存在，無論在城市或山谷，那裡的空氣就必然會遭到汙染，這不論該軀體健康與否。幸好流動的風，包含了車輛行進、家戶灶火燃燒產生的空氣交替，多少能改善這片沉積的氣層。然而，一進入人群密集的密閉空間，就不是這麼回事了。船艦、醫院、監獄、軍營、教堂，還有表演廳，都是孕育流行病的溫床，從而擴散全市。這份對人群聚集的恐懼——這當中的理論基礎我們先前已經談過了——將同時支配都會區的社會群體意識，與公共空間的衛生策略。此時，一切也許顯得有些紊亂，但也只能靜待拉瓦節的化學理論出現後，再制定出明確的標準規範了。

底艙與都市沉痾

談到這個主題，必然要先說說在社會的群體意識裡，象徵著腐敗物質大本營的地方：船艙底層。「艦艇上的空氣給人的第一個印象，來自氣味，一股混雜了甲板、焦油瀝青，與多人擠在彈丸之地上所產生的味道。」[93]因此，憂心忡忡的衛生專家要求進行空氣分析的第一個地方，就是船上。一七四四年，黑爾斯宣布：「（船上）空氣比監獄裡的還要糟糕。」[94]數年之後，法國海軍將領莫洛格子爵（Sebastien François Bigot, Vicomte de Morogues）想盡了辦法欲理出船上混雜氣味的成分脈絡，在他看來，這股臭氣就是引發壞血病的根源。

船是「浮動的沼澤」。[95]從船身木板接縫處滲入的海水、雨後在船上積聚成一灘灘死水的淡水，甚至只要草率魯莽地刷洗甲板，通通會造成繩索沾濕、木頭腐蝕，使得鐵鑄的砲彈與船底壓艙的東西紛紛氧化，最後把一切變成一種黑糊糊的恐怖爛泥。若沒有這樣，就是這些有害的液體流入了艙底，慢慢濃縮，集所有惡臭之大成。鹹淡水混合後，味道變得更臭，就算用幫浦把水抽乾，殘留的髒汙，其味道仍堪比廢棄的鹽田。船底的烏黑泥濘、沿岸的濃霧、恐怖的鏽蝕，在在證明了一條船等同是一塊沼地。

船上也是發酵作用的熱點。船身的木頭骨架，與麻編繩纜都會散放蒸氣，尤其是新造好的船。堆放糧草的底艙，「始終瀰漫著一股熱熱臭臭的蒸氣，體質較弱的人下去可能會瞬間昏倒」。[96]認為裡面的空氣感覺比較熱，其實是一種錯覺。空氣不流通讓危害指數升高，使得底艙的陰影重重地威脅著船員的生命，但也詭異地使人著迷。愛倫坡（Edgar Allan Poe）小說的主角，皮姆（Arthur Gordon Pym）的出海、德古拉伯爵（Dracula）的大航行、《陰影線》（*Ligne d'ombre*）裡船上載運的腐敗貨物，[97]在在反映了人們對陰暗底層的恐懼，雖然人們有些後知後覺。「味道濃重或發酵的食物，還有烈酒，它們散發的氣味」[98]也會飄出儲藏室之外，散溢至上層的甲板。

船上牲畜所排出的糞便和汗水、家禽的屎尿、儲存的鱈魚，甚至是老鼠和蟲子的死屍，與匯流至貨箱底下的穢物，全都累積在船艙內陰暗的小角落裡，[99]融聚成一股腐敗惡臭，侵蝕著船上的水手和乘客的身體。天氣熱的時候，船首的廁所、尿「罐」和小便斗散發出來的惡臭更是讓人無法忍受。有一則歷史上真實的記載：一八二一年，一艘載運乾燥過的糞便，也就是糞粉的船**亞瑟號**（Arthur）計畫開往加勒比海的法屬瓜德羅普群島（Guadeloupe），航行途中，這批臭氣沖天的貨物造成大量船員病亡。待船抵達皮特爾角城（Pointe-à-Pitre）海域時，已經是一條幽靈船了。[100]

堆疊的屍體屍臭、燃燒屍體的蒸氣，在這艘可謂腐臭淵藪的船上，終結了所有人的性命。入夜後，船上水手匆匆往下層甲板艙走去，他們睡在空氣完全不流通的地方，全身衣服被水氣和汗水濡濕。[101]那氣味如此難聞，以至於人光從艙門前經過，都會感到一陣窒息。船艙本身的危害，加上同樣對城市造成危害的腐臭排泄物，使得效果加乘。這些臭味使得船上設有的保健室，有時候就變成了漂浮的醫院。被監禁在船上的水手，只能任由他們自生自滅。黑爾斯強調：船上載運的人換成是來自幾內亞（Guinée）的黑奴時，「上面的空氣簡直糟到讓人想吐，完全無法忍受」。[102]

學者們上船後，展開了令人不安的氣體重量測量工作。[103]他們努力想釐清組成這股臭味大雜燴的複雜成分，希望能估算出臭味的危害程度。一七八四年，**皇家醫學會**成立了一個委員會，專門研究這個問題。[104]他們得到的結論是：遭到汙染的船隻一律燒毀，就算是還能航行的船隻也一樣。法國海軍的墨爾波墨涅號（Melpoméne），就這樣消失了。

至於陸地上的萬惡淵藪就屬監獄了。監獄裡的臭味，意味著囚犯正活生生地集體腐敗中。這個猶如埋屍坑的地方，裡頭積攢著過去的陳年遺毒，與至今的腐爛臭氣。梅西耶寫著：比塞特監獄的臭味，人遠在八百公尺外都聞得到。[105]巴黎的盜賊頭子卡爾圖什（Louis-Dominique Garthausen, alias Cartouche）手下一名共犯，在獄中期間拚命裝死，只為了能夠被拉出戶外，呼吸一下自由的空氣。德國的施特林澤伯爵（Comte de Struensee）被帶出牢房準備斬首時，高喊：「能夠呼吸新鮮的空氣，多幸福啊！」[106]卡薩諾瓦被囚禁在威尼斯地牢時，與獄卒多次爭執，引爆點就是便桶臭味的問題。[107]

讓囚犯呼吸得到純淨的空氣，是十九世紀初期學者的大難題。奧伯曼（Oberman）自比是蹲了十年苦牢後走出牢房泥淖、重見天日之人。[108]皮札羅（Pizarro）的囚犯高歌頌讚，沐浴光明與呼吸新鮮空氣的喜悅。[109]米什萊說得沒錯，他在作品中曾多次提到監獄惡臭一事：「陰暗又潮濕的老舊修道院，如今幾乎都被借來當作監獄。人們用盡了一切辦法，總是無法根除那股累世蘊積的髒汙，那股無以名狀的氣味，使人一踏進去，心就往下沉。曾在路易十四（Louis XIV）的牢房裡頭待過的一位可憐人說，裡頭的沖天臭氣才是最大的折磨。」[110]

一七八四年，霍華德強烈地抨擊：「套用黑爾斯醫生的說法，我們找到剝奪這些囚犯吸取維繫生命所需天然補藥的方法了。」[111]他發現：「監獄的空氣會汙染訪客的衣衫……連用來防止汙染的消毒用醋，沒多久後都染上了一股難耐的臭味。」因此，這位最知名的監獄惡臭觀察家，從沒有放鬆警戒之心。

事實上，霍華德發表這些文章的時候，監獄惡臭引發的醜聞已是不勝枚舉了。培根認為這些氣體，也就是「監獄臭味」，是毒性僅次於黑死病的危險物質。[112]它所造成的長長的災害清單，不啻是一籮筐的證據。首先在一五七七年的時候，牛津的**黑人重罪法庭**（Assises noires）上，詹金斯（Roland Jenkins）被控以煽動罪名受審，當他站上審議庭時，「冒出一股臭氣，臭得幾乎讓所有人都無法呼吸了。只有極少數的人逃過一劫。這導致牛津城死了三百人，另有兩百多人染疫，這些人爾後也在其他地方死亡」。[113]一七三〇年的三月，英國湯頓城（Taunton）的刑事法庭也發生了同樣駭人聽聞的事故。從伊爾切斯特鎮（Ivelchester）移送前來受審的囚犯，身上的臭氣毒害了整個法庭。「司法官、律師、警長、與數百位民眾死於這場臭氣沖天的熱病。」[114]

說到恐怖法庭裡最讓人心驚的案例，不得不提一七五〇年五月十一日在倫敦老貝利街（Old-Baily）刑事法庭的審議庭。開庭之前，共有兩百人嫌犯——陸續等著出庭應訊——隨意地被扔進通往議事庭的兩間小房間，「羈押房」內，這種關押被告的小屋，有的有門，有的則在隔牆高處開個出入口，讓囚犯進出法庭。這三個小房間「已經數年沒有打掃過，加上法庭密閉空間溫度高，如此大量的人不停流汗，於是加速了腐敗作用。……造成兩三位律師，跟一位副警長死亡」。[115]總計，有超過四十人死亡，這還「不包括一些下層階級的百姓，他們生死不明」。[116]一八一二年，[117]在法國東部的龍勒索涅市（Lons-le-Saulnier）法庭，悲劇再度上演。普林格與林德一致認為摧殘國王皇家艦隊與軍隊的傳染病，感染源來自監獄。

在普利斯特里的研究成果發表之前，人們無法分辨這種會冒出惡臭的恐怖「監獄熱病」，與單純因為人群過度擁擠而導致的缺氧窒息，兩者之間有何不同。在孟加拉（Bengal）曾發生過一次慘劇，法國在當地倉促興建、用來監禁英軍俘虜的小土牢「黑洞」，[118]曾發生一百四十七名英國戰俘窒息死亡的悲劇，但當時的學者卻將此事與陰幽法庭的傷亡事件混為一談。

監獄惡臭與它併發的熱病，部分肇因於陳年腐臭水氣的積累，因而顯得更加可怕。在這樣的情況下，人們別無他法，只能停用這些牢房，拆掉這些建物。這正是拉瓦節在勘察了巴黎聖馬丁和佛萊委克監獄之後，向皇家科學院提交的報告裡得出的結論。[119]

半個世紀後，學者發現有關監獄髒汙與惡臭之論述，同樣適用於都會區工人階級的住家，以及年久失修的鄉村農舍。自十八世紀以降，這場走在正確路上，但耗時漫長的居所衛生戰役中，監牢無疑是最受抨擊的標的。

據當時的觀察家描述，醫院氣味的特徵是多種臭氣混雜。[120]病患急促的呼吸、受到感染的汗水、咳出的膿痰、傷口的膿血、便桶和椅子上的排泄物，甚至是藥味和石膏味，所有臭氣齊聚一堂。醫生們急切地想弄清楚裡面的組成物，以便能及早預防流行病的大爆發。病患的性別、年齡、職業和性格，共同揑塑出一股遍及全院的髒臭氣息危害。最可怕的當然是「醫院的腐臭」，是即將宣告死亡的瀕死肉體所散發的臭氣，這臭味來自長滿壞疽的四肢，與奄奄一息的病患汗水濡濕的病床。[121]

實地造訪醫院，並針對醫院的環境加以評論，是關切公共衛生的所有學者最先採取的行動。令人窒息的惡臭成了研究的首選。霍華德無視醫院周遭噪音、不理院內照明昏暗，孜孜不倦地專注於反覆分析院內的氣味。他對里昂醫院和馬爾它（Malte）醫院的描述，極具意義。[122]內克爾夫人（Mme Necker）曾毫不畏懼地親訪比塞特的病患保留區，尤其是時稱聖法蘭斯瓦廳（Saint-François）的所在，那裡可謂是「巴黎人的底艙」，臭得讓「最慈悲為懷、最大而無畏的訪客不是瞬間昏倒，就是嗆到窒息」。[123]梅西耶更補充道：所有的醫院都臭得令人作嘔。於是，在時任法國內政部長德納沙托（François de Neufchateau）的推動下，公部門展開勘查，並於共和曆（calendrier républicain）*七年公布報告，確認了醫院的悲慘景況。

描述得最精確的，當屬田農（J.-R. Tenon）給我們的留下的巴黎主宮醫院（Hotel-Dieu）側寫。[124]這座醫院在蛻變成「治療機器」[125]的計畫完成之前，根本是座散發惡臭的染疫機器。田農的文字讀來讓讀者心驚膽顫：椅子上的排泄物浸透木板條，嘔吐物侵蝕牆面，瀕死病人底下濕漉漉

* 譯註：一七九三年在雅各賓黨全國大會上確定，定該年的九月二十三日為共和曆元年，後被拿破崙（Napoléon）廢除。

的草褥或羽毛床墊。跟監獄一樣，醫院大家共用的茅廁是傳染的大本營。五百八十三名病患，分住三間大通舖，卻只有五個便座。臉盆盛接的東西也隨便往便座裡頭倒。「坐上便座就可以看到：裡面穢物堆積如山，滿溢出來的排泄物弄得邊上到處都是，糞便甚至會逐漸漫溢到地板上，蔓延至門口，終於與傷者病房只剩一牆之隔。」[126]

噁心的氣流與臭氣四處流竄，有的循著樓梯直上，有的大量衝向戶外露台，氣味回流屋內後，便滯留在房間的各個角落。臭味有所謂臭的**巔峰時刻**：在包紮傷口的時候，另外還有有兩個名震全歐的終極臭點：聖傑洛姆廳（Saint-Jérôme）與產房。聖傑洛姆廳專做手術，就位在停屍間裡，整個廳堂都沐浴在「停屍間飄散過來的強烈屍臭之中」。[127]「同一側……有一間地窖，冒著極其難聞的臭氣。地窖旁邊，是戶外糞坑，尿、血和其他從二樓流下來的排泄物均落腳於此，更恐怖的是從產房拋下來的東西。」[128]產房裡蒸騰著熊熊臭氣。若有人此時拉開產婦的床帷，可以看見「一張彷彿是從暗黑深淵裡走出來的床，濕熱的蒸氣四下蔓延，壓得周圍空氣沉重異常，那床帶給人的意象如此之深刻，以至於人們在冬季的早晨裡經過，隱約瞥見它時，總會無來由地感到一陣噁心，一陣無法遏止的噁心」。[129]

潛藏危害的人群聚集處還有：可視為監獄、軍營[130]之延伸的大型講堂，別忘了還有演藝廳呢！悲劇集中在包廂裡，人們於是直指包廂空氣對神經纖細敏感的仕女有害。[131]奧伯曼對歌劇院的包廂最不以為然，集合了「兩千名健康和衛生狀況完全無法掌握的身軀，一想到他們呼出的口氣，不嚇得你出一身冷汗才怪」。[132]劇院瀰漫的臭味，有時候會逼得膽小的觀眾事先離場。[133]一七八九年六月十七日，吉約丹醫生（Joseph-Ignace Guillotin）就控訴制憲會議（Assemblée Constituante）開議的梅尼大會堂（Menus Plaisirs）裡的空氣「又悶又臭」。國會議員對位在杜樂麗花園內的馬內吉廳（Manège）裡的空氣評價，似乎也好不那裡去。一七九〇年八月，年輕的議員傅里翁（Félix Faulion）早早就來了，他總是會先到杜樂麗花園裡呼吸新鮮空氣，若非如此，他根本無法待在議事廳裡開會。[134]

截至目前為止，有關臭味的論述還沒有出現明顯的貧富之分。人多才臭，只是醫院與監獄裡擠滿了窮人們，他們身上的惡臭可能會反彈，波及貴人。然而，有錢人屍體散發的屍臭，對前來悼念的效忠人馬所造成的危害，不見得比較低。一七四五年，當波赫神父的書問世之後，教堂惡臭也讓人避之唯恐不及。人們將矛頭指向了地底墓室沒有封好，陰溼的拱頂不防水。伏爾泰挺身指控後，維克達吉爾趁勝追擊。某些隱修院亦深受臭氣毒害，例如：法國南部阿格德大教堂（cathédrale d'Agde）的隱修院。[135]

棺槨開棺時，事故頻傳，可怕程度堪比法院開庭。地底墓室跟地牢一樣，都是傳染病的溫床。歷史學家阿利埃斯（Philippe Ariès）洋洋灑灑地記錄下許多類似的恐怖事件。[136]

再來就剩工坊的惡臭了，它是人們最常聞到的臭味。顯然，人們很晚才關注到它，也很晚才警覺到它的危害。在拿破崙稱帝之前，工坊的臭氣從來沒有被拿來跟監獄、醫院或墓園的惡臭相提並論，因為大家對一些過時的觀念，仍秉持著隱忍的態度。也就是說，當時的人們認為，人群聚集時衍生的臭氣才可怕，辛苦工作的人本身有什麼可怕的呢？工坊只有在散發難聞的味道時才會帶來危害。在這裡，臭味與危害幾乎完全重疊，因為沒有臭味的工業危害，根本無法想像。民眾不太在意噪音，連黑煙都很少有人檢舉——至少在法國是這樣——只有臭味不然。拉馬奇尼那本影響綿長的著作裡，嗅覺扮演著非常關鍵的角色，他甚至動心起念，想寫一本氣味的專書。[137]

正因如此，當時對職業病的研究，依舊相當粗淺。只知道必須長期與發酵、腐敗或有毒氣體為伍的工人，其健康可能面臨嚴重的危害。我們已知採石工人、油井工人、掘井工人的身體健康會受到威脅，一如必須整日與硫磺、瀝青和砷化物為伍的工人的身體。麻繩工人可能受到黃麻發酵後產生的難聞氣味之戕害，「滿是骯髒臭油的羊毛，使得（紡織）工坊充斥著一股令人作嘔的氣味。工人吸入難聞的氣味，呼出的口氣自然不會好」。[138]

必須處理動物性油脂的蠟燭工人，身體健康同樣受到影響。「皮革臭味會危害皮鞋師傅與整皮匠」。浣衣女工籠罩在滾燙鹼水冒出的「恐怖蒸汽」裡，[139]這樣的情況有礙洗衣業的擴張，更使得蒸汽浴業者和前來洗澡的客人皆有感染的風險。馬毛加工業也是對健康有害的產業。鞣革工人會用到糞便，「這些工人長期處在高溫的工坊，身邊圍繞的盡是臭酸的尿和油，且工人們常常都是半裸著身子，這導致最後身體健康惡化，成為惡病體質（cachectique）」，[140]腐敗分子破壞了他們的血液成分。但最可憐的是——老早以前就是了——撿拾動物殘骸兜售的拾荒者。

不過，大部分的工人身體都很健康，他們工作的地方遠離發酵物、遠離腐敗物質，也聞不到臭味。拉馬奇尼劃分的職業類別——經弗夸伯爵補充，此分類法被帕蒂席耶（Patissier）採用、被帕宏—杜夏特雷部分採用——重點始終停留在工人處理的材料性質、工作場所的空氣品質，以及工人吸入的蒸氣內含何種成分，工人的身體健康取決於此，另外，他們攝取的食物、居住地的天候環境與工人的脾性都會造成影響。在此時，身體健康跟貧苦、居家環境的狀況、社會層級的歸屬，全都扯不上關係，更別提主張某些民族受到生物學上的先天宿命支配的論調了。[141] 身為工人，並不是絕對逃不過惡臭的危害。工人，跟任何人一樣，都需要對四周的髒汙環境提高警覺。

早在十八世紀之初，法國作家勒薩日（Alain Le Sage）就已經在小說《吉爾．布拉斯》（*Gil Blas*）裡抨擊馬德里街市的惡臭，但其實他是指桑罵槐地劍指巴黎。梅西耶對城市臭味的描述可說是史上的最大悲歌：「假設有人來問我，我們怎麼能夠住在這汙穢的淵藪，這裡明明匯集了人群疊聚所產生的一切罪惡和爛汙之境，甚至被混雜了上千種腐臭蒸氣的有毒空氣環繞。肉鋪、墳墓、醫院、臭水溝、尿水匯流、糞便成堆、洗染店、皮革廠、整皮工坊成林，還有那超乎想像的大量木材燃燒時源源不絕冒出的黑煙，與煤炭產生的蒸氣。更別提不停摧殘敲打黃銅與金屬的工廠，釋放出來的那些含砷、含硫和含瀝青的物質。若有人問我，我們怎麼會住在這樣的黑暗深淵中，惡臭悶滯的空氣濃重到連方圓三里外的地方都聞得到，這裡的空氣無法自由流通，只能在這片房屋迷宮裡打轉。人為什麼會心甘情願地蹲在這樣的牢籠裡呢？而且，如果他肯拿掉套在家畜身上的牛軛，他將看到，牲畜會依循本能，疾馳逃離這裡，跑到田野間尋找新鮮空氣與盎然綠意，奔向充滿花香的自由土地。對這些問題，我會這麼回答：習慣成自然。巴黎人已經太習慣了潮濕的霧氣、霉壞的蒸氣與腐臭的泥濘。」[142]

他這段集髒汙之大成的描述裡，也沒有忘記監獄、教堂、塞納河沿岸堆積如山的垃圾穢物、熱斯夫雷碼頭（Gesvres），還有傳統市場這個位於巴黎正中心的嗅覺煉獄。從一七五〇年開始，巴黎中央市場便已登上新一波最佳臭味觀測點的榜單。[143]堆貨的地窖裡，各種腐爛蔬菜的氣味雜陳。地面上，被戲稱是「屎門」的區域，魚腥味嗆得路人紛紛走避。看著血水油脂經年浸盈的攤架，不由讓人興起毀滅這一切的幻想。

觀察家試圖分析釐清這股瀰漫著首都市中心，在當時仍不得其解的惡臭。也因此才有這麼多的文字敘述流傳下來，描繪的精準度讓人拍案叫奇。於是，氣味成為基調，這座城市以一種片段的、塊狀的圖像呈現在我們眼前，但這幅標竿圖像沒有視覺感知上那種完美和諧的邏輯。[144]探索建構城市的臭味軌跡，等於是要刨出傳染病滲透城市的腐臭網絡。這樣的城市空間新觀點，在很久之後，衍生出一套新的社會論述，但在現下，還完全談不上什麼社會學計畫。土壤、水、排泄物、屍體與人體氣味所帶來的威脅，整個攪在一起，阻礙了分析。衛生專家眼見髒臭人群和物體產生的腐臭肆虐，儘管驚覺肩負的任務重大急迫，但系統性的劃分臭氣仍遲遲沒有進展。直到十九世紀，新的社會學論述興起。當時施行的策略才明確地一刀劃開了，人群被分為除臭薰香的中產階級，與臭的普通百姓。

法國大革命前夕，計畫的重點轉向了，既然臭氣融合混雜使得危害的風險激增十倍之多，大家一致認同需要盡可能地阻止臭氣混雜，故現在的當務之急在於將臭味危害的風險分級序列。法國建築師波弗朗（Germain Boffrand）想依照每一種氣味來規劃建造專門的廳堂空間；[145]化學家著手分析擁擠地區的空氣。他們都希望藉由這些行動來證明普林格的理論於理有據，但有好長的一段時間裡，這些行動顯得既笨拙，又毫無成效。連普林格自己手上拿著的測氣計都無法量測出工坊內，或是船底艙內的空氣敗壞程度。伏特和賈多尼（Gattoni）的運氣好一點，他們以燃燒的速度為定義的基準，成功定義了病房的空氣品質。朱林也採用了相同的方法，不辭辛勞地分析床鋪的空氣，並畫出一張臭氣汙染地圖。[146]在他的紀錄中，位居臭味頂峰的是「地牢」，自此科學界均將地牢視為最危險的汙染地。然而，學者已經開始明白，所有的這些行動只能測量「生命所需氣體」、「不可燃氣體」和「類白堊酸」（acide crayeux）的相對量。臭氣仍然難以掌握。

從本章快速的歷史回顧裡，可以看出學界論述的多元。但千萬絕對不要草率地論定，路易十六治下的人民遭受的臭味威脅，比以往更頑強。經得起驗證的結論只有屬於感知現象學（phénomenologie de la perception）的部分。大約在十八世紀中期，人民對臭味的感受開始變得鮮明，彷彿是人們的嗅覺容忍門檻突然降低了一般，但在此時，工業的汙染還沒在城市裡沉澱堆積。很顯然地，科學論述在嗅覺門檻下降這方面，必然扮演了關鍵性的角色。只是我們沒有看到這一段，因為人類紀錄傳承下來的科學史，是獲得了科學實證的那一段過程，謬誤的那段自然而然地被遺漏了。

現在，只剩下一個不確定性待釐清了。前面的篇章只證明了，在某些特定的空間環境中，人們對於氣味的感受變得異常警覺。這些空間環境多半是由醫生、化學家和宣傳家塑造出來的。這些空間樣本當然不會是特例：人們不由得要想，後面一定還有更大規模的後續行動在等著。無論如何，民眾的憂慮與警覺心理的擴大普及，需要更加精確的評估。

第四章　重新定義容忍度

容忍門檻下降

首先，有件事至關重要，需要注意：專家設立了嚴密的警戒系統，試圖預報潛藏的感染風險。對純淨空氣的夢想與追求，暗示了事態的緊急，激生出有關窒悶城市的各種奇想。「事態緊急」，圖農（Antoine Tournon）呼籲：「首都已經淪為一個巨型汙水池，空氣腐敗惡臭……有好幾個（區域）危害程度已經高到讓當地的居民快要無法呼吸了。」[1]

這股屬於社會醫學範疇的行動風潮，正好搭上化學研究的起飛年代（一七六〇年至一七六九年）。法國歷史學者羅歇（Daniel Roche）鉅細靡遺地記錄了這段化學科學興起的完整過程。學者受到一種「功利迷思」（mystique de l'utilité）[2]所啟發——這裡還稱不上是功利主義——他們聚精會神地觀察著、收集著、記錄著。他們滿手密密麻麻的數據紀錄，期望能理出一個管理臭氣的頭緒。然而，所謂健康管理，不是單單掌握了惡臭一覽表就能搞定的。

當然，我們不需高估這些菁英推升的恐慌所帶來的影響，但要小心，千萬不要忽略了一般人不在乎惡臭的認命態度，與他們對除臭行動的抗拒心態。這一點我們後面會再談到。老百姓對臭味的容忍度，高得令觀察學者吃驚。人們見怪不怪、對惡臭習以為常的態度，衍生出說一套做一套的行為反差。「全世界只有巴黎人，能吃得下那些臭得讓人反胃的東西」，梅西耶看著首都內的魚攤氣憤地說。[3] 這世上沒有任何臭味能夠阻擋巴黎攤商做生意，舒維（Pierre Chauvet）補充說道，可見巴黎人根本是完全習慣成自然了。[4] 飄散著濃濃屍臭味的聖潔無辜者公墓，有許多少女在此散步閒聊，「就在這個屍體腐臭挑動嗅覺神經的地方，女孩們購買時髦衣飾、緞帶……」。[5] 更別說在聖猶士坦堂（Saint-Eustache）教區，少女專心聽著牧師講道，對周遭的噁心惡臭置若罔聞。[6] 巴黎牧師們為了反對遷移亡者墓地所提筆寫下的回憶裡，嗅得出百姓們相對而言，對這個問題多少已經麻痺的態度。[7] 儘管如此，人們對住家「四周令人髮指的環境」[8] 一貫秉持的容忍態度，卻悄悄出現了詭異的轉變。

比起上面所列的文獻，亞瑟・楊格的文章更傳神地演繹了歐陸子民對於臭味的無感，這個態度給他帶來的震驚，只是這回是出自一位英國人之口。「來到英國……你的五體感官可能不會很愉悅，不過還不至於讓人皺眉掩鼻。」[9] 他繼續寫道：在法國南部佩澤納（Pezenas）的小旅館裡，「有位替我們上菜的女士，腳上既沒穿鞋也沒穿襪，其貌不揚也就罷了，身上還散發著一股怪味，那肯定不是玫瑰花香。儘管如此，一位身上別著聖路易十字勳章（Ordre Royal et Militaire de Saint-Louis）的男士，和兩、三名商販竟還親熱地與她聊個沒完」。[10] 更讓他覺得驚奇的是，克萊蒙地區（Clermontois）

人民的態度：「難聞的惡臭聚積此處，空氣裡都是這股臭味，每當如甘露活水的山風停止吹拂充斥著大小便的大街小巷時，我不禁要敬佩當地百姓的堅韌，因為就我所見，他們似乎在這裡生活得很是愜意。」[11]

這位感覺敏銳的旅行者，他的震驚之情遮蔽不了人們對臭味容忍度下滑的事前徵兆。由於臭味與死亡出現了直接的關聯性，一些早已過時的行為格外清楚地證明了這層關聯，尤其是在瘟疫大流行的時候特別明顯。[12] 法國醫生梅紐赫（J.-J. Menuret）在一七八一年曾寫下：「民眾驚慌逃竄，躲避染疫者和病亡者身上散發的臭味和毒氣。」[13] 在落落長的臭味級別表上，亡者的屍臭似乎是民眾最早普遍認為最難以忍受的臭味。證據就是：雖然確如梅西耶所言，一般民眾對臭氣均表現得一派灑脫的模樣，但墓園附近的居民曾提出了一疊一疊的申訴書。屍臭一旦與腐爛肉類和鏽蝕金屬混在一塊，立即會引發民眾的憂心，隨後激烈的批評湧現自然也就不足為奇了。把生者住家與亡者安息地予以區隔的訴求，接二連三地出現。這一頁公眾輿論史如今已確立無誤。法國歷史學者傅華希（Madeleine Foisil）[14] 曾詳論了一六七二年間，惡臭熏天的三一墓園（Trinité）引發的民眾申訴案件。阿利埃斯、史學家修呂（Pierre Chaunu）與所有專研死亡的學者，均不約而同地指出這股發生在法國各地、請願遠離屍體的行動非常激烈，尤以巴黎地區最盛。墓園附近的居民提交的訴願書，取代了學者的論文與行政官員的紀錄，進而創造了歷史。一七八〇年，在蘭哲里街（Lingerie）的商家連連的抱怨下，[15] 終於成功地在讓聖潔無辜者公墓關門大吉。

臭味容忍度的門檻下降的情況確確實實地出現了，也清清楚楚地在歷史上留下一筆紀錄。梅西耶目光如炬地分析了其中的關鍵，儘管有些自相矛盾之處，卻瑕不掩瑜。梅西耶把責任歸咎到「化學家」身上。「二十年前，人們喝水，卻不怎麼關切水質。然而，自從氣體系譜（la famille des gaz）、酸與鹽的相關族系浮上檯面之後……人們全體同仇敵愾，堅決對抗空氣惡臭（méphitisme）。空氣惡臭這個新詞彙，如同一座警鐘，頓時敲得震天價響。自此危害健康的有毒氣體從四面八方而來，**嗅覺神經**上緊了發條，警覺心綳得超乎想像。」[16] 有人嘲諷：「輕佻的巴黎人愛看化學家傾注氣體的模樣，彷彿在看玩拋接球的雜耍藝人，然後自己再緊張兮兮地把鼻子湊近被空氣汙染得發臭的便座。」[17]

有關這波氣味覺醒的文獻記載非常多元，有關糞便臭味者尤多。早期巴黎的掏糞作業每每引發公憤，當時的掏糞作業是在沒有通風設備的情況下，用便壺或接合不夠密實的木桶直接傾倒糞便。鄰近住戶與掏糞工經常爆發口角，[18] 使得化糞坑清淤的過程就像是一場「凌遲極刑」。[19] 吉侯寫道，每當化糞池需要修理時，「該地居民便開始膽戰心驚」，[20] 直到掏糞作業結束才得以放鬆。經過的路人也不停地抱怨。掏糞自此成為公眾關切的焦點。皇家科學院任命拉瓦節、植物學家傅赭胡德朋達華（Auguste-Denis Fougeroux de Bondaroy）、米利伯爵等人規劃清糞的新工序並進行測試。他們也向聚集陳情的民眾徵詢意見，記錄下民眾聞到的各種不同臭味。蒙特福孔垃圾場也開始引發眾怒，[21] 一七八一年聖馬丁鎮（Saint-Martin）與邦狄路（Bondy）旁的居民就曾站出來抗議。[22]

爛泥巴搔刮著人們新生的氣味警覺心。何內斯（Ronesse）寫道：「一七八二年，聽著一日高過一日的抗議聲浪，還以為……街市以前是有多乾淨呢。然而，事實是，以前從來沒有人想過要出來抗議罷了。」[23]鼓勵大家多走路的新生活型態，加劇了人民憤怒的情緒。貴族仕女們接受了日內瓦醫生童徹（Theodore Tronchin）的建議，[24]走下了擁擠酸臭的馬車，敞開胸懷大口呼吸開闊的空氣，而且她們要求呼吸的是純淨的空氣。

達姆斯（Louis Damours）注意到了，民眾正在對牲畜屠宰和油脂處理業，醞釀新一波憤怒之情。[25]法國作家布冬（Françoise Boudon）指出，直到一七五〇年，中央市場的衛生慘況才浮上大眾的心頭。[26]這話印證了圖農的說法。

難聞的味道引發多方論戰。吉侯認為化糞坑、水井、油汙牆面、排水溝的惡臭最引人詬病。「近幾年來，針對最好敬而遠之的蒸氣……所帶來的危害，我們提出的警告比過去任何時候都來得多，並從而衍生出無數的爭端、仇視與訴訟。」[27]如今由上往下普及的態勢已然非常明顯，[28]也就是說，新的氣味警覺心已經從社會金字塔的上層階級，往下深入下層的階級。我們先前已經看到，化學家提出了一套標註健康或不健康的圖像系統，[29]而健康與否的判定多數是依照嗅覺分析而來。對於衛生界來說，那是「過去一直是那樣，而且從來沒有改變過的味道，突然之間，變得令人完全無法忍受」。[30]至於醫學界，醫生們發表的論文則多語帶保留，呈現多種觀點，充滿著令人憂心的不確定性。他們能提供的只有模糊的病原學（Étiologie）觀點。也就是說，醫學界對於惡臭與異味、噁心與不健康、空氣汙染與窒息之間如何劃分界線，仍然是眾說紛紜，混沌不明。醫學論述的不確定，使得嗅覺認知變得益發容易受到情緒的影響。於是，不確定的感受源於玄祕奇想遠多於科學理論，且如鬼魅般縈繞全體民眾的腦海。

如此一來，普羅大眾對醫院和監獄的恐懼又加深了幾分。傅柯（Michel Foucault）對此有非常傳神的描述。民眾對於這份恐懼的感受格外鮮明，因為所有的危險都是由感官捕捉。[31] 法國作家拉波特（Dominique Laporte）出人意表地提出了另一種解釋的角度，[32] 他從法國精神分析大師拉岡（Jacques Lacan）的觀點出發，認為一個中央集權的強國緩慢建構將開啟嗅覺新體驗（expérience nouvelle de l'odorat）之契機。自此，「嗅覺教育整體朝著與屎尿相反的方向走」。[33] 隨著化糞坑的多方普及，慢慢地演變成人民得自行處理自己的糞便了，人們也愈來愈無法忍受這臭味。既然所有的臭味都與屎尿脫不了關係，北方的維萊科特雷市（Villers-Cotterêts）於是頒布命令，公告市民應自行保管與處理自己的排泄物，他們天真地以為，此令一出，臭味理應會逐漸消失。拉岡的觀點，倒是呼應了費夫賀好久以前的直覺。

這一頁嗅覺革命前的氣味史，我認為轉捩點落在十八世紀的中期。這把革命之火先從語言燃起，古典法文的淨化活動剔除了難堪噁心的粗穢字眼，人們希望此舉至少能避免語言變得跟環境一樣腐臭不入流。自此與臭味相關的字眼，出現的頻率開始減少，值得注意的是，每當需要提及糞便之時，都會改用「極盡隱晦委婉的說法」。[34]

要消弭臭味，必得追蹤、分析、描述和定義臭味。關於這一點，我完全贊同拉波特的分析，儘管很遺憾地，他對此只提出了個梗概，[35] 且似乎一點都不熱衷於編年紀錄。這或許給了歷史學者們一個機會，為他筆下匆匆帶過的合理演變過程，進一步的區分並加註年月，就像法國數學家勒維耶（Urbain Leverrier）靠著數學演算，便能推測有海王星這樣的一個星體存在宇宙中一樣。從某個時刻起——據我推斷應該是介於一七六〇年到一八四〇年之間——衛生學者的地位大幅躍升，他們被視為英雄人物，「敢於對抗最頑強的髒汙」。[36]他們奏起了一曲「壯盛的清潔頌歌」，[37]繼續傳唱了整個十九世紀。

顯然，嗅覺革命一路走來，極端的噁心惡臭、廣設化糞池、與消除爛泥等各面向的口水論戰不絕於耳。本章的主題，源自集體恐慌的不安心理，這種心理狀態不是短時間的情緒發洩，因為它的出現，最終催生出了一個沒有臭味的環境，就是我們現今的生活環境。從政治史的觀點來看，也就是說，為建立一個強盛的國家，啟動新的糞便管理措施，同樣也有可能發展出這樣的結果。就讓專家來證明這樣的觀點說得通還是說不通吧。

但是，我們不能忽略了法國社會學家牟斯（Marcel Mauss）指出的人的概念（notion de personne）獲得提升，而垃圾私有化只是其中的一個面向而已，[38]就跟佛迪耶強調的新「身體空間」（spatialité du corps）概念一樣，[39]在這波臭味容忍度下滑的時期，人的概念提升顯然也扮演了非常重要的角色。梅紐赫將瘟疫流行期間，大家對「人群氣層」（atmosphère des gens）的厭惡之情，視為傳統平常的行為。[40]因為就算我身上的味道更明顯，或更讓人反感，我也只會厭惡他人身上散發的臭味、教堂裡有錢人的酸臭體味，或人群擁擠的公共場所殘留的汗臭味。[41]

古老芳療法的薄弱依據

十八世紀大量使用香料，使得周遭環境的氣味變得更濃。「芳香」[42]療法的功效，印證了香料在美學上的價值，不然少說也寓有享樂的意味。其實要劃分其中的界線，還真是很不容易。「噴了讓人愉悅的香水」，[43]在薰香盒裡點燃香膏，是為了阻絕感染。

香料和香水，跟某些刺鼻的味道，各有各的療效，在醫藥典籍裡也佔有一席之地，好比說法國化學家勒梅里（Nicolas Lémery）在一六九七年出版的著作，就一直是醫藥界的權威藥典。[44]百年之後，韋海發表了兩篇厚厚的關於滲透療法的論文。[45]羅里（Lorry）則在一七八三年左右，以醫療為出發點，將各種香味劃分等級。[46]香氛具有療效的概念，溯本追源可回溯至古希臘時代。十八世紀的醫生尊奉希波克拉底與古羅馬醫生蓋倫（Claude Galien），這是當然的，不過他們更推崇羅馬帝國的醫生克里托（Criton），大將軍埃堤烏斯（Aétius）曾說，克里托的所有療法都是以植物香料為基底。

香味一經人體吸入，之所以能快速地產生反應，且效力強大，原因在於鼻子距離大腦很近。勒梅里有一張藥方子，用來製作香氣濃郁的「醒腦香膏」（baumes apoplectiques），「因為聞起來很舒服的味道，是由微妙的揮發性與滲透性物質所組成，不僅可以碰觸到嗅覺神經，還能夠散布到大腦的每一個角落，並減少黏液量與其他太濃稠的體液量，提升動物的活力循環」。[47]一個世紀後，巴諾醫生（Jean-Baptiste Banau）基於相同的理由，認定由鼻子吸入惡臭帶來的風險，要比從嘴巴吸入高出許多，因為鼻子接近大腦，所以吸入惡臭「突然暈倒」死亡的風險會大增。[48]也是因為距離近的緣故，氣味視情況不同，會讓人感到歡悅或陰鬱。氣味具有能影響人類心靈的功效，正好為「植物芳香醫療」提出學說依據，其目地在於匡正可能發生的動物活力循環失調。[49]

對十七世紀的「機械論者」（mécaniciens），與他們的追隨者來說，氣味在有機體身上還有一種機械作用。他們指出，無論是經由嗅覺路徑吸入，或藉由陰道輸入體內的芳香氣息，皆會騷擾或「消滅」子宮內的「蒸氣」。勒梅里進一步說明道：「他們聲稱把麝貓香、麝香和龍涎香平放在肚臍和子宮附近的位置，倘若子宮之前曾因為蒸氣或呼吸困難的影響而移位的話，這些香氣能牽引底下的子宮，將它拉回到原本的自然狀態。鼻子吸入上面列出的這些香氣之後，這些香氣也會循著同樣方法，晃動和拉提子宮。」[50]這裡，作者只是單純地引述一項古老的醫學療法罷了。

香氣在防治傳染病和發炎方面，具有雙重功效：它能殺死人體周邊氣層中的壞因子，同時提升有機體的抵抗力，因為香氣能再次活化空氣的彈性，消滅疾病的毒素。[51]從專業醫學的角度來看，這些論述顯得空泛而無實據，且總是將「身體機能的喪失」與「身體周遭可能充斥致命的臭氣」，兩者混為一談。

香氛能改善有害空氣嗎？布勒尼（Nicolas de Blégny）[52]和勒梅里，這兩位在當時幾乎足以代表整個醫學界的響叮噹人物，一致認為可以，且深信不疑。「香料」在這裡指得是任何可用於煙燻的產品。它們可把隱藏在所有類似海綿質地的東西裡面——好比布料、衣物、裝穀物的布袋——的致病毒素消滅殆盡。這說明了為什麼地中海地區的檢疫站選用煙燻法來防腐消毒，[53]此法一直沿用至十九世紀中期，雖然贊成和反對傳染論（contagioniste）的兩派人士，長期爭論，始終僵持不下。[54]

醫生們矢志找出有效的防腐劑，期能防止致病的臭氣腐壞身體體液，約莫在一七五〇年左右，他們發現了一些科學論據，能證明某些香料具有療效，使得後來氣動化學論遭到了淘汰。先前說過，貝歇爾認為芳香物質可以促進血液裡的香脂循環，故而能減緩物質腐敗的速度。後來科學家發現有機生物和生存環境之間存在著氣體交換的現象後，他們開始認為，芳香物質因其具有揮發性，自然很可能就是「固定氣體」的來源了。

若採納普林格的說法，沒藥（myrrhe）、樟腦、蛇根、洋甘菊花和金雞鈉等，所有會散發香氣的物質，都是最棒的防腐劑。[55]林德則建議用樟腦油，或氣味較重的樹脂來改善腐敗空氣。[56]法國醫生也附議英國學者的說法。「德珀希寫道：每日焚燒盥洗醋（vinaigre）、*香氛……數次，可改善腐壞的氣體。」[57]嘉爾丹也給了同樣的建議。波德納夫醫生（Toussaint Bordenave）更擴大深入分析，[58]而伴隨著他的研究成果發表，香氛的作用範圍更加多元。這一類芳香防腐劑，有很多是屬於興奮劑或滋補藥，能提升人體對致病臭氣的防疫力，也有一部分是收斂劑，有助於關閉毒素進入有機體的路徑入口。另外，就是香脂，它能修補已經受到致病臭氣感染的體液，使之回復穩

＊ 譯註：舊時用香水混合醋，製成的保養用醋。

定。[59]

儘管見證香料功效的科學論證基礎混亂又薄弱，民間堅定的信仰卻一直支配著人們的舉動。「薰了香的人」能透過濃郁的香氣改善自身的氣層，必要時，可大口深呼吸，汲取麝香、龍涎香或麝貓香的香氣。浸濡這類香氣之中，能自我保護，且淨化周遭空氣。如此就不難理解，這些來自動物分泌物，略帶排泄物味道的動物性香氛，如何得以成為一種時尚，且流行了好長一段時間的理由了，似乎只有路易十四的威權能暫時地阻擋這股風尚，但終究也僅限於凡爾賽一地而已。[60]

傳統上，碰到傳染病大流行時，人們總是習慣性的讓自己吸飽香氣，以保護自己。一八〇〇年，法國歷史學家巴蓬（Jean-Pierre Papon）認為傳統民俗芳療的做法大致上為：「用一塊海綿吸飽盥洗醋，或拿一顆檸檬扎入丁香籽，再或者就用平常三不五時拿出來聞的**香氛球**（boule odorante）也行。詳實記錄下相關療法的作家們認為，經濟能力有限者，除了香氛球和香料盒之外，他們還說可拿小袋子裝些芸香、檸檬香蜂草、墨角蘭、薄荷、鼠尾草、迷迭香、橙花、羅勒、百里香、鋪地香、薰衣草、月桂葉、橘皮、檸檬皮、木梨梨皮。更建議在瘟疫蔓延時，多做一些放在屋子裡。」[61]

法國醫生皮舒茲（P.-J. Buchoz）則推薦紅色康乃馨，也建議在衣服上灑一些壓碎的白芷花花瓣。[62]無論是強烈的氣味，或是自己喜愛的香料也好，來自嗅覺的防護盾一直被視為是抵禦致病毒素的最佳防護劑。

所以，勒梅里認為口袋裡一定要放一只「香囊」（boëte à odeur）；[63]林德推薦隨身攜帶沒藥當作護身符，也可拿它來燻衣服；[64]法國化學家基東德莫沃（Bernard Guyton de Morveau）本身則仿效身邊的保健署官員，身上隨時備著一小瓶醯洗醋；[65]波姆留意到很多人習慣用小塊海綿沾滿沒藥，然後「不時拿出來，放在口鼻處」，[66]他希望受雇清理沼地的工人也能這樣做；拉馬奇尼建議掘墓人身上帶一片浸泡了醯洗醋的棉布，「不時吸一吸，好讓他們的嗅覺感官和心神能夠回復穩定的狀態」；[67]弗夸伯爵針對採石場工人提出建議：「進入礦場時脖子上掛著一個小布袋，裡頭擺兩顆搗碎的大蒜和一點沒藥，或用沒藥藥酒等香料酒擦拭臉頰。」[68]十九世紀中期，醫療化學蓬勃發展，但人們身上仍舊照樣備著這些保護身體健康的香囊。一八二六年，帕宏－杜夏特雷甚至強制規定受僱到艾梅洛（Amelot）進行下水道清淤作業的工人一定要配戴香囊。[69]

專家希望能透過噴灑或煙燻香料的方法，來改善周遭環境的空氣，而當時的人們相信溫熱的醯洗醋特別有效。這種醋酸的嗆酸味，在當時被視為香精，令如今的我們有些啞然。[70]此外，人們還會焚燒硫磺、火藥、封箋蠟。焚燒煙燻法常見的材料有散發香味的木材、迷迭香與杜松子。也有人噴灑清香劑。

煙燻的程序非常多樣，最常見的是：[71]往燒得通紅的鏟子上灑醯洗醋。更精緻一點的則有：拿幾片香膏或香錠放在熱騰騰的香灰上。也有人用小鍋子，尤其偏好銀製小鍋，表示自己屬於菁英階級。還有香氛匠會製作芳香帶（ruban de Bruges），*專用來焚燒薰香。頂級奢華的做法則是：用

* 譯註：浸泡香水後的長條狀棉布，可直接聞，亦可剪下一段燒熱釋放香氣。

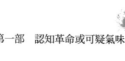

薰香爐，「一種木製小匣，匣口裝有格柵，可以掛自己想要薰香的物事。底座有一個小洞，從那裡插入燒旺的小腳爐，腳爐裡頭焚的是香膏」。[72] 檢疫站，還有來自東方疫病感染源區的郵驛馬車，都是用這種「煙燻」方式消毒。[73]

在使用化學工業產品的科學煙燻（fumigation）大舉入侵之前，煙燻消毒的本意僅止於，利用多樣的香氣來改變周遭空氣的臭味。但此舉讓原本通風本就不良的居所，味道反而變得更重。醫院病房裡多使用杜松子或迷迭香消毒。若想為整棟房子消毒，只需要在一樓燻燒即可，煙霧會往上飄，慢慢地瀰漫上面的樓層，煙燻時，人們清空櫃子和衣櫥，把衣物懸掛在外面，好讓它們能夠完全浸盈在這些救命的煙燻氣味中。[74] 一七二〇年，馬賽瘟疫大流行時，消毒小隊共用了三種煙燻物質來消毒，「先用香草，接著用火藥，最後用砷，混以其他數種檢疫站長久以來一直使用的藥。」[75] 萊昂神父牌（père Leon）香水和四盜牌盥洗醋（vinaigre des quatres voleurs）在當時賣得嚇嚇叫。[76]

船艦和醫院，再一次地成為旗艦標竿。在英國樸茨茅斯（Portsmouth）執業的醫生林德神父，他是制訂系統化消毒法的第一人，[77] 專門為人群過度聚集而變得髒汙腐臭的地方消毒除臭。煙燻法除了被用來消毒衣物之外，根據田農的報告記載，林德神父下令遭到汙染的船艦，必須在統艙和底艙焚燒大量火藥，讓「大片灰煙」瀰漫整條船。至於在歐洲大陸，莫洛格子爵稍稍改良了一下田農給海軍的建議：「我們可以往統艙灌芳香的霧氣，並派人拿燒紅的鐵勺四處走，進行移動式煙燻，並一邊往勺裡慢慢添加樹脂、焦油、杜松子或泡了盥洗醋的劣質火藥粉，抑或是其他價值低廉的香料。」[78]我們知道他的這份處方箋，後來屢經沿用。

許多觀察家證實醫院也曾採用煙燻法消毒。某些觀察家指出，甚至到十九世紀中期，還能看到這種煙燻消毒法，只是這一回，結果不如人意。醫院跟住家裡頭到處瀰漫著杜松子和迷迭香的味道。[79]教堂焚香或點安息香，一般以為是為了頌讚上帝，其實也是為了掩蓋地底墓穴死屍散發的臭氣。學者們更將之視為一種強效消毒法，是抵禦信徒聚集時衍生之群體臭氣的最佳防護罩。

煙燻霧氣無孔不入，在牲畜瘟疫大流行時，也曾現身畜欄。維克達吉爾看見了這個趨勢，出聲批評。[80]有好幾名醫生，引用希波克拉底命人焚燒木材防止雅典瘟疫蔓延的案例，並出乎意料之外地，成功用煙燻法消毒了整座城市。一六六六年瘟疫大流行時，芸香不是也成功地保住了倫敦的一區嗎？[81]百年之後，瘟疫再度發威，巴黎近郊的國王森林鎮（Bois-le-Roi）大街小巷同時焚燒了一百二十塊杜松子樹的木材，濃濃煙霧成功地壓制了病魔。[82]

除了因為煤是從地底土裡挖出來的，所以它燒出來的煙偶爾會引發人們疑懼之外，其他物質焚燒產生的煙霧，一直到很久之後才有人開始質疑。現階段，人們無法忍受的是腐爛和發酵的臭味，燃燒的煙味尚不在考慮之列。還有人說，可以在市中心區建置工廠，因為火窯排放的煙霧可改善人群聚集的腐臭、排泄物的惡臭，以及世代蓄積在土壤內的有毒蒸氣。[83]但有關城市衛生的論述絕對不是單一直線，因為生態主義幻夢隱藏驚人的曲折迂迴，讓我們必須謹慎看待這不合時宜的謬誤論述。

用芳香物質進行煙燻，即薰香，踏進了醫學治療的領域。老實說，這類芳療法似乎逐漸退燒了，且大多數都是用來治療歇斯底里症。「香料」具有的揮發性與高效的滲透率，還有鼻子與子宮之間讓人費解的神祕相通，在在使得醫生相信「芳香的氣味」，只要小心斟酌使用就具有抗痙攣的功效。他們聲稱香味能讓痙攣抽搐的病患鎮靜下來；焚燒紙張、舊鞋和別的臭東西，能夠緩和蒸氣的上升，治療無月經症；焚燒頭痛藥粉產生的煙能強化大腦；焚燒數種收斂劑可防止感冒加重；藥劑師還會製作一袋袋的小香囊，據說能讓鬱鬱寡歡的人重拾笑顏；也有人會焚燒香料粉末，薰染多愁善感者的衣物；焚燒丹砂則被認為能治療梅毒。[84]

味道濃郁的香料與煙燻消毒法，不是啪的一聲突然就退燒的，要強調的是，芳療熱度的衰退，不是直線下墜。再說了，它們退燒的速度，依各個社會階層不同，快慢有別。約瑟芬（Joséphine），還有督政府時期（Directoire）那些「流行穿著華麗浮誇服飾的貴族仕女」，就再次投向了麝香的懷抱。十九世紀，在歷經多次流行病的肆虐之後，香脂露（vapeurs balsamiques）受到的青睞可說是到了無以復加的地步。饒是如此，在這近一百年的時間裡，濃郁香料的療效卻是屢遭人起底抨擊，薰香的消毒功效也受到強烈的質疑。但理論上遭到淘汰的它們，仍值得好好分析。

對麝香的質疑

貝歇爾的理論認為，就算是排泄物，裡頭依然殘留有生命之火，故而仍擁有醫療價值。所以，

當我們赫然發現他調製的香料藥品，尤其是那一味**千花露**（Eau des Mille Fleurs），裡頭的成分居然有健康強壯的成人糞便時，也就沒什麼好大驚小怪了，古典派療法在此再一次得到支持。十八世紀中期開始，當一些新的危害也被認定是肇因於腐爛臭氣時，大眾對於這類含有糞便的產品，態度出現了急劇的反轉。這樣的態度也擴及當時芳香產品都會用到的動物性香料。

如果說普林格和麥布萊德的研究造就了香料的風行，同一時間，也有一些醫生開始把麝香、龍涎香和麝貓香視為是包藏危害的腐敗物質。為了凸顯它們的毒害，甚至不惜誇大攻訐它們的形成過程*與糞便的性質相同。學者指證歷歷，宣稱它們令人窒息的濃重味道，與糞便的臭味之間，存在著危險的嗅覺相似性。[85] 裘谷（Louis de Jaucourt）[86] 當時就認為，麝香香氣散光之後，「拿去掛在潮濕的地板上方，最好能盡量靠近廁所。一段時日之後，它會自我修復，重拾氣味。由此可證，麝香的本質與排泄物相差無幾」。

學者爭相列舉兩者的相似之處：波以耳說[87] 馬廄和羊舍聞起來就像麝香；韋海證實人的糞便經過隔水加熱再消化發酵後，也會散發一種類似麝香的味道；[88] 霍夫曼（Frédéric Hoffmann）進一步分析指出，這個氣味的源頭是膽汁；胡埃（Ruelle）直指麝香的味道跟老鼠大便沒有兩樣，他指控調香師製作芳香產品時，常用鼠糞混充麝香；哈特利認定堆肥散發的味道和麝香一模一樣，只要我們往後退幾步聞就能知道。在這些指謫下，**千花露**成了化學家和衛生學者交相指謫的首要標的。

* 譯註：麝香、龍涎香和麝貓香分別是麝鹿、鯨魚、麝香貓體內分泌排泄物累積形成的固體油脂。

有報告直陳麝鹿麝腺散發的氣味*甚至可以殺死獵人，只要他靠近獵物時一時大意忘了遮掩鼻子的話。

還有布爾哈夫，他很早就提出了另一種說法：濃烈的氣味會耗損心靈，誘發並強化內心的不安，有時候還會導致昏迷。法國博物學家布豐伯爵（Georges-Louis Leclerc, Comte de Buffon）說：如果說感覺始於喜悅，痛苦就是感受的結束。[89]在嗅覺這一塊，有一道門檻，若甜甜的淡香跨越了這道門檻，就是過分強烈的濃香。頭痛算不上什麼大病，但香氣就是一種提神與興奮的物質，長時間用香氛來治療頭痛，可能導致嗅覺「麻痹」。[90]

法國書信作家塞維涅夫人（Mme de Sevigne）曾經一度深深為一款香水著迷，那就是「匈牙利皇后香水」（Eau de la Reine de Hongrie）。**後來她卻轉而警告自己的女兒，格里紐夫人（Mme de Grignan），不要過度使用，因為這款香水在她眼裡已經變成不折不扣的毒藥了。[91]同時，羅里[92]認為麝香，對，還是它，會紊亂女性的神經，破壞男性的腸胃。繼培根和拉馬奇尼之後，[93]弗夸伯爵也注意到藥劑師和他們的助手經常遭逢可怕的事故。接生的穩婆不得不「全身灑遍」[94]濃烈的香水，以保護自己不受產婦釋放的腐臭氣體感染，結果反倒被人指控，她們身上的濃烈香氣害得產婦陷入歇斯底里。動物同樣逃不過嗆鼻濃香的危害，據聞有馱負番紅花的騾子倒地猝死。[95]

更恐怖的是，坊間流傳著許多駭人的傳聞，指控嗆烈濃香隱含極其致命之毒素：法王亨利六世（Henri VI）是因為戴了薰過香的手套才駕崩；教皇克萊蒙七世（pape Clement VII）則是因為離一支散發濃香的火炬太近了。甚至有人加油添醋（雖然也是沒有多少人相信），說有一位印度女王，把一位美麗的少女獻給亞歷山大，而這名少女的口氣有毒——你沒看錯，確實是嘴巴噴出的口氣——因為該名女子長期吸入對身體有害的藥物氣味。除此之外，還有數不清的文獻詳述嚏根草（Ellébore）、天仙子、西班牙金蒼蠅草（mouche espagnole）、玉蘭花和毒番石榴的危害。[96]半個世紀後，還得動用了西班牙毒物理論學家奧菲拉（Mathieu Orfila）的權威，才得以將上述這些植物的氣味毒性調降到弱毒性的等級。這也說明了，何以孕婦如此戒慎恐懼的提高警覺，提防身上帶有可怕氣味的不速之客上門了。[97]

特權的菁英階層對身體衛生的知識增加了，益發激起了他們對於刺鼻味道的警戒之心。散發強烈香氣，如今意味著清潔衛生不夠到位。麝香香氣惹人生疑，就算是在公眾場所也一樣。霍華德直指用香料煙燻，等同掩蓋醫院對環境清潔的不夠用心。[98]相對地，盥洗清潔方面的進步，則加速拉開了優雅甜香的流行序幕。對於勤洗澡和愛裸泳的人而言，如此高頻率的使用濃烈香氛是件很危險的事。因此人們關注的重點轉移到謹慎挑擇盥洗產品上，因為它們的香氣能「順著吸收系統的傳輸途徑，迅速滲透動物的結構（économie animale）」。[99]

一七五〇年之後，社會崇尚自然之風，使得頑強的濃冽香氣益發不受青睞。人們改透過盥洗清

* 譯註：麝鹿的麝腺位於下腹部，靠近生殖器，麝腺分泌的麝香酮具有濃烈香氣。

** 譯註：一種含酒精的迷迭香香水，於一七三〇年專為匈牙利皇后，波蘭的伊莉莎白（Elżbieta Łokietkówna）所調配。據傳她之所有能夠登上后座，並享有高壽（七十二歲），都是因為她長期使用此款香水保養所致。

潔來讓身體變得芳香，猶如往身上披一件散發細緻霧化植物性清香的外衣。總之，香氛在邁向奢侈品和人工製品的路程裡，刺鼻的濃香與香脂的味道的確受到了汙名化。[100]繼法國哲學家普呂格（François-André Pluquet）之後，慈悲的賈肯教士（A.-P. Jacquin）[101]認為只有盥洗醋、硫磺和火藥是有益身體健康的「味道」。賈肯教士撻伐了香料、抨擊「把自己弄得香噴噴」的弄臣，只是他的指謫偏向於道德層面，少了一些科學上的論據：「他說，這些香味，與其說它們意味著乾淨，還不如說是一種道德淪喪的癖好，或流行歪風。」[102]香氣助長了感官印象的混淆，法國作家卡拉契歐里（Louis-Antoine Caraccioli）認為，這樣的混淆會拉低貴族的品味。「彷彿鼻子不該只有嗅覺功用，眼睛不該只滿足於看東西，而舌頭不應只是品嚐滋味而已。」[103]葡萄酒裡添了香料、菸草散發幽幽茉莉香、糖隱隱帶有龍涎香，人們一股腦往所有吃的東西裡面加香料。「就這樣，五種感官感受相互交融，一味追求物慾享樂，感官再也不願切割彼此，獨立專責。」[104]這些針對香氛的指謫，更與那些砲火更強烈地針對人工製品、矯揉作態、女性化潮流的抨擊沆瀣一氣，總而言之，在衛道人士的眼裡，這一切都是將人類推向「墮落」深淵的不良趨勢。[105]

這裡我們觸及了嗅覺革命的一個關鍵環節，也就是這股針對「香氛」的抨擊浪潮，與中產階級意識的抬頭與普及，兩者之間的連帶關係，這部分我們在後面會再詳談。從詞義上面來解釋，香氛意味著一種能如輕霧般揮發，瞬間消失無蹤的東西。當時，但凡會像過眼雲煙般消失散佚的東西，都是揮霍的象徵。轉瞬即逝的東西無法累積儲存，消失的東西無法復得。我們大可夢想著回收垃圾再利用，讓糞便變黃金，但蒸發作用卻讓人感到絕望。對中產階級來說，有一點他們難以接受，那就是眼看著自己以勞力積攢換來的東西，就這樣消失無蹤了。被人們斥為軟弱、混亂和縱情逸樂之象徵的香氛，正好與辛勤工作的價值背道而馳。除了它可能具有的醫學療效之外，香料本身沒有任何的「第二價值」，[106]甚至被冠上了不道德的標籤，於是經過廣泛的考量之後，一般認為香氛最好能剔除所有的動物性成分，讓一切能與生殖繁衍本能沾上邊的不雅聯想，徹底隨著麝香一起消失。

香料的淘汰

醫生和衛道人士指出動物性香氣隱含危害之後，過沒多久，氣動化學論大放異彩，開始摘除「香氛」和「香料」的療效桂冠。

矛盾的是，再次質疑香料保護功效的科學論據，似乎源自麥布萊德。吉奈特（M. Gennеté）從一七六七年起，就斷然地在法國拋出這樣的結論：香氛無法讓身體取得**燃素**，反而會消滅燃素。[107]一七七五年，維克達吉爾直指用香料煙燻法消毒完全無效。[108]賈肯教士明確指出乾燥花香氛，和魅惑的香水皆無法恢復氣體的彈性。[109]說到綜整香料無效的說法，並予以理論化的人，當然是非基東德莫沃莫屬了。香料煙燻法之所以無效，是因為沒有產生任何的質變。真正的消毒劑應該是消滅了某些原本存在的物質之後，會在附近產生一些新的物質，一些經過化學分析後，可以辨識得出的新物質。[110]

多數學者很快地認同了他的說法。[111]帕宏－杜夏特雷大聲疾呼：「盡速明令禁用香氛」。沙普塔（Jean Antoine Chaptal）則說：「大眾常用的焚香等……煙燻法只不過是掩蓋住了難聞的氣味罷了。」[112]醫療化學的進步，尤以法國化學家馬盧因（Paul Jacques Malouin）為代表，他強調要嚴懲並明令禁止芳香療法。在此同時，英格豪斯證實了植物呼吸的氣體交換，與該植物本身的氣味是香是臭完全無關。

關於此節，還是有些細微的差異待釐清。普利斯特里與英格豪斯的分析，並無法解釋某些植物散發的氣味的確會對環境造成影響，這件事實不容否認。在這樣的情況下，有些人認為，就算香氛無法淨化有毒的空氣，也不能說是毫無用處。況且民間堅信，生機蓬勃的春季花卉對身體有益。這些花香於是被當成克制腐臭，甚至成為了糞便惡臭的剋星，而這些都是普遍認同需要時時警惕避開的臭味。弗夸伯爵抨擊麝香，譴責以人為的方式把公寓弄得香噴噴，[113]並大力推崇呼吸自然空氣，以及沐浴在草原中的天然清香。盧梭的影響力也不容小覷，只是不知道他筆下那座茱莉的花園（Jardin de Julie），是否也參考反映了他那個時代的醫學之說。

一八一八年艾勒出版的官方藥典裡，[114]將香氛與醫藥做了切割，但字裡行間仍可見到他對民間醫療信念與行為的猶疑態度。學界抱持的懷疑論調在此時爆發：他們認同香料煙燻法無效之論，對此法信心盡失；他們否認香氛具有療效，進而敲響化學製藥的勝利之鐘。然而，他們自認沒有能力駁斥那些根深蒂固、悠遠流長的傳統做法，所以他們接受了那些最最清淡甜美的香氛，容許在裡頭添加酊劑（esprits），這些淡香水通常是以精華露的名號在市面販售。他們也鼓勵使用藥房調配製成的香露。總而言之，他們試圖讓這些芳香物質改以佐劑的角色面世。也就是說，藥房與香料鋪之間，長久存在的重疊地位依舊沒有改變。

第五章　重新評量嗅覺帶來的歡愉

玫瑰露與歡愉

品味的變遷與時尚的轉換，使得學者強力撻伐的濃香，也跟著遭到了菁英階層的抵制。私人空間的嗅覺環境雖然少了濃郁香氣，卻不減其多彩，反而多了許多細緻的繽紛變化。新的行為模式反映了人們對含氧空間（espace oxygen）的著迷程度。春天草原上飄散香脂的氣息是嗅覺揮之不去的夢魘。義大利著名畫家提也波洛（Giovanni Tiepolo）想像的空氣內部（interieurs aériens）空間，隱隱吻合這波新的嗅覺警戒要求，而需要警覺避開的標的物也不難察覺。臭味容忍度的門檻下降，人們對於來自糞便的惡臭變得難以忍受，於是相關的禮儀規範也訂得愈來愈嚴格，愈來愈明確，並且開始凸顯私密清潔（toilette intime）的社交功能。[1] 禮儀規範指出，為免唐突，人們該避免使用肉慾暗示性過於明顯的濃郁香氛。

十八世紀末，眾人最常引用德國醫生普拉特納（Ernst Platner）的研究，他列舉了身體不潔在理論上可能導致的危害：油脂堵塞了毛孔，使得該排出體外的體液被留在體內，加速物質的發酵與腐敗，更糟的是，油脂會促使皮膚上殘留的「髒汙再吸收」。[2]皮膚上這層噁心的油脂，我們總是草率地認定它能阻擋臭氣滲透體內，其實它會阻礙有機體進行維繫身體平衡所需的氣體交換。所以要常常清洗身體。普拉特納跟賈肯一樣，他們都建議民眾經常洗臉、洗手和洗腳，還有「偶爾」[3]也要清洗全身上下。

個人身體衛生就這樣，在理論上還存有許多不確定性的情況下，戒慎恐懼地開始推廣，其間面臨眾多阻力。像是生機論者和機械醫學論派大聲疾呼三思而後行，因為沖洗身體帶來的危害，不僅僅是會洗掉波爾德所再三強調的生命力那麼簡單，更何況不經考慮的泡水沐浴會導致纖維鬆弛，機能衰退，全身無力；波以耳、朗契西和艾勒對肥皂的使用也多有疑慮，尤其是在瘟疫流行時；[4]衛道人士則擔心沐浴隱含的縱情逸樂、肉慾色彩以及情色誘惑。因為那時候，人們在浴池裡裸裎相見，往往免不了受到肉體的誘惑，[5]故而有這樣的疑慮。

反正，沐浴過去一直是少數菁英階級的專屬。由於對水資源的掌控不足，個人身體衛生的推廣，遲遲無法大幅地在一般民眾之間普及。[6]此時，公共用水成了熱門話題。[7]說真的，沐浴雖然在十八世紀末逐漸普及，至少在首都圈是如此，[8]但多數人都還把它當作是一種醫學療法。連法國人口學學者莫侯（Jean-Baptiste Moheau）都說，沐浴只對生病的人和不工作的人有用，其餘健康的人，只要出一身汗就能清除毛孔的堵塞。[9]

儘管如此，關於個人衛生的大眾教育已經有了雛形，這一點我們之後會再提到。幾個容易讓人心生疑慮的地方，開始起草相關的衛生規範，例如：學校、[10]更常見的是監獄牢房、醫院、兵營與庫克船長的船，都成為了試驗場，測驗這些尚待進一步明確定義的新衛生策略。

社會菁英階級對香氛的新用途，恰巧吻合了此時興起的盥洗新禮儀：個人不應使用嗅覺防護罩來掩飾自己的不良衛生習慣。相反地，應該要盡量讓大家聞得到個人身上，專屬於我的獨特氣層。只有某些經過嚴選，且明確能調和體味的植物性芳香，才會對人產生吸引力。加上**鏡中我影**（selflooking glass）＊概念的發酵，女性開始留意自己吸汲的香味並想要控制它。優雅香氛對心理與社交方面的功效，巧好可以解釋此時新興的時尚氛圍。「我們該想辦法讓自己喜歡自己，調香師戴讓（M. Déjean）在談到植物性香氛時，曾說：『香氛能讓我們在聚會中顯得活潑幽默，讓別人喜歡我們，這正是群居社會的基礎。如果很不幸的，連我們都不喜歡自己了，還有誰會喜歡我們呢？』」[11]這段話與法國史學家夏提葉（Roger Chartier）對於學生禮儀手冊的看法不謀而合：「禮儀規範開始朝向不妨礙他人，且符合整體衛生的方向走，學生在遵守規範的同時也能讓自己感到高興，得到滿足感。」[12]女性希望吸引人來聞她，因為這意味著她想表現出自我的意念獲得了肯定。透過身體衝動的暗示，與從他人身上看到的自我鏡影，女性創造出一種交織著夢想與慾望的**香味**。從氣味拼湊走向嗅覺短句的轉變隱然成形。

新的時尚氛圍，對優雅與細微處的重視，也解釋了莫茲觀察到的重大歷史事實：從嗆辣挑釁轉向人人歡迎、從人工回歸到自然。[13]曖昧未明的撩撥才讓人心旌動搖。「戴讓寫道：『人們噴灑香水……是為了要滿足嗅覺上的渴望……這不是那些強烈粗暴的味道可以滿足的，人們需要的是那種難以捉摸、難以道明的甜美芳香』。」[14]

這樣的原則逐一實踐下來，自然導致人們開始抵制動物性香氛。一七六五年，《百科全書》如是寫著：「打從人們的神經變得更嬌弱起」，龍延香、麝貓香和麝香就被逐下了時尚的神壇。[15]人們再也受不了散發麝香味的手套，因為香味實在太過濃烈了。相關的記載可謂汗牛充棟：法國醫生勒卡（Claude-Nicolas Le Cat）宣布，麝香已經落伍了；[16]戴讓暗示麝香已失去人氣，彷彿這已是不爭的事實，無需再贅言解釋，所以，他只為龍延香辯護。[17]儘管如此，戴讓仍小心謹慎地不過分誇張，因為也有些陳述抱持著更加保守的態度。有些人強烈抨擊動物性香氛時，仍有人持續愛用「皇家龍延香精萃」（extraits d'ambre royal），且熱度不曾消退。麝香頑強的抵抗雖然曾遭到強力鎮壓，但麝香的確存續下來了，且流傳至今，今日還是有人在販售麝香，[18]這說明了慾望與禁忌的祕密遊戲一直有人在玩。某些特定人士仍舊喜歡這一味。

英國心理學家艾利斯（Havelock Ellis）理性分析了麝香遭人唾棄的現象，並將之視為性學史上的一件大事。[19]他認為截至十八世紀末，女性使用香氛的目的並非如當時的學者所言，是為了掩蓋身上的體味，反而是為了凸顯體味。[20]麝香的功能跟馬甲一樣，都在強調身體曲線之美。德國性愛嗅覺器官學大師哈根（Hagen）認為：[21]女性在此之前一直循著這個目標，追尋最濃烈、最野

* 譯註：鏡中自我的概念（looking-glass self），由美國社會學家庫利（Charles Horton Cooley）所提出，他認為每個人對他人都是一面鏡子，能反映出他人的表現。藉此說明自我的概念是基於他人對自己的反應和認知所產生的。

性的香味。

從這個角度來看，動物性香氛在十八世紀末期的人氣下滑，只不過是宣告這類性愛氣味的「原始價值」不復當年罷了，[22] 艾利斯再次印證了波爾德那些讓人心驚的研究。自此，西方世界的男人和女人無不費盡心思地，企圖遮掩身上散發的惱人體味，且遮掩的技巧愈來愈高超。其目的在否認嗅覺在性事上扮演的角色，希冀至少要把香氛帶離煽情與影射的範疇，總之從此以後，暗示親密關係的要素從腺體分泌的濃郁氣味，變成了甜美的薄薄香汗。這是性誘惑史上，絕無僅有的重大變革。二十二年之後的弗洛伊德（Freud）卻是個例外，當人們群起貶抑體味在情慾撩撥上的角色時，他是第一個大談嗅覺感受挑動激情慾望的人。[23]

不可諱言，感覺主義是推動禁止使用動物性香氛的一大功臣。排泄口的位置離生殖器官很近——麝鹿的麝腺就是鐵證——所以動物性香氛會帶有穢物的臭味，而這股糞便臭味正好說明了生殖器官何以會讓人覺得不好意思，說得更白一點，讓人感到羞恥。哈特利對這樣的說法深信不疑，他說：「伴隨著羞恥心、不潔等想法而來的不快情緒，有相當大的程度來自動物排泄物的惱人臭味。」[24] 這位英國哲學家就這樣，給了早期的天主教宗教作家們（Pères de l'Eglises）一個學術理論，來解釋他們珍視的信念。哈特利的理論隱隱地驅使人們譴責、棄用麝香、龍延香和麝貓香。

動物性香氛不敵落敗，前面已經提過箇中的學術理由。它的衰敗過程是複雜又離奇，繼之而來的是對春天花卉精萃的瘋狂著迷，「香精」、「精油」和「香水」無不大發利市。這股新的時尚有著多重面向。[25] 路易十五的宮廷，規定每日必得使用不同的香氛。除了大獲好評的玫瑰露之外，[26]

還有紫羅蘭香露、百里香香露，特別值得一提的是，薰衣草香露和迷迭香香露。「馬盧因記載：薰衣草香露被廣泛地用於清潔盥洗，和衣櫥薰香。一般而言，薰衣草香味是所有香氛之中，人們最適應，最能接受的香氣。」[27]到了一七六〇年，[28]坊間推出了所謂的元帥夫人與公爵夫人香露，人們爭相使用。這股風潮等於認同了這波對自己的體味產生的新警覺心。數年之後，來自島嶼的植物香料為植物性香氛系列產品，更添一絲異國風情。[29]男人，跟女人一樣，被動地接受了這股新風尚，卡薩諾瓦曾嘲笑年輕的巴瓦男爵（baron Bavois），說他的房間滿滿都是他身上抹的香露和香膏的味道。[30]

雅緻的「香氛」成為個人身體衛生禮儀的一環。雖然，確實有好幾位醫生，尤以普拉特納為首，建議使用純水來盥洗，並要大家小心那些添加了香精的混合物，可惜沒有人聽。[31]十七世紀，「天使香水」（eau d'ange）風行一時，但到了一七六四年，戴讓告訴我們，此時已經沒有人使用它了。緊接著由散發水果甜香的香水、飄散花香的香皂和香膏，還有沐浴時搓揉身體的香氛球，接棒擅場。香水大師開始製作香錠和香粉，方便去除雙手的異味，或掩蓋臭味異常頑強的物品。[32]日子久了，人們逐漸形成了用玫瑰清露漱口，還有用鳶尾花香膏來讓口氣清香的習慣。

風流文學很快地就反映了麝香沒落的事實。雷蒂夫的情色文學，對於衛生和洗漱也多有描述。不得不說玫瑰露在內文中獨佔鰲頭，不斷地朝輕佻的女性小配角身上，腳上、屁股和「陰部」噴灑。[33]連坐浴桶都成了情慾歡愉的配件。卡薩諾瓦的文字裡也都是同樣的單一氣味，彰顯了女性用玫瑰露洗澡似乎已是一種必然的儀典。[34]香味不全然都出現在翻雲覆雨的交歡場景裡面，[35]它有時也與肉體慾望保持著一定的距離，像是在薩德侯爵（Sade）的情色文學世界裡，[36]就完全看不見它的蹤影。

醫生的謹慎不是沒有原因的，因為皮膚的強大吸收力逐漸被披露。但香粉能消弭這份疑慮，而且香粉比任何一種香氛產品，都更能展現出使用者的個性。戴讓這樣寫著：香粉是「按照每個人的品味與喜好來調配，而且味道比同樣成分調製出來的香水更加顯著」。[37]聲譽維持不墜近百年之久的元帥夫人香粉，是由督蒙元帥（maréchale d'Aumont）的夫人精心調製而成，混合了鳶尾花、丁香、薰衣草、玫瑰、香橙和馬驕蘭（marjolaine）的味道。此時常見的香粉有鳶尾花香粉、塞普勒斯（Chypre）香粉，還有就是康乃馨香粉。尤其是康乃馨香粉在路易十五統治末期大放異彩。[38]它的成功象徵了植物性香氛的勝利。

人們對花卉的癡迷，就這樣自然而然地走到了著魔的地步：追求時尚的巴黎婦女親自種植丁香和羅勒盆栽；[39]女性化妝室裡，裝飾著大盆大盆的花卉；高雅的仕女時興配戴忍冬花或野地生長的野花，像是黃花毛茛（Renoncule）、風信子、黃水仙、鈴蘭、牽牛花與各種野生毛茛。其中又以紫羅蘭最受推崇。瑪麗安東妮皇后（Marie-Antoinette）將這些遠在她入主宮廷之前就已風行有年的時尚行為，更加發揚光大。[40]

濃郁的香氛已經過時，一般認為只有輕浮的老女人，或鄉野村婦才會用。身上的動物性香氛，會洩漏老百姓的身分。梅西耶說：「高雅仕紳的身上絕對聞不到龍涎香的味道。」[41]曾有一位身上噴出濃烈麝香味的老花癡公爵夫人，她一走出來，就算站得遠遠地離她有二十步之遙，都還能聞得到，卡薩諾瓦甚至因此差點昏過去。[42]卡薩諾瓦自己只用沒藥和安息香，這是用來炮製魔法師用的含硫工具。[43]曾有一名迷人的瑟蕾絲丁（Célestine）拒絕了他，她甚至取笑他身上的香水味道，但後來她的出身遭人披露，她才坦承自己使用母羊油脂（graisse de chèvre）。[44]

一八六八年，大仲馬（Alexandre Dumas）在論及舊制度末期的菁英階級時，這麼寫著：「除了哲學家之外……，每個人都是香的。」[45]艾德蒙．龔固爾（Edmond de Goncourt）和于斯曼也為這十八世紀的芳香傳奇獻出了一份心力。雖然文人的文字描寫稍顯浮誇，但在《百科全書》中有一部分是事實。在室內薰香讓環境和擺設變得清香宜人的做法，在當時可能是一種捨棄麝香和麝貓香後的補償行為。調香師於是推薦各種「可隨身攜帶的芳香組合」，[46]不再需要侈言療效，人們只是單純的「因為喜歡而用」。戴讓進一步說明道：「大家把香料放在小瓶子內，免得不喜歡這些香味的人聞了皺眉。」[47]人們把浸泡了香水的棉花藏在迷你小瓷瓶，或是橡樹果實內，然後縫在衣服上。高貴的人物還會互別苗頭，比較分析對方香氛的組合成分。擁有皇家香水，象徵著隸屬奢華貴族階級，像是卡薩諾瓦總是隨身攜帶路易十五宮廷人士送他的那瓶香水。[48]我們也都看到了薩德侯爵被監禁在巴士底獄時，曾寫信要求收件人寄濃烈的「香氛」給他，顯得他是多麼得嚴肅且堅持。[49]

女性最偏好的策略性小物是香水手帕，[50]它的使用風潮一直延續到十九世紀。調香師與追逐流行的女士，還會製作「可以隨身攜帶的小靠枕」，[51]枕心裡撒滿了微含麝香味道的紫羅蘭香粉。還有一種所謂的「英格蘭香袋」（sachets d'Angleterre），外層用的是塔夫塔綢（taffetas）或佛羅倫斯綢布料，而不是用會破壞香氣的帆布，而這些都可以在家裡縫製。[52]只要塞入吸飽香水的棉花，或是一小撮的香粉，再用緞帶繫在仕女的睡衣上，或放進衣櫥、五斗櫃，抑或床頭櫃的抽屜裡即可。

飾品配件也要有香氣才行，這使得淡淡的普羅旺斯香水手套取代了麝香手套，[53]只要使用香水扇子，搧來香風陣陣，連帶搧來仕女酥胸與花束的美妙氣息，與手套的甜香融合得恰到好處，真可謂嗅覺之絕妙饗宴。至於用薰了香的布料縫製小配件，這種盛行於英格蘭與蒙佩里耶的時尚做法，一般在法國比較少見。[54]讓睡衣躺在一籃子優雅香氛裡一陣子之後，再穿上它蔚為流行，[55]可見情慾撩撥方法的大改變。

所有的配戴物飾，像是勳章或珠鍊，都可以接受香氛的薰陶。[56]礙於在仕女面前抽菸的行為不合禮儀規範，男人開始改抽散發淡淡茉莉花香、晚香玉和橙花香的鼻菸。[57]連廚師也拼了命地讓菜餚變香。

私人空間裡，更是各種細緻香氛不一而足：芳香盒（boîte parfumée）、[58]香氛籃（corbeille de senteur）、[59]還有乾燥花（savant pots-pourris），[60]據說有些乾燥花的香氣可維持長達十年，甚至十二年之久，[61]這使得有錢人的公寓得以永保清香。製作這些產品，就跟製作香膏、香粉或香水一樣，需要真正的手藝，我們或許可以這麼說，保持居家清香的家庭工藝，能與調香大師的商業產品一較高下。

儘管身體清潔方面的進展仍相當有限，但盥洗室卻已然成為調情的聖殿。盥洗室跟仕女專用小客廳一樣，是一個充滿了親密誘惑的嗅覺環境，更何況盥洗室還有帷幔和鏡子呢。帕爾尼[62]繼盧梭[63]之後，也曾來到在這個以龐巴度夫人（Mme Pompadour）為代表的情慾撩撥聖地，駐足緬懷。[64]相反地，黎希留公爵（duc de Richelieu）讓人在府邸安裝了噱頭十足的香風扇，雖然這個裝置可說是將嗅覺感受推到了極致，但似乎沒有引發跟風潮。

自我陶醉的香味

好整以暇地迎接我們選定的感覺，盡情地享受這感覺所激起的歡愉與情感，這是感覺論者信奉的首要教條。盧梭把這門感覺的藝術，當成追尋快樂的首要方法，重點在於物件的選擇與布局。這非常難以選擇，就算選定的感覺沒有引發反感，真的帶來了快樂，人們卻不知道該如何延續這些突如其來的感覺，最後總是落得感到悵然迷惘。想要真正的品味嗅覺上的愉悅感，無疑是在暗示大家先遠離爛泥和水肥，遠遠避開活體生物的腐臭，避開城市的狹窄空間還有暗藏危險的山谷。連鄉村都要避開。[65]吉哈丹（Rene-Louis Girardin）指出：小鎮都成了垃圾場；[66]「奧伯曼哀嘆：我瞧見上百間茅屋緊挨在一起，看見可怕的穢物堆積成山，街道、畜欄、菜園、牆壁、地板、溼答答的屋瓦，一直到門前群聚的家犬，還有室內的傢俱，全部連成一片爛泥地，而在這片爛泥中，只見婦女尖叫，孩童哭泣，男人汗流浹背。」[67]

就這樣，民眾對「社交氣體」的反感，儘管其定義仍曖昧未明，但已經可以強烈的感受到了。[68]大力鼓吹山居的法國地質學家，德卡博尼耶男爵拉蒙（Louis Ramond, Baron de Carbonnières）認為這種「氣體的交流」[69]只有平地上才有。他直指平原與山谷是熱門的社交帶，移居高海拔地區的菁英應該能避開這樣的氣體交流。換言之，避居高處等於是把人群聚集產生的臭味，扔給了那些被迫只能待在平地上的人。

有錢人得以享受純淨的空氣，他們的住家雙邊眺望寬闊海洋，緊鄰大片空曠地域，但有了這些似乎還嫌不夠：童徹建議有錢人常出門散步，享受走路時帶動的微風，並警告他們，休息不動的時候，要小心滯留的空氣；每年夏天，狄德羅和他的愛人沃蘭德（Sophie Volland）都會逃離巴黎，一人前往史佛赫（La Chevrette）或格蘭瓦（Grand Val），另一人則去小島（Isle）；[70]盧梭筆下的男主角聖普厄（Saint-Preux），曾驚訝地發現山上竟見不到混濁的霧氣。一七七八年，法國醫生杜芬尼（Pierre Thouvenel）戮力推廣尚在起步階段，但深受哲學家推崇的空氣療法，而朱林大力鼓吹**「空氣浴」**（bain aérien）。[71]儘管「空氣療法」[72]的概念尚未完全證實有效，已經有醫生將它列入了處方箋。至於療法的細部施行規範，則要等下個世紀的衛生專家去做了，他們才會非常專業的根據年齡、性別和個性，規劃不同的包套療程。[73]

花園和高山，反正就是相對於腐臭匯聚的反義地區，被賦予了一切的救贖重任。吉侯呼籲廣設公園，好讓市民能夠來這裡消除身上的臭味。[74]無論如何，高山是最佳選擇。在高海拔地區長住，當然也有風險。瑞士地質學家，也是公認為現代登山運動創始者的索緒爾（Horace Benedict de

Saussure），曾要他的讀者多加小心[75]那些所謂的「乙太領域」（confins de l'ether）[76]內的空氣，因為那裡的空氣其實「貧瘠空洞，不具有任何人類棲息地擁有的氣體」。[77]他的說法讓短期旅遊的旅客心生不安。瑞士山區的居民「退化」、婦女變醜，[78]甚至是阿爾卑斯山的莫瑞安納峽谷（Maurienne）居民變癡呆，[79]在在說明了謹慎的重要。不過，離群索居的生活，最起碼還是能讓人感到心情愉悅。因為山中的靜謐，奧伯曼才得以聆聽泉水淙淙流淌的美妙樂音。

躲進花園也能創造出這種「浪漫的情境」。吉哈丹這樣描繪：「（花園）雖稱不上蓊鬱蠻荒……卻也安詳幽靜，心靈浸盈於此不受打攪，更能深刻地、全心全意地領略美妙的感覺。」[80]在這裡，嗅覺感知被灌注了諸多強烈的情感，完全不理睬某些將嗅覺視為獸類感官的學者，以及他們言之鑿鑿的論點。

法國文人瓦特雷特（Claude-Henri Watelet）直言：「為了不損及理性，肉慾必須往大自然裡找尋依據，至少也得找出一個肉慾的藉口。」[81]因為是必須在「選定的鄉野或大自然」中，[82]這個條件使得人為精心設計的馨香花圃遭到淘汰，改由極少數的特殊香味專擅一時。自此，乾草香一躍坐上香氛的龍頭寶座。梅西耶、[83]拉蒙、[84]法國浪漫派作家塞南古（Étienne Pivert de Senancour），與法國作家洛艾瑟德崔歐嘉（Joseph-Marie Loaisel de Treogate），[85]紛紛大讚乾草聞著讓人稱心愉悅。奧伯曼寫道：「將近四點的時候，晨光微亮，農人趁著晨間天涼，踏著月光割下的乾草，這陣陣清香將我喚醒。」[86]就這樣**新割乾草**成功地擄獲了大眾的心。在許多歌頌大自然的文學作品裡，若論及花香，出場次數最多的絕對是黃水仙、紫羅蘭和茉莉花，雖然香水業最推崇的玫瑰，似乎顯得有些過時了。至於果香的代表，則以草莓為最。

我們可能會覺得，花園好像變成了嗅覺愉悅的地方，但這從理論上來說好像有些說不通。我們都知道，說到花園，人們腦海中首先出現的是一幅畫。勒菲兒（Liane Lefaivre）觀察指出，花園的構圖仰賴「視覺機制」，她說得一點都沒錯。[87] 建築師明顯側重視覺與聽覺上呈現的美感。英式花園給了人們一個機會，重新審視那一套已經是陳腔濫調的感官等級論（hiérarchie des sens）。吉哈丹盛讚視覺，認為它超越了其他感官，能給人帶來最快速、最鮮明、最奇妙的感受。[88] 德國園藝理論家赫希非爾德（Christian Cay Lorenz Hirschfeld）在一七七九年歸納出一個極其權威的結論，他指出在所有的認知感官當中，「接收花草植物香味的嗅覺，應該是位階最低的，若是你想把它跟接收空氣清涼觸感的觸覺擺在同一級也可以」。[89] 因此，藝術家「雖不能說是完全地忽略嗅覺感受」，但多數還是「專注在眼睛與耳朵的感受上，特別是眼睛。所以園藝師的設計多著重在，如何將鄉野自然景色美美地呈現在雙眼之前」。[90] 在這裡，花朵的重要性不比從前，它們的第一要務也是滿足視覺上的歡愉，所以首要功能變成了大量地覆蓋山坡地、區隔開草原，而不是為了享受它散發的花香。「鄉野花園」中，有許多戲劇感十足的場景設計，在在印證視覺位居感官之首位。接著是聽覺能讓我們領略淨化環境的陣陣清風，更重要的是，聆聽流水淙淙。也只有在這個時刻，聽覺才能在這場追逐愉悅的競技場上，短暫地與視覺一爭高下。我們都知道，對後世影響至大的英國議員惠特利（Thomas Whately）對嗅覺完全沒有任何著墨，而法國景觀設計師莫雷爾（Jean-Marie Morel）同樣也不甚理會嗅覺感受。[91]

儘管如此，還是有人認為應該打破這些早期的既定思維，嗅覺於是踏進了藝術家的調色盤，尤其是那些期盼自己創造的感官／情感作品能與眾不同的藝術家。香氣可以是提升情感策略（stratégie émotionnelle）的輔助工具。若在這個時候，就想專研哪一種感官會帶來什麼樣的個別感受，實在是言之過早了，因為這樣做等於否定了「對應感知」（perception correspondante）的追尋，赫希非爾德就認為少了相應感官感受的情感，花園充其量不過是一個感官體驗的地方。「一個滿眼新綠、笑語遠遠飄來的小樹林，裡頭若同時也能聽到夜鶯鳴囀、瀑布流水汩汩，聞到紫羅蘭幽微清香的話，那就更迷人了。」[92]

園藝大師精心設計的感官同現效果，凸顯了少數地方、少數態度和少數情感對嗅覺感受的需求。嗅覺首先得配合休憩的需求，無論是房屋與「睡房」的四周、樹葉成蔭的綠色廊道或涼亭，還是邀人駐足的青苔地毯、[93]山谷幽靜處，若我們將格局放得更大一些的話，還有一些「靜謐的省縣」，都需要開花植物或香草的綠意環繞。沒有人比赫希非爾德更有資格創造這種幽深園林的典範了，儘管英國學者沃坡爾（Horace Walpole）早已描繪出輪廓。[94]這個典範，跟盧梭筆下那座茱莉的花園不盡相同，僅有那條綠色廊道類似，也就是米爾頓詩中，暗示天地間首對男女隱身偷嚐禁果，沐浴伊甸園「甜蜜野性」[95]的地方。

當園內流水放送清涼意趣時，也會有嗅覺上的需求，一起創造加乘的感官感受，因此吉哈丹建議在溪畔種植香草系植物。[96]橡樹林中央，山泉附近，「簡單的芳香植物，宜人的香草和松脂，將此處薰染得香氣醉人，心胸隨之開闊」，[97]幻想旖夢因而馳騁。赫希非爾德也建議，在遊人最喜歡駐足小憩的橋面周圍，隨意點綴一些開花植物。[98]

工作與繁衍，為濃郁花香隱含的情慾意念，提供了冠冕堂皇的存在理由；養蜂場四周的花圃，肆無忌憚地散放香氣，招蜂引蝶。「大片大片的百里香、薰衣草、馬驕蘭、柳樹、椴樹、楊樹，香氣遠遠地就能聞得到。在這裡，奢侈豪華的芳香和大量花卉是被允許的。」[99]

這個時期，由於已能分辨哪些自然生物有益健康，哪些有害健康，使得社會洋溢樂觀開放的態度，充滿蓬勃生機的植物芳香，益發讓人心神迷醉。這樣的態度無疑是給那些引發慾念的戶外氣味開了大門。好比女性臉部模擬（mimique faciale）的類比暗示：某些嗆鼻的野花香味會給人帶來微醺的感覺，進而產生性慾衝動。套用學者的說法，高潮一出現，女性與她吸入的花香之間，那片曖昧薄膜旋即消失。[100] 清香樹叢底下、綠蔭遮天的僻徑，這隱密、放鬆、旖旎夢幻交織之地，很容易搖身一變，成為縱慾放浪的絕佳舞臺。大自然的清新香氣與慾火焚身之香混雜交融。年輕的伯爵夫人之所以會被罪人朵勒普斯（Dolbreuse）吸引，[101] 甚至變得如同她在鄉間的新婚之夜那般心神蕩漾，很大部分要歸咎於大自然天人交織的醉人芳香。橙花、茉莉花和忍冬，為席德尼（Sydney）和菲莉希雅（Félicia）的雲雨之歡增添醉人馨香。[102] 過去風流男子為享受肉體歡愉精心安排的誘人香氛，顯然不敵盡情享受植物精萃的享樂主義。

儘管有關英式花園的理論汗牛充棟，也不該就此忽略了住家周邊常見的花園和香草園（**休閒庭園**），以及它們的頑抗存續力。這也就是吉哈丹與赫希非爾德雙雙強調的中產階級風尚。仕女們，特別是年輕女子，喜歡在自家園子裡發洩情感。她們在這裡平息體內氣鬱，呼吸「淡雅、細緻、怡人、清新和乾淨的香氣，重拾心緒」。[103]

這一些格外看重嗅覺感受的地方，輾轉讓嗅覺多了一項重要功能，那就是提升了人們的自戀傾向。浸盈於盧梭的《遐想》（*Rêveries*）、少年維特（Werther）的內心告白，或是楊格（Young）的《夜》（*Nuits*）裡的讀者，無不想感受強烈的自我存在意識，他們遠離**世界劇院**（theatrum mundi），*對社會感到困乏無力，夢想著離群索居，躲進壯闊園林的洞穴，或山頂奇峋岩石之間。既然嗅覺有助於自我感受到心靈的逃離，自然也是感受時間流動的最佳感官。園藝建築師必須時時觀測大自然的嗅覺時鐘，[104]他知道有清晨花園、午間花園和夜晚花園之分，而他必須做出抉擇。如果他希望特別凸顯出香氣，只要植物釋放的氣味會隨著白晝的遠離益發明顯的說法沒有被推翻，他就會選擇夜晚花園。拉蒙認為，庇里牛斯山（Pyrénées）滿山遍野的紅色康乃馨，香氣之所以如此動人就是因為這個緣故。[105]四季的主題也納入了大量的香氣，設計師無不絞盡腦汁，這一點，這裡就不贅述了。

嗅覺的新亮點在於，它能引發充滿情感的回憶。套用盧梭的說法，嗅覺帶人尋覓「懷舊之幽情」。[106]因為某種氣味的牽引，過去與現在剎那間產生了交集，毫無預警地，時間隔閡就這樣被打破，一段舊事浮現。淡淡幽香讓思緒昇華，為記憶中的畫面更添詩情畫意。正是這種回到過去的感覺，鞏固了描寫氣味的文字在文學上的地位。這裡我們舉兩個例子說明，事實上，這樣的例子不多得不勝枚舉。

* 譯註：即世界舞臺，西方哲學和文學發展出的暗喻，上帝為作者，人類為舞臺人物，人類的行為構成一齣戲劇。

一七八九年，拉蒙寫道：「我不知道那些香氣裡有些什麼，能如此強而有力地喚醒過往的記憶。沒有任何東西能夠做到這種地步，我所鍾愛的地方、遺憾的情境，或是記憶模糊了卻在心頭鏤下深刻痕跡的短短數分鐘。紫羅蘭芳香飄來，心靈如沐春風。我說不出，在我這一生中，那些在椴樹花下度過的日子，哪一段最甜蜜，那香味撩動了長久以來我平靜的心弦，讓它從沉沉的睡眠中甦醒，讓美好時光重現。我覺得在我的心和我的思緒之間，橫著一片薄紗，若掀開了，我可能會覺得溫馨，或……悲傷。」[107] 奧伯曼也曾在信上說舍塞爾（Chessel）小鎮新割乾草的清香，勾起他對「自己小時候，常在裡頭跳上跳下的漂亮穀倉」的回憶。[108]

法國歷史學者卡斯東（Yves Castan）[109] 是繼費夫賀與法國歷史學家曼杜（Robert Mandrou）[110] 之後，對聽覺著墨最深的學者。卡斯東描述了聽覺如何力抗知識圈最倚重的視覺，長期穩坐社交網絡第一感官的寶座。現代社會對視覺的仰賴愈來愈重，尤其在法律訴訟的過程中最是明顯。在法院，聽與說逐漸淪為眼見為憑的附屬品。這是感知史上另一個長期被人忽略的重大事實。而到了十八世紀中葉，一股美學風潮慢慢成形，其中的嗅覺儼然成為驅動人類偉大心靈活動的重要感官。

法國詩人聖朗伯特（Jean-Francois de Saint-Lambert）這麼寫著：「氣味給我們帶來最私密的感受、最即時的歡愉，比起視覺感受，氣味更不受理智影響。當我們深吸一口恬適香氣，愉悅的印象立刻在第一時間成形。視覺衍生的愉悅感，則多取決於我們看到該物品時產生的想法與渴望，或它們催生出的期待感。」[111]

正因為氣味感受瞬間即逝，還有它悲春傷秋的那股哀戚特質，敏感的心靈特別容易受到氣味挑動，逃不開它加諸心頭的感傷情緒。說不清、道不明的氣味，稍縱即逝，曖昧的慾望因之躁動無法獲得滿足，自怨自艾的自戀情緒油然而生，心緒與氣味兩者之間竟似有種奇異的連結。奧伯曼哀嘆：「黃水仙！紫羅蘭！晚香玉！你們只擁有短暫瞬間。」[112] 這受到挑動的情感竟在轉眼間煙消雲散，他為此深深著迷，卻又備感失望。在所有的感官感受中，嗅覺是最能讓人感受到彷彿「整個人朝著一個獨一無二的點，逐漸聚攏縮小」的一種自我存在感。[113] 除了聆聽水流節奏之外，嗅覺給了我們另一條一窺內心空無的途徑。或許是《一個孤獨漫步者的遐想》（*Rêveries d'un promeneur solitaire*）的作者盧梭，本人嗅覺功能嚴重衰退的緣故，[114] 導致歷史學者大多嚴重低估了氣味的重要性，最起碼在學術理論方面是如此。

我們發現，相較於其他感官，嗅覺更能揪出有特異體質（idiosyncrasie）之人。《百科全書》中〈氣味〉（odorat）一文的作者，在提到香氣的吸入與氣體冒出或停止之間的緊密連結時，他寫道：「每個人都有不為人知的神經狀態（disposition nerveuse）。」菁英階級對麝香的排斥態度，反映了個人警覺心的提高。而「特異體質」一詞，在未來近一百年的時間裡，將成為分析我們統稱為「過敏體質」時常見的專業術語。根據嗅覺器官學領導人物的說法，其中以克洛奎特為首，嗅覺引發的行為，呈現的是堪稱整個有機生物界中，最神祕難測的心情狀態。[115]

受到曇花般瞬間即逝的香味所衝擊，以及使得內心情緒激動翻騰的心情，也可以拿來與糞臭引發的心緒狀態做個對照。我們都知道，清楚地感受到自己身體內正在逐漸腐爛，那感覺會有多恐怖。卡拉契歐里高喊：「我們活在危害之中，身上永遠帶著一股無法忍受的臭味。」[116] 於是開始規劃了特定的排便場所，而且將便溺場所逐漸個人化，人們不得再隨處便溺。垃圾私有化（privatisation du déchet）的政策上路後，這些排便的場所竟變成了抒發內心獨白的地方。罕見的英式沖水馬桶，只有在凡爾賽宮裡有裝設，也僅限國王與皇后瑪麗安東妮專用。[117]這兩位就這樣成為全法國最早領略這種新的私密體驗之人。如廁從群體性的行為（pratiques sociales）演變成個人的行為，這個演變有利於自我陶醉的自戀意識之發展。接著，墳墓個人化之後，很快地屍臭消失了。有醫院曾經起心動念，想把沒有救的病患直接拒於門外，因為這些人的身體正在逐漸腐爛。一八一三年，弗德黑建議逐出這些「被囚禁在自己身體所釋放的腐敗氣體中」的淋巴結核患者。[118]

還有，嗅覺比其他感官更能讓人體會到世界的和諧。正是自然的氣味稍縱即逝的特質，帶領著人們領悟這宇宙的陰陽平衡，讓死亡變得難以看透，[119]並賦予對世界會更好的期待。「瞬間消失的衝擊」成了「猛然的呼喚」（appel subit）。[120]莫茲高明地分析了這種情緒轉換的深層意義：「大自然和人類融為一體，給了人天人一體的錯覺。這種感受能修復心與靈之間那根已經斷掉的線。單純的香味變成了自我意識的感應。這種感應能將個人，與在此之前感覺很陌生的大自然，融合在一起。」[121]

這種融合共存的體悟重新定義了肉慾，使肉慾再也不是本能的貪淫，而是像瓦特雷特所形容的，達到「外在物體、感官與靈魂之間最完美關係」的一門藝術。[122]就這樣，那朵最私密的花，其目的逐漸顯現：「它似乎是專為了男性而開」。[123]天生敏銳的人對氣味魔力的心醉神迷，而其中沒有人能比塞南古形容得更絲絲入扣了。春天的花卉對菁英心靈拋出猛然的呼喚，促使他們追尋

「更私密的生活」。「一朵盛開在牆頭上的黃水仙，延伸出表達慾望的最直白說法：這是今年的第一縷花香。我可以感受到專屬男性的滿滿幸福。」[124]「大多數人都想像不出，植物香氣與人世間的幸福之間有什麼樣的關係。難道因為這樣，這些少數菁英分子就應該認為是自己的腦筋出錯了嗎？雖然也有幾位聰明絕頂的學者覺得這兩種感受毫無關聯。只是，那位看出了植物香氣與人世間的幸福之間連結的天才，他也是這麼想的嗎？」[125]

鄉間野花的重要性真是再怎麼強調也不為過，因為幽微的天然花香，讓人捉摸不定，花香是上天降下的禮物，它帶來無窮盡的芳香餘韻，讓人怦然心動。[126]花香揭示了人們內心難以察覺的潛在慾望，人們即將刻畫一個以少女為中心建構的宇宙。

***

十八世紀末，[127]花園和山嶺成為眾人追尋探訪之地。旅人們來到此處，沐浴幽香遠離塵囂，不僅是為了放鬆或是單純地享受感官上的愉悅。人們只有在躲開渾身臭氣的人群後，才得以有追憶緬懷過去，或感受自我存在的希望。相較之下，凝望園林藝術家打造的人工庭園景觀，或遠眺嶙峋巨石所帶來的視覺感受，反而不如黃水仙花香那般，能勾起人們心中這種全新的感受。之後，大自然春日野花的芬芳所具有的心靈功效，慢慢地轉移到了香水身上，至此，嗅覺美學時代正式來臨。在這個時期，最重要的是除臭，去除身體的異味，尤其是環境場所的臭味，才得穩定人們的感官功能，使人們精準地捕捉到心頭小鹿的顫動。

醫學方面的規範，旨在消弭斑疹傷寒、阻絕惡臭，弭平人們害怕腐爛臭氣侵襲的無名焦慮，壓抑自我陶醉的意識，以及它激發的嗅覺感官慾望。醫學還試圖控制人們想藉由吸收大自然的香氣，進而感受個人存在與世界和諧的想法，甚至是消除定義未明，且尚未細分的社交氣味所引發的恐懼。這些醫學方面的規範經過匯整，逐漸形塑出十八世紀中葉以來的一連串除臭策略。

從許多歷史事件中，我們可以看到：人們對臭味的容忍門檻降低，精緻香氛流行風潮興起，還有個人身體衛生推廣牛步般的進展。跳過大量的醫學論述不談，這場感知革命既可看作是除臭的工具，也可說是造成人類學學理混亂必須付出的代價。它的影響層面既多又廣，足以喚醒整個社會的意識。

第二部

淨化
公共空間

第一章　除臭策略

鋪路、排水、通風

十八世紀末，對於衛生的疑慮逐漸升高，催生了許多基礎工程建設。此文的目的不在評量建設的成果，而是重新審視當時的論點，溫故知新，希望能藉此完成一部感官認知史。當時衛生政策之制定，有其長遠的歷史背景，與當世對噁心惡臭的偏執恐懼牽涉其中。政策綜合整理了一些承襲自古典科學，在十四世紀後轉而在都市規劃領域中嶄露頭角的做法。儘管如此，這波衛生保健學說絕對不是故步自封、了無新意。醫學的進步，更重要的是，化學領域的大發現，讓衛生觀念步上了現代化的腳步。

衛生保健策略，已經脫離了傳染病大流行時，那種臨時因應對策的短暫應急色彩。它開始著重在策略的延續性與統合性，以整個市政為藍圖，協調綜整各項決策。「都市問題的發生」，[1]是「城市機器說」（villemachine）的功能概念之一大勝利，促生了「地貌梳理」（toilette topographique），它與以街衢清潔和布建排流點為主軸的「社會梳理」（toilette sociale）密不可分。從一七四〇年到一七五〇年的這十年間，成立了專責協調的衛生警察隊，聽從聲名卓著的醫生派遣。這批專業警察雖然談不上工作效率卓著，至少贏得了「做法透明」、「不為私人牟利」等名聲。都市人口逐漸增加，逼得市區必須與墓園做出區隔，此一趨勢讓那些對城市發展感到悲觀的人有了一點期待，也凸顯了社會福利計畫的急迫性。

消毒去汙的計畫——自然包含除臭在內——理想近乎烏托邦，夢想著掩蓋有機物一生留下的生存證物，抹去所有無可抵賴的有機跡證，也就是那些預言死亡將近的東西，糞便、經血、腐肉和屍臭。[2]嗅覺的沉默並沒有讓臭氣繳械投降，因為臭味沒了，等於否定了人生老病死的過程和物種的繁衍。但嗅覺的沉默減緩了人們對死亡逼近的焦慮。

這波除臭的衛生命令中最讓人感到匪夷所思的就是：企圖圈出哪些地方的氣體確實受到土壤蒸氣的毒害。切斷火成岩的含硫氣體溢出，防止它向上滲透土壤之中，以確保未來不再遭受危害，同時盡一切可能地將惡臭封存。難以實施行除濕乾燥計畫的地區，一律引水淹沒那裡的低窪地和可怕的土地裂縫，以防止輕霧般的氣息從底下冒出來。漲潮時海水會淹到的港口船塢或引水道，到了必須疏浚的時候，都等海水將這些地方淹沒時再處理。[3]沙普塔建議在低窪沼澤邊上填土。[4]

這份憂心解釋了大眾何以對貝圖隆教士拋以怨懟的目光，[5]因為那套「恐怖的石板鋪設技法」就是出自他的筆下。[6]文化保存論者傳統上都有一幅城市憧憬圖：仿效羅馬人，鋪設石板路。石板路面不僅能帶來視覺上的愉悅，讓交通更便利，而且只要用大量的清水就能沖洗乾淨。不過，鋪石板的頭號功用，仍是為了隔絕土壤的汙染，與泥濘地的危害。市場邊的臺貨間，鋪石板絕對必要。[7] 一直深受汙水威脅的諾曼第大城康城（Caen），鋪起石板更是不遺餘力。[8] 至於自英國引進的，最新型的人行道設計，雖然需求迫切，但法國很晚才廣泛設置人行道。法國最早的一條人行道在一七八二年出現，沿著巴黎的法蘭西劇院路（今日的奧德翁路〔rue de l'Odéon〕）鋪設。

按照此論述的主張，他們鼓吹大範圍為鄉鎮的馬路鋪設石板，甚至替農村民宅內的地板鋪設石板。[9] 霍華德建議把醫院中庭地面鋪設的石板換成扁平的小石頭。[10] 化糞坑的石板鋪面是最容易蓄積危害水氣的地方，成為各方痛下針貶的標的，有些規範的細節詳細到令人瞠目結舌的地步。[11] 法國歷史作家阿弗雷德．富蘭克林（Alfred Franklin）指出了鋪石板的兩難窘境。就算石板能阻止臭氣往上飄散，它同樣阻斷了蒸氣的滲透，延緩了能清洗土壤的自然降雨流入，妨礙地下水的代謝換新，也就是說，阻礙了長年累積地底的危害物質進行自然的循環淘汰。一言以蔽之，石板鋪面讓物質的流動停滯。

為了防治**房屋痲瘋病**（lepra domorum），衛生專家重新思考了摩西的訓示。刮除牆面上舊有的灰泥塗層，重新粉刷；敲下牆面上直接與地面泥土接觸的磚塊，因為這些磚頭已經吸滿了混在泥土裡面的腐敗物質。這些都只是技術性的強制命令。[12] 刮掉牆面灰泥塗層，換新磚塊，重新粉刷，洗淨牆面、拱頂和木造結構，就是替房屋穿上護身甲冑來抵禦惡臭的概念。白石灰塗層跟著一時洛陽紙貴，也就不難了解了，因為白石灰牆面不僅看起來美觀，而且還是對付臭味毒害的有效利器。巴諾醫生除了堅持在牆面、傢俱塗上臭氣防護油料之外，還堅持衣服也一樣。[13] 霍華德就大力讚揚哥爾特醫院（hôpital de la Corte），在房間的隔間牆上鋪一層塗了防護漆的瓦片，高達八尺。[14]於是，嚴密地封住臭氣累積處，不讓外溢，變成是很自然日常的事。而推升這些防護行為的背後心理不容小覷，就是它催促著衛生專家針對工業惡臭危害制定了防治策略。[15]專家學者所研擬的密閉封槽建築技法，解釋了市中心之所以出現化學工廠的原因。這個以奧古斯丁教派（augustinisme）理念為本的方案，成了日後管理主義（réglementarisme）的一大主軸，為後來的糞便處理提供了藍圖。貝圖隆教士要求掏糞用的木桶，接合處必須連接得滴水不漏，他甚至提供了幾個標準的木桶原型。杜赫很高興地看到大部分的車輛都已經密密地刷上石灰塗層。[16]

儘管大眾已經之道液體流動暢通的重要性，但是對於水的使用，態度仍有所保留。所謂清掃，其重點與其說是要洗沖乾淨，不如說是**疏通排水**，藉此確保水流暢通，讓排泄物能被沖走。自從英國醫生哈維（William Harvey）發現了血液循環的機制之後，本著有機論的原則，於是推演出空氣、水和有機體的產物絕對需要動。身體要健康，就一定要動。佛迪耶指出：「事實上，任何東西只要能移動，再怎麼大量堆積，也不會腐敗。」[17]重農主義者將這個看法運用到經濟層面上。都會史專家尚—克勞德．貝洛（Jean-Claude Perrot）認為，一旦流動循環的功用獲得認同，都會風貌將產生巨變。它加速了排水與「**防護屏障的拆除**」。[18]動的作用在於讓排泄暢通，有利排淨穢物。這個概念同樣也解釋了當時對坡道的重視。透過排水讓城市保持乾爽，也就是透過排水技術和調節管理，來洗刷陳年淤積不動的腐敗物質，確保城市的未來，解決人類群聚地區，大自然無法自行排解的問題。

弄乾城市邊緣臭沼澤地的行動，如火如荼地展開。一七六〇年，伏爾泰決定淨化費爾內鎮（Ferney）周遭的環境。[19]一七八一年，瓦耶侯爵（Marquis de Voyer d'Argenson）大肆抨擊圍繞羅什佛耳（Rochefort）的水澤地。作家德聖皮耶（Jacques-Henri Bernardin de Saint Pierre）挺身宣揚排水的功效。[20]對一般人而言，最重要的是保持街道乾燥。的確，清洗路面長久以來一直都是人民最關心的一件事。法國人口學學者畢哈朋（Jean-Noël Biraben）強調早在十四世紀黑死病蔓延時，就已經有清洗路面的記載，尤其是在南部的納邦尼（Narbonne）。[21]當局策略慢慢地與時俱進。在一六六五年和一六六六年間，世人對傳染病的恐懼，給了北方亞眠市（Amiens）一個清洗街道的機會。[22]當局下令剷除爛泥與任何容易散播「有害氣體」的垃圾。一六六九年，眼見危害逼近，當局緊急採行多項防疫措施：撲殺家畜家禽，每一戶都得在自家挖茅坑。亞眠市就是最好的例子。法國歷史學家戴翁（Pierre Deyon）提到在法國阿讓區（Agenais）、德國魯爾區（Rhur）和比利時的安特衛普（Anvers）地區，都曾採取相同的措施。[23]

十八世紀，衛生警察的工作職掌變得更加明確，而且更加融入每天的例行日常。一七七九年，巴黎街道的清潔已經一躍成為競賽項目。當時，汙水排放的問題已經辯論了很長一段時間。[24]這些倡議流通的計畫，惹怒了傾向將穢物先嚴密封存再排掉的一派人士。繼糞便私有化的政策之後，他們個個躍躍欲試，倡議垃圾私有化。舒維鼓吹循里昂的模式。在里昂，「家家戶戶每一層樓都擺著個大箱子，民眾把清掃後的廢棄物倒進箱內暫存，鄰近的農家每週會定期來把箱內的東西帶走……」。[25]圖農建議將原本標示垃圾堆放地點的石墩，換成中空的鐵墩。此外他還呼籲在每間屋子旁邊，正門前的石板路上，建一個類似通氣窗，裝上「拉動式滑門」的隔欄。[26]

激進的改革派盤算著一石二鳥之計，希望能一舉解決垃圾與遊民的問題，也就是一舉掃除糞便惡臭與社會毒瘤兩大沉痾。貝圖隆提議讓乞丐從事清掃的工作。[27]舒維則希望交由貧民和殘疾人士來做。[28]一七八〇年，拉瓦節大力稱讚伯恩（Berne），說它是整理得最乾淨的城市。苦役犯人「每天清早拉著大型四輪推車，拖著腳步走在街上……，身上套著的鏈條，另一端綁在車前轅木上。女性累犯身上則是比較長、比較輕些的鏈條，鍊條另一端同樣繫在推車上……，這些婦女一半負責清掃街衢，另一半則負責把穢物搬上推車」。[29]吉侯建議由苦役犯人負責城市的清潔工作，只要將他們一一編號，並在身上綁個小鐵球讓他們無法完全自由行動即可。他們「清掃街道，並將掃成堆的爛泥汙物，丟進一旁同伴推的兩輪貨車車斗內。同時間也順便清掃汙水罐、汙水排放井，清除大型動物死屍，例如：馬、騾之類。當然也要清除小型動物的屍體，像是狗、貓、還有到屍體汙染的爛泥，因為一般人習慣將小動物屍體扔到爛泥地上」。[30]他們每天帶走裝滿各種家戶穢物垃圾的木桶，傾倒後清洗乾淨，再逐一放回原地。

法國歷史學家法爾日（Arlette Farge）和沙狄（Pierre Saddy）對當時學界呼籲施行的保健規範進行了分析。[31]例如：嚴禁排水溝汙水外溢的禁令（一七六四年），以阻絕如小溪般竄流路面的汙水；加上禁止隨意亂潑穢物和糞水，[32]強制住戶清掃自家門前環境；確保[33]人行步道、橋梁和碼頭有人灑水清潔；每天早晨派密閉車斗的馬車，將堆放在石墩旁的家戶垃圾收走；改良掏糞技術；普及汙水系統。這些都是這次當局企圖實踐的「排泄物循環」大藍圖，底下的主要標竿措施。

決心大力改革掏糞作業，是這一波保健政策的重大推動力。箇中原因，我們都已經很了解了。自一七二九年十一月八日的政令頒布施行後，掏糞工的工頭享有工程獨攬權。但他們也必須遵守愈來愈嚴格的工作執行細則。一七二六年五月三十一日的政令，禁止他們將收集來的穢物往路面竄流的流水、塞納河或井裡倒；不能使用破洞裂開的木桶；鏟走糞便之後，還得清掃，用水刷洗剛剛處理完穢物的地方；只能在夜間進行作業。強制規定他們必須直接把穢物送到化糞坑，且禁止在運送途中，流連小酒館。這一長串的禁令實施下來，人們終於得以挖除長年惡習，種下管理主義在未來發展的種子，只要管理主義的主張確實能在掏糞工人身上驗證到它的成效。

一七七七年，[34]出現了排水溝的清潔消毒競賽。超過二十位的專家學者，[35]其中不乏名震一時的大家（弗夸、基東德莫沃、艾勒、拉瓦節、帕門第埃〔Antoine Parmentier〕與法國科學家皮拉特德羅濟耶〔Jean-François Pilatre de Rozier〕等）參與其中。他們分析比較來自各地的汙染臭氣，找出除臭成效最為卓著的所在。這項競賽的目的在消除臭味，確保排水系統的乾淨衛生。

若不用水來沖走穢物，那麼就得擴大建設垃圾場收納爛泥、家戶垃圾，以及糞便和腐肉。隨著首都圈的垃圾集散地愈建愈多，之前籠罩聖日耳曼城和沃吉拉（Vaugirard）附近聖嬰鎮（Enfant Jésus）的臭氣威脅是消除了（一七八一年），但也開啟了蒙特福孔垃圾暨化糞場一家獨大，長期獨攬的局面。我們都知道它的存在是多少人的夢魘。

這個為了打擊噁心惡臭而施行的保健政策，眼下成效似乎不彰，至少在巴黎市內是如此。唯一說得上有重大進步的是掏糞相關作業，除此之外，如果根據文獻記載的描述，惡臭的問題只會愈來愈嚴重。在一七八二年時，何內斯寫道：市區街道沒二十年前那麼髒了。[36]路上車輛增加、被視為路面「小溪」流水源頭的突出排水屋簷被拆、商店改裝玻璃櫥窗後，店家不再那麼注重門前的清掃工作，在在說明了穢物日益增加的原因。這種分析對新的嗅覺要求有何影響還有待觀察。

通風成為此後衛生策略的主軸。首先要掌控的當然是空氣的流通。要說還有什麼能比穢物汙水排流更加重要的，當然就是氣體流通了，這一點與民眾害怕墳墓死寂冷冽的滯悶空氣有極大的關聯。[37]後希波克拉底時代的空氣療法在此時終於找到了理論根據。通風是該項療法的首要訴求，因為流動能修補氣體的彈性，提升它的防腐功效。[38]此外，一如黑爾斯所強調的，[39]空氣的流動有助於產生氣流擾動，能淨化並去除腐水不流動所產生的臭味。最後，通風等於是在掃除沉積底層的氣體，[40]「強橫地迫使惡臭氣體流動」，[41]是要以人為的方法控制有害氣體的流動，接手處理大自然無力自行調節的地方。後面的除臭工程印證了控管空氣流動的必要。

通風問題人心惶惶，使得傅柯強調的長期監測主張獲得支持。監測與控管氣流的循環，有著明確的關聯性：兩者都是要掃除危害氣體滯留積累的隱蔽角落，但對本書而言，有比探討嗅覺沉默與監測行為之間的關聯更重要的事。當通風議題走進了新的身體空間概念裡時，也就是當我們了解到自己的身體空間有可能留有他人的氣味時，[42]個體本身與自身體味的長期對抗於是得到了確立，這正是自我陶醉的自戀意識蓬勃發展的基礎。這一段對抗的過程才是我們這裡要探討的。

在實際應用上，利用自然風或運用人造機器送風，尤其是用熱源強力抽吸空氣的吹風機，兩者並行不輟。一七一三年，高傑（Nicolas Gauger）出版了《火之機制》（*Mécanique du feu*）一書。這本書在實際應用上並沒有立即性的大規模實效，但很快地成為重要的參考書籍。這位法國學者的主要論點在於，用加熱來增加空氣對流，多虧了這個方法，他有效地掌控了圍繞在壁爐、城堡藏書室、仕女洗手間與生病貴族病房的氣體流動。高傑先瞄準私人空間，讓消遣活動與成人的益智休閒娛樂變得更加輕鬆舒適。他野心勃勃計畫著，想藉此修復氣體的彈性，遏阻婦女病的發生。一七四二年，亞畢諾也曾運用相同的手段。但「正確的空氣管理」在他看來，只是飲食療法的一個分支，故而只適用於病房。

十八世紀的中間三十年是決定性的時期。一七三六年，英國科學家德薩吉利埃（John Desaguliers）在將戴哈（Teral）和高傑的作品譯成英文時獲得靈感，他利用離心力的推動，發明一臺形狀類似鼓風機的風扇，成功地將英國下議院的空氣轉換成新鮮空氣。英國錢朵斯公爵（duc de Chandos）在自家的藏書室內，裝了兩臺這樣的機器，運作了超過四分之一個世紀之久。一七三九年，英國科學家薩頓（Samuel Sutton）建議在船上使用原本設計給公寓用的壁爐爐膛抽風裝置來轉換船艙內空氣。[43] 兩年後，黑爾斯和瑞典工程師崔華德（Martin Triewald）雙雙選擇了鼓風扇的原理，著手改良製造機械式風扇。

直到十八世紀末，各界討論的焦點都聚焦在各種不同裝置的優劣點上，謹慎保守地在這些產品當中做出選擇。一七四一年，崔華德設計製造的機器在瑞典艦隊上進行實驗，結果非常成功。黑爾斯設計的風扇走進了幾處煤礦礦坑、溫徹斯特醫院（Winchester）、[44] 與倫敦的新門監獄（Newgate）。他設計的風扇，動力來自裝設在建物屋頂的風車，在靜好無風的時候，就需要靠「人力手搖或動物來轉動」。[45]風扇產生的風只有「無辜的被迫監禁者」*能夠享有。薩頓選擇在兩艘分別停泊在德普特福德（Deptford）和樸茨茅斯港的船上，測試他的機器。一七四一年開始，這臺機器走進了英國海軍轄下的數艘艦艇。[46]至於在法國，莫洛格子爵與杜默德孟梭（一七五九年）大力宣揚這些新機器的成效，建議在國王的船上裝設，可惜徒勞無功。

於是，垃圾場為了驅散惡臭也跟著裝置了鼓風扇。垃圾場應該算是當時風扇應用最普遍的所在，至少在巴黎首都圈裡是如此。通常在垃圾與穢物傾倒之前就會啟動鼓風扇。所謂鼓風扇，指的是一只木櫃，裡頭裝設幾片扇頁。這些裝置多放置在化糞坑的出入口。「風從三個噴嘴送出，其中兩個是平行的。」[47]送出的風噴向高處，「遠離感官能感應的範圍」。它們的除臭效果不容置疑。發明人大言不慚地說：「多虧有了鼓風扇，排水溝進行掏糞工程時，人們在家中幾乎已經感覺不到……掏糞工人正在作業。」[48]一七七八年成立了一個委員會，專門檢驗鼓風扇的成效，委員們為這樣的說法提出正式的背書。

除了這些最粗淺的鼓風機通風裝置之外，許多公共場域和私人住所也使用各種古怪的做法，期許能增加空氣的流動。有些醫生[49]建議用力地甩動床單，讓病人房間的空氣能夠流動更新。英格豪斯則鼓吹公寓住戶在同一時間一起搧動房門，在屋內營造穿堂風的效果。[50]他的建議廣為人民接受並施行，但日後卻引發了強烈的批評，總之這樣做的成效如何，正反兩方爭論不休。霍華德公

* 譯註：不是指犯罪遭判監禁的監獄囚犯，而是只能在船上行動的水手。

開表態支持這個做法，而且建議將之推廣至醫院。[51]巴諾與杜爾本醫生（François Turben）建議在沼澤邊上多種植法國梧桐、柳樹、榆樹和樺樹。他們的說法是，藉由這麼許多枝葉繁茂的大樹，樹頂搖曳輕掃時，必能帶動底層空氣流動。[52]基於同樣的理由，他們也希望在那些受惡臭危害的地方裝設平行轉動的風車。甚至還計畫將這些風車放在推車上，方便行動，好讓位於危害地區內的各行各業都得以共享福澤。波姆[53]比較贊成使用鼓風扇，或是荷蘭著名醫生佛爾斯特斯（Petrus Forestus）推薦在德勒斯登（Dresde）裝設的那種風車。法國醫生蒙法爾恭（Jean Baptiste Monfalcon）則想到法國洛林省城市拉布雷斯（la Bresse）有位醫生曾說：「跳舞是消弭沼氣危害的絕佳方法。」[54]

市內車流量的分析結果也讓人驚愕。這時候的汽車，其實還只是金屬拼湊出來的大雜燴，雖說待在車內能避開街上人群散發的氣味，[55]但汽車本身就是狹小封閉的空間，因此對車內的人來說還是有危險性。更何況，汽車行進時的顛簸，有礙人體的消化機能，過度仰賴汽車會加速痛風和風濕關節炎的發作。[56]但若放大格局，就一個城市的大小空間來看，汽車算得上是一種促進空氣流通的通風工具，所以對於汽車數量的增加，一般多正面看待。[57]

當臭氣的危害加劇時，就得透過敲鐘與火藥爆破，這兩項終極手段來強迫空氣流動。納維耶（Pierre-Toussaint Navier）認為冷兵器時代的士兵身體較差，因為大砲能淨化並去除戰場上屍體與殘軀散發的腐臭。[58]火藥意外地搖身一變，成為有益健康的要角；利用火藥爆炸，掃盡有毒空氣。畢哈朋指出，從十七世紀起使用的香料煙燻法，多意欲添加硫磺來增強消毒效能，而火藥就是最常見的添加物。[59]波姆曾想過在沼澤地裡埋設炸藥，以淨化沼氣。[60]巴諾與杜爾本則傾向裝設重疊式排砲臺。[61]一七七三年，狄戎的聖艾提安教堂（église Saint-Étienne）就是利用火藥去除教堂內的屍體腐臭氣味。[62]

控制水的流動，跟通風也有關係。空氣和水之間有著健康的循環交換。風能淨化溪水和池水，擾動沼地的氣體，確保水質清淨。也就是說，光搖晃罐子，就能淨化罐中的水。反過來說，瀑布就是自然界最棒的鼓風機。湍急水流連帶地能讓空氣產生流動。可謂通風領域極致奇想代表人物的巴諾與杜爾本醫生，他們建議在池塘中央堆砌瀑布，激起水花，噴起水柱。他們還建議在餐桌桌沿設置小型水濂，並鼓勵飼養金魚，因為金魚游動的動作會讓魚缸裡的水跟缸面產生撞擊！[63]

能協助通風的還有河床，也就是水流匯集之處，有助於淨化城市的空氣。只要好好管理整建，它將是最有效的天然調節站。在塞納河兩岸建造兩排堅實的碼頭，讓河水往河床中央集中，保持水流充沛以確保淨化功能，同時也能防止排泄物和牲畜死屍淤塞河面，散發惡臭，進而產生毒害。這可謂巴黎市公衛專家心嚮往之的理想境界。佛迪耶強調控制暨疏通河水計畫的重要性。[64]河床疏通後產生的陣陣氣態流動，於是跟水流的流量和流速一樣成為關注的焦點。

這些企圖駕馭大氣自然流動的建設計畫，大舉超越了機械風扇或熱源強力抽氣原理的送風機，成為通風的要角。唯一普遍用於船上的送風裝置，就算在英國艦隊裡，也只有能將空氣往下灌入船艙中的搧風船帆了。儘管有只能在風平浪靜的時候運作，而且會拉低船隻行進速度的缺點，水手對這個船帆通風裝置都相當滿意，所以一直反對汰換。這種裝置也應用在某些公共建物上。霍華德就點名英國肯特郡的梅德斯通監獄（Maidstone）。[65]

以送風為基礎的保健方式持續支配當世的預防醫療科學。幾百年來，一直有在城市外設立隔離用「草房」、「木屋」或「棚舍」的做法，空間雖狹小但都很注重良好通風，且容易一把火就燒乾淨，是防止傳染病進一步擴大感染的屏障。染疫的病患成堆地被送去那裡隔離。[66]一直到十九世紀中期，還見得到所謂的「通風室」（salle d'évent），它與「香料室」（parfums）一直是海關防疫站主要的隔離場所。可疑的貨品拆箱後，先送到這裡放置，以便接受流動空氣的淨化。

我們知道空氣療法的理論對啟蒙時代的建築學影響甚鉅。功能主義與功利主義從此萌生，與文化論的傳統一爭高下，最起碼我們可以說它們改變了建築的意義。野心勃勃的建築計畫推動者誓言「只要利用……建築學上的結構就能捲起、排出氣體，或產生空氣循環」。[67]建築設計的目的，側重在將腐臭氣體與新鮮的流通空氣隔開，一如必須確實分離汙水和乾淨水一樣。建築的主體可以保留舊時的樣貌，這一點沒有異議，只是圓形穹頂搖身一變，成了吸取氣流的機器，任務是要吸收惡臭，因為臭氣會產生看不見的氣旋往上衝，所以專家爬上屋頂就能聞得到這股惡臭。由室內空氣散發的臭味強弱，可判定該建築的通風效益有多大。里昂醫院被視為通風的標竿典範。[68]法國建築師索佛洛（Jacques-Germain Soufflot）設計了一座穹頂大廳，橢圓形的造型設計，去除了氣體容易停滯累積的悶窒邊角，並帶動氣流上升。[69]

從此，拱廊具備了讓建築底層的空氣流通，阻斷沉滯氣體再度往上的功用。柱廊則能確保通風無礙，讓行走其中的訪客免於受到空氣的危害。加大窗扇和門扉，這一點經常受到反對門戶洞開的人士厲聲批評。加寬走廊通道。[70] 還有，被抨擊是形同惡臭管道的塔樓與螺旋階梯，是空氣療法派日漸憂心的標的所在。建築師偏好裝設掀板活門、通氣孔，和在門窗上加裝氣窗。通風的必要要求，也開始擴及暖氣調節。霍華德甚至跳出來前譴責日漸普及的玻璃窗。[71]

滯悶空氣的夢魘劍尖指向了地窖、地下室和地底空間，怒斥這些地方隱含著雙重威脅：蘊積土壤中的腐氣與空氣不流通的危害。山洞成了萬惡之淵藪。另外，也有人開始鼓吹，將一樓棄置不用，居家空間從二樓開始。波姆認為應該強制人民般到二樓居住。[72] 這樣的信念引發了一波批判農舍的聲浪。衛生專家的建議，人們聽見了，而建築界就是最好的見證。尚—克勞德．貝羅從康城的擴大發展中，瞧出了人民開始轉往樓上居住的趨勢，因為新蓋公寓的通風系統顯然都比老屋好。[73] 法國都市計畫大師勒杜（Claude-Nicolas Ledoux）大力讚揚那些通往加高建物的階梯。階梯是氣派的象徵，也印證了世人對空氣具有淨化功能的信念。

至於室內，基於同樣的理由，人們開始重新審視傢俱的擺放位置。床於是成了最受關注的傢俱。霍華德再三強調，第一要件是傢俱要能夠隨時移動位置。他認為床必須清新、乾爽，而且最好不要並排擺在一起，必須放在房間的正中央，不要直接與地面接觸。為此，田農大力提倡使用鐵床，因為木頭會吸濕，而床面最好是欄柵狀，綁在床架上。[74] 接著，各大戒護拘留機構興起一陣吊床熱，網狀吊床不僅符合通風的要求，還能騰出多餘的空間。霍華德還提供了數種款式供選用。安特衛普地區的孤兒院，使用的鐵床都非常高，而且都放置在房間的中央。

在功利主義的大背景下，也看得到烏托邦的影子。也就是衛生專家強力呼籲的另一個要件：降低人口密集度，控制個體的氣體排放量，終極目標就是希望人與人之間能保持距離。法國建築師勒華（Jean François Le Roy）建議醫院在每張病床的床頭裝設特殊的排氣裝置，讓病人完全能處在自身氣層內，杜絕他人排出氣體的侵入。[75] 不再只能靠實體屏障了，還能利用控制氣流來達成這個目標。就這樣，建築師勾勒了完全不同於封閉式病床的設計藍圖，再沒有比這個計畫更能揭示出風向的反轉了。正是這個計畫點燃了下個世紀關於牢房通風問題的論戰。

我們都知道，同樣的通風信念驅動了啟蒙時代的都市主義蓬勃發展，尤其是在都市計畫方面。一七六二年，賈肯教士大力鼓吹，健康的城市應建置在山丘之上，少了高聳入雲的城牆阻擋，大自然的風能「掃除蒸氣和腐臭」。[76] 會產生惡臭的行業（製革業、鞶鞣業、印染業）則被要求遷往城外。墓園、醫院和屠宰業亦同；工業則規劃到郊區地帶。寬敞的馬路、開闊的廣場和點綴其間的噴泉，無不有益空氣的流通。吉侯基於同樣的理由，大聲疾呼「推倒各個城市的城牆」。[77] 波姆寫道：一定要墊高馬路的高度，為此，可利用廢棄屋舍的殘垣斷壁。[78] 標竿的醫院設計，宛如一座涼亭、一座「空氣之島」。[79] 類似的工程計畫不計其數。勒杜心目中的理想城市，在法國歷史學家奧祖夫（Mona Ozouf）的詳盡分析下，透露出空氣療法論對這位蓋世建築天才的影響。[80] 勒杜規劃了一座名叫舒城（Chaux）的理想城市，城裡的民房和公共建築兩者間「毫無連結，各自獨立」。建築明顯推崇功能至上，建物的衛生和對稱性，就算不是全部，至少也有一部分呼應了衛生專家制定的規範，除了能確保城市的清潔衛生之外，市區架構一目瞭然，更具視覺上的美感。

國王於一七八三年四月十日頒布通告，明確揭示具體實踐除臭策略的決心，從工程方面來對抗危害空氣的戰鬥於焉展開。為了加強液體物質的排放流速，使其不致擾民，當局制定了諸多規範，包括馬路的寬度、房舍的高度等。實施的成效如何，衡量實屬不易。儘管如此，法國歷史學家家登（Maurice Garden）發現，那時候里昂市區的交通幹道確實曾經拓寬。[81]

降低密度，預防感染

降低人口密集度，城市機能空間的重新規劃，被視為是通風工程、控制氣體流動，和防堵社交氣體的最終方案。[82]人口聚集是大自然在維持平衡時，面臨的亙古難題，衛生警察於是成立，由他們來強力執行那些調節規範。由於必須考量到空間分配的問題，[83]嗅覺在此被賦予了關鍵性的角色。

身體空間將由自身排放出的氣體量來估算。以我們之前討論過的感官容忍度為基準，來界定個體之間必要的間距。歷經數十載的演變，保持間距的措施，在各個地方自然形成了一種地域的區隔，這個演變逐漸地消除了在私人與公共場所，先前經常出現的氣味紛亂現象。垃圾的私有化慢慢地把糞便惡臭圈限在某些特定的地點裡。且先不理會臭味的強弱問題，廚房的氣味慢慢地不再與盥洗室的氣味混雜，同理可知，醫院的氣味和監獄的氣味也混不到一塊了。

人們對保持距離議題的關注，凸顯了社會上對於汙穢和猥褻的近身互動有多害怕，而且對近身交流可能帶來的離奇危害，更是各種說法不一而足。[84]半個世紀後，法國醫生維勒梅（Louis-René Villerme）看到了這波趨勢遺留下來的社交後遺症：感受到他人的溫暖與貼心，進而受到吸引的你，將受到公眾雷霆般毫不留情的排擠。霍華德針對監獄囚犯蜂湧擠入取暖間的嚴厲批評，預告了工寮工人將面臨同樣的問題。這一點，我們後面再談。

法國歷史學家維加禾洛（Georges Vigarello）[85]暗示，人與人保持距離的做法，最早見於軍隊，軍人透過姿勢訓練（posture pédagogique）和維持集體秩序（ordre collectif），保持著必要的身體距離。無論如何，這場降低聚集密度的戰役很早就在單人床上和墳墓裡開打了。法國歷史學家弗朗德林（Jean-Louis Flandrin）早就看出這場戰役的賭注有多大。[86]十八世紀床的演變歷史，是睡眠個人化這條漫長的演進道路當中的一個重要里程碑，菲利普．貝羅（Philippe Perrot）認為演進的起始點可回溯至十六世紀末，也就是睡衣再次當道之時。[87]從個人的角度而言，想著要保持距離的人還算少數，與其說人們覺得睡大通舖，會因為擁擠和悶熱而有染病的風險，還不如說旁邊睡的人呼出的氣體讓他們無法忍受。單人床的流行，有相當長的一段時期，完全是因為個人體味的緣故。單人床可以讓人沉浸在自我陶醉的夢囈中，盡情抒發內心的獨白，由此更進一步衍生單人房的需求。倘若沒有這項劃時代的變革，恐怕也不會有作家普魯斯特（Marcel Proust）小時候醒來時，在床上的那些內心獨角戲了。

每一位專家，從法赫（Robert Favre）到吉爾莫，從傅柯到佛迪耶，都很清楚地指出，在制定這些新的間隔距離規範時，醫院扮演了非常關鍵的角色。這裡，單人床由個人的疆域再次翻轉，成

為空間單位。田農的重要性[88]在這裡不言而喻。醫院的理論派人士用新陳代謝之說來證明改革之必要。每一位病人都要有自己的體溫變化數據，因此絕對要避免病人全擠在一張大床上，不然量出來的體溫可能是群體的平均溫度。所以群聚對每一位病人來說，都是風險。

單人床的設置讓里昂醫院再一次成為眾所矚目的標竿。一七八〇年，也就是總理尼克（Jacques Necker）主政時期，主公醫院（Hôtel-Dieu）頒布了一條新規，明訂院內一律採用單人床。一七九三年十一月十五日，國民公會（Convention）決議強制實施，認定此原則為人權宣言的合理延伸。這波對保持距離的關注，同樣也帶動了當時人們致力推廣的居家照顧政策，一時之間，讓醫療院所消失的期盼，似乎有望達成。[89]

約莫十八世紀中期，出現了一股墳墓個人化的請願風潮。[90]若讓每位死者都擁有一塊專屬的墓穴，必然可以沖淡墓園的腐臭氣味。在那當下，這純粹是一道衛生題目，但沒多久，事情開始涉及尊嚴與孝心。十九世紀初，這個想法逐漸獲得認同，甚至後來居上，比單人床原則更早擴大實施。馬赫（Maret）的理論認為屍臭是以屍體為中心，會往外擴散成一個致病的危害圈。維克達吉爾深受其理論的啟發，[91]因而要求墓穴之間必須相隔至少四呎遠，才能防止屍臭的危害範圍產生交集。

談到這波矢志降低屍體密集度的決心，一路從最早的文字論述，而後進入實際施行階段，乃至最後釀出巨大改革，最著名的例子當然是聖潔無辜者公墓的先人搬遷事件，此事轟動一時，杜赫更是瘋狂地頌讚。[92]

既然純淨的空氣本身就是最好的消毒劑，既然人體與垃圾釋放的氣體是健康的威脅，那麼通風、汙物排流、降低群聚等措施，自然就是在預防疾病感染了。預防感染一詞跟感染一樣，當時的定義還不夠明確。感染可以指有毒氣體本身帶有致病性，或是指它散發的惡臭隱含有致病的因子，又或是某種疫情流行與有機體失去平衡的最終現象。然而，除此之外，還有許多其他的做法可以消弭惡臭，讓受汙染的大氣恢復它原先的功效。這段預防消毒的歷史有許多故事可說，不是香氛史就能道得盡的。

十八世紀末，在拉瓦節的研究發現獲得肯定之前，化學家瘋狂地尋找**防腐劑**，希望能夠一舉消除臭味帶來的窒悶與物質腐爛的威脅。[93] 這樣的追尋加速推廣了化學消毒劑／除臭劑的運用。相關學術研究與之後的各派爭論，重點都集中在排泄物與屍體的潛藏危害上。

發現燃燒機制之前，一般對於火具有消毒功效的說法都深信不疑。畢哈朋認為這個希波克拉底派篤信的古老信念，早在十四世紀就已經深植人心。一三四八年，人們放火焚毀波爾多市的某個區域，目的就是要淨化該區。到了下個世紀，特魯瓦市（Troyes）政府為了同樣的理由，決定放火燒掉市內好幾幢房子。[94] 一七〇九年冬天，巴黎市區數處燃起熊熊大火，據說是要給貧民取暖，多半也想順便驅走壞血病吧，至少這種說法一直流傳至今。基於火能消毒這個理由，納維耶在一七七五年建議，應該多在首都燃燒篝火。[95] 一七二〇年八月二日，歐洲黑死病肆虐，馬賽市政府採納了法國傳教士希卡德（Claude Sicard）父子倆的建議，下令在城牆邊、廣場與街道上放火，大火連燒三天。這是一場「大規模卻毫無用處的醫學火炙」，[96] 只造成了馬賽當地的木材荒。疫情平息之後，一般也多會燒毀收容遭驅離病患的**木屋**、**茅草房**或**窩棚**。我們知道，直到法國大革命期間，仍可見到爆發感染的船艦，一律焚燒殆盡的做法。

繼朗契西之後，所有研究沼澤的專家一致認可火燒的功效，尤其是工人要進行清除積水淤泥的工程時。納維耶明白地指示，掘墳時一定要先點火燃燒。一七八〇年，拉瓦節認為燃燒的做法有利於，套用他的說法是，淨化監獄的空氣。[97]杜默德孟梭更提出讓一群群水手進入烘烤箱內消毒的大膽構想。[98]一七八八年，杜赫則極力鼓吹利用乾燥技術，將糞便製作成糞粉肥料。[99]

學者對於水的看法，不同於空氣，一般多不認為水具有跟空氣一樣的消毒功效。那是因為在施行上，排水比通風要困難許多。此外，潮濕比乾燥似乎更具危害因子。[100]拉瓦節的確曾建議要用水清洗監獄，但必須謹慎行之。他的研究結果問世之後，大眾開始對石灰水的功效深信不疑，石灰可說是化學消毒劑的始祖，連波姆跟霍華德都大讚其除臭功效佳。石灰遇水產生的高溫也能夠消毒。巴諾和杜爾本建議在沼澤地帶多設置火爐。[101]馬柯爾（Marcorel）調製的配方則專用於清潔房屋牆壁，以消除牆面的腐敗物質，並在納邦尼的茅廁獲得重大成功。[102]於是在他提出的消毒策略中，可以看到這個配方位居消毒產品的推薦名單之列。[103]

接著，拉伯里（Laborie）與帕門第埃發現，石灰能夠消除化糞坑長年累積的糞水惡臭。[104]時任盧昂市研究院祕書長的植物學家佟普內（Louis Alexandre D'Ambourney）認為石灰溶於液態物質後，可望提升肥料的功效達四倍之多。他更補充說道：「加入這個混合了石灰的液體，肥料的臭味消失無蹤，僅殘存淡淡類似蜂蜜的氣味。」[105]石灰也可以用來消除屍臭。它能加速動物的腐爛，跟從動物身上釋放出的「本體氣體」（air principe）結合，故能分解惡臭，不讓惡臭飄散到空氣中，更能「綑綁有害氣體」。[106] 這樣的作用能持續到屍體完全腐爛。一七八三年，在敦克爾克（Dunkerque）的一次墳墓挖掘工程，就利用石灰水暫時阻斷了屍臭飄散。[107]

還是回到正題上吧！一七七三年年初，狄戎的聖艾提安教堂決議挖開地下墓穴，將遺體遷移他處。地底實在太臭了，連引爆硝石、火燒、香料煙燻法，乃至用加入多種草藥和大蒜的**四盜牌盥洗醋**來清洗石板地面，都不足以完全清除臭味。於是有人向基東德莫沃請教。三月六日晚上，他混合了六磅的鹽和兩公升的濃縮硫酸，用鹽酸燻蒸消毒。此舉成效卓著：「第二天，將所有門窗通通打開通風，此後再也沒有一絲臭味殘留。」[108] 四天之後，教堂開始正常做禮拜。於是，基東德莫沃發現了一個「全面淨化空氣的新方法，能在極短的時間內，清除大量的腐臭空氣」，開啟了嗅覺的新紀元。

該年年底，狄戎拘留所爆發監獄熱病，造成三十一人死亡。基東德莫沃又用了他發明的燻蒸法。第二天，有人誇張地描述：「所有的腐敗臭味完全消失了，甚至有一位醫學院的學生願意在裡面擺一張床，睡上一夜。」第二年，維克達吉爾建議用鹽酸來消毒受牲畜瘟疫肆虐的法國南部牧欄。[109] 不過，這類基東德莫沃式的燻蒸法，在法國成立執政府（Consulat）之前，仍屬罕見。

被視為瘴氣實體表徵的惡臭，直至此時，都一直被認定是健康的威脅。基東德莫沃深信臭味是「構成」腐爛物質的一個成分，因為臭味明顯地具有某種「同化能力」，能將腐爛的物質同化，轉變成危害健康的惡臭。他把臭味看成一種東西的本體，所以必須仰賴化學突變，來將這個物質的本體消除。臭味沒了，代表消毒成功，也代表新的物質出現了。

至此，重點不再是遮掩，而是要消滅噁心臭味。「這在化學家的眼裡，兩者區別可謂天差地遠。化學家認為被蓋過的臭味，是一種成分不明的混合性產物，其組合成分無時無刻不想掙脫往外擴散。相反地，消除惡臭是一種連結的作用，散發異味的物質本體不是被分解了，就是被某個基體綑綁了，進而改變了原先的屬性。」[110] 拉瓦節的發現讓基東德莫沃的理論得以更趨完善。他大力鼓吹廣泛地使用氧化劑，以加速燃燒腐爛的惡臭物質。

蘇格蘭醫生卡米克爾—史密斯（James Carmichael-Smith）似乎對拉瓦節的研究一無所悉，他在一七八〇年以硝酸進行燻蒸，也得出幾乎一模一樣的結果。一七九五年，俄國艦隊的兩艘戰艦**皮門號**（Pimen）與**合偉號**（Revel）爆發傳染病，皆採用他的方法消毒，結果同樣「不僅消除了惡臭，還改善了空氣」。[111] 第二年，卡米克爾—史密斯成功地替福爾頓（Forton）軍事醫院去除了臭味。

新策略的實驗場

人口密集的地區成了公衛專家關注的焦點。這些地方急需採取全面性的調節措施。他們制定了一個人體與空間的除臭策略，半個世紀後，同樣的策略被套用在農舍和工寮之上。就這樣，軍隊營區、艦艇、醫院與監獄都成了日後私人空間除臭實驗的實驗場。

這段頗具實驗性質的過程，除了醫院持續扮演關鍵要角之外，再來就是軍隊了。據傳有關人體衛生的首批規範，是一點一點地在軍中試驗出來的。這些規範看得出來有不少普林格主張的影子。為了一舉消滅惡臭，柯隆比耶（Colombier）於一七七九年，提出了這樣的要求：士兵每週至少要換一次內衣褲，長襪則需至少換兩回。[112] 儘管如此，他也覺得不應過分誇大這些紀律性規章的重要性。在此時，這些命令、手冊和規約都還只屬於軍隊的內部行文，極端保密。這說明了這些措施的實行規模，為何始終侷限在軍隊裡，沒有擴大進行的原因。企圖為自己行為開脫的逃兵，他們找的藉口基本上都無涉營區衛生條件差，或紀律要求嚴格讓人無法接受之類。文獻上悄然無息，沒有任何後續記載，讓人不禁懷疑，軍官根本沒有正視這些規範，而士兵也散漫未遵行之故。[113]

鑑於船上衛生的改善刻不容緩，醫生認為應該從船上做起，把艦艇變成衛生的典範。一七五八年起，林德便嘗試著有系統地編纂衛生保健規章。[114] 在法國，莫洛格子爵為海上衛生訂出極為詳盡的規範。他建議常常抽出艙底的水，以降低臭味；禁止人員在統艙內用餐，下令排泄物必須立即清除。船員必須洗澡梳頭，也不時可聽見船長高喊：「水手們，大家注意！把衣服拿出來甩一甩，通通風。」[115]

庫克船長的船被視為標竿，因為船長深知「在航行中，必須消滅所有東西內含的腐臭種子，無論是船員身上的，還是物品身上的」。[116] 庫克隨時隨地注意船上的清潔。天氣晴朗時，他總是命人把吊床和鋪蓋拿去上層甲板。每箱物品都鬆開繩扣，確保每一層都能受到風的吹拂，避免航程中惡臭累積蒸騰。他還會巡查物資，確定沒有產生腐臭種子。他會叫人將備用風帆與所有的織品都拿出來搧一搧，免得積累潮氣。食物存放在甲板最深處，「整趟航程，甲板艙口都封填得嚴嚴實實，每條裂縫都用樹脂密密地封住」。[117]貨物與船員釋放出的氣體予以嚴格地分隔，不讓混流。庫克船長的船，與飽受艙底蒸騰惡臭肆虐的幽靈船完全不可同日而語。他的船慢慢地被形塑成先進衛生城市的迷你樣板。船上的人不會受到從底層往上飄的惡臭毒害，空氣與火解除了來自水的威脅。

回到陸地上，當然就是醫院，尤其是軍事醫院，擔起樹立標竿的責任。傅柯和貝干（François Béguin）詳實地記載了當時他們如何試著把醫院變成一臺專職分配空氣與排除惡臭的機器。一七六七年，德珀希宣布了新的策略方針：擠在醫院的病人因空氣腐臭而無法撐下去，「為了降低呼出氣體的量，醫院的房間和廳室必須保持空曠，必須很小心地遠離所有可能受到感染的東西，並維持最大程度的潔淨。唯有讓空氣翻新，才能趕走個體釋出的有害氣體……。圓頂、天花板挑高至兩層樓高、壁爐的火（不是爐子的火）、薩頓的機器、黑爾斯的通風扇」[118]都是能讓空氣往外散溢的方法。為了讓室內的氣體流動更加順暢，最好能將門窗打開，多裝設氣窗，或在每張床的旁邊裝設通風管。最後，再佐以煙燻消毒。[119]

二十年後，艾勒制定的衛生策略，其首要目標在除臭。這位反覆重申德珀希建議的公共衛生之父，呼籲要有系統的擊滅惡臭。「病人不能穿自己帶來的衣服，病床的隔簾必須採用帆布材質，椅子必須清潔乾淨並且折疊好，茅廁必須管理得沒有一絲臭味，地面必須經常清掃，尤其是在飯後與傷口包紮完之後。清掃地面時，灑水務必要小心謹慎，若能用沙子清潔更好。」[120]

這些概念啟發了多項計畫，特別是在一七八七年，科學院（Académie des Sciences）開始尋求建築師的協助。[121]計畫「把整個建物打造成一個通風結構體」。[122]放射狀結構的設計圖稿堆滿紙箱。好幾個完成的建物完全符合新規範的要求，其中最引人注意的有英國普利茅斯（Plymouth）軍事醫院，與格林威治（Greenwich）的榮民醫院。[123]位於倫敦南華克區（Southwark）的蓋伊醫院（hôpital de Guy），天花板上內嵌風扇，管道與上層的壁爐爐膛相通。這間醫院的馬桶沒有任何味道，因為只要一掀開馬桶蓋，水就會自動注入。[124]在法國，則有軍事醫院、聖蘭德堂醫院（Saint-Landry，一七四八年）、里昂醫院與聖路易醫院（Saint-Louis），供改革者引為參考標竿。一七八六年，維艾爾（C.F. Viel）命人在巴黎的硝石庫慈善醫院（Salpetriere）裝設排水管和化糞管。[125]在此之前（一七八四年至一七八六年間），他曾命人在比塞特建造大型汙水管，可惜其間橫著一個保護水肥的防護設備，因此淨化的成效不彰。

想要消除病患的異味，首重本體的管控，首先要面對的就是排泄物的監管。光靠通風遠遠不夠，還需要每個人配合，改變自己的行為模式。從這個角度來看，醫院似乎變成了紀律懲戒所。規定變得愈來愈嚴格。英格蘭南部戈斯波特（Gosport）附近的哈斯拉醫院（Haslar）對髒汙衣褲尤其警懼，他們規劃每四天給病患換一次衣服，每兩週換一次床單。軟帽、內褲和長襪則必須每週更換。男性每隔三天刮一次鬍子。醫院不讓病患全身衣物包緊緊地上床睡覺，不讓他們拿自己的衣服當被子蓋，「不讓他們在支架上或病床四周放麵包、奶油或其他食物……」。[126]「只能在指定的專用地點方便。」[127]不得「吵鬧、喧嘩」，禁止抽菸，玩鬧，且必須出席禮敬上帝的儀典。「再也無人犯下言語褻瀆神明、飆髒話、詛咒他人、酒醉鬧事、身體汙穢、說謊之罪。」[128]英格蘭的切斯特總醫院（Chester）則規定：「所有病患踏進醫院之時，必須脫下身上的衣服，換成乾淨的。」[129] 目標是希望能統一所有規範，去除百年來的陋習，禁止一切放肆的反射性危險行為。依循著這些先鋒醫院樹立的典範，醫院搖身一變，成了個人衛生的教育訓練所，然而沒有人想到要把這些規範推廣普及到民間。田農計畫在巴黎主宮醫院裡安裝「馬桶設備」。住院的病患反而成了少數能享受這類新式方便器具的特權人士。

監獄改革者也想在監獄推動同樣的計畫，然而這樣的想法碰上了一個難題。在一個勢必得限制人員出入流動的地方，該如何做才能確保水、空氣和排泄物的流動暢通呢？該如何做才能解除滯悶不動所帶來的威脅，同時能兼顧監獄必要的禁錮功能？該如何做才能引入穿堂風，而又能顧及不同級別的囚犯隔離監禁的需求？通風需要的是加大並多設通風口，監獄要求的卻是無法翻越的隔離高牆。為了解決這個難題，霍華德建議把密實的囚門換成鐵柵門，木頭壁板換成有孔洞的欄柵。風帆式送風機，其實手搖鼓風扇更佳，它們就像**運動心電圖機**，能同時兼顧迫切的給氣問題，又能提供病人必要的運動量。

監獄的排泄物處理問題相當棘手，要讓人解決內急時不會感到尷尬，又不能破壞監禁的原則。在下個世紀，學者找出解決此難題的衛生方案之前，[130] 拉瓦節在一七八〇年起，便著手制定消除監獄糞臭的計畫。他建議在監獄四周挖一條水道，配置水管將各個茅廁的穢物統一排放至此。每兩到三天打開水閘門，放出強力水流將糞便沖出水道。建一條通風管通達屋頂，尾端裝設加蓋的煙囪旋轉風帽，不讓噁心的糞臭在室內擴散。[131]

相較於醫院，獄卒擁有一定的權威，更能有效地嚴格管控受刑人的行為。監獄和隱修院，更容易成為衛生習慣養成的場所。類似清潔保健先修班，加上理論派對勞動的推崇，加倍凸顯了這兩地的示範價值。針對停泊在樸茨茅斯港邊的一艘監獄船，船上囚犯人滿為患一事，霍華德寫道：「我希望獄方能把週六這一天，訂為囚犯清洗、漂白和縫補衣物的日子，此外還要他們剃鬍子、清洗身體、刷洗房間、拍打鋪蓋讓褥墊通風。讓他們養成這樣的清潔習慣非常重要。」[132] 多名官員觀察發現「身體保持的最乾淨的人，總是那些表現得最誠實最有禮的人。敷衍了事的則多半是那些有著不良習性，愛搗亂的人」。

「清潔還要整齊」[133] 的強制規定，與整理內務的教育訓練，開始出現多重目標。道德方面的關注和本能的必要壓抑等議題，跟著摻和進來，在此之前，目標只有除臭消毒而已。人們慣常從字面上來闡釋罪人惡臭的概念。要知道，清洗淨身能加速去除身上的罪惡臭味。準備迎接社會再次洗禮的更生人，更需要洗去身上那些一直伴隨著他的罪行而來的臭味，來證明自己改過向善。

關於這一點，荷蘭的監獄著實堪稱所有監獄的典範。每位囚犯有自己的單間、自己的木床和自己的草帽。英國宣讀通過監獄管理條例，此舉也證明了他們對監獄問題長期以來的擔憂。蘭卡斯特（Lancaster）條例第七條明訂：「獄卒需提供煤炭、肥皂、醋、床單、稻草、抹布、沙子、刷子、掃帚、水桶、糞壺、擦手布、煤炭籃供囚犯使用，讓囚犯個人，還有監獄的各個角落，都能夠保持清潔與衛生。」[134] 這些囚犯，也就是未來的室內清潔工，初來報到便須脫光身上衣服、沖洗全身，並換上制式囚服。為了防範監獄熱的爆發，首先必須除臭。第十二條寫著：「每日午餐之前，獄卒需監督一名或數名囚犯輪流打掃完所有房間、宿舍和囚室。每週的週二、週四和週六則須用水刷洗之。」監獄的室內清潔日程表於焉出爐。至於「沒有洗臉洗手，且外表明顯骯髒不潔者」（第十三條）得刪減其食物配額。每到星期日，還會給那些維持得最乾淨的人額外的份額，以「嘉許他們辛勤打掃，努力保持整潔，服從命令，與全勤出席宗教禮拜」。歐洲大陸也有幾間很乾淨的監獄，好比波蘭的布雷斯勞監獄（Breslau），以及羅馬的卡比托利歐監獄（Capitole）。

大力鼓吹單人床好處的拉瓦節，[135]也有類似的監獄規劃，他強制囚犯洗澡，同樣一到監獄就讓他們清洗全身。他還提倡一個在通風史上可說是劃時代的創新建議：每間囚室開兩個通風口，一個開在隔間牆的上方，讓比較輕盈的臭氣可以從那個開口飄散出去；另一個開口則與囚室門口齊高，用來換新室內的空氣。

把這些以病患和囚犯衛生為主的保健標竿措施，拿來跟維克達吉爾企圖放在畜牧業上的規範做比較，肯定很有趣。乾淨無臭的畜欄、健康聽話的牲畜，都是用監管來確保群體健康的宏圖大計當中的一環。

第二章　氣味暨社會秩序生理學

氣味學的短暫黃金時代，暨拉瓦節革命之後續影響

十八世紀末，拉馬奇尼意欲編寫一本氣味自然史的鴻圖大夢，似乎已經不是那麼遙不可及了。皇室覆滅後，感覺論的思想獨佔鰲頭。重組後的法蘭西學院（Institut de France），* 由哲學家組成了一個小組，專研「感覺與觀念的分析」，這個小組一直持續運作到一八〇三年。嗅覺器官學的知識持續累積，帶動了科學專業名詞的定義與新增。從孔狄亞克派的角度來看，建立能夠準確闡釋嗅覺感受的字彙，這個行動本身就足以表示，學界開始解開一直把嗅覺跟獸性綁在一起的偏見。再說，若沒有專業詞彙能夠將嗅覺認知予以系統化的區分，日後又怎麼可能成功地將亂麻般讓人頭疼的嗅覺感受逐一分級分類呢？[1]

於是各方開始為氣味定義、分級。這是件勞心勞力的全新工程，且容易參雜主觀意識在內，最後始終沒有任何一方能滿足學者專家的期望。林內（Linné）、哈勒男爵、羅里、韋海陸續地發表了

他們制定的氣味分級表，但都不是很完備。氣味顯然不願被圈限在這少得可憐的科學術語之中。

學者至少可以肯定的一點是：一般認為香氛具有療效的信念，其實是謬誤的分析結果。先是霍米爾（Romieu, 1756），然後是瑞士物理學家佩沃斯特（Pierre Prévost, 1797），他們針對芳香物質碎屑的迴轉運動（mouvements giratoires）進行研究，結果給了傳統醫療教條一記重擊。一七九八年，弗夸伯爵斷言所有類別的香味「完全源自具有香味的本體，這些本體能在空氣中或在水中分解而產出香味」。[2] 法國化學家貝托萊（Claude-Louis Berthollet）為這個說法提出決定性的證據。古希臘先哲提奧弗拉斯特（Théophraste）的微小粒子說於是成為科學界的信念。[3]

弗夸理論的勝利，導致拉瓦節研究成果對大眾產生的心理影響出現了變化。此時，學界已知呼吸現象（phénomène respiratoire）近似燃燒現象，這一說法似乎加深了大眾對於窒息的恐懼，雖然我們對於窒息的成因多少已有所掌握。只是，芳醇氣體說的潰敗加重了人們對感染的憂慮，也更堅信有必要提高氣味警戒。還有什麼比氣味粒子更接近瘴氣的呢？

四分之一個世紀過去，沒有人質疑過弗夸伯爵和貝托萊的理論。克洛奎特也轉為支持。一八二一年，法國化學家霍比克（Pierre Jean Robiquet）以嶄新的視角提出了一個問題。他認為氣味粒子為了往外擴散，必得進入一種氣態化合物（combinaison gazeuse）的狀態。為此，這些粒子需要一個媒介，亦即一個「中介物」（intermède）。這個媒介最有可能是硫與氨。帕宏—杜夏特雷認可了

---

* 譯註：共和國成立後，解散了原先的皇家科學院，於一七九五年成立法蘭西學院。

這個氣態物質所扮演的中介角色，他只不過是眾多人士當中的一個而已，這無異加重了人們原本就對糞臭存有的疑懼。

就這樣，從林內起首的科學家們，艱難無比地在科學界開闢出嗅覺學（osmologie）一系。一八一二年開始，韋海將這些研究成果，彙整出一份先期報告，正面槓上新近自古典科學數據中得出的發現。同一年，英國學者普洛特（William Prout）指出嗅覺才是分析食物滋味的關鍵。謝弗勒爾進一步研究，確認了他的說法。一八二一年，克洛奎特的重量級巨著，《嗅覺器官，論氣味》（*Osphresiologie ou Traite des odeurs*, 1821），終於面世，直到二十世紀中葉都一直是非常重要的參考書。書中集結了龐大的數據，工程之浩大，近乎恐怖，同時亦受到無止盡地剽竊抄襲所苦，抄襲者私自冠以似是而非的科學發現、前衛卻毫無根據的直覺、與極盡想像之能事的可笑謬論。無論如何，對字典與教學手冊的編纂人來說，這本書可謂是天上掉下來的禮物，舉凡涉及衛生和氣味主題的陳述，他們只要照著裡面抄就可以了。

克洛奎特的這本巨作發行之時，被視為嗅覺器官學之理論根據的感覺主義，正面臨著嚴峻的考驗。拉瓦節革命明顯側重化學物理學方面的分析，忽略了感官的感受分析。自此學者的研究走上了兩個不同方向。部分專家仍手持器械，鍥而不捨地追蹤難以捉摸的惡臭氣體，他們走進上個世紀編列分級的各種可怕穢物當中，儘管內心對穢物可能帶來的危害依舊惶恐不安。貝托萊持續對腐爛物質釋放出的氣體進行分析。化學家將化糞池中搜集到的惡臭氣體，逐一列出清單，法國化學家布珊高（Jean-Baptiste Boussingault），與其他多位學者，借助各種奇特的設備，將沼澤瘴氣予以濃縮，還分析了從巨大的帆布上搜集到的「普德霖」（putérine）。法國醫生壽濟耶（François Chaussier）則針對人類呼吸的氣體進行分析。比利時的生物化學家布哈榭（Jean Brachet）更是野心勃勃，全心探索造成個人體味不同的微妙汗水，細細分析箇中的化學成分。

另一些專家則帶著測氣計，踏遍各個公共場域，探測當地空氣，希望能擴大並深化之前馮大拿神父和普利斯特里牧師的研究。拉瓦節是首位獲得卓越研究成果的科學家。「在封閉場域裡，或曾有很多人聚集過相當長一段時間的地方」，[4]空氣中的碳氣（gaz carbonique）含量會變得出奇得高。一八〇四年，洪保德和法國化學家蓋呂薩克（Joseph Louis Gay-Lussac），測到空氣中氧氣含量減少。然而，繼法國醫學教授馬讓迪（François Magendie）多次探測失敗之後，許多化學家也因為遲遲無法找出巴黎各個地區的空氣組合有何差異，而放棄了淨化城市空氣的希望。弗傑（Charles Forget）如此記載著：「淨化因子威力所能及之範圍（從今爾後），僅限於一定的空間。」[5]大仲馬與布珊高經過調整之後，研發出一項新的分析法，在一八三〇年代，將氣體研究帶上新一波的高峰。從而使得法國化學家勒布朗（Félix Leblanc）和法國物理學家貝克萊（Eugène Péclet）採用空氣中的碳氣含量為基準，來制定空間的衛生標準。

儘管如此，要說感覺從此慘遭淘汰，這個結論未免也下得太早了些。的確，自從發現擾動空氣不必然有淨化空氣的功效之後，原先用來感知空氣吹拂與氣體流動的觸覺，就顯得落伍了。氣味的警戒功能同樣受到質疑，因為學者已知臭味愈強不一定代表空氣受汙染的程度愈高。話雖如此，嗅覺在日常生活上，仍持續扮演著監控空氣品質的哨兵角色。尤其是，我們不應該忘記，無論科學界如何解釋惡臭，人們持續堅信：惡臭是「一種外加於空氣內的物質」，神祕未解。「化學無法教會我們的……危險物質，我們的身體感官比化學更敏銳。舉凡人類長期待過的地方，我們都能明確地感受到，裡面的空氣飄散著有毒的腐臭物。」[6]人們還是需要依循自己的感受來調整行為，持續讓空氣流通更新，「只要那個地方仍留有些許氣味，甚或大量的氣味，嗅覺仍舊是絕佳的警戒指標。」[7]勒布朗本身亦堅定地認為，瘴氣即透過「令人嫌惡的味道」來表示它的存在。[8]

詳細研讀完了關於有害空氣的分析，與測量空氣修復的方法之相關文獻之後，學者內心的失望之情油然而生。他們對器械不夠精準感到失望，氣惱地發現，居然還是得回過頭來藉助感官的感受來評估有害空氣。格哈希（A. C. Grassi）說得好：[9]說到底，無論是艦艇排砲臺的通風調節，或囚室的空氣更新，其實都一樣，靠得是敏銳的嗅覺。

功利主義與公共空間的氣味

法國執政府成立之後，公共衛生政策更加趨於一致。此一領域的主流理論，尤以法國醫生夏巴尼（J.-P.-G Chabanis）為代表，他殷切地希望能由醫生來引導社會秩序生理學（physiologie de l'ordre social）的建立。此一主張獲得領導階層的支持。儘管如此，此時的衛生策略，在某些方面依舊顯得過於過時。一直到十八世紀中葉，嗅覺引發的憂慮——原因我們前面探討過——仍然持續支配著這場與垃圾對抗的除臭戰役。巴黎市民向保健委員會（Conseil de Salubrité）遞交的投訴案，始終跟散發惡臭的動物性物質脫不了關係。雖說專家對於工業危害一般多抱持樂觀寬容的態度，但對持續釋放惡臭的工坊，卻是抨擊力道猛烈。關於這部分，只有一位學者例外，那就是帕宏－杜夏特雷，他對工業危害秉持的保留立場，在當時引來不少批評的聲浪。

人口大量往首都聚集，引發了「穢物和垃圾不斷堆積」的憂懼。[10]人們心裡著魔似的恐懼，催化生成一幅幅城市變成水鄉澤國，汙水危害四處奔流的畫面。梅西耶為此日夜憂心，終於，在一八二六年，事情出現了明顯的轉機。那一年，人們眼看著巴黎就要被垃圾吞噬了，社會上上下下憂心忡忡：阿梅洛區的下水道淤積不通，霍葛特（Roquette）和綠徑（Chemin Vert）地方的兩條下水道也開始堵塞。一個冒著噁心惡臭的大泥潭，就這樣在市中心底下逐漸擴大。化糞池汙染各城門。[11]於是，遷移亡者、「清除糞泥」[12]成為迫上眉睫的第一要務。[13]該是有計畫地清除穢物，調整都市的生理排泄系統的時候了。常在浪漫奇情小說裡出現的拾荒者角色，其形象雖然總是讓人皺眉，[14]但他們卻是攸關此計畫成敗的關鍵角色。分揀垃圾、收集家戶廚餘、撿拾生物殘骸和骨頭，乃至小動物的死屍，他們就這樣無縫接軌地攬下過去一直被嚴格監控的掏糞工作。[15]

人們開始意識到穢物堆積的問題，不再僅僅是化糞池內陳年糞便會造成危害而已了，也就是說，原先計畫用來排除穢物的空中或是地底通渠，都已經不足以負荷城市解出的排泄物量了；再加上在波旁復辟時期，郊區也明顯感受到城市化糞池，與本地垃圾場的惡臭威脅，凡此種種讓首都更是倍感壓力。十八世紀末，專家——雖然只是零星少數——直言當前的穢物處理只有治標未能治本

的說法，如今已經坐實，成為當局者頭痛的問題。保健委員會在一八二七年提出一份報告，這份報告等於是為先前梅西耶的觀察結果，提出了官方認證。報告上說：「今日，您若是要出城，無論選擇哪一條路，路上糞泥車往來絡繹不絕，還有那味道直逼化糞池惡臭的陣陣臭風。首都外圍，**四面八方**，全都籠罩在我們日常呼吸的腐敗蒸氣中……。早在宏偉建築屋頂映入眼簾之前，我們光從氣味就能判定，即將抵達世界第一大城。」[16]這一年，保健委員會建議，沿著每一條出城的大道，挖掘寬闊的鋪石板水溝，好將那些往首都市區匯聚的腐臭汙水，導入塞納河。[17]一八二八年，委員會報告的撰寫者，呼應了杜赫早先提出的警告：「由巴黎往外延伸，一大片涵蓋遼闊的土壤裡，早已吸飽這些可怕的水肥。」[18]他更補充說道，一定要防止整個城市被它自己產生的排泄物包圍。霍亂大爆發更加劇了人民心中的恐懼。一八三五年，保健委員會的專家們，決定實地勘察郊區穢物堆積的情況。他們來到了巴黎西北方的熱納維耶（Gennevilliers），發現無論是道路的兩旁，還是院子，到處堆滿了垃圾。

說真的，腐敗物和排泄物的威脅情況再如何惡化，這個問題都已經是老生常談了，真正令人憂心的新問題在於，這股長期未解的憂慮與當前最熱門的功利主義之間爆發的衝突，或者說，該如何做才能兩者兼顧？這一回，對惡臭的恐懼裡，夾雜著損失的肉痛。於是，期盼回收垃圾再利用的唯利心態，讓嗅覺再度成為健康的警戒先兵。

自此，有關糞便的論述，與我們在十八世紀末所看到的，可謂天差地遠。重心轉而聚焦在糞便可產生的利潤。臭味代表了惡臭的威脅，但也意味著可能的利益。設計建造巴黎市立垃圾場的工程師米爾（Adolphe Auguste Mille）系統地整理歸納：「在城市裡所有的臭味，都是公共衛生亮起紅燈的徵兆，在鄉間則意味著肥料的損失。」[19]他認為臭味是「元素喪失與散佚」之明確徵兆。[20]讓人嫌惡的糞便臭味即是這種耗損的證據，就像香水的醉人芬芳一樣，宣告的是一種不可逆地，無謂地浪費與流失。功利主義、必要的管制浪費，還有對健康的要求，三足鼎立，主宰著除臭大方針的制定。

強烈的回收意圖，引發無以計數的精打細算。重經濟之一派人士，開始將糞便的價值納入考量：嘗試著將其利潤或損失予以量化。早在十八世紀初，法蘭西學院底下的一個委員會，就否決了將全城的排泄物，悉數倒入塞納河的構想。他們提出的理由不是怕破壞河流水質，而是怕這樣浪費的做法，會導致經濟上的慘重損失。[21]帕宏—杜夏特雷認為糞便出口是首都潛藏的豐沛收益來源。自一八三三年起，他便想過利用鐵路來運輸這些貨物。他希望主事當局能夠入主這些運輸公司，也呼籲個人積極參與認股：「出錢共襄盛舉，並購買這些公司的股票。」[22]一八三四年，巴黎共產出十萬兩千八百立方公尺的這類物資，而單單蒙特福孔垃圾場一處，每年就能進帳五十萬。[23]

法國醫生貝德朗（Emile-Louis Bertherand）估算，里爾市糞便產業的營業額約為三萬法郎。

斯邦尼（H. Sponi）認為裝設沖水馬桶和建置下水道，讓英國人每年損失了二十五萬法郎。[24]一八五七年，《醫療化學報》（*Journal de chimie médicale*）的某位編輯計算得出：將三十三萬兩千立方公尺的糞水排放到塞納河，無異扔掉二十七萬五千六百噸的肥料。以上這些只不過其中的幾個例子而已。他們都傾向於支持心理分析師把金錢與**屎糞**連在一起看的分析，連統計史學家和經濟史學家，也都會把這些獲利計算進去。有關糞便損失的幻想——從英國政經學家馬爾薩斯（Thomas Malthus）到法國哲學家皮耶・勒胡（Pierre Leroux）一脈相傳，有跡可循[25]——要讓社會生理排泄系統順利運作的決心、人口和財產的登記列管，以及確保排泄循環通暢等，彼此環環相扣，構成一個整體。否定這段過程的任何一個層面，註定無法全盤了解此一時代的真實面貌。

已經無可迴避的公共空間除臭問題，自此步上垃圾回收、增值、再利用的道路。[26]基於這個在此之前未受重視的面向，亦即功利主義的考量，除臭計畫的規劃者，將他們回收垃圾的決心，置入社會改造的規劃之中。他們一致認同，齊聲提倡在垃圾收集和處理的過程中，想辦法將這些社會排泄物予以再利用。他們計算著，這些社會排泄物變成有價值的產物之後，可能帶來多少的利潤。十八世紀末，一些公衛學者提出的衛生計畫綱要，如今搖身一變，成為計算利潤的藍本。他們不再理會囚犯、乞丐，而是將重心轉到了貧民，尤其是**老人**身上。這些人只要將自己的排泄物收集起來，就能抵掉一部分的吃穿用度。垃圾於是被拉進了社會福利救濟的範疇。這樣一來，垃圾製造者才會比較心甘情願地處理自己的穢物。伯恩不再是城市清潔的典範，比利時的城市取而代之。布魯日（Bruges）[27]產生的排泄物由男人和老人來清理。沒錢買推車者，則由市政府提供。這項政策實施之後，根特（Gand）與列日（Liège）變得非常乾淨。[28]

史瓦利埃（M. A. Chevallier）倡議在首都內，建造免費的公共廁所，包含男女廁，並建議聘請貧民來照看這些公廁。[29]他認為道路養護工和清潔工應該交由社福局（bureaux de bienfaisance）指派。巴黎北郊的斯坦市（Stains）市長率先嘗試，用那些慈善救濟院登記有案的人來清潔街市。[30]

從一八三二年開始，就不遺餘力地鼓吹，在每一個省市，每一村鎮郡縣，挑選一塊遠離市區的空地，挖掘深溝，好讓穢物有地方去。然後，再選幾名窮苦人家，負責挨家挨戶地收垃圾。「我們準備一輛小推車給他們，用驢子或劣馬來拉。責成他們，在平時一般的工作日裡，必須**不停地**在該郡縣或四周區域到處轉，用鏟子或用掃帚，把看到的所有穢物通通清理乾淨，然後統一送到郡縣設立的儲存池傾倒。**這樣時刻不停地清掃**，成果必然相當可觀。持續不懈地清除穢物，亦能保持地方乾淨怡人，健康衛生。」[31]這項做法的新意，顯然不在工作的內容，而是清潔打掃的頻率。不停歇地清掃，不僅能保證穢物能盡數回收，同時也確保當地市容的絕對乾淨、無臭，有益身體健康。

人類的排泄物，利潤最為豐厚，原因在於當時人人堅信，人乃萬物之靈。[32]不論液態或是固態，人的糞便都是最肥沃的肥料。斯邦尼強調：「一公斤的尿液等於一公斤的小麥。」[33]拉波特摘錄了許多代表性的文獻，其目的都在提醒當時的地方首長，注意人類排泄物具有的卓越特質。[34]一七二〇年十二月三十一日頒布的命令，規定並鼓勵巴黎地區使用這些源自人類的天然肥料。但到了一七六〇年至一七八〇年間，風向變了。舊制度時代末期，糞便的用量突然大幅縮減，只剩類似佛蘭德（Flandre）這樣傳統上一直使用糞便施肥的地區例外。之後，使用量又再度回升。[35]用量升高的時間與功利主義興起的時間相吻合。水肥重新受到注目，促使保健委員會制定了一項政策。為了避免各種排泄物胡亂倒在一塊，可能出現的經濟損失，一八三五年開始推廣可以把固態與液態產物分開的乾濕分離機（appareils séparateurs）。[36]

若以英國為典範，走到這裡，就只剩下水道系統尚未建置了。這個問題一直要等到十八世紀的最尾端，巴黎才有了解決方案。從波旁復辟時期開始，建置下水道的方案就有一定的支持者。事實上，這套系統在首都的部分地區已經開始運行：軍事專校（École Militaire）、傷兵院（Les Invalides）、比塞特、硝石庫慈善醫院、造幣廠（Hotel de la Monnaie）等地都已經利用下水道將排泄物排放到塞納河中。到了一八二五年後，蒙特福孔垃圾場的液態穢物匯集之後，分別走外環的大下水道至塞納河，或走下水道支線排至聖馬丁運河（Canal Saint-Martin）。

這類汙水排放法一直沿用到十八世紀末，廣泛地應用在許多外省的城市，有些地方甚至一直沿用到二戰時期。一八六〇年，低窪的杜勒河（Deûle）被里爾市政府拿來當下水道用。廁所的糞便和屠宰場的殘骸通通排放到這裡。河道積滿了恐怖的爛泥巴，臭氣沖天，整個城市為之窒息。[37]在康城的奧東河（Odon）根本就是條露天汙水道。這個惱人的河川問題，一稱「海蛇」，[38]以其形似而得名，一百年來一直是市政討論的焦點。一八七六年，流經尼維爾（Nevers）的涅夫勒河（Nièvre）簡直就是一口「巨大的臭泥塘」。[39]直到十八世紀末，這些市區的空間消毒計畫才開始有系統地展開。

下水道系統的支持者，從斯邦尼到德謬希（Quéneau de Mussy），無不力主只有此法才能確保排泄物被沖走與流動，避免穢物堆積淤塞，衍生可怕危害。此外，下水道系統與化糞池的不同之處在於，它能夠管控流量：「下水道時時刻刻都有人監控。」一八八二年，法國政治家崔拉特（Émile Trélat）更大聲疾呼：「這辦法清楚明白、簡易、又正規。」[40]

又該如何解釋這個方案會遭到擱置將近百年之久呢？法國歷史教授雅克美（Gerard Jacquemet）

有條不紊地描述了這場激辯的複雜關鍵處，與反對者的利益之所在。[41]對許多屋主來說，接上汙水系統，無疑等於接受了長期以來一直被認定是極端沉重的一個負擔。一八五六年，巴黎市總共有三萬兩千棟的樓房，其中只有一萬棟有自來水。下水道系統廣泛設置很可能會導致多家掏糞業者倒閉，而這些業者以類似壓力團體的方式對政府施壓。面對如此強大的阻礙，如果不是學者大聲疾呼，這個方案或許早就已經徹底被束之高閣了。這裡面還看得到，對於可能產生的經濟損失，這方面的憂慮。謝弗勒爾[42]就點出其中的危險：把這些東西消毒，就已經是在降低它們的效益了，而他進一步說明道：關於健康的疑慮，蒙蔽了世人，讓他們無法看清這個風險。謝弗勒爾根本連提都沒提到下水道系統，只聚焦在浪費的既定俗見，往廁所裡沖水，不就是在降低排泄物的氮含量嗎？掏糞業者都很清楚這一點，所以他們偏愛貧苦人家的化糞池裡堆積的糞便，不愛有錢人家用水稀釋過的糞便。對建設巴黎下水道系統有著卓越貢獻的法國工程師貝爾康（Eugene Belgrand），他鉅細靡遺地編列了一張了各個社會階級產出排泄物的價值表。等於畫出了一張巴黎市排泄物的氮含量分布圖。[43]就這樣，功利主義一方面加速了街道和公共空間的除臭工程，一方面也阻擋了巴黎及法國的眾多城市建制下水道系統的工程。因其影響面向極廣，故需要特別強調這個矛盾點。

波旁復辟時期，人類的排泄物躍升成為化學工業的原物料之列。有間工廠就建在巴黎市北邊的邦迪鎮（Bondy），緊鄰新設的垃圾場，因為這城市主要生產氨水。保健規範就這樣，和功利主義共榮共生。這間工廠具體實踐了清除糞便的棘手計畫，許多衛生專家也呼籲人民多多使用這些讓糞便瞬間變身為肥料的工廠所出產的產品。[44]之後，以糞便為原料的化學產業接續提出了多項大型計畫，例如：一八四四年，卡尼爾（Garnier）就夢想著建造一個大型廠區，專門進行尿液的加工，還建議取名為**氨水之都**（amoniapolis）。[45]

一八二五年是肢解牲畜業（equarissage）[46]＊新紀元的開始。在此劇變之前夕，蒙特福孔垃圾場周遭飄散的惡臭已經到了無以復加的地步。巴黎東北方的龐坦鎮（Pantin），與羅曼維爾鎮（Romainville），居民長期飽受惡臭之苦。帕宏—杜夏特雷身為除臭策略的大師，親自前往此處研究臭氣的流向。[47]多虧有天然地形的屏障，巴黎市大部分的地區得以躲過臭氣的波及，但是戰鬥城門（barrière du Combat）附近卻無法倖免，且在陣風的吹波助瀾之下，臭氣最遠可飄到瑪萊區與杜樂麗花園。一八二二年，法國醫生拉雪日（Claude Lachaise）就曾酸苦地抱怨臭味難當。[48]

一八一五年，保健委員會出具的一份行動報告裡，莫萊昂（J. G. V. de Moléon）就已經提出了這個疑問：「巴黎市每年要宰殺一萬到一萬兩千匹的馬，如何才能立即將牠們的肌肉、血液、油脂、骨頭和內臟變成乾淨的物質？」[49]一八一四年三月三十一日這天，一天之內宰殺了三千頭牲畜，這些牲畜的後續廢棄物處理，暴露出這個問題的急迫性。

一八一二年，法國化學家佩恩（Anselme Payen）、普維內（Pluvinet）兄弟與布利耶（Boulier）研發出一套處理製程，他們將牲畜沒用的殘肉加壓，將油脂液化，然後製作成肥料。這套方法獲得當局的批准。一八一六年，傅格（Foucques）毛遂自薦，聲稱要「利用從馬匹肢解廠送來的殘肉、骨頭與內臟，製作各種不同顏色的肥皂，與一種用瀝濾法析出的酒」。[50]從一八二五年開始，在巴黎西南方的格勒納勒（Grenelle）新建的佩恩（Payen）研究室，給肢解牲畜業帶來了革命性的發展。

先是加工處理過程時，與外隔絕的封閉式處理，然後是骨頭高溫裂解後得出的骨炭，這兩項變革將這恐怖噁心的肢解牲畜業變成「衛生且營收可觀的行業」。[51]

過去習慣用石灰處理脂肪的程序，也是這個行業讓人詬病的原因之一。多虧了年輕有為的巴輝埃爾，利用剩下來的骨狀物、骨架和淨化的水來製作銨鹽。這一行開始大發利市。[52]原物料的需求旺盛，專收牲畜殘骸的回收業者擠滿了垃圾場，為城市的清潔貢獻出一份心力。自從普維內在巴黎西北郊的克里希（Clichy）設廠之後，「堆積牆角，或躺在首都大馬路中央的牲畜爛骨頭都不見了」。[53]原先在石板路面匯聚成河，汙染屠宰場附近空氣的大量動物血液，都集中到一處進行乾燥加工處理，最後成品則出口到殖民地的煉糖廠。[54]

比起染疫的恐懼，利潤的追尋似乎更能讓公共空間的除臭政策，更穩健地往前推進。廢棄殘肉、血液和骨頭飄散的臭味就這樣消除了。的確，早期的化學工業也會排出噁心的氣味。自從封閉式的加工處理法快速起飛，加上愈來愈多工廠使用消毒劑，配合廠房衛生法規的通過，擋住了這些工業危害。

就這樣，人們對於腐肉殘骸揮之不去的驚懼，慢慢地消失了。上個世紀，學者窮盡心力針對肉體腐爛進行的研究，至此進展飛快，快得讓人誤以為群眾心理的轉變像是瞬間發生的。臭味去除了，惡臭不再被妖魔化。牲畜肢解廠樹立的加工典範讓人瞠目結舌。帕宏—杜夏特雷坦承，這樣的

* 譯註：去除牲畜身上不能食用的部分，如毛、皮、骨、脂肪等。

革命性轉變讓他感到驚訝佩服。支解的牲畜軀幹，去除了臭味，再經過仔細的分類篩選，每一個部分都有了合理的用途。[55]只剩下立法將巴黎殘存的一些非法屠宰肢解廠趕出市區，好讓所有的屠宰肢解作業都能在新設立的工廠內進行。巴黎市政府成立了好幾個委員會，共同研擬起草相關的必要法規。法規強制工廠建「加高的高火窯」，好讓冒出的氣體能飛到「大氣層的較高處」，[56]屠宰加工業的除臭計畫，至此終於告一段落。

不過，現階段，任何有關人類遺體的處理，仍然是個禁忌話題。儘管帕宏—杜夏特雷曾對拉丁區大講堂清潔人員回收的人體脂肪遭濫用的情況，長期追蹤研究，[57]他仍不願碰觸此地雷區。一直要到一八八一年，工程師克雷提安（J. Chrétien）才提出了一項計畫。可惜了，這讓人扼腕的遠見與前衛的觀念。他這麼寫著：「埋葬的目的應該是把死去的殘骸轉化成有用的物質才是。」[58]

氯化物革命與流量控制

至此，關於臭氣的分析研究謬誤日少，科學除臭計畫的進展可謂突飛猛進。從人民的日常角度來說，基東德莫沃的煙燻法逐漸普及，[59]再加上阿圖瓦伯爵（comte d'Artois）的工廠，自一七八八年便開始大量生產漂白水。[60]接下來的兩大發現，將狄戎化學家的研究更加完備。藥劑師兼化學家拉巴拉克（Antoine Germain Labarraque）以氯化鈣取代氯，找到了阻斷物質腐爛的方法。一八二三年八月一日，他完成了一項非常關鍵的實驗。那一天的早上七點半，要進行一項開棺挖屍作業，把挖出的屍體交給奧菲拉解剖化驗。因為屍體散發的屍臭實在太可怕了，於是拉巴拉克建議噴灑氯化鈣水溶液，結果「效果出奇地好」、「恐怖的惡臭立即消失」。[61]市警局局長德拉沃（Guy Delavau）很快地就從這個事件中得到靈感，他下令用氯化物水溶液消毒「全市的廁所、小便盆和地牢」。一八二四年，拉巴拉克完成了《腸衣工人工作指南，暨無臭處理法》（*Instruction a l'usage des boyaudiers, contenant le moyen de travailler sans fetidite*）一書。

路易十八（Louis XVIII）駕崩，讓拉巴拉克聲名大噪。由於國王的遺體腐爛到了不堪入目的地步，還散發沖天惡臭，故而需要找藥劑師介入協助。拉巴拉克把床單浸泡在氯化物水溶液裡，然後把床單像一方銀幕一樣地在他身旁展開，接著將床單覆蓋遺體之上，靜置良久，就這樣，成功地去除了難聞的臭味。[62]

拉巴拉克小木桶很快地變成所有大型清潔企業的必備工具。一八二六年，這帖良方成功地為進行艾梅洛下水道清淤作業的工人，完成預防消毒的任務。[63]一八三〇年，這款新溶液同樣為七月的死者遺體除臭消毒。榮耀的三天（Trois Glorieuses）＊昭告了氯化物水溶液的空前勝利。特洛施醫生（Dr. Troche）命人在聖潔無辜者市集（Marché des Innocents）廣場底下的排水溝，以及羅浮宮柱廊前面噴灑。[64]幾天之後，多虧了拉巴拉克小木桶，帕宏－杜夏特雷成功地消滅了臨時匆匆

＊ 譯註：七月革命（Révolution de Juillet）發生於一八三〇年的七月二十七、二十八、二十九日三天，史稱「榮耀的三天」。

堆放在聖猶士坦堂（Saint-Eustache）地底墓穴的屍體冒出的惡臭。之後不到兩年的光景，霍亂爆發大流行，這回，這珍貴的溶液要解救的是整個首都圈。當時的市警局局長吉斯格（Henri Gisquet）下令用它來清潔肉鋪攤與熟食店，務必將所有「從排水溝、壕溝與土方工程」冒出來的臭氣「一網打盡」；[65]他還叫人沖洗市集的方磚、馬路的石板，及大街旁的水溝。

拉巴拉克的發明解決了解剖屍體時面臨的棘手問題。那時候，大講堂始終瀰漫著恐怖的惡臭。[66]醫學院的學生與老師可說是每天都在忍受酷刑，有些人甚至是長期暴露在染病的危險當中。屍體解剖的地方，跟牲畜肢解業一樣，分布在拉丁區的巷弄內，因此鄰近居民屢屢抱怨臭味難當。明令禁止非法屠宰場，與規定每日必須以氯化物水溶液，擦拭清潔醫學院新建大講堂內的課桌椅後，問題解決了。巴黎市一整個區的除臭成績都要歸功於這項創新措施。[67]

眼下，只剩醫院的臭味未解了。拉巴拉克很快地也投身其中，調配出著名的次氯酸鈉溶液，效能絕佳。專家們紛紛寫道，有些非常誇張：它能「鎖住活體體內的腐敗進程」。[68]炭疽病、「退化性性病潰瘍」（ulcères vénériens dégénérés）、「院內最難纏的潰爛性疾病」、乃至腫瘤的「毒性都能被消滅」，事實是僅有「臭味被消滅」。

一八二五年，撒勒蒙（Salmon）調配的另一種製劑，也堪稱是一項重大的發明。我們很早就知道炭粉具有消毒的功效；化學家將動物肉體與泥土般的物質一起碳化後，得到一種能夠立即去除所有「正在腐敗中的物質」臭味的東西，名叫骨炭。[69]骨炭除了能除臭，還是一種珍貴的肥料。撒勒蒙的發現兼顧了衛生與經濟。從此，令巴爾札克作品《入世之初》（*Un début dans la vie*）裡主人翁們掩鼻蹙眉的噁心糞粉變成了過去式，全都被封存在「皮爾羅丹（Pierrotin）的馬車」裡了。[70]

十八世紀中葉以降，糞便物質的除臭消毒方法可說是承先啟後，成打成打地出現。一八五六年，斯邦尼把自一七六二年以來實施的所有除臭計畫，列出一覽表，加起來總計超過五十七項。[71] 將近一百年的時間裡，偉大的學者絞盡腦汁、動手實驗，可以說，完全不誇張，舉凡稍有名氣的化學家無不投身糞便除臭計畫。[72] 先是骨炭，接著又有硫酸亞鐵，皆能有效地去除臭味。多虧了這些產品，掏糞引發的疑慮得以消除。約莫十九世紀中期，位在里昂的**大眾肥料公司**（La Société générale des engrais），就是最成功的範例，工廠在大白天裡運作，完全沒有民眾抗議。「商店裡雖有門直通堆肥槽，客人仍絡繹不絕上門。」一八四九年十二月十二日的政令頒布，明令掏糞業必須以硫酸鹽與氯化鋅來進行消毒。但在首都圈，進展卻顯得比較裹足不前。提議中的各種除臭系統太多，似乎推遲了巴黎採用最佳方案的時程。早在一八一七年，巴黎的新聖奧古斯丁路（Neuve-Saint-Augustin）就已經出現這類消毒無臭的公廁，但沒有馬上在各地廣為設立。

人群密集地的除臭要靠氣流的控制。不僅是要帶動空氣流通而已，還要懂得引導氣體的流向，否則無法徹底消滅滯留角落的臭氣。由此，帶動了通風器材的大躍進。在英國，代表人物有工程師崔戈爾德（Thomas Tredgold）；[73] 在歐陸，則有實踐派人物，化學家兼實業家達賽（Jean-Pierre-Joseph d'Arcet）與理論派學者貝克萊，他們的研究將這個領域帶入了新的里程碑。[74]

「誠如達賽的門生，工程師克魯維勒（Grouvelle）所言：任何一種方法，若不能隨意有效地調控，絕對稱不上完全有效。」[75]要同時能掌握氣體排放和氣流引導，控制一個地方的氣體配置，才算得上是有效地調控嗅覺環境。

這樣的鴻圖大志，必然需要封閉式的排氣管道。「所謂通風系統，若需受制於大氣的變化、風的作用、門窗的開闔，而無法獨立運作，那便不是一個好的系統。」[76]克魯維勒說：「達賽很早就明白：『一定要採用足夠規律、足夠強力的方法來製造強風，且是風力穩定，持續不停歇地的強風，才能壓制所有突發性的氣流。』」

關於氣流的控制，英國的皮爾森醫生（George Pearson）的氣密室（pièce hermétique）是這個領域的指標。他替在家休養的肺結核病患，創造了一處氣溫宜人的空間，讓病患得以不必再大老遠跑到溫暖南方去長期休養。為了保持適宜的室內氣溫，他於是發想，塞住煙囪，裝上雙層門窗後，應該可以為人類創造出一種類似植物溫室的溫控空間（serre climatisée）。[77]這是一場人類日常的哥白尼式革命。一八二一年，爐具設備走進了達賽設計的新式廚房，他的廚房裡盡量不設門窗。「達賽坦承此舉推翻了沿襲長久的舊習：舊有的廚房建築設計，可說是門戶洞開，因為廚房空氣必須流通，才不至於引發窒息的意外，並降低裡頭瀰漫的煙霧和有毒氣體對身體造成的危害；然而，我們的設計……具備規律性的抽風功能，因此廚房裡不會出現任何蒸氣。」[78]

基於相同的理由，達賽大力吹捧虹吸原理與密閉式的工業廠房。新的通風設計加快了家戶壁爐的汰換，暖爐和鍋爐取而代之。既然光滑的外表有利於氣體的流動，合理地推演下，自然能了解到琺瑯釉與亮光漆的優點，兩者皆有助於氣流和水流暢行無阻。本世紀末，浴室要**既乾淨又體面**的要求，探其源頭，可溯至波旁復辟時期專家想掌控空氣流動的決心。[79]

空間內部的通風部分，達賽計畫性地運用兩大概念：「一為強力抽氣，二是**規律的空氣分配**」，[80]而後者是全新的概念。此外，根據達賽的說法，除臭的完成代表著燃燒完全，所以基於同樣的邏輯，他大力鼓吹興建除煙爐（fourneau fumivore）。

監獄依然是大眾疑懼的焦點。沒有任何地方比監獄更急迫地需要空氣流通。維勒梅因此認為，氣流暢行無阻是讓某既定區塊保持通風的必要先決條件。他認為堆砌高牆，要能阻擋逃獄事件的發生，卻不應阻礙空氣的流動。[81]且囚犯排泄物的除臭問題，順位應該排在通風之後。

說到監獄內部的除臭，囚室自然是各種消毒劑的實驗場，而且可說是完全不受阻礙地進行各種實驗。集結了多位知名化學家（如大仲馬、勒布朗、貝克萊、布珊高）的委員會，派員到監獄以嗅覺進行探勘。他們先估算了囚室徹底去除臭味所需要的時間，與必須引進囚室的空氣量，然後算出兩者之間的比率。學者們在圍著臭氣薰天的便桶幾個小時後，終於成功地「制定出監獄所有囚室消毒所需的通風基礎設施」一覽表。[82]這張表上列出的，所謂通風調節所需的標準氧氣量，並不是每個人生存所需的量，而是能吹走囚室穢物惡臭所需的風量。

學校裡被學生汗水和骯髒衣物弄得臭烘烘的教室，也進行了類似的實驗。實驗結果顯示：每個人每小時若能有六立方公尺的空氣，就能夠去除所有的臭味。[83]由這個結果再衍生得出：每小時灌入十二立方公尺的風，就能成功地去除成年人群聚所產生的臭味。這個新得出的標準值，給許多工程師帶來靈感。克魯維勒利用監獄廁所的垂直排水管裝設「下吸式風裝置」，成功地將巴黎馬薩斯監獄（Mazas）內的一千兩百間囚室「變得乾淨衛生」。另外還有一種方法，改用彎曲的虹吸式排糞管。杜瓦（Duvoir）就是用這個方法替巴黎司法院內的囚室去除臭味，同樣成效卓著。[84]

一八五三年起，凡赫克醫生（Van Hecke）的機械通風機，開始以標竿通風產品之姿，進駐所有監禁機構，獲得了比利時社會改革家杜貝西歐（Antoine Ducpetiaux）的激賞。[85] 自此，布魯塞爾的布提—卡姆監獄（Petits-Carmes）裡安裝的風速計，清楚地顯示了這臺新的通風機每小時可替每個人換新四十八立方公尺的空氣，遠高於當局要求的二十立方公尺。特別是，整片監獄建築群都可看得那個指針式計量器，無論白天或黑夜，它都能告訴你「通風機的真實力道，只要瞄上一眼，立即能清楚地看到現在指針指向哪一級。指針刻度從〇到八級，第八級是最大量級」。[86] 雖然這裡採用的不是達賽倡議的強力抽風概念，不管怎麼說，他的夢想算是達成了：通風機能夠調節控制，且不間斷地讓空氣流動，並常態規律性的即時量測氣流，來確保能完全掌握消除個人異味不可或缺的空氣流通狀態。這個機器的穩定性確保了巨大的成功：「整個實驗的過程中，計量器上的指針幾乎都穩定地保持在第四和第五級之間。」[87] 一八五六年，博榮醫院（Beaujon）安裝了一臺這類型的通風裝置。隔年，凡赫克的機械通風機在法國西南部的阿杜爾河（Adour）上創造了奇蹟，這條河道乘載五百名流放犯人，擔負著將他們從法國東南方的土倫（Toulon）「運送」到法屬圭亞那首府卡宴（Cayenne）的重任。多虧了這套機器，船醫在整趟航程不用開出任何一張醫療證明。[88]

利用通風裝置為監禁機構去除臭味的行動，連帶牽扯出了有關大小便的規範問題，這些機構的負責人異口同聲，認為這些規範絕不可少。[89]早在學校和私人場域開始施行類似的禮儀規範之前，[90]某些機構為了健康的緣故，當然有時候也參雜了糞便回收的經濟利益考量，這些地方實施的大小便規定，離奇得驚人。[91]法國醫生吉哈德卡佑（Henri Girard de Cailleux）制訂的規範可說是最具指標性，他要求護理師強迫精神病患，無論白天還是夜晚，只要到了規定的時間，一律以鐵腕的方式帶病患到規定的地點大小便。許多觀察記載顯示，這個示範性的紀律訓練是可行的：「關於上廁所的問題，精神病患對此同樣也沒有理性的思考能力，故而考量到他們可能不慎弄髒的情況，得以強制規定他們遵守其他公共機構裡身心正常的收容人不需要強制接受的規範。」[92]

同一年，法國軍官杜龐舍（Edmond Duponchel）在《公共衛生年鑑》（*Annales d'Hygiène publique*）發表了一篇讓人歎為觀止的報告，裡頭透露出打擊公眾場域糞便惡臭的決心，與透過建築設計，甚至設備更新來管理懲戒的強烈企圖。[93]為了去除軍營與醫院的臭味，杜龐舍建議興建名為「尖塔」的如廁塔，那是一種巴洛克式的塔樓，據悉靈感來自船上的桅杆，也可能是來自達賽的鴿舍設計，總之目標都在阻絕如廁的人沾染上糞便髒汙。沒了黏滿穢物的地板和牆壁，被強制帶去如廁的精神病患，或者是軍營裡的士兵，直接坐上一個幾乎可說是懸空的便座，便座底下連接一個金屬管道，如廁完隨即將穢物排出。

達賽與他同屬保健委員會的同僚們，特別是他的朋友帕宏—杜夏特雷，有著宏偉的夢想：要把所有的工業廠房變得乾淨衛生。這裡還是要再次感謝強力通風裝置、除煙爐與反射加熱爐（four à réverbère）了，帕宏—杜夏特雷才得以成功地去除了好幾間廠房的異味，連最噁心的臭味也沒放過。養蠶場「深受蠶呼出的氣息、汗水、糞便、蛻皮、死屍與蠶沙發酵等散發的臭氣危害」，[94]很早就讓法國農業學家德賽爾（Olivier de Serre）憂心忡忡。一八三五年，達賽終於成功地去除了養蠶場的難聞味道。他用同樣的方法，幫黃金與白銀精煉廠「去味消毒」，緊接著又去除了焚燒菸草根莖時產生的臭。就這樣，在達賽的協助之下，市中心區原有的工廠得以留下，甚至還增設了新的廠房，而市民也不用再忍受噁心的臭味了。

通風設備產業於是逐漸發展，只要惡臭持續頑抗，這個產業必然是欣欣向榮。[95]歐陸的建築業，不同於英國的同業，似乎對於護理科學的進展情況所知甚少，再加上對工程師多有鄙夷的態度，說實在的，這時候工程師的人數真的很少，而且建築師最關心的還是建築形貌所呈現的美。羅馬之旅的觀摩重點不包括暖氣或通風的機械裝置，因為這些是砌爐子的工匠們該關心的事，所以很少被納入建築整體設計的考量之中。我們先前提到的幾個建築師例子都是特例。此時還沒有足夠強大的土木工程師團體，能夠站在建築師與工匠的中間來居中協調。在英國，幾乎所有的公共建築，以及許多民宅與船艦，都已裝配了通風系統，儘管很多系統稍嫌粗略。法國納稅人選舉王朝（la Monarchie Censitaire）＊時期的大城市，剛好提供了幾個成功的經典案例。好比巴黎地區那些會員制的戲劇廳，這裡專門接待資產階級和貴族會員們，大家群聚於此度過漫漫長夜，所以得非常小心衛生的問題。還有**演藝廳**使用了達賽設計的通風裝置，為此他特地採用了釉彩。該演藝廳很快地成為標竿，後人爭相仿效。

* 譯註：一八一四年到一八四八年間，由有納稅的人民來選出國王的制度。

第三章　政策與危害

法令的制定暨嗅覺首要地位的確立

從法國大革命到巴斯德發現細菌之前的這段期間裡，公共衛生計畫似乎又一次地大舉借用舊例。正在草擬的管理辦法大幅地援引舊制度時期制訂的法規，且這些法規施行的效率常常遭到質疑。此外，在這條通往環保理想的道路上，舉凡對墓園、對人群聚集的強烈抨擊，都在為我們開闢道路，勾勒出一套先是疑慮，再有警戒，最後法令介入的模式。就這樣，有關工業危害的辯論，在十九世紀逐漸熱烈，許多人過早地假定以為工業是激進的現代化，然而看在許多人的眼裡，這不過是水到渠成的結果。讓我們再次申明，真正的新鮮亮點是決策過程中展現的一致性。法國執政府時期就已經開始逐步地草擬一部真正有效的**法規**，希望能一舉定義出所有的危害，並以此制定相對應的政策。新的公共衛生策略目標集中在加快消毒除臭的腳步。這次，除臭的標的是擴展到所有空間，以及整個社會。

管理主義的興起已經是歷史上明定的事實。一七九〇年和一七九一年，頒布了兩部關於工業技藝與保健的法律。成效明顯不彰，因為裡面沒有對產生危害的工業機構進行分級的機制，更沒有針對工業導致的損害，訂下明確的定義與評估辦法。由於法院執法無能，法理的解釋模糊，爭端最後多交由當事人仲裁。這些立法行動可說是舊制度時期那些無能舊例的延續。

法國共和曆十一年穫月十八日（一八〇二年七月七日），塞納省成立保健委員會，行政部門於是有了一個持久穩定的諮詢控管機構。委員會的成立讓許多新的企圖看見希望，但也因此體認到需要一部規範更明確的法令。在內政部的要求之下，法蘭西學院底下的物理暨數學所，遂於共和曆十三年霜月二十六日（一八〇四年十二月七日）提出一份危害健康的機構的危險分級表。接下來的三年裡，這份文件左右了行政部門的行動。一八〇六年二月十二日，時任巴黎市警局局長的杜波瓦（Louis Nicolas Dubois）發布了一道命令，強制要求意欲興建廠房的工業家，在開工之前必須先發布公告。同時要求必須事先提交廠房或工坊的建築圖，再由一位警官陪同所謂的「技師」進行事前的實地勘察，並於勘察結束後填寫一份正式的調查報告，決定**是否放行**。

一八〇九年，小蘇打製造工廠引發強烈民怨，逼得內政部不得不再度向法蘭西學院求援。共和曆十三年霜月的報告如今看來，顯得過於空泛。二十年了，工業發展所引發的民怨已經到了沸點，企業肆無忌憚地在市區擴張廠房的態勢，當局再也無法坐視。屠宰業、腸衣加工業、煉油業不斷的遭人投訴。儘管如此，危險層級較高的腐臭廠房卻佔有絕佳的地理位置：好比製造普魯士藍（bleu de Prusse）顏料、強力膠與糞粉的工廠，據說正在全國各大城市裡開枝散葉。雖然學者抨擊酸性蒸氣的力道，遠遠不及對腐爛臭味的指責來得強烈，但輿論顯示，人民對那些硫酸鹽、醋酸鹽及銨鹽工廠，是愈來愈無法忍受了，尤其是在帝國初期如雨後春筍般冒出來的小蘇打廠。另外各種金屬的鍍金加工業，與任何需要加入鉛、銅和水銀的產業，全都被列為民眾嫌棄產業之林。[1]

連皇帝本人都難以忍受這新一波的工業臭氣。格勒納勒有一間熱解油廠，它排放的廢棄物散發出噁心至極的臭味，讓人在巴黎郊區聖克盧的拿破崙都不堪其擾，下令日後這些東西不得再往河裡傾倒。[2]

法蘭西學院的化學部，這一次擔任了督察員的角色，他們要求市警局局長針對巴黎市的所有廠房展開全面普查。化學部對普查的結果進行分析，提交一份分布圖，此圖獲得一八一〇年十月十五日頒布之政令的進一步認可，成為後續所有施政措施的參考準則。一八一五年的皇家敕令只是重申了這些大方向而已。整體的立法規範均循著同一條邏輯原則，值得細細分析探討。

管理的主要概念以企業家為重心。也就是說保護大老闆免於受到附近居民的惡意傷害或眼紅中傷，保障他們安穩的過日子，亦即允許他們繼續擴張事業版圖。這樣的做法加深了人民心中的擔憂。法蘭西學院的學者希望能在他們的認證下，有條件地讓工業進駐市中心，就像以前強制人民接納「多少會對人體健康有害的」那些行業一樣，例如：過去的鐵蹄匠、大釜匠、木桶匠、鑄鐵匠、紡織工。於是一把丟開舊制度末期，規劃著要把工坊遷至鄉村的計畫。[3]學者之所以認定工業可以留下，理由在於他們對化學這門科學的突飛猛進，與對「火的掌控」上有長足進步的信念，因此他們認爲，工業帶來的可能危害很快就能找到科學方法消弭。一八〇九年的報告裡就可以看到，某些生產小蘇打和普魯士藍顏料的工廠完全不受干擾地持續在市區運作。

對舊制度末的醫學文獻或政令相當陌生的讀者，看到這裡對危害下的定義，可能會覺得非常狹隘。十八世紀末化學家常見的警示口吻已經消失。如今，學界洋溢著一片樂觀的氣氛——確實有一段時間是如此。只有那些會讓金屬腐蝕和植物枯萎的惡臭，被認定是對身體有害而已。當然，那些「堆滿了大量動植物原料，並任由這些東西腐爛發臭的」工坊，「可能會對鄰近區域居民的健康造成危害」，[4]但關鍵在於這些臭味只會帶來些微不適取代了有害的觀念，明顯地廣為大眾所接受。絕大多數的化學蒸氣，託辭「是火焰焚燒的自然產物」，而且有方法可以將它們凝結等說法，因而沒有被貼上有害的標籤。「共和曆八年霜月的報告，我們可以看到裡頭這麼寫著：一定要公布周知，只要管理得當，那些生產酸、銨鹽、普魯士藍顏料、鉛白的工廠，還有肉類加工廠、澱粉廠、製革廠、啤酒廠（甚至硫酸廠），不會對周遭居民的身體健康造成危害。」

就算感覺微微的不適，對健康的影響也很有限。這樣的觀念最終歸納出一個單純屬於嗅覺上的危害定義，而會有這樣的結果，老實說沒什麼好驚訝的。一八一〇年十月十五日頒布的法令，第一條開宗明義：「此法令頒布之日起，舉凡會釋放危害身體健康或引發不適感的異味之工廠或工坊，若未得到行政部門的批准，皆不得設立。」其餘關於噪音的問題，只有寥寥數語帶過，其目的只是要呼籲人民忍耐。至於煙霧，在當時尚未引起多大的注意。更別提灰塵了，這事根本還沒掠過人們的心頭。另外，上述的法令根本沒有提及演藝表演；人們才不關心那些可能危害眼睛的刺眼光芒，更別提呼籲降低亮度了。

換言之，企業家幾乎可以高枕無憂了，只剩地主是唯一阻力，唯有他們能有效地阻止工業在這段時間，近似無政府監管下的大肆擴張。最強大的阻力，是損害補償，因為工廠附近的房地產，無論價格與租金都呈下跌的趨勢。這類爭議反覆地被提出討論。一八一四年二月九日，頭腦冷靜的工業部長，在一八一〇年的保健法令中，找到了一條適用於企業主和地主的簡易仲裁辦法。[5]在此時，幾乎沒有人理會工人的健康問題；工廠附近鄰居的健康當然更是擺在其次。

一八一〇年十月十五日的法令比較完備，增加了非常多的施行細則。之後，一八三二年，特萊布謝（Trébuchet）開始彙整所有的相關法令，整理出一部法案，「針對每一種工業與各級相關人士，分別制定明確與詳盡的規範」。[6]新的法規將工業廠房分為三級，[7]並擴大預先申請批准制的適用範圍，同時設下管理機制，防止工坊無限度擴張，也就是說，開始防制工業對健康可能造成的危害和財損了。

學習容忍

各地紛紛設立保健委員會，以監督新法規的施行成效。一八二二年到一八三〇年之間，整個王國境內的主要城市均有設立。工程師、化學家與醫師攜手合作，這些專家的行動均以法令創制的宗旨為依歸。委員會成員表現的妥協態度証明了一件事，必須非常謹慎地看待這個委員會，絕不能讓它變成全面監管的絕對權力機關。保健委員會的首要任務在於讓人民安心，去除惡臭引發的憂懼，還有讓鄰近工廠地區的居民能平靜地過日子。他們對於工業危害秉持的樂觀看法，奠基在化學科學的蓬勃發展之上。這樣的心態恰恰與深怕被穢物吞噬的那種長久恐懼，呈明顯的對比。各地委員會的公衛專家深受奧古斯丁教派理念的影響，他們堅信安全閥的設置有其必要，簡單地說，就是要能忍受必要的痛苦，因此他們多以容忍的態度來面對工業危害。既然光明能帶來淨化，他們的行動於是僅限於追捕地下非法活動，而且會等到抱怨和申訴案件累積，輿論明顯成形的時候才採取行動。於是，獲政府機關授權的這群衛生專家，他們扮演的角色多偏向仲裁者，而非督察員。

由此，便可以了解為什麼公共空間面臨的惱人工業惡臭問題，遲遲未能獲得解決，這樣的挫敗源自專家未遵循立法者倚重的嗅覺標準定義。首都區許多牛奶廠蓬勃發展，它們全都是獲得到保健委員會的批准才設立的。套用這些專家們的講法是，大多數牛奶廠裡面的化學蒸氣只會對裡面的工作人員帶來危害，因為他們離得很近。這樣的說法當然不足以讓人燃起要它們關廠的念頭。有害的說法，再一次地只適用於廠區附近的居民。而微恙的概念不適用於勞工階級，因為天天在這種環境中工作，習慣使他們已經麻痺了，再也察覺不出危害與不舒服的存在。就這樣，法蘭西學院的化學家們在一八〇九年注意到，「無論是生產單純或氧化的硫酸、硝酸、鹽酸等產品的製造廠，你只要一踏進去，立刻感到一股嗆鼻酸味迎面撲來，但廠裡的工人似乎完全聞不到，他們只有在無預警的狀況下，一時不小心吸入過量，才會感到不適。」蒙法爾恭後來說：「我們必須留心，工人們經常是因為習慣了工坊的環境，所以很少抱怨，大多數人都不覺得自身所處的工作環境有害健康。」8

至此，評量工業對勞動人口造成多少健康損害的任務，落到了統計學者的頭上，無感的工人根本無法自行評估。

透過事前教育，讓民眾對先進技術有信心，委員會的專家們巧妙地讓鄰近工業區的居民接受了現狀。關於這部分，事件發展的過程永遠都一樣：對於新事物的出現，人民一開始是抱怨連連，慢慢地變成隱忍，最終只能悄然接受周遭變得不一樣的事實。十八世紀末便不再受到青睞，並在一八三九年遭到大力撻伐的煤炭，也跟上了時代的演變，與蒸汽機倆倆成為人們必須忍耐接受的東西。要忍耐的還有「酸蒸餾技術」（distillation des acides），後來的煤氣燈，與煤氣的生產與燃燒。帕宏－杜夏特雷是見證這波容忍心態的一個極端例子，這樣的心態讓法國城市長期籠罩在惡臭之中，儘管新的感官警戒已經逐漸普及。

不過，這段與可怕的工業危害對抗的戰鬥史蹟，並不僅只有立法條文而已；這段歷史也不全然是隱忍態度的大勝利，裡頭還是找得到宏大的企圖心與艱困的奮鬥，雖然經常是髒臭不堪，但也稱得上可歌可泣。

相較於在法國執政府與帝國時期，先是對企業進行監控，到後來的巴黎掃街行動均未竟全功，波旁復辟時期看上去似乎是個大有為的時代，至少有一些具體的政績。在此之前，衛生專家的政策宣示從來沒有如此清楚明白地獲得肯定，就在這個時期，《公共衛生與法醫學年鑑》（*Annales d'hygiène publique et de médecine légale*, 1829）問世。[9] 於是開始針對傳統上人口密集的地方，例如：軍營、特別是監獄，研擬消毒的保健策略。[10] 與糞沼的戰役最能看出他們的努力。熏天臭氣在一八二一年衝到了頂點的比耶夫爾河，[11]也有了部分的改善。我們在前面看到，霍葛特、綠徑與阿梅洛等地的下水道清淤工程，為通風、煙燻和消毒技術提供了絕佳的試驗場。文森（Vincennes）與克里希區的全面大清掃計畫，重申了當局淨化郊區的決心，此時郊區已經被視為是危害最烈的地方。

一八三〇年到一八四八年間的七月王朝（la Monarchie de Juillet）初期，是重大的轉捩點。一八三二年，霍亂爆發大流行，逼得當局須擬出一套全國一體適用的消毒策略。我們以後會看到，此舉開啟了百姓私人空間的除臭消毒行動，讓保健管理終於從懵懂昏聵中甦醒，開始動起來了。

此時，新的疑懼已然出現。法國歷史學家路易·舍瓦列（Louis Chevalier）正確無誤地指出，在七月王朝君主路易—菲利普（Louis-Philippe）掌政時期，都會區人民視覺上的要求提高了。[12]人民萌生了新的視覺警戒。呼吸現象的發現與肺癆，更加劇了民眾內心的驚懼。而這一切剛好又碰上了法國鋼鐵廠引用英國鋼鐵先驅威金森氏（Isaac Wilkinson）的冶煉法，在國內大肆擴廠，還有煤油燈的大量普及，使得此時煙煤的用量急劇地大幅增加。自此，巴黎地區反對煤炭（一八三九年）、[13]蒸汽機，與抗議瀝青廠、[14]橡膠廠設立（一八三六年）的申訴案件數量跟著增加。工廠冒出的黑煙成為民眾恐懼的焦點，只是這一次人民怕的不是它的臭味，而是它那混濁的黑色。黑煙會對肺造成危害，將房子外牆抹上一層黑，讓空氣變混濁，而此時正是社會急欲發展照明的時候。

當局和專家原本對工業危害秉持的樂觀態度，出現稍許反轉，不過這個問題倒也不是完全無計可施。專家與警方長久以來一直認為，磚砌的高聳煙囪，再不濟還有工廠的高牆，這些便足以擋住不受歡迎的黑煙和蒸氣。此外，除煙爐也經過實驗證實，的確有效。[15]這些設施能夠終結燃燒煙煤、蒸煮菸草粗莖與煉糖業工廠冒出的煙霧。因此，一直要等到一八五四年，當局才開始真正地動起來，想辦法遏止這些恐怖渦輪產生的危害，但成效不彰。

自此，在公共空間領域裡，因著嗅覺產生警覺心，進而投訴的案件，件數開始萎縮。一八四六年，蒙法爾恭和拉波林尼耶，[16]開始謹慎地將危險或有害健康的廠房，以及會引發微恙的廠房帶來的「不良缺失」，一一列舉出來，並劃分成兩百一十三個等級。進一步對這些不良缺失進行分析，從中可以看到嗅覺警覺心仍佔有絕對優勢（有百分之六十九點四的工廠因冒臭氣而入列）；[17]證實了人民對噪音（百分之二點七），[18]與灰塵大體持續著容忍的態度（百分之二點七），相對地，對於黑煙的憂慮升高了（百分之二十一點五）。上述的比較數據，與引用的不良缺失表均見於一八六六年的保健法令，[19]由此可見工業危害改善進度之緩慢；另一方面也可以看出，大眾憂心的焦點逐漸轉移到了噪音、灰塵、尤其是黑煙身上。

帝國時期的政策，顯示了人民警戒心的演變過程。都市計畫大師奧斯曼男爵（Baron Haussmann），一八五三年進入塞納省省政府之後，便全心全力地想讓巴黎脫離陰暗髒臭。他領導執行的都市計畫，有部分的目標專注在消除市中心的汙濁空氣。雖然城市噁心髒臭依舊——我們已經知道原因何在了——，但在公共空間的髒汙管理上，嗅覺哨兵的重要性開始下滑。

有人把奧斯曼路線視為一種「清洗社會的二分法」，[20]這種說法並非毫無依據。若說城市裡真存在著用臭味來劃分社會階級的現象——如今各家說法幾乎都口徑一致了——經過了二十多年，這

種二分法出現了滑移。原先關注的嗅覺嫌惡和窮人的臭味，自此由對腐臭空間的疑懼接棒取代。只要大眾還沒有被教育、被告知感官的容忍門檻在哪裡，[21]社會上對於乾淨衛生空間的要求，想也知道，程度上是必然有階級區別的；更別提專為資產階級而生的空間消毒行動，只會讓他們的地產更加增值。當穢物的數量下降，糞臭減弱了，的確金錢也隨之而來。不過，在那當下，工人們聚居的出租公寓，因為工人本身對臭味蠻不在乎，且除臭消毒作業還得房東自掏腰包的緣故，持有這類房地產的費用反而高漲。追求利潤這件事本身，就支持了氣味影響社會分配之說，這樣的現象我們有再詳加分析。

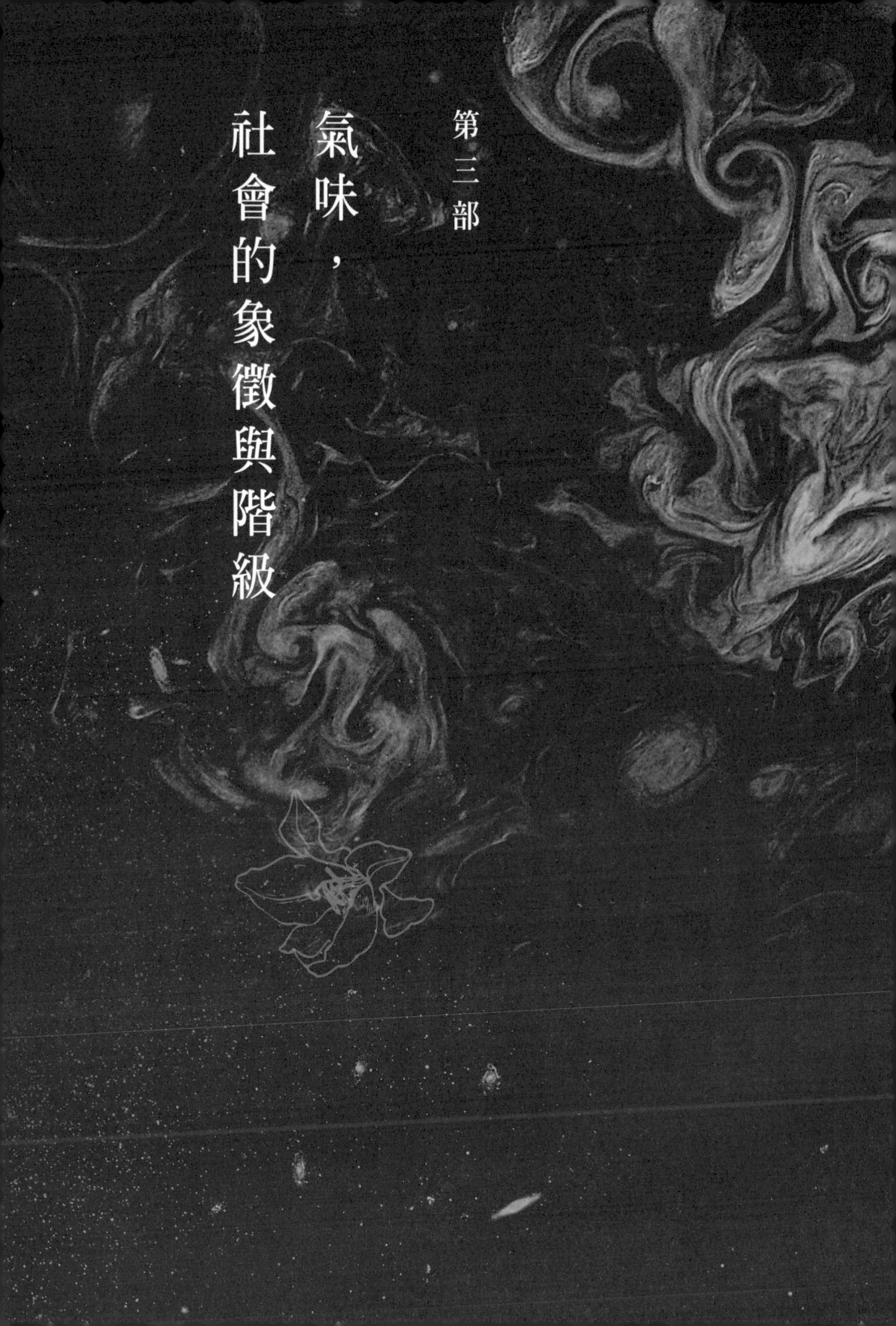

第三部

氣味，社會的象徵與階級

卡巴尼斯與親切感

當拉瓦節的發現帶動了化學界的蓬勃發展之時，同時它也震撼了空間的代表意義，推翻了古老的空氣療法之說，一股理論的翻轉正在進行。雖然嗅覺器官學遭到了淘汰，但新的理論卻賦予了嗅覺認知新的意涵，為嗅覺的訊息冠上意料之外的魔力。

乍看之下，卡巴尼斯對感覺論的抨擊很是讓人震驚。他這麼寫著：「完整的分析不可能將每一種感官的運作獨立開來，與其他感官分開來分析。」「感官之間是不間斷地相互依存關係。」玫瑰花香的某些特質需要「同時生成的其他感官感受的輔助」才能成形。[1] 孔狄亞克不該忽略這一點。尤其是，「需要每一種感官都運作正常的前提下，器官的總體系統才能正常地運作，且感官運作必須同步，總體系統才得以維繫。每種感官必然且一直能感受到總體系統的慣常運作，而且多少跟它們有同時運作。因此，感覺器官的敏銳度，與它跟主系統之間的平衡關係，對於個別感官接收產生的印象，影響巨大」。[2]

至於嗅覺，它與諸多器官保持著「親密的關係」，使得嗅覺具有交感（sympathies）的能力。我們已經了解了嗅覺與滋味之間緊密的關聯，由此可以擴大解釋鼻子與腸道之間的關係，而且許多腹部的疾病也會導致嗅覺喪失。《人類心理暨生理報告》（*Rapports du physique et du moral de l'homme*）的作者卡巴尼斯，特別指出了一種引發日後專家長期爭論不休的關係：嗅覺黏膜與生殖器官間的關係。他的主張遠比德國耳鼻喉科醫生弗里斯（Wilheme Fliess）早上一百年。[3]

卡巴尼斯夢想著想從感覺器官和其他器官之間的關係為基礎，寫一部全新的感覺論。這段「感覺生理學的發展歷程」，[4]從實踐的層面來看，跟「感覺生靈的科學」（science de l'être sensitif）其實相距不遠，法國哲學家德比朗（Maine de Biran）將他傾注了全副心力鑽研的結果，記載在他的《日記》（*Journal*）裡，為這門學科開拓了一片嶄新天地。他不認為感覺與正在建構中的嗅覺器官學之間有直接的關聯。所以這門學科的發展停滯，其實沒有什麼好驚訝的。[5]再加上，波旁復辟時期醫生們尊崇至極的孔狄亞克系統的強力反駁，[6]以及生機論遲來的復興又獲得重視，在在讓嗅覺器官學加速失勢。

然而，在此同時，卡巴尼斯認為「個體的生命就在感覺之中」，[7]因而將嗅覺感官奉為決定人與人之間互有好感或憎惡的關鍵感官。[8]他非常重視各種氣味的特殊性，與個人身周的氣層。這一點跟剛尚未成熟的嗅覺器官學一樣。此時，人們已經不再滿足於單純地以年齡、性別或氣候環境來區別體味了。每個個體的獨特性與其嗅覺行為，造就了一個人的氣層。傅尼耶醫生（Dr. François Fournier）在他的著作《醫學字典》（*Dictionnaire des sciences médicales*）裡，針對嗅覺的部分，他強調「人人感受獨特不同，並非因為器官之故」。[9]

嗅覺感官的靈敏度因生活環境的不同而改變。韋海注意到：「社會化的生物比較容易受到植物氣味的影響，相反地，野地裡的人則對動物軀體傳出的腐臭味道比較敏感。」[10]基爾萬醫生（H.A.P.A. Kirwan）進一步闡釋：文明的進步讓強烈的氣味變得難以忍受和危險。[11]人類學，跟醫學一樣，給了植物性芬芳之所以流行，而動物性香氛之所以沒落，提出了合理解釋。

人類學這個理由也解釋了另一個矛盾點：文明人對淡淡的飄忽氣味具有敏銳的感受力，由此引申出他們有能力藉由嗅覺能力來改善環境臭味汙染，但這樣敏銳的感受力，其演變過程卻與氣味分析能力的發展背道而馳，因為需要長久地訓練才能養成氣味的分析能力。韋海注意到：「堪察加半島南部的勘察達爾人（Kamtschadales）幾乎聞不出檸檬香草淡香水或古龍水的味道，相反地，他們老遠就能嗅出腐爛的魚，或擱淺的鯨魚所發出的味道。」[12]

同樣的道理，辛苦工作的勞動工人，從早到晚一直籠罩在有害的空氣之中，他們專注手上的工作，渾身沾染油脂的腥味與他人呼出的強烈體味，因而喪失了原本可用的嗅覺能力。根據主宰器官運作的平衡補償法則：手臂運用過度，會導致鼻子的靈敏度受限。所以可用的嗅覺能力成為了非勞動階層的特權。器官能力的不平等其實反映的只是人與人之間的不平等罷了。[13]

可見眾人對於，我統稱為資產階級（這個名稱用得不是非常恰當）人士的氣味管理能力，與將飄渺淡香吹捧到最高地位的感覺認知模式，完全深信不疑。

從個人氣層味道的優雅細緻，與他對氣味的敏銳度，可以看出一個人的出身涵養，證明這個人不識勞動汗水的滋味。然而，感覺過度敏感也可能引發極端的行為反應並且帶來危險，深受嗅覺遲鈍症（parosmie）之苦的女孩，通常都是最優雅敏感的一群。她們處在一個受到保護，嗅覺不受限的世界裡，在那裡嗅覺傳遞出的訊息影響巨大。氣味支配了這群敏感純真女孩的一顰一笑。

認知史再一次遭遇困境。趨勢顯示化學分析將取代模糊的感官感受，加上嗅覺器官學的研究固步不前，嗅覺於是轉而走進了十九世紀最為顯著的階級劃分之路。個人、家庭、社會階層的氣層微妙地支配著人與人之間的關係，劃出嫌惡與高貴之分，評斷某人是否具有吸引力，是否能享有愛情的纏綿，總之，嗅覺就這樣參與了社會新面貌的輪廓勾勒。

第一章　窮人的臭味

悲慘的分泌物

對於社會氣味的關注升高，可說是十九世紀在巴斯德理論問世之前，嗅覺史上的一件大事。當針對土壤、死水、屍體，還有稍晚接棒的腐肉等臭味的投訴案，數量逐漸減少之際，在衛生文獻檔案、浪漫奇情文學，還有剛起步的社會調查研究報告裡，都可看見有關可怕的人體沼澤的描寫。人們對氣味的關注標的，從有機生命體過渡到社會，這種轉變正是卡巴尼斯研究的主旨。有關空間與人群的描寫，重點變了。嗅覺研究觀察的標的，已經不再由醫院、監獄、人群混雜的地方，以及那些無法辨別個體氣味的腐臭群眾一手包下了。另一個標的成為社會新焦點：悲慘的氣味。找出窮人與貧民窟的惡臭，把這股悲慘的氣味趕出去。

這樣的轉變逼得當局必須重新審視過去的策略：十九世紀關注的焦點默默地從公共空間轉移到私人的空間。皮奧里在研讀完一八三〇年到一八三六年間在法國爆發的傳染病報告之後，得出結論：「一方面，除了再三重申寬敞的公路、屋舍的方位朝向、村鎮的清潔衛生皆各有其功用，且泥巴路必須保持乾燥等；另一方面，（我們）必須強調最需要保持乾淨衛生的並不是外頭的牆，而是居住的房間。」[1] 十五年後，巴索完美地簡單歸納如下：「大城市的乾淨衛生是所有私人住家之總合。」[2] 於是，直驅可憐的貧民住家，追捕惡臭的時代來了。

新的計畫與資產階級建立的社會系統與行為模式，有著密不可分的連結，此時，嗅覺在這些計畫中的角色已大不如前，但若直指嗅覺已經失去重要性，仍稍嫌操之過急。有鑒於認知到社會階級的差距逐漸加大，與文化分級引發的問題複雜性，[3] 促使嗅覺分析必須更深入更細微，連他人的氣味也被列入了關鍵評判的標準之林。[4] 美國作家菲佛（Charles-Leonard Pfeiffer）極有見地去分析了巴爾札克（Honoré de Balzac）是如何依據人們身上飄散的味道，來分辨他們是屬於資產階級或是小資產階級，一如他在《人間喜劇》（*Comédie humaine*）裡用味道辨別人們的身分是農民或交際花。[5]

排泄物的惡臭消除了之後，這群不流汗的族群的個人體味反倒被凸顯出來了。也就是「我」這個人的身分地位被顯露出來了。資產階級厭惡人群散發的強烈氣味，因為這意味著個人難以在這樣的環境裡彰顯出自我的價值。再加上身體碰觸被視為是絕對的禁忌，資產階級對呼吸氣息裡夾雜的那些惱人訊息愈來愈敏感。

這種行為所代表的社會意義不言而喻。少了令人不悅的糞臭，渾身惡臭的人，自然而然地無所遁形。這些像死屍、像罪人一樣冒著惡臭的人，社會會如此對待他們，也就有了合理的解釋。特意強調勞動階級又髒又臭，凸顯這些人的存在就是感染疾病的潛在威脅，這類只是合理猜測的說法，在資產階級心裡播下恐懼的因子，他們對此抱怨連連，絲毫無視良心的譴責。就在這樣的情況下，催生出了一個衛生策略，讓消毒行動成了老百姓逆來順受的象徵。「社會災禍產生的巨大髒汙」，[6]這裡指的是動亂或傳染病，但這話聽來不由得讓人以為，想要去除無產階級的異味，就一定要制定規範並強制實踐。

醫學論述跟著認知行為的改變而演變。醫學因為受到了帝國時期出現的人類學與社會學主張的強烈影響，捨棄了一些後希波克拉底時代的基本信條。地形、土壤的質地、氣候、風向慢慢地被認為是重要的決定性因素，[7]因此專家們比以往更加關注人群密集與密集地點附近堆積的穢物所帶來的危害。更重要的是，如今他們一致認同「悲慘的分泌物」才是最關鍵的要角。這也是那份針對一八三二年霍亂大流行所做的研究報告裡，得出來的最後結論。[8]醫生與社會學學者這才發現，有一種人特別容易讓疫情擴大：一群蹲在髒汙泥濘中的人。

由此，我們便能理解，對於糞便的疑懼何以始終不墜。這種恐懼再怎麼反覆地強調都不為過，糞便的恐怖陰影籠罩了當時的統治階級。資產階級拼了命地想掩蓋社會生理系統的自然產物，糞便。[9]但糞便反將了他們一軍，如魑魅魍魎般地糾纏著他們，並否定了他們一心想讓糞便去實體化（décorporéisation）、眼不見為淨的努力。糞便的存在代表著能重建以往的有機生命。一直在等待時機，想找出穢物中隱藏的歷史敘事的雨果（Victor Hugo）說了：「我們很欣賞穢物坦誠的性子，它還能讓靈魂安息。」[10]帕宏—杜夏特雷，以及其他許多學者，也試圖在有機論與奧古斯丁教派理念的大框架下，探索都市的排泄物，這個必要之惡的運作機制。他們穿越都市之腹與清潔工人交談。排泄物確實主宰了社會階級的定義。資產階級將自己努力地推拒在外的東西，扔到了窮人那邊。當時，社會對一般老百姓的印象均與排泄物有關，其中最典型意象的就是：躲藏在破房子屎尿堆中的髒汙生物。所以，若硬是要把當時對窮人惡臭的多方強調，與資產階級除臭的決心當成兩回事來看，並予以切割，那就顯得太做作了。

說到這裡，需要稍微回顧一下。我們知道，十八世紀的人類學對身體氣味非常著迷，但那時並沒有將它與窮困悲慘掛在一塊。當時學者的重點放在氣候、食物、職業或個性對體味的影響。學者分析了老人的氣味、酒鬼的氣味，與壞疽病病患、雪地犬雪橇的車夫、馬夫，但幾乎沒有人想過要去研究悲慘的窮人。他們混雜密集地擠在一塊生活，這個事實就足以說明，他們身上的惡臭會是可怕的威脅了。最多就是霍華德曾說過，窮人附近的空氣比富人周遭的空氣更具傳染性，[11]但他並沒有特別影射某一種臭味。這樣的觀察所得，只是想讓每個人能依照自己的經濟狀況，來調整消毒的方法。[12]

不過，那時候的醫學研究已經暗示，某些人身上會散發出野獸般的惡臭。蹲踞在貧窮底層的人們，身上始終散發一股強烈的味道，原因在於這些人的體液還沒有經過必須的沸騰階段（coction），還沒有晉升到能「成為人這種動物的等級」。[13]人沒有散發人類的氣味，原因不在於退化，而是因為那個人還沒有跨過進階為人的那道門檻。因此，瘋子與一些犯人的形象常像是蜷伏在石槽內被鐵鍊栓住的狗。他們的床鋪就是自己的糞便，尿液滲透其中，跟水肥沒有兩樣。故而衍伸出渾身沾滿穢物的**水肥人**（l'homme-fumier）一詞，預先勾勒出勞動無產階級，與七月王朝統治下的臭烘烘人民群像。[14]

十八世紀後，又有好幾個層級的百姓，加入了這樣的人民群像之列。首先，不消說，自然是妓女，她們總是跟汙穢連在一起，所以才有垃圾清空了，她們就無所遁形之說。舒維寫道，在佛羅倫斯（Florence），路面鋪著石板，汙水道加蓋，穢物全被收到鐵門之後，「路面繁花盛開，枝葉散發馨香」，[15]更是完全沒有應召女郎的蹤跡。

還有猶太人，他們也是髒汙的一群。有人說他們的臭味源自於該民族的骯髒天性。這裡，舒維又說話了，他說：「舉凡希伯來人聚集的地方，以及警察已經放棄不管的猶太人地盤，那裡總透著奇怪的臭味。」[16]

那麼拾荒者可說是集所有工人階級臭味之大成者了，一人身上便集結了糞便與死屍的噁心氣息。[17]雖然僕役們的景況和衛生稍有改善，身上仍飄著異味。早在一七五五年，馬盧因就建議，要盡可能地改善僕人居住空間的空氣流通。[18]一七九七年，德國醫生胡費蘭（Christoph Hufeland）則叮囑，不要讓僕人靠近小孩子的房間。[19]

在十九世紀初與霍亂大流行剛結束的這段時間裡，**水肥人**的形象，轉變成為現代受難者約伯（Job），這樣的荒唐神話反映出人們對糞便的長期恐懼心理。長期與惡臭為伍，鎮日埋在爛泥、垃圾、糞便堆裡的工人，以及色情行業的工作者，這群城市的賤民，成為剛興起的社會調查研究，最受關注的標的。帝國時期的社會學先鋒，他們的注意力全都集中在下水道工人、腸衣加工業者、牲畜肢解業者、掏糞工人、化糞坑工人、清淤業者的身上。我在此要特別強調帕宏—杜夏特雷花了八年時間，針對巴黎的色情行業所做的調查研究，尤其在知識方面的影響深遠。[20]保健委員會的文獻檔案也證實了學者對這群人的確是特別感興趣。

這部分的原因顯而易見，不需多費唇舌，所以我在這裡選了另一個類別的例子。監禁在骯髒牢籠裡的囚犯，一直是學界研究的要角。當然，看在理論派學者的眼裡，會覺得這部分好像已經探討過，有些過時了。不過，有關監獄實況[21]的研究清楚地顯示，這些現象依舊存在。因此，社會對囚犯也有著極其刻板的印象，也就不足為奇了。高居醫生（Dr. Cottu）對法國東北部漢斯市（Reims）監獄的囚室描繪如下：「至今我還能夠感受到，我剛踏進去時迎面撲來的那股讓人窒息的可怕惡臭，彷彿一有人開門，這些臭氣就急急往外衝似的。……我努力放低嗓音，好讓人聽起來能安心些，我的話音剛落，就看到一個女人從糞尿堆裡探出頭來，由於她沒有完全站起來，乍看之下還以為是一顆被砍下的頭顱遭人遺棄在糞堆裡。這個可憐的女人，身體軀幹幾乎都埋在屎尿裡。」「因為缺乏禦寒的衣物，她只能鑽進糞堆裡取暖，捱過酷寒冬季。」[22]

單是一八二二年，一年之內，保健委員會就發布了十七份針對拾荒者——也就是惡臭的最佳代言人——的調查報告。[23]當局用盡一切辦法，想把這些人的棲身之所趕離市區。在拾荒者進行挑揀之前，拾回來的垃圾皆堆放在家中，裡面混雜了骨骸、腐肉和被拋置在公路上的破爛。只有回收「資產階級廢棄破爛」的拾荒業者能獲得委員會的特准，因為他們認為這批人沒有傳染疾病的危險。拾荒者身上，從頭到腳，都積攢了所有悲慘窮人的臭味。這臭味為他們換來了象徵性的價值：

約伯的形象。只是他們和約伯或腐爛發臭的囚犯不同，他們不是埋在自己的排泄物裡。他們那張沾滿穢物的古怪容貌，是從別人的排泄物拼貼出來的。

在巴黎第五區的新聖梅達路（Rue Neuve-Saint-Médard）、特里佩赫路（Rue Triperet）或布朗日路（Rue des Boulangers），都可以找到「一身襤褸，沒穿襯衫、沒穿長襪，還經常是光著腳的人，跟著他們一路沿街到處跑上一段時間後，就能看到他們常常是全身濕透回到家裡……，滿載著著他們在首都各個垃圾堆裡找到的各種東西，他們撿回來的東西飄散的臭味，跟他們這些人是如此的契合，他們根本就像是能行走的垃圾。他們的工作是在街上四處收破爛，鼻子永遠在搜尋糞便殘渣，他們還能怎麼樣。」[24]就算回到了家，還不是得窩在臭氣薰天的骯髒草褥上，被成堆的臭破爛圍繞。

法國哲學教授巴赫—克里潔（Blandine Barret-Kriegel）記錄下許多知名人物探訪窮人後的反應。他們驚呆的眼神，夾雜著某種不可置信的迷惘：「拾荒者的垃圾屋」、「恍若煉獄的房子」、「那是另一個人世間的氣息，更野蠻更濃烈」、「地獄黑暗力量的無限輪迴」。[25]這些人從法國啟蒙運動的傑出代表人物孔多塞侯爵（Marquis de Condorcet）到德國哲學家恩格斯（Friedrich Engels），或者從維勒梅到雨果，不一而足。對嗅覺行為的研究與窮人臭味屢屢被拿來與地獄惡臭相比擬的說法，皆印證了他們的暗喻與我的論點，走向基本吻合。無論是針對糞便、妓女還是拾荒者，迷惘著迷和嫌惡排斥的態度不停地來回拉鋸著論說的節奏，也支配了公衛專家和社會調查學者的態度。

同性戀亦屬這臭味垃圾家族的一支，還需要強調嗎？他們是肛交的象徵，[26]總隱匿在廁所周圍，自然也是動物性惡臭的一種。就如同卡利耶（Carlier）隱晦的暗示：雞姦者是強烈香氣的愛好者，他們身旁總是飄著麝香和糞便的味道。[27]

我們也稍微談一下水手吧，他們比較少被拿來討論。像船舶這樣的臭味大熔爐，很快地就成為各種通風裝置和消毒技術的實驗場所，待在船上的人應該也是具有指標意義的例子。他們吸入臭氣身亡的風險，難道不比其他人大嗎？**亞瑟號**就是最好的證明。

海上衛生手冊的草擬者態度非常堅定，而且口徑一致：水手聞起來很臭，而且身上散發難聞的氣味。「他們的衛生習慣很糟，還喜歡買醉，常爛醉如泥。菸草的味道加上酒氣、大蒜味和各種他們狼吞虎嚥吞下的廉價食物味道，加上衣服總是黏著汗水、油漬和焦油，來往行人遇見他們，無不退避三舍。」[28]「強壯好色的」水手，因為長期壓抑，或者說長期靠自慰解決性慾的緣故，身上的氣味更是透著濃濃的精液味道。

幸好，水手（機組人員則視同於一般百姓）身上很臭，所以他們不會跟高階長官一樣掩鼻嫌棄臭味，因為他們的感官並不那麼敏感。法國醫生伊塔爾（Dr.Jean Itard）不就發現了，阿維龍的野孩子並不覺得自己的糞便臭嗎？[29]衛生專家認定惡臭與老百姓相對嗅覺缺失（anosmie）之間具有的關聯性，凸顯了資產階級除臭的決心。如果非得承認水手的視力「絕佳，且目光銳利」（因為工作需要），那麼「聽力就稍微差些」，因為雷電和火砲聲往往是震耳欲聾；「嗅覺則因為很少使用，故而變得不太靈敏；粗重的體力活更是會讓觸覺鈍化；而暴飲暴食和食物的粗劣，則導致味覺失調。」[30]

「一般而言，水手運用感覺器官的機會很少：神經髓（pulpe nerveuse）似乎會因為粗重的體力活而變得遲鈍，還有知識性的活動訓練變少，也會讓它麻木。」[31]水手對春天花卉的芬芳無感：因為遠離自然田野景觀，「他的感官已經變得不夠敏銳，不足以分析花的嬌媚」。[32]水手常經受強烈的情緒起伏，導致感官變得疲乏，無法感受細膩的情感。感受能力低下——感受知覺殘障的委婉說法——導致創意貧乏，情感粗糙。由高階長官的生理狀態**反推**，證明了水手的感受力遲鈍，也解釋了何以機組人員對長官心懷敬意。

霍亂疫情結束後，道德統計學（statistique moral）＊再次啟動，此時，社會調查研究最偏好的目標群體，就是悲慘的無產階級。自此，有關窮人、貧窮階級的臭味之說，正式浮上檯面，而且不再侷限於過去常常被象徵性地與穢物劃上等號的那些低下的行業別。如果說僕人、奶媽和門房身上飄出異味，[33]那是因為他們把外頭無產階級的氣味帶進了資產階級宅邸。光憑這個理由就足以打發這些可憐的下人回家吃自己，只有「居家乳母」例外。精神耗弱的福樓拜（Flaubert）就是厭惡這股源自貧民百姓，所謂來自「地下室氣窗臭味」的代表人物。他在一八四二年五月二日寫給彭昂芬夫人（Mme Bonenfant）的信上說：「我回來的真是時候，除了我住的皇家酒店旁邊有鄰居散發的惡臭之外，還有您在我離開這裡時曾見到過的那群無產階級人士。夜裡，我基本無法成眠，我還把帽子搞丟了。」[34]而于斯曼更把這等難以忍受的嗅覺磨難描寫到了極致。

法國歷史學家萊歐納（Jacques Léonard）在進行醫學文獻的語言修辭研究時，特別留意到底下這些字詞同時出現的頻率極高：悲慘／骯髒／不修邊幅／惡臭／發臭。[35]有關無產階級惡臭的刻

板印象，直到社會致力於道德教化、加速貧民百姓的教育、與階級融合出現成果為止，至少持續了四分之一個世紀之久。有錢人擁有空氣、陽光、開闊的天際、公園綠地，窮人只有密閉的空間、陰暗的角落、低矮的天花板、滯悶的空氣、沉積的惡臭。這些反覆遭人引用的詞彙，最常見的出處就是各地保健委員會的檔案，與一八四八年制憲會議下令進行的農業與工業調查報告。

對於貧困的描繪，有好幾個指標性字彙相當駭人。跟某些工匠之所以沾染上臭味一樣，窮人的臭味源頭，比起他們疏於清理的**糞便**，更多是因為他們所處的環境，**沾染積累了滿滿的髒汙**。就像大地一樣，木頭、牆壁、工人的皮膚、更要命的是他們的衣物，全都會蓄積有害的液體。勒丹醫生（Dr. Hyacinthe Ledain）這麼寫道，彭培翰鎮（Pompairin）的紡織廠裡，孩子們多罹患佝僂症。「我們認為罹病的原因在於，他們呼吸的空氣不衛生，這些工廠會使用大量黏膩的油。這些孩子們身上的衣物**沾染積累**了工作環境中的油膩，他們一走過來，就有一股強烈且令人皺眉的味道撲面而來。」[36]瑟孔迪尼鎮（Secondigny）的紡織廠也好不到哪裡去。孩子們一個個可憐又可憎。「我們看著他們走出工坊，襤褸的衣衫上滿是油漬。」凡特拉斯（Jacques Vingtras）**對皮伊中學（college du Puy）的電燈維修工渾身的機油味也是大搖其頭。[37]還有一八八四年，艾爾努醫生（Dr.

* 譯註：利用數值暗示某些群體具有病理性的社會成因，例如：犯罪率、文盲率、賣淫比率，乃至十九世紀的「窮人」的統計學。

** 譯註：法國作家瓦烈的《亞克．凡特拉斯》（*Jacques Vingtras*）三部曲的主人翁。

Arnould）說里爾市的窮人，「比不上有錢人，不是因為工作能力不足，而是因為他們的窩（窮人沒有房子）狹窄又陰晦，他們被髒亂圍繞、**入侵**，生活中是滿滿的髒臭排泄物，因為他們沒有時間也沒有能力清除，甚至沒有人教他們應該要遠離穢物」。[38] 勒魯（Thierry Leleu）在進行一項針對一次大戰前夕，北方工人工作環境的回顧調查時，意有所指地說那些紡織廠女工，在當時被戲稱為「亞麻妹」（chirots），因為機器流出來的液體「聞著像亞麻樹膠的味道」。從她們身上飄散的味道就能分辨出她們是不是在紡織廠工作，就算走在大馬路上也一樣。這種味道已經鑽進了她們的肌膚。[39] 通俗小說，雖然有時間上的落差，仍寫盡了這種氣味帶給人的感受與厭惡。當時的小說中只要談及工廠，多數都在抱怨工廠的惡臭與令人窒息的熱氣，幾乎無人論及工業帶來的契機。[40]

一般男性身上衣物沾染的酸臭菸草味，也是廣受討論的焦點。[41] 我們有理由認為十八世紀末，社會對菸味的容忍度非常的低，可能比統治階級對於臭屁和茅廁糞臭的容忍度更低。十九世紀的前半，公共場所可說是完全被菸味攻陷：菸斗、雪茄，然後是香菸。乍看之下，這個現象似乎與當時如火如荼進行中的除臭行動互有牴觸。不過，不要忘了某些醫生仍堅信菸草味具有消毒的功效，退役老兵、拿破崙時代禁衛隊退役軍人、被解職的第一帝國軍官，還有水手，都是二手菸的傳播者。[42]

那時候開始至今，菸草的模糊地位始終沒有改變。菸味變成莊稼漢的代名詞，[43] 而且多數的衛生專家直稱它對人體有害。米什萊宣稱它是性慾的殺手，害得婦女獨守空閨；法國經濟學家布朗基（Adolphe Blanqui）則呼籲禁止婦女和孩童吸食這個毒藥，因為「菸草是所有病痛的源頭」。[44]

對菸草的反感，還有另一層社會學上的意義。弗傑怒轟水手嚼食菸草，導致他們的口氣、雙手和衣服都充滿了菸味。不過，末了，他還是語帶妥協地說，這確實是一種補償作用，更無奈地表示只能隱忍。「菸草之於水手，就像咖啡、舞會、文藝表演之於我們一樣；一如伏爾泰沈溺於文學，學者沉浸於抽象問題中。」[45]法國歷史學家皮赫特（Théodore Burette）在他的作品《吸菸者生理學》（*La Physiologie du fumeur*）中，為它辯駁：「唯有菸草能讓窮人的想像力奔馳。」[46]

菸草的勝利同時也象徵了自由主義的勝利。成了工具的菸草見證了社交關係逐漸轉向男性化的趨勢，最終成為社交準則的過程。一如徵召入伍——菸草的盛行絕大部分要拜徵兵制度所賜——菸草同樣被冠上了平等、「愛國」的光環。它在軍中袍澤圈贏得了崇高的名號。「抽菸的人沒有高低貴賤之分……無論是富人還是窮人，他們在販售菸草的地方，極為自然地比肩而立」，[47]也只有在這裡，才有可能出現這樣的場景。菸草的勝利在七月王朝時期變得更加穩固，癮君子是「立憲政府最堅定的支持力量」。[48]就我們的研究範圍來說，重點在於：菸草普及的時間點，與勞動階層惡臭的說法普遍獲得認同的時間點剛好吻合。

強調無產階級臭味，並感到嫌惡的文字，明顯多出現在醫學文獻與曾親訪窮人的知名人物之口。奇怪的是，一般對這些新興的嗅覺衝擊並未多加著墨。在此之前，醫界更似乎是完全無感。或許光是害怕染疫這個理由，就足以讓人們採取必要的除臭措施了。[49]邁入本世紀的第二個三十年時，對平民百姓的臭味厭惡就已經是擺明的事了。沒有人知道是因為再也無法忍受了，還是社會興起一波的直白風。對醫生來說，到病人家出診成為每日的酷刑。「蒙法爾恭和拉波林尼耶說得好：

『我們在那裡都快窒息了，簡直沒辦法踏進染病者的家。到窮人家看診的醫生根本忍受不了房內那股酸腐臭氣，只能靠著門口或窗邊開處方。』」[50]

跟可憐的病人不一樣的是，醫生已經完全無法忍受動物性氣息。「一八五一年時，阮賀醫生（Dr. Joiré）這麼寫著：『一踏進這間屋子，我立即被屋內的恐怖惡臭嚇得愣住。那味道，不誇張，讓人完全無法呼吸、無法忍受，宛如最最難聞的水肥臭味。病患躺著的床四周味道最濃，事實上，雖然門扉半開，外面的空氣可以進來，但整間公寓都瀰漫著這股味道。待在這位女病患身旁的那段時間裡，我一直用隨身攜帶的手帕掩住口鼻。然而，同住這間屋子裡的人，還有病患本身，似乎對屋內的惡臭一點都沒有感覺。』」[51] 布朗基就被里爾市的地窖惡臭，與裡頭骯髒居民散發的異味，嗆得直往後退，他在這些「堆擠著人的臭水溝」[52] 前，被燻得差點窒息。雖然說他最終仍「大著膽子」走下了這個「人影」蠕動的黑暗煉獄，身邊還是必須有一位醫生或警察陪同。

無論是工坊內、船上甲板或病人的房間裡，感覺的敏銳度，或者該說嗅覺的容忍度，定義了人的社會層級歸屬。資產階級對臭味的嫌惡，其實是伴隨著害怕接觸的恐懼而生的，所以還算是可以說得通。至於醫生使用聽診器的做法，與其說是基於男女授受不親的禮教，不如說是因為害怕接觸到病人的惡臭。[53]

對於學校的訓導人員、辦事人員，甚至老師引發的嫌惡感，法國歷史學家冉伯德（Paul Gerbod）有很透徹的解說：當時這些人被刻畫成毫無英雄氣概的平庸人物之流，[54] 從他們身上傳遞的訊息來判斷，他們是屬於該與之保持社交距離的一群。這群欲求不滿的老光棍，身上的味道一直留在他們資產階級出身的學生記憶中，一種混雜著精液與酸臭菸草的味道，揭露了他們尚未達成階級晉升的夢想，就像出身寒微的神職人員，[55]他們身上的臭味道破了他們的出身一樣。

這樣的嫌惡感逐漸滲入擴散到各個下層階級。新的嗅覺警覺擴及到了一些整夜裡只想逃離這群粗工的敏感工人，為了適應新的文化，他們承受了前所未有的苦難。新的文化否定了同伴大夥擠在一起的溫暖愜意。鋪設鐵路的挖土工人圖甘（Norbert Truquin）聞到同僚散發的燒酒和菸草味後，不由得感到一陣噁心反胃，但他卻不得不和別人共睡一張床，他坦承自己非常抗拒和另一個男人有接觸。[56]

牢籠與狗窩

一八三二年的霍亂大流行結束後，各種針對百姓居家環境，與屋內令人窒息的空氣品質的論述，如潮水般湧來。單就嗅覺疑慮領域來說，原本雄踞首位的公共空間汙水問題，已經被「住家的潮濕沼氣」[57]所取代。事實已經擺在眼前，根本無需再多做長篇論述。在市區，中下階級住宅的公用區間，惡臭問題最是為人詬病。抨擊的火力集中在糞便與垃圾的臭味。此時糞便與垃圾私有化的措施，還沒這個擴展到這些個社會階層。因此，這時期遭人舉報的惡臭案件，絕大多數都是針對擁擠蝸居所產生的臭味。對此，學術的論點極其單一。拉雪日、海丹（Hatin）、巴亞（Bayard）、布朗基、巴索、勒嘉德（Lecadre）、德特萊（Tertrais）、勒丹，與其他多位醫生不厭其煩的反覆重申一種論調：這類如影隨形的恐懼憂慮，隸屬於心理學歷史的範疇，若能進一步詳加分析，一定很有意思。至於通俗小說，就像齊博伯格（Marie-Hélène Zylberberg）所言，可說是寫盡了這些室內讓人窒息的噁心髒臭。其實這一點都不足為奇，因為這些作家大多取材自學者的社會勘查紀錄。[58]

陳年尿液積累溝渠，淌滲屋牆，石板路面濕了又乾。這股臭味一路追著小心腳步，被迫蜿蜒行進的訪客，他們宛如走入羊腸小徑，得小心再小心，才能安全地踏進那棟可怕悲慘的房子。人們只能「從低矮、狹窄又陰暗的巷弄進屋。這些巷道同時也是接收各樓層住戶排放的穢物與黏膩汙水的渠道」。[59]走進窮人發臭的住家，幾乎等於是在進行地底探索。布朗基興奮並小心翼翼地探訪里爾市的小院子，與盧昂市的貧民窟。此舉後來激勵了帕宏－杜夏特雷開始梭巡巴黎下水道。小小內院的狹窄、陰暗與潮濕，讓這個通往外出巷弄的小院子活像是一口井，井底的泥土上是一層層的排泄物。食物殘渣在這裡腐爛發臭，洗衣服洗碗盤的髒水在這裡慢慢濃縮：各種臭味滙集至此，冉冉飄升至高樓層，保持各樓層的臭味不墜。這樣的臭氣結構系統，使得樓梯形同溢流口，酸臭氣味如瀑布直洩而下，每下一層樓，其走勢會稍稍被突起的磁磚阻擋，但從樓梯間裡門戶大開的廁所傾洩而出的惡臭，又加重其奔流之勢。門扇敞開的廁所清楚可見烏黑的便座上，沾染一圈糞便。巴亞醫生在巴黎第四區的樓梯凝神細聽「家戶排水口」的咕嚕轟鳴。[60]惡臭將這些住家兜成一個共通的整體。這些臭氣以糞臭為最大宗，而各地的不同之處只在於糞臭的強弱。這裡，沒有所謂細微氣味的區分問題。

屋內則是雜物橫陳，工具、髒衣物與髒碗盤堆的到處都是。窮人就在這堆雜物當中「窩著」，還經常伴隨著一些動物。[61]腦海此時冒出的是「牢籠」兩字，似乎比狗窩更能恰如其分地形容這樣的家。「貧窮將人囚禁在狹窄的牢籠裡。」[62]這樣的住家自然是影響空氣流通的毒瘤。屋內缺乏新鮮空氣已是不容辯駁的事實，何況此時學者早已制訂出室內通風的詳細標準。臭味愈是能夠有效地證明有害氣體的存在，那麼惡臭可能導致窒息的威脅，將愈發沉重地壓著人的心頭。這重大的心理轉折有助於說明這波新警覺的樣貌。

事實上，學者論述的重心集中在空間的狹小上。睡覺的地方過窄，巷弄過深過長，各種文獻的字裡行間都可讀到這種弦外之音，在平常習慣了開闊空間的資產階級心理，營造了一種幾欲窒息的印象。缺乏空氣的恐懼心理，讓人們開始注意那些設於屋頂夾層或閣樓裡的工作坊，並指摘裡面空氣滯悶。還有低天花板的房間、門房需要像狗一樣蹉伏在裡面的哨亭、商店的後邊裡間、大學生或職員的狹小工作間，都是抨擊的目標。

附有傢俱的出租屋與出租房情況更糟。舍瓦列記錄了一波針對外省移民的嗅覺排擠。[63]城市人對土壤氣味的厭惡與鄙夷——也就是來自法國中部利穆讚區（Limousins）或奧弗涅區（Auvergnants）的季節移工身上常見的大地味道——多少可以說明這波「類似種族隔離」心態的起因。這樣的心態使得來自鄉間的移工，有好長一段時間無法融入城市。[64]出身水泥工的法國政治人物納多（Martin Nadaud）回憶往事，讓他印象最深的是，來自中部克勒茲省（Creusois）的水泥工，他們蠻橫無理的樣子，還有他們住的寢室裡瀰漫的那股惡臭。法國史學家都松維爾子爵

（comte d'Haussonville）與馬濟霍爾（Pierre Mazerolle）都曾指出，工人房間的架子上常堆放起司和臘肉，味道刺鼻熏人。[65]

來自利穆讚區的移工寢室算是整齊的了，但某些出租房夜晚的鬧騰也足夠讓資產階級想著就心驚。沙丁魚般擁擠的寢室，訪客無不皺眉掩鼻。在這裡，同病相憐的相互取暖加劇了淫慾獸性，因此據傳，這裡的租客放浪形骸，恣意交歡。[66] 看著住在**賈奎薩德區**（Jacressarde）＊的虛構租客，雨果心裡這麼想：「這些人互相認識嗎？不，他們只是在聞彼此的味道。」[67]

皮奧里針對中下階級人民的居所，這麼寫著：「無論是一個人住都嫌狹小的地方，還是很多人擠在一起的大通鋪，都會對身體產生危害。」[68] 這個階層的病人房間等同一方沼地。卡米克爾－史密斯醫生直指，那裡匯聚了熱帶雨林沼澤地的所有特質。[69] 這裡是孕育斑疹傷寒的溫床，以至於學者都不得不開始懷疑，斑疹傷寒是慢性缺氧窒息併發共濟失調與無力症的結果。[70] 難聞的臭味就是缺乏空氣的證明，而缺少空氣會影響勞動力。所以當時人們以為是懶惰蟲的可恥行徑，其實大多是「處在不健康的居住環境裡，有害空氣導致的……身體虛弱無力」。[71] 醫生和衛生專家於是異口同聲呼籲，要給窮人足夠的空氣。通風與除臭成了經濟上的必要選項。法國病理學教授安德拉（Gabriel Andral）、路易醫生（Louis）、醫學教授布洛德（Jean-Baptiste Bouillaud）、書梅爾醫生（Auguste Francois Chomel）等許多人都提出各種觀察所得，希望能估算出工人們龍蛇雜處的群居行為會造成多大的影響。婦產科醫生波德洛克（Jean-Louis Baudelocque）認為瘰癧症（scrofule）的病因就是它。霍亂病原的研究也確認：「重症者與居住地的狹小之間（存在著）一致性。」[72]

或許正是因為居住空間的狹小，瘧疾才具有「傷寒性腸胃炎（typhohemique）與致命的特性」。維勒梅則多方強調，瘧疾在附傢俱的出租房之殘酷暴行。最擁擠的地方就是最危險致命的地方。

在量測空氣更新之程度，也就是預防臭氣危害累積這方面，嗅覺的地位仍舊高於物理器具。只是，跟在公共空間一樣，屋內的照明亮度也逐步地改善，這個大變革將使得視覺在這個問題上，具有無人能質疑的絕對優勢。波德洛克還觀察到了，陰暗的地方容易導致人體軟弱無力、浮腫虛胖、肌肉鬆弛，因為缺乏陽光照射使得人體循環變慢，導致可怕的少女萎黃病（chlorose）出現。瑞士文史大家斯塔羅賓斯基（Jean Starobinski）就特別強調了少女萎黃病給人帶來的想像意涵。[73]陰暗讓夜行動物變得憂鬱又陰險，而混沌可疑的光[74]會同時摧殘身體健康、工作能力與性慾。米什萊再三重申，身為丈夫的任務就是生育子嗣，同時為年輕妻子「帶來美好家居生活的喜悅」。[75]

勞動階層缺乏衛生觀念，還有他們身上的強烈汗臭，長久以來都是文學上常見的題材，好比說唐吉訶德忠實的隨從潘薩（Sancho Pança），猜想杜爾西內婭（Dulcinée）腋下散發濃濃異味就是一例。[76]盧梭那個時代的文人，對這方面的譏諷砲火也同樣猛烈。我們看見了，從杜赫到梅西耶對來自鄉村的髒汙，汙染了城市而感到憤怒。鄉野僻壤同樣也免不了砲火的抨擊。早在一七一三年，拉馬奇尼就直指，離水肥太近會對身體造成危害，更危險的是，黃麻加工的漚麻工序。[77]在普利斯特里，特別是英格豪斯的發現尚未被廣泛接受之前，連在樹下多做停留都會讓人心生畏懼，因為

＊ 譯註：雨果的《海上勞工》（*Les Travailleurs de la mer*）一書中，勞工居住的區域。

這些危害很可能與土壤的有害氣體混雜，最後造成農工的死亡。施肥導致菜園裡的空氣變臭，於是菜園的空氣也變得具有危害。跟沼澤一樣，鄉間村落也會產生有毒的瘴氣。[78]

這一切的一切都將我們拉離茱莉的花園與盧梭的夢幻仙境。這兩種對鄉野的表述方式，乍看之下，好似對立，實則交纏；這種敵對的態勢恰好呈現出下個世紀，百年來人們對鄉村的遐想。[79]眼下的矛盾對立只是表象。盧梭與其門下弟子詠嘆的鄉野，一片氤氳裊裊，未受村莊與農民群居的惡臭侵擾，只有春天花卉的香風習習。總之，這是一片為了獨居而生的鄉野，除了偏僻的農園、風車、木屋，頂多再加上路過的小村莊，或短暫交錯的牧人，旅行者幾乎聞不到任何異味。

這類關於農民與鄉野生活的詩情畫意意象，一直延續到十九世紀。浪漫的旅行，特別是那些刻板的既定印象，[80]讓這種鄉野情懷能夠存續下去。每日行醫，與病患接觸，嗅覺與觸覺帶來的是潛藏威脅的警覺。但視覺不同，視覺的美是可以遠遠地去感受的，因而不致衍生出嫌惡感，藝術家的畫筆可以輕易地將現實轉化爲象徵。

然而，很快地鄉間小鎮便被拿來當作反面教材，與沐浴乙太純淨之光的山頂做對照，它的光環於是變得黯淡。密集人群散發的氣體在山谷深處醞釀發酵。旅行者被警告不該離開山坡上的小徑。奧伯曼避開低窪地，貝納西斯醫生（Dr. Benassis）則努力地想剷除之。剷除行動並不是全然癡人說夢：早在一七五六年，本來被霍華德視如蠻夷的英國卡丁頓村（Cardington）村民，他們住的「泥草屋」，就成功地被他改造成明媚的農舍。[81]

菲佛按照字母順序一一列出巴爾札克對農民身上味道表現出來的嫌惡之情。下面就是一個例子：「兩位大街上的常客，穆施（Mouche）和傅順（Fourchon），如果他們在街上待得久些的話，身上濃烈又粗野的臭味會飄進屋內的餐廳，纖細敏感的蒙寇內夫人（Mme de Montcornet）也只好出門暫避了。」[82]

的確，巴爾札克撰寫《鄉村醫生》（*Le Médecin de campagne*, 1833）和《農民》（*Les Paysans*, 1844）的時候，村莊潛藏染疫威脅這個議題，已經是學術研究持續多年的題材泉源。任何一個農業郡縣的保健委員會所公布的報告，任何一篇以農民生活環境為題的醫學論文，任何一份在七月王朝或第二共和時期（IIe République）完成的調查清冊，無不大力抨擊農村的衛生窘況。此外，這個時期的社會史研究主題也全都鎖定法國農村，專注於這些抱怨批評之上。我個人就寫了大約二十幾頁的文字，專論十九世紀利穆讚區農民衛生條件之差。[83]將這些無窮無盡的文獻紀錄歸納剪輯，既費時又沒意義。這些文獻的作者，多少有些天真地採納了資產階級觀察家的眾多論點。比較有意義的做法，應該是將人們腦中雜亂無章的印象細細地釐清，尤其是，要讓世人知道所謂的重大歷史事件，或許不是一成不變的現實，而是一波新的感官認知，是對傳統再也無法忍受的不耐。菁英階層的感官認知轉變，與它所引發的一股抨擊浪潮，將帶動一場衛生革命，敦促我們走上現代化的道路。

社會意象於是出現了大轉變。纖弱敏感的都市人害怕的爛泥與穢物，擊潰了以前鄉村帶來的美好形象，因此這時候的農民，比起以前任何時候，都更容易被當作一天到晚與糞水和雞牛糞打交道，渾身上下散發畜欄臭味的「鄉巴佬」。之前砲火集中猛攻公共空間臭味的都市人，則是逐步地擺脫掉了自己的排泄物，過了半個世紀後，市區窮人的糞便也幾乎快要清乾淨了。城市與鄉村的關係出現翻轉，都市成為一個沒有腐爛臭味，而且是個錢淹腳目的地方，在此同時，鄉村依舊是貧窮與糞便惡臭的代名詞。[84]重農主義的主張[85]並不足以讓人開始質疑，這百年來——我們都是見證——城市人對外省移民的冷漠不屑，與他們對旅行者或觀光客的態度。一直要到等到引水工程、生產機械化、家用電器和生態主義普及之後，鄉村與城市之間才又看到了一種新的意象關係。不過，這不在本書探討的範圍之列。

這樣一小撮的刻板印象，拼湊描繪出了七月王朝時期，一群冒險探索家反覆述及的農民蝸居景況。這樣的論調很快地便停止了，因為讀者已經麻木，不再感興趣。自一八三六年以來情況一直就是這樣，皮奧里醫生的研究分析結果印證了這一點。[86]人們居住地方狹窄、摩肩擦踵、缺乏空氣與光線、地板潮濕，兼之沒鋪石板；菸味、家禽家畜的糞便惡臭、與洗衣服和洗碗盤的髒水瀰漫，而且旁邊就是散發強烈酸腐發酵臭味的畜欄或乳製品工廠。這些建構了農民的居住環境。汗水濕透厚重的「棉被」，家畜四處閒晃，人畜呼出的氣體交纏，天花板懸掛的一根根火腿，更加深了實地到場勘察者的不滿。但幾乎沒有人提及居民的身體清潔衛生問題。讓人憂心的是盤據農民住家的動物惡臭，還沒有人想到生活優不優雅的問題。標準的衛生規範還沒有推廣應用到農村，[87]學者只能一味要求農民盡量遠離水肥，和他們飼養的雞鴨所排出的糞便，再來就是呼籲他們盡量開門開窗。

本世紀的後半，窮人的臭味似乎變得不那麼讓人憂心了。衛生方面的長足進展，使得它在工業臭味的進逼下，節節敗退。長期以來，農民、季節性的移工、女僕、門房，與從事某些特別需要和髒臭打交道的行業的人，例如：北方的「亞麻妹」，之前受到鄙夷與排擠的氣味，幾乎已成過去，如今反倒成為寢室裡大家互相打趣的話題。[88]正因如此，左拉在小說《家常瑣事》（*Pot-Bouille*）裡，關於大宅邸裡僕役專用階梯的描寫才更值得一讀，文章中描寫一群不受歡迎的人來了，但大家對於他們可能帶來的危害，似乎已不再那麼嚴陣以待了。

醉鬼和流浪漢自有獨特的專屬臭味，這樣的說法似乎是在證明，無產階級的異味不再有害了。據龔固爾說，那是一種類似鰓角金龜（hanneton）的味道，經「市府認定，是街頭流浪漢，與睡在橋下的那些無家可歸的人們專有的一種特殊味道，即是苦役犯與監獄囚犯的味道」。[89]這又轉回到地牢裡了。讓人困惑的無產階級臭味問題，討論至此告一段落。往後，針對有害氣味的探討，學者把目光移轉到了種族氣味上頭。[90]這又是另一個故事了。

洗淨窮人

讓我們回到七月王朝時期，窮人臭味的問題已經大到必須採取除臭行動了，或者，如果您覺得這樣說，聽起來有些不順耳的話，就說是防疫行動吧。重點在消除死亡後的有機生物體散發的噁心氣味，避免引發在當時致命率非常高的「腦炎」。[91]法國社會學家涂爾幹（Émile Durkheim）後來雖然做出了區分，[92] 衛生專家的除臭行動，尤其是在十七世紀和十八世紀這兩百年間進行的除臭措施，所引發的後續道德層面的影響仍屢屢被拿出來反覆重申。在納稅人選舉王朝時期，情況尤為顯著。去除老百姓身上如野獸般的髒臭，讓他們遠離糞便，這些治療的方法都是為了阻斷社會病症的做法。染疫風險降低，暴力自然緩和。一八二一年以來，一直為保健委員會撰寫報告的莫萊昂這麼寫著：衛生是「對抗內心惡念的靈藥……愛乾淨的人民很快地就能接受秩序與紀律」。[93]「一八二〇年，法國人類學先驅德傑哈朵（Josephe-Marie de Gérando）認為，所謂乾淨，總的來說，是一種存續的方法，是宣告秩序與存續的先兆，因此看到大多數的土著這麼不重視清潔，真的很令人難過，他們罹患了一種心理上的病，不重視衛生就是這種疾病的表徵。」[94]

二十年過去了，蒙法爾恭與拉波林尼耶仍企盼著有一天工人不再散發臭味：「除了呼吸純淨空氣之外，清潔、戒酒、辛勤工作才是造就勞動階級福祉的基本條件。」好的工人居所「不用奢華，但裡面不應有任何可能造成視覺和嗅覺不快的東西」。[95]「此外，當然工人要有足夠大量的健康空氣可以呼吸，還要有足夠供應日常所需的水，只要他的身體好，自然能賺得多。工人住得舒服，就更願意遵守清潔衛生的規範與法律，也就更願意履行自己的義務。」[96] 勤勞不懈的小勞工，他們身上的味道不會太重，左拉（Zola）在小說《生命的喜悅》（*La Joie de vivre*）裡，就盛讚他愛慕的女主角寶琳（Pauline）「有一雙好聞的，家庭主婦的手」。[97]

只是，那時候，設置浴室仍屬癡心妄想。當時對身體清潔的要求，僅限於定義得極為清楚的幾個職業別，或者說幾乎只僅限於礦工、渾身沾染煤灰的馬車夫，與某些跟菁英階層有經常性接觸的僕人必須洗淨身體。所謂洗淨，主要是擦去身上的油漬、酸腐汗水，以及刷掉沾染上的糞便，說穿了就是把自己「弄得體面些」的意思。在這方面，一般人最在意的莫過於衣物上的酸腐臭味。也就是說，所謂乾淨，意味著先得去除衣服上的油漬與臭味。[98]所以，中下階層的人民一直以來都認為，把衣服洗乾淨是保持身體衛生的第一要件。一八二一年，卡戴德沃明確地指出：廉價斗篷與俗氣襯衫的搭配，有礙婦女散發其女性氣息，也就是說，她們的女性魅力被剝奪了。[99]

在城裡，清除「社區公共空間」的髒汙與中庭院子裡堆積的穢物是當務之急。當局透過廁所的半私有化政策來推展，只有這個廁所的家戶使用者才有廁所的鑰匙。[100]社區裡的「隱私」概念首重，避免沾染上別人的穢物，還有別人的臭味，再來是要習慣鄰居的排泄物，以及避免如廁時發生讓人害躁發窘的突發狀況。為了解決廁所擁擠與男女混用的問題，如廁時關上門，在廁所加裝通風管，都是推行如廁規範前必需要有的先決條件，只要大家能遵守如廁規範，就能徹底掃盡糞便臭味。此外，嚴格監控，禁止在巷弄內小便也非常重要，這是門房負責的工作項目之一。巴索寫道，必要的時候，門房可以在外面擺放小柵欄，並拿片東西蓋住小水溝。[101]總之，大家全部動起來，逐步地將公寓內的「公共空間」變成「私人空間」。塗石灰讓牆壁變白，此外還要經常油漆，其目的在防止牆壁吸納水氣。這些全都是在公寓裡大力鼓吹宣導的清潔措施。很顯然地，這些措施想要取得進展，關鍵在公寓家戶是否裝配有自來水。然而，我們都知道當時自來水的普及，面臨重重關卡。

至於鄉村和小鎮，對抗糞便惡臭的戰役，便在市政官員跟水肥的擁有者與使用者的對抗中，沒完沒了地僵持著。在這裡，民間的抗拒力道非常強烈，有時候甚至出現暴力場面，因為他們被逼到了絕望的邊緣。[102]最後，經常是衛生專家被迫認輸，因為他們永遠不會把水肥埋在土溝裡。其他還有在鄉村農舍推行的消毒防疫措施、牆面刷上石灰塗層、增開窗戶與打掉劃界用的共有牆。[103]

消毒防疫措施的實踐優良楷模：勞工社區，好比法國東北的米盧斯（Mulhouse）、布魯塞爾，與巴黎市的羅什舒亞特街（Roche-chouart）之勞工住宅。勞工社區的規劃者與衛生專家，尤其是維勒梅，[104]共同規劃了一套精妙的策略，用以解決社區內廁所擁擠與男女混用的問題，保障家戶的隱私，把色情趕出走廊與樓梯間。這套策略一再被反覆地提起。[105]我們只要知道這套兼具保健與道德企圖的策略，在當時，別具意義地，只適用在最低層的員工身上。

對本書來說，更重要的是當局到一般百姓住家進行的實地訪查。歷史再度重演，一八三二年的恐怖疫情，又一次成為新策略的催生動力。當局宣布重大流行病爆發的當下，各地紛紛成立區域審議會；他們的任務就是實地探訪老百姓的住處，查明疫情的起源，並強制這些無產階級老百姓遵守警政規定。這些審議會確實起了功用：盧森堡區的審議會就這樣，在短短不到兩個月的時間裡，探訪了九百八十處民宅。這些機構總共提交了約一萬份的報告給當時的市警局局長吉斯格。[106]

海峽另一邊的英國，在一八四八年成立**衛生總署**（General Board of Health）之前，一般百姓的住家衛生，長期以來都是由地方議會授權，交由「衛生警隊監管」。[107]在倫敦，衛生署的調查員會進行家戶訪查，訪查結果需提交「備忘錄，點名那些屋舍需要清洗、牆面需要刷石灰塗層、需清除垃圾、院子乃至地下室的地板需要鋪石板塊、接水管供水，抑或加強排水和通風等。總之，就是看哪些房子需要採取什麼樣的措施，以改善衛生狀況」。[108]備忘錄上的標註事項，經醫生認定於理有據後，便會開立建議措施單給屋主，屋主收到後，必須在十五天內著手進行改善。一八五三年，光這一年之內，調查員共訪查了三千一百四十七戶民宅，相當於倫敦所有住宅的百分之二十，並舉報了一千五百八十七件「建議改善案」。

在法國，很早就有人呼籲制定有關不潔住家的法律，且從一八四六年起，就交付保健委員會籌劃進行。巴黎則先是在一八四八年的十一月二十日頒布警政命令，最終在一八五〇年四月十三日立法施行。根據法令的主要推手，德沃格侯爵（marquis de Vogue）的說法，這套法律規劃的目的在於，與那些不衛生的住宅建立「更密切的扶助關係」。[109]該法的附錄項目，包含一張訪查紀錄表[110]的範本，從這張表可以看出檢查的項目包含廁所，以及廁所飄散的味道。一直呼籲政府介入監管窮人居家環境，與動物園的動物牢舍的蒙法爾恭與拉波林尼耶，至此應該會備感欣慰吧！[111]巴索則希望警察能積極介入檢查工人的廁所環境，同時授予警察開罰單的權力。[112]事實上，這個法律施行的成效極差，這一點各方研究均一致認同。[113]

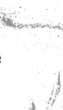

第二章　「房屋的口氣」[1]

害怕窒息與遺傳的氣味

十八世紀中期以降，私人住宅的建築設計，呼應了舒適便利的新需求，於是各個空間之間有了區隔，各有其專屬用途。在新成屋，與還在圖面作業的建案，屋內各房間不再彼此連通。走道變多了，藉以保障各個區間的獨立性。表象空間開始與私密的空間脫鉤。勒杜主張，通風良好又能保有獨處空間的地方，是身心都不可或缺的良藥。

緊跟著這場建築革命出現的是感官的新要求。早在一七六二年，賈肯教士就號召大眾齊心對抗公寓的惡臭，努力保持廚房乾淨。[2]他還建議在房間裡不要使用過量的水與亮光漆，也不要排放煙，養狗或養貓；他也建議房間位置要離「廁所」遠一點，房內的窗簾也要時時拉開。讀他的書，不禁讓人思考，將十九世紀標註為嗅覺覺醒與除臭策略年代的說法，或許不完全正確，針對私人空間衛生狀況的臭味覺醒與除臭問題，其實很早就在領導階層裡醞釀發酵。只是，一八三二年之後，人民的警覺心提高，對這個問題更加關注，再加上各委員會通力協調合作，在在加速了人民對此議題的心態轉變。

建築業的新概念，再一次地促使資產階級更大規模去密切監控老百姓的住宅，謹慎地與這類住宅區保持距離，這樣做的同時，也能確保自己與老百姓保持一定的距離，等於保護了自己。本書論及的除臭行動，隱含進入家庭和私密空間的建置，簡言之，就是在十八世紀已見端倪的「居家化」（domestication）的演變。莫茲曾如是描述：「資產階級的快樂不在別處，就在自己家裡。」[3] 改善「居家衛生」的行動，慢慢演變成改善「家族衛生」的行動，就像改善身體衛生的行動可說是人們退出公眾生活的一種反面，這些除臭行動催生了一種依附著私人居住空間醫療化（médicalisation）而興起的住家形式。資產階級躲在自己家裡，遠離窮人的氣味和他們帶來的潛在危害，資產階級便能安穩地享受當下流行的自我陶醉快感，品味這股新興的細緻嗅覺感受交織營造出來的情感交流。

從仁慈的賈肯教士的時代至今，發生了好幾個重要轉變。多虧了拉瓦節的大發現，我們才明白光靠空氣的流動，無法淨化空氣。唯有換新空氣才能讓一定區域內的空氣，重新回到原本的空氣組合。而最重要的是，要根據屋內有機體的數量與質量來調節住家環境的空氣，而非一味依賴通風設備。如此一來，呼籲以每一個個體為基準，來制定標準空氣量的呼聲日益高漲。自此，空氣淨化不僅僅是攪動氣體產生流動而已了，空氣中還要有一定數量的純淨空氣，亦即要能完善地掌控氣流。因而巴亞醫生認為，打通朗布托路（Rambuteau）的目的並非擴大公共空間的通風效能，而是給鄰近的民宅添一座補給空氣的儲備庫。[4]

房屋內部的嗅覺行為，與維生所需氣流的關係，比起過去更為緊密。納稅人選舉王朝下的社會，人們特別留意與呼吸有關的現象。這一次，人們對空氣品質的新要求、對狹窄空間與密閉氣味的排斥，以及對肺癆病人的提心吊膽，無一不加深了社會對死亡的恐懼，人人都怕缺氧窒息而死。此時，學者對於窒息的闡釋已經相當正確，而常用的譬喻說法也造成了社會對窒息產生了刻板的印象，這一切顯示出人們對空氣存著一種焦慮，而且這種焦慮是奠基在學者的權威之上。舍瓦列清楚地描述了集體缺氧窒息的迷思，是如何支配大眾去重新解讀一座城市，包含城市的空間、建築與孔洞。他還察覺到濃霧對人們的心理造成了新一波的恐懼，蓋（Delphine Gay）她寫道：「恐怖的大雜燴是所有惡臭當中，最讓我們害怕的一種……連綿的水氣和煙霧，連接石板地面與屋頂，……這是萬惡的結合，將煙囪排出的致命嘆息，與下水道呼出的口臭融為一體。」[5]這個社會因為害怕「受困於大氣牢籠」中，於是耽溺於家庭這個避風港內，就這樣逐漸走樣。人人夢想著「沐浴自然大氣中」，卻個個膽小如鼠地把妻女關在家中，眼睜睜地看著少女枯萎，婦女頹靡。

嗅覺敏銳度的發展觸發了「侵犯領域」（territorial offenses）[6]的敏感神經，無論是在公共場所或私人領域都一樣。糞便、體味影響到了我，我的領域遭到了侵犯，而且會一步步遭到蠶食吞併。人們對於周遭人身上氣味的容忍度變得益發嚴苛。壽濟耶醫生不是說了嗎，空氣中散佈的汗水物質，非常容易腐敗？

若單論私人領域這一塊，家庭的氣味成了惱人的問題。大約在一八四〇年時，曾出現過一波新的嗅覺警戒。人類頌讚推崇的家庭，居然潛藏著危險！因此發展出針對私人住宅的特別衛生規範。

在這方面，我要強調的是巴斯德發現細菌之前社會大眾的心態——這方面還鮮少有人注意；以及同一時間社會對遺傳性疾病與天生體質的憂慮——這則是有很多人深入研究的課題。

從一八四四年開始，當時法國衛生領域的一員大將，萊維醫生（Michel Lévy）就提出警告，要提防「家庭氣層」（atmosphère familiale），小心「自家人散播的殘餘氣體」。[7]「家庭氣層」是個別家庭成員全身氣層的總和，它瀰漫整間屋子，就像城市的空氣是社會群體氣體的加總一樣，是同樣的道理。[8]在衛生專家的想像中，長期以來一直危害公共空間的危險因子，轉嫁到了私人領域裡。只是，這一次出現了一個非常特別的威脅，既跟供人呼吸的氣體量無關，和社會群體缺乏衛生觀念也沒有關係，甚至與一般百姓的臭味也完全沒有牽扯，那就是「家庭氣層」可能具有危害。近親散發著性質相同的有害氣體，也就是所謂的遺傳，家庭成員氣層裡頭的有害物質經過世代累積，導致他們的氣層本身就是致命的威脅。就這樣形成了一種「群體特異體質」，也就是「居家氣層」（atmosphère domestique），[9]滲透「活體體內」（habitus vital）。這種家庭內的永久性「毒氣交換」，使得每個家庭擁有一種專屬的獨特味道，與「特殊的地方性疾病」，因為家裡的牆壁都吸飽了這些危害氣體之故。

來聽聽萊維怎麼說：「我們這麼說吧，我們眼前看到的，並不是大家已知的，來自群體聚居、氣體燃燒或照明所導致的空氣品質敗壞現象，而是源自相同血脈，承繼同樣體質的數個個體，他們散發的氣層融合後，後續衍生的產物之間，不斷的交互作用。」[10]「同一屋簷下的個體，彼此的氣層相互碰撞。經過一段時間的沉澱之後出現平衡，這樣的平衡狀態會強化某些天生體質較弱的個體體內的易染病遺傳因子，讓這些因子在迄今尚未發病的個體內成長茁壯。」[11]

因此，要維持家庭的良好衛生，重點在於導正「居家氣層」造成的不良影響，其方法是透過創造出能讓個人氣層自由飄散的專屬個人空間，以排除氣層相互交融的風險。家庭內的氣體交換風險，讓專屬個人的私人空間得以蓬勃發展，就像過去社會的氣體交換風險，促使人們逃離都市或躲進家裡一樣。排拒他人散發的氣體，甚至同是一家人也一樣，加速推進十八世紀中葉就開始萌生的個人化趨勢，先是單人床，然後演進到單人房。

至於那時候的一般百姓，想要有專屬的單人房，無異是癡人說夢。想導正「居家氣層」的無產階級家庭，只能認命地忍受自家親人臭氣交融累積的危害，而少有機會能夠躲開遺傳的威脅。男孩罹患瘰癧症和女孩的萎黃病，都是描述窮人家中嗅覺樣貌的常見字眼。窮人的臭味等於是跟遺傳缺陷劃上了等號。

衛生專家的要求與新的感受

新的學術論述支配著居家空間與嗅覺環境的標準制定，亦催生出新的原則。一八二五年，維達蘭（Vidalin）在他的著作《論居家衛生》（*Traité d'hygiène domestique*）裡強調：「最健康的居所，莫過於獨棟且位處偏僻者。」[12] 房子本身就應該遠離社會氣體，避免受到連棟公寓傳來其他「家庭氣層」的薰染。這樣的擔憂激起了人們對英式獨棟住宅的喜愛，並開始與農場、商店、攤販以及辦公室保持距離。米爾還說，一棟房子只住一家人的做法，在倫敦非常盛行。[13]

鄰近純淨空氣的儲備庫，還有善加利用氣流，則是另外兩個眾人反覆重申的重點。這方面的學術文獻更是汗牛充棟，我就不贅述了。我們只要知道，米什萊比傅柯更早就發現了這些衛生規範與全景敞視（panoptique）的考量和道德層面的憂心，三者之間錯綜複雜的無解關係。他在談到舊制度時代，那些大領主的府邸時，這麼寫道：「空氣流通、乾淨清潔及監視範圍無死角，這三者全都是不可能的任務，……穿廊、走道、隱藏式樓梯、小內院、外加尖頂閣樓與加裝了欄杆的屋頂平臺，簡直是探險家最愛的迷宮。」[14]

衛生專家的重大任務，轉而成為找出屋內沉積的空氣，與各房間的密閉氣味。衛生指導手冊的撰寫者們，不辭勞苦地前往探勘私人臭味滯留不散的地方。多虧了這些實地的勘察，我們才得以重構居家嗅覺環境的真實樣貌。這一波大眾對居家內部環境的疑懼，引發衛生專家對這個問題的關注，相關論述可謂不計其數，但絕大部分缺乏實際居住者的見證、實地的紀錄，甚至連簡單的事件陳述都沒有，故而無法證明居家內部的臭味問題有升高的趨勢。不過，至少這眾多的文獻可以讓我們一窺其中的千奇百怪。

牆壁的惡臭對私人空間造成的威脅，遠比在公共場所要明顯得多，因此這個問題比過去的任何時候都更引人注目。當然，以前也有人對此表示憂心，所以這算不上是新的警戒，此時再被拿出來強調，只是更加重了人們對狹小空間、角落和牆角的疑懼，「這些地方，空氣幾乎停滯不動」。再者這些地方多背光陰暗，有利一切放浪形骸之舉。小孩睡覺的小房間裡頭瀰漫的臭氣，與主人小書房裡的臭氣，危害不分軒輊。尤其要特別注意走廊與樓梯，因為這些地方的空氣流通一般而言都比較不好。走廊裡容易滯留空氣，加上臭味與陰暗，無疑是帶有危害。而突然刮起的強烈氣流，則會造成可怕的穿堂風。至於樓梯，如果不時時留意，很可能形成煙囪效應，將屋裡的臭氣吸入梯間。因此，防止屋內各處的穢氣被吸聚於此，讓樓梯變成臭氣大熔爐，這一點至關重要，就像横流這裡的暗慾一樣，需要強力監控，免得樓梯淪為道德淪喪的陰穢角落。

配合床位的內凹設計，也就是「簡陋木屋裡，隔間不全的區塊」，[15] 常是最為藏汙納垢的地方，在瘟疫肆虐之際，危害最深。這裡聚積的臭味一定要想辦法排出。這一塊屬於男女親熱的空間，總是被描繪得陰溼淫穢，因而引發一波輿論抨擊。這塊空間，在一般貧窮住家裡常用一塊布簾遮蓋來權充隔間，而這件事是應該要避免的。傢俱散發的氣味同樣引發疑懼，學者針對傢俱氣味進行了非常精細的分析，並專文論述其特點。衣櫥與五斗櫃飄散的濃重氣味，有利老鼠的繁殖，「此外，如果衣櫥缺乏妥善的保養，裡面的空氣會變質，甚至在某些情況下，會成為腐臭氣體的源頭，千萬不可輕忽大意」。[16]

德國醫生胡費蘭曾說羽絨床褥是「不折不扣的腐臭氣體吸納盒，生物被迫睡在這一片堆肥之上，一整年下來，不可能不受到可怕的影響」。[17] 辛克萊（John Sinclair）也斥其為聚臭盆。[18] 隆德醫生（Charles Londe）話說得更嚴厲，直接呼籲大家丟掉枕頭與鴨絨被。他批評蓋太多層被褥會加速人體的分泌，[19] 並好發手淫。身體散發的氣體，其溫潤潮濕的特質正是孕育滋養此罪惡臭味的泉源。辛克萊建議睡覺時穿著睡衣，我們知道此時睡衣正逐漸普及，他還說要「鬆開領口與袖口的鈕扣，去除任何可能阻礙循環的障礙」。[20]

就這樣，不再講究委婉客套，窮人簡陋住家裡的臭味，毫無遮掩地被公諸於世了。在這方面，糞便的臭味反而比較不那麼讓人擔心，房間裡飄散夜壺與尿糞的臭味是可以接受的，但當然還是存在著問題。最讓人擔心的地方，是廚房。沐浴廚房臭味之中的僕人，一直是資產階級主人們嗅覺神經的敏感點。直至本世紀末，可說是臭味大雜燴的廚房，仍是各家不滿抱怨的靶心所在。[21]從鄰近房間的漏斗狀通風管，流理臺底下未加蓋的垃圾桶散發出的臭味，與剛洗好衣服的溼潤洗衣粉味道，彼此混雜交纏，再加上不太乾淨的女僕，這股異味很早就是資產階級家庭身上留有老百姓殘餘臭味的象徵。

衛生專家尤其關切房間的衛生，特別是纖弱少女的臥室。巴爾札克筆下的主人公皮羅托（César Birotteau），對愛女凱薩琳（Césarine）的臥房設計，抱持的那種預防性態度，就是最好的典範。少女閨房內的空氣可能暗藏致命的香味。巴黎維侯拱廊商店街（galerie Véro）裡，有一間貨幣兌換舖，店老闆離奇死亡，查明死因竟是臥房暗藏的腐臭。[22]在睡夢中吸入花香窒息而死的婦女和少女，不計其數。技術的進步引爆了新的危機，幸好嗅覺可以讓人生出警戒心。例如：白鐵暖爐燒熱後的氣味，[23]杜里耶（Guy Thuillier）注意到這種暖爐很少安裝在壁爐的通風櫥內，[24]如此一來就無法降低空氣中碳氧化物的含量；小腳爐會飄散煤炭蒸氣的味道，[25]有人直指這蒸氣是讓英國變得灰濛濛的元凶；還有取代了油燈的煤氣燈——或兩者混用——所散發的臭味；[26]再加上家裡養的家禽家畜的氣味，皆是衛生專家口中再三警告，需要深切小心的味道。針對這些居家臭味發出的猛烈批評，意外地造就了貓咪的得寵，貓的氣味遠比牠的寵物對手要來得低調許多。法國歷史學者夏林（Jean-Pierre Chaline）指出盧昂市的資產階級仕紳，習慣把休閒時穿的鞋放在遠一點的地方，免得有不受歡迎的異味擾人清夢，不過這是相當後面的事了。[27]

雖然單人床在各地醫院和監獄的普及率尚未達標，還有一段距離，但在小資產階級裡，儼然已是家家必備的標準傢俱了。[28]

此外，衛生專家也早就開始研擬規範，以確保居家的乾淨衛生與善良風俗。偉大的胡費蘭醫生不僅建議盡量遠離僕人，甚至連花朵與髒衣服都要敬而遠之，他的忠告很快地便擴及歐洲各地。總之，他強烈建議去除任何可能在空氣中飄浮的氣息。他尤其強調孩子們晚上睡覺的地方，跟白天玩耍的地方一定要分開。幾年後，隆德醫生集其大成，將應該遵守的行為規範，簡化成明白扼要的警語：臥室裡不能有「任何會消耗供人呼吸的空氣，與阻礙床邊空氣流動的東西。因此，不能有燈、不能有火、不能有動物、不能有花。內凹的床位空間要保持開放，隔簾要拉開」。[29]

衛生專家認為，一個地方若要有足夠供應呼吸的新鮮空氣，該地必須每小時更新十二到二十立方公尺的空氣量。這個量體需求相當大，何況當時一般人對於窗戶敞開時間過長，仍存有疑慮。因為醫生建議臥室要防範僕人身上的臭味入侵的同時，也警告要嚴防從街上飄入的糞便惡臭與不道德的汙穢氣息。

社會對房屋的口氣表現出的高度警覺，單純只是反映衛生專家的憂慮呢，或是其實衛生專家只是在反映並宣導一種新的態度？從許多文學作品的片段中，可以發現似乎第二種假設比較可信。菲佛在巴爾札克的小說裡找到了一模一樣的警戒心。[30] 巴爾札克的作品裡有相當多關於廚房空氣的描寫（《入世之初》、《高老頭》〔*Père Goriot*〕、《皮耶・格拉蘇》〔*Pierre Grassou*〕、《紐辛根銀行》〔*La Maison Nucingen*〕、《不自知的喜劇演員》〔*Les Comédiens sans le savoir*〕）。巴爾札克那時候對流理臺的異味，與沒有打掃乾淨的房間臭味已然有所警戒（《香德禮夫人》〔*Madame de la Chanterie*〕、《入門》〔*L'initié*〕），還有被單身漢氣味荼毒的「辦公廳味道」（《貓打球商店》〔*La Maison du chat qui pelote*〕），這些描述很快地深植在大眾的心裡，成為一種刻版印象。[31] 巴爾札克活靈活現地捕捉了老舊公寓樓房裡，缺乏通風設備的房間特有的氣味（出處同上），以及床鋪經人體溫熱之後所散發的噁心臭味。他強力抨擊「老舊壁毯與覆蓋灰塵的衣櫥飄散出來的油膩酸臭」（《長生不老藥》〔*L'Elixir de longue vie*〕），並曾多次分析安置亡者遺體的靈堂臭味。巴爾札克鍾愛人物與地點的重疊描述，然後平行分列出各個房間本身獨有的氣味，與在該房間停留的個體體質，偶爾他還會添上衛生專家的直覺猜想，也就是認為：特定居所遺傳的特殊地方性疾病，與該處的家庭氣層有密切的關係。

有鑑於此，某些公寓開始變香了，特別是在巴黎。仕女專用的小客廳與更衣室裡開始瀰漫花香（《公務員》〔*Les Employés*〕、《貓打球商店》）。好聞的木頭箱子，還有女孩存放粉撲的五斗櫃抽屜，讓整個廳堂充滿了香氣（《兩個新嫁娘》〔*Mémoires de deux jeunes mariées*〕）。

巴爾札克喜歡重塑一些半公開場合的嗅覺環境，譬如藥房、舞廳與演奏廳、旅店、法庭。[32]

他最討厭的莫過於膳宿公寓（pension）的味道，[33]在公寓裡透著「封閉、發霉、腐敗的氣味，讓人不寒而慄，而且水氣濃重，直接滲入衣服裡；那裡聞著有一種餐室的味道；另外有一種公家機構、事務所和收容所的臭味。如果我們能發明一套方法，計算出宿舍中無論老少的每個人分別給這棟公寓**獨有的黏膜炎**（catarrhales）氣層貢獻多少基本的、令人作嘔的氣體量，或許就能夠完整地描述出這棟公寓的樣貌。」這裡足見小說家與衛生專家的分析，再一次相互吻合。

在巴斯德革命性的大發現之前，儘管視覺的角色逐漸吃重，但屋內各廳室與各種傢俱散發的獨特味道，仍然持續撥弄世人的心靈。這樣的心靈感受有時非常強烈。對於波特萊爾、龔固爾兄弟，以及更多關於于斯曼的研究，讓我們有機會看見嗅覺帶動心靈感受的演變過程，而嗅覺引發的心靈感受已遠遠超出尋找「公寓靈魂」（l'âme de l'appartement）的範疇，[34]提升到了個人的精神層次，開始追尋各廳室與心靈狀態（**心境**）的契合。阿道夫叔叔（Adolphe）房間的氣悶味道或林子裡狩獵亭內的氣味，與小小的瑪德蓮蛋糕或蓋爾芒特家（Guermantes）裡石板地面的味道，它們帶來的心靈感受同樣強烈。[35]半個世紀後，巴舍拉開始致力研究屋內私密空間的感官結構。[36]我認為重要的是，終於能確定這種全新的嗅覺心靈感受起於何時，並於何時開枝散葉。畢竟這個全新的心靈感受，在嗅覺感知的範疇裡，將保有非常特別的地位，而且會維繫很長一段時間。

意識到公寓各個房間皆有其獨特的氣味之後，人們燃起了一線希望，希望能更認識這些特別的氣味，藉此解決家庭氣層混雜的惱人問題。這種意識的抬頭，更帶動了新一波的行動，要盡可能地全力阻擋僕人臭味摻和進來。跟男女混居一樣，嗅覺上的混交也帶有淫穢的色彩。除了努力去除沉積角落的凝滯空氣之外，想要一舉消滅討厭的異味，又能讓私密空間保有美妙親密氣息的唯一辦法，就是篩選分類，然後在異味最強的地方噴灑比較濃的香水。這一波嗅覺容忍度門檻的下降，反將優雅淡香與有機香氛的高雅組合打入了冷宮。而避免臭氣混雜形成臭味大雜燴，將成為現代化廚房、辦公廳與廁所的主要功能考量。

私密空間要能觸發心靈獨白，房間與客廳帶給人的嗅覺心靈感受就必須是豐富的，如此才得以在私密的空間裡勾勒出嗅覺之美。專為私密空間增添意趣的香氛藝品，便伴隨著香水業緩步穩定地發展。個人也一樣渴望出彩，希望身上能夠散發微妙的氣味訊息，藉以凸顯自己。這樣的意念支配著香氛藝品與香水的發展腳步。空間與個體兩者皆遵循著同樣標準，如果硬要將仕女專用小客廳裡精心佈置呈現出來的芳香，與在此停留的女性身上香氣，兩者拆開來研究，是完全說不通的事。[37]

基於除臭的理由而興起的單人房，可說是嗅覺引發的心靈感受演變過程裡，最具代表性的象徵了。單人房被描繪成能保有嗅覺私密的絕佳場所。只要躲進房裡，[38]分隔兩地的戀人便能獨自沉浸在愛人的味道之中。[39]氣味讓房間搖身一變，成為映照內心的明鏡。這片專屬個人幸福與傷心的天地，裡面瀰漫的雅緻氣息慢慢地取代了內凹式半隔間臥房裡面，所充斥的狂野肉慾味道。

行為守則與標準

十八世紀末，船艦、軍營、監獄、醫院都已經變成學者測試通風設備與消毒技術的實驗場。關於這部分，前面已經探討過，所以我們直接往下推進：到了十九世紀，這些場所仍然是學者——根據科學上的新發現——擬定空氣流通規範與家戶行為守則的測試站。[40]

讓我們跟著霍華德的腳步，這一回去的不是監獄了，而是威尼斯的檢疫站，讓我們跟著他踏進檢疫人員忙著為貨品消毒的地方。放眼所見是一捆捆搬動過、搖過、翻過的貨物；床單被展開、甩動、有時候還要攤在繩子上晾曬；毛草經過搖晃，皮貨則要拍打，所有的貨品都必須接受空氣的洗禮。[41]

現在，就來聽聽隆德醫生（1827）對於房間整理的看法：「每天都要甩一甩床單、被褥，動一動床墊、長靠枕，這麼做的同時，務必將左右前後相對的窗戶打開，以便公寓捲起穿堂氣流。」[42]此外，他也同意每年至少要拍打一次床墊，以「清除腐敗的動物性物質」。辛克萊費盡心思，制定了一套這類日常家務的衛生守則：「打開房間的窗戶，讓床單、被褥與窗簾曝露於新鮮空氣之中，以便將床上的有害蒸氣悉數清除乾淨。」[43]

空氣流通、拍打、掀開、攤開，用掃帚把堆積角落的潛在危害通通清除，這些就是居家衛生守則的梗概。當時並沒有特意強調需要去除傢俱上和房間內的灰塵，[44]而是把重點擺在如何去除這些傢俱和地方散發的有害氣體，消滅臭味，戰勝腐敗。灰塵跟蜘蛛網一樣，只是在提醒居家者，屋內空氣不夠流通而已。當然也有很多學者在研究灰塵，[45]但理由只是希望能在灰塵之中找出腐敗物質。就算弗傑鼓勵水手在船上多用掃帚打掃，那也是考量到這樣做可以盡可能地把垃圾與破掉東西的碎屑清除乾淨，以免在掃不到的死角裡日積月累。[46]對過時落伍的舊做法抱持質疑的態度並無不妥，但一股腦認定十九世紀家戶衛生守則，是巴斯德革命所引發的灰塵恐慌症導致的結果，這樣的結論也太過躁進了。

這方面最重大的成就，當屬以基本呼吸需求為基礎，制訂出來的空間大小規範了。亞畢諾就已經開始量測人體存活所需的最低空氣量。霍華德堅持監獄囚室大小必須長十呎，高十呎，寬八呎，只是他沒有特別地提出支持這個結論的證據。[47]田農認為醫院病室的天花板高度必須根據疾病的性質來調整；發燒的病人比恢復中的病患需要更多的空氣。[48]拉瓦節於一七八六年時，也提出了他建議的立方量。[49]

到了十九世紀，隨著室內空氣研究的不斷推進，學者們持續積極地想找出「空間與有機個體合適的相應空氣量」。[50]這項研究花費了數年之久，看起來就像是薛西佛斯在谷中來回推動巨石般，終究只是徒勞無功。雖然量測得不是很精準，勒布朗與貝克萊兩人最終還是得出了共識。他們認為一個人每小時需要六到十立方公尺的空氣。[51]居家衛生的專家採用了這個數字，[52]但他們謹慎地認為，雖然有了科學數據，但當人關上房門睡覺時，房內最好能有雙倍的空氣量。勒布朗與貝克萊此時再推演得出，馬廄裡的一匹馬，每小時需要二十立方公尺的空氣。[53]

由個人呼吸的空氣數值為基準，似乎可以推算出個人所需的最佳空間大小了。想要得出公允的計算數字，必須計入許多變數，因為處在某個固定面積封閉空間裡的個體，所需要的空氣量會因為氣流的大小而變化，此外，每個個體的需求量也不盡相同，何況還有溫度、濕度的影響。儘管如此，貝克萊還是得出了一個結論，他根據身體強健的個人所需的空氣量，推演得出：三十張病床的醫院病房，最佳的空氣量為一千三百三十五立方公尺。皮奧里和蒙法爾恭就先後把這個數據標準，套用在居家空間裡。

行政當局也相當快地接納了衛生專家計算得出的數據。一八四八年四月二十日發出的警察命令，規定每個人須有十四立方公尺大小的空間。同年，在巴黎市衛生委員會（Conseil d'Hygiène）底下成立了不潔住家審議會（la commission des logements insalubres），他們建議每間房間，每個人需要有十三立方公尺大小的空間。而且一些有關氣體的物理論述，證實了上個世紀衛生專家提出的建議也確實於理有據。皮奧里這麼寫著：房間的天花板最少要有三公尺高或三公尺半高，否則人的頭部將沐浴在「重量較輕的，也就是比較不潔的氣體區塊中」。[54]

事實上，這些建議絕大部分還只是紙上談兵。上面那些專家提出的研究建議，在法國還沒有催生出具體的成果。衛生專家的指示與人們對舒適的要求，[55]驅促了空間進行功能性的區分，劃清工作處所、表演場地與家庭溫馨天倫空間的界線，加上追求利潤的動力，也就是增加租賃面積，的確帶動了某些城市在本世紀的百年當中，重塑了傳統家居的格局設計。就這樣，一八九四年，法國經濟學家弗維爾（Alfred de Foville）在描寫里爾市的典型民宅時說：一切都是為了消弭不受歡迎的氣息。他這麼寫著：「廚房、洗衣間、廁所都安排在主建築旁的側廂房，好讓那些地方散發的臭味能夠在院子或花園中四散殆盡，不至流入主屋內。」[56]杜爾市（Tours）也見證了一模一樣的演變，毫無美感可言的新建物，吞佔了「私人」迷你花園，一樓規劃了廚房，二樓和三樓分別規劃廁所和洗衣房。

本世紀初期，還有是有幾座標竿建築非常重要，不容忽略。這些都是充滿了未來性的範本。歷史學家往往因為過於強調保存古風，行為過於保守僵化，故常偏重多數人奉行的普遍現象，忽視正緩慢興起的新趨勢。大眾化的主流歷史，應該與特別的小眾歷史並重，尤其是當小眾開始出現主導力的時候。

就我們探討的住宅衛生問題來說，英國搶先提出了解決方案。英國提出的對策非常有意思，雖然在法國，我們否決了他們採用的創新做法。英吉利海峽對岸的人民，「沒有人質疑這個事實：住家出現異味……是對群體健康的警訊」。[57]米爾將英國的策略簡單歸納出三大基礎原則：採用「加壓供水與自來水供水」，特別是廚房和廁所；排泄物直接排入下水道；以及裝設舒適便利的新機器設備，對此，貝干進行了非常深入的研究。[58]總之，英國除了水流調節之外，還合併運用了空氣流動與自動化排除穢物的原則。

到了本世紀中，倫敦有三萬戶民宅裝設了自來水。在蘇格蘭的格拉斯哥（Glasgow），「比較富裕的家庭，幾乎每一層樓都備有廁所、供應熱水的浴缸和淋浴間」。某些中型城市，因為加徵縣市稅而多了收入，自來水和下水道的管道幾乎是同時裝設完成。全面的衛生基礎工程一次到位。英格蘭的拉格比（Rugby）總戶數有一千一百戶，其中「有七百到七百五十戶都已經安裝了汲水設備，而且每戶至少裝有兩支水龍頭，一支在廚房，另一支在廁所」。[59]南倫敦的克羅伊登鎮（Croydon）、英格蘭的沃里克鎮（Warwick）、多佛（Douvres）等地，進展同樣快速。

短短幾十年間，英格蘭諸島與歐洲大陸兩邊，在衛生方面的進展有如天壤之別。[60]法國人相對浪漫隨意的態度，同樣顯現在對乾淨的要求上，他們不要自來水，願意長期忍受日益濃重的體臭，持續高喊糞便與垃圾私有化，只能說他們對一切新事物都選擇悶不吭聲，抱持懷疑的態度。而這樣的態度，原因或許出在國家相對較為窮困，都市化的腳步比較緩慢的緣故。正是大眾對身體的有機功能和感官訊息所抱持的群體態度，支配了他們的行為。我們也只能感嘆歷史學者對身體文化這方面的歷史一點都不重視。

排拒下水道、[61]水管裝設緩慢和便利舒適機器的發展落後，使得法國可以拿得上檯面的標竿住宅，優勢幾乎都侷限在通風設備的更新，以及符合新規範的居家空間規劃上。關於這部分，最關鍵的是裝設成套成組的設備。穆哈德（Lion Murard）與紀伯曼（Patrick Zylberman）[62]認為成套的概念起於一八二七年：這一年，達賽出版了《浴室側寫》（*Description d'une salle de bains*）一書，裡面就闡述了這樣的概念。十七年過去了，皮奧里在歸納化學家與工程師的新建議時，這樣說：「好的廚房，面積必須寬廣，空間要挑高，地面鋪石板，還要清潔得很乾淨，通風良好，尤其是接近天花板跟地板的地方」；要裝設排放油煙的通風櫥，「與主屋的通風櫥連通，通風口要經過詳細計算，才能形成一股氣流，將煤炭排放的氣體帶出去」；[63]還要有鐘狀水槽蓋，防止流理臺的異味飄散開來。

用水取得不易，加上缺乏排水系統，迫使衛生專家朝改良如廁空間的方向去發想。還好他們有抓到重點。一八五八年主持審議會專題報告的格哈希醫生做出結論：「如廁場所必須是最乾淨的地方。」[64]透過隱密如廁場所的除臭行動，連帶帶動起整個居家環境的淨化，這樣的翻轉不禁讓人想起帕宏－杜夏特雷所提出，讓下水道工人成為精神抖擻勞工典範的計畫。緊接在收容所和廉價公寓的茅廁之後，資產階級宅邸的盥洗間也成了衛生專家的熱門除臭標的。一樣是格哈希醫生，他寫道：「在把（便座）裝在基座，或某個突起椿上之後，務須防止訪客直接站上去，或是沒有按照便座這個名稱字面上所言，採取正確的坐姿。」[65]如廁的地方要保持乾淨，靠的是「監視與規訓」（de surveillance et de discipline）。

在學校宣導學習如何正確排便，為正確如廁習慣走向私人家庭做出準備。關於這部分，文獻記載非常豐富。[66]督察員和衛生專家制定規範，挑選便器，不停實驗，並公開表揚使命必達的校長，以為公眾表率。比如留尼旺街上（rue de la Réunion）一所男校的校長，在短短幾天內，就成功地讓學生養成了坐在便座上如廁的習慣，不再站上去。[67]其中有一條規則屢經重申：老師的座位必須能看得到便座隔間的天花板和地板。[68]法國歷史學者蓋蒙特（Roger-Henri Guerrand）注意到，女生宿舍的如廁規範更加嚴格，他這句話並非無的放矢。[69]許多女導師強烈建議自己的學生盡量忍耐，少去廁所。一個清白的好姑娘必須藉由掌控自己的生理需求，來證明自己能夠抵擋得住所有的肉體衝動。

衛生專家並不滿足於宣揚器具設備的便利而已，新的重點在於把如廁的地方變成一間不折不扣的盥洗間，未來這個如廁場所在公寓內的重要性將逐步提升。盥洗間驚人的大幅普及，隨之而來的是極盡奢華的裝潢，這在維多利亞時代（Victorienne）的英國臻至頂峰，戴高樂（Charles de Gaulle）也注意到了這一點，[70]在德國則是威廉皇儲時代（Wilhelmienne）。格哈希醫生描繪了盥洗間的標準典範：蹲式馬桶裝設漏斗狀的存水彎管，材質選用細瓷或上釉的粗陶皆可。便座與馬桶蓋則選用上蠟的橡木，地板也是同樣的材質。旁邊擺放小便器，方便傾倒夜壺，如此可防止臭酸的刺鼻尿味擴散到整間公寓。多利用存水彎管或是抽風機消除臭味。而最低限度也要在化糞槽的圓頂上接一根通風管，好讓臭味能夠排得出去。規定便座與便座之間，或是一長排「蹲式馬桶的每個糞坑之間，都要簡單加裝一根支撐桿」予以區隔。[71]早期的如廁場所窄小擁擠，再加上混雜的糞臭味道，是人人都不想靠近的地方，所以摒除這些臭味乃是當時最重要的事。

從施行的層面上來說，具體的成效仍相當低。在巴黎以外的地區，家戶糞便幾乎都往外堆，製成肥料，甚至直接往馬路上倒的也比比皆是，連資產階級家庭也不例外。一八四九年，在法國西北的利哈佛港（Le Havre），[72]只有富裕人家新建的宅邸挖有化糞池。巴黎已經通告廢除將近有百年歷史的化糞池設計，在此地竟是進步的象徵。法國中部大城利摩日（Limoge）的馬尼廣場（Place Manigne），距離市政廳僅僅百餘公尺，一直到二十世紀初仍利用陰溝來排放穢物。

獨立衛浴空間的出現時間，比現代化的馬桶更晚，與本書專注研究的時代幾乎沾不上邊。真要說廁所普及率夠高的時候，大約已是本世紀末的事了，[73]在當時，所謂的廁所多半只是「裝了便座的一個小角落，沒有暖氣，邊上有個水桶」罷了。夏林發現盧昂地區的資產階級人士，[74]常忘了有坐浴桶這個東西，偶爾會溜到桌子底下解手。馬桶冒出的水氣，海綿散發的氣味，再加上香精的香氣，使得這狹小的如廁空間裡面，空氣益發沉重滯悶。至少，肥皂的味道不再往房間擴散了。獨立衛浴空間出現的時間很晚，這一點很值得注意，因為其出現是隱密的洗浴如廁場所漫長的演變過程中，一個重大里程碑，絕對是十九世紀居家空間史上的重大事件。

如廁空間的除臭行動始於衛浴空間的普及之後，所以出現的時間更晚，但千萬不要將衛浴空間的出現與洗浴習慣劃上等號。有很長一段時間，浴室是富人宅邸、觀光飯店和奢華銷金窟的炫耀配備。[75]一九〇〇年，萬國博覽會總館長皮卡德（Alfred Picard）就說了，在巴黎，只有高級公寓才配備有衛浴間。[76]這樣一個可以裸身四處走動，如廁完全自由，不受打擾的愜意秘境，長久以來一直與肉慾的香氣連結在一起，而經常出現在浴室水龍頭上的麗達（Léda）＊小雕像更加深了這種印象。

十九世紀，浴室極其罕見，裡頭多擺設沉重的傢俱，掩以溫暖厚重的布簾，而且面積多半相當寬闊，而這樣設計的理由顯而易見。衛生專家建議使用鐵皮浴缸，大理石太冷了。他們還認為應該在牆面貼上木皮，避免牆壁蘊積有害臭氣，更重要的是確保隔間牆壁穩固無虞，房間才能免於受到水氣與潮濕霉味的侵害。二十世紀初，傳統沐浴器具慢慢地不受青睞，人們開始採用固定設計的鉛

＊譯註：斯巴達王妃，宙斯覬覦其美色，聽聞她最愛游泳與白天鵝，於是化身為白天鵝引誘她。

管，裝設整套的衛生設備，至此浴室的臭味問題大體獲得解決。再晚一點，出現了幾何空間的設計，「乾淨體面」成為新訴求，[77]這個趨勢使得浴室回到它最初的單純功能，不再帶有情慾的色彩。[78]

第三章　親密的香水

伴隨著資產階級住家最為注重的**隱私**要求，逐漸提高之際，新的氣味管理興起，讓女性能大展香氣布局的長才。在她們巧手精妙地設計下，香氣傳遞的肉慾訊息裡，情色的喻意強度變低了。視覺上的情慾禁忌，迎來了嗅覺在這方面的角色提升。「女性身上的氣層」成為**性誘惑**裡最難以捉摸的曖昧情愫。只是，普世盛讚少女童貞與為人婦者的全新代表意涵，頌揚她們的角色與美德，這些世俗觀點將暗地裡的撩撥遊戲視為了禁忌。激發慾念卻不損女性節操，這正是嗅覺在這場優雅的情愛遊戲裡所肩負的任務，為女性與花建立了新的同盟關係。

「持久不懈的清潔」[1]

新的醫學論點出現：清除身上汙垢有助於降低染病風險。自從拉瓦節與塞干發現如何能正確無誤地計量出皮膚分泌的汗水物質之後，[2]人們愈來愈關切皮膚上的汗水分泌。絕不能讓汗水分泌物堵塞皮膚。法國醫生布魯賽（François Broussais）提出的生理主義（physiologisme）一出，更是引發一股務必保持分泌器官乾淨衛生的行動風潮，主要目的在「淨化」[3]身體。醫界也將身體各部做了切割，分別制定盥洗步驟。清潔的重點擺在雙手、雙足、腋下、腹股溝與生殖器官。布魯賽特別重視皮膚搔癢的問題，這與當時強烈要求禁止販售含氧化金屬的化妝品之呼聲不謀而合。影響力依舊強大的感覺主義——儘管已經有人開始質疑其主張——也殷殷叮囑一定要努力不懈地細心清潔身體，才能保有肉體的敏感度與纖細的觸感。[4]

身體美學的大旗造就了人們對衛生的極致要求。上妝後，散發珍珠光澤的無瑕肌膚，能讓人以為你身上流有貴族血統，於是這類美妝產品主宰了市場。近百年的時間裡，百合般白皙光彩的肌膚，與龐巴度夫人臉龐的紅暈，一直是最高標肌膚的經典參考範本。[5]這套美學規範明定，身體外露的部分一定要時常清洗。裡頭也規定了：要經常保持坐姿、待在樹葉清新涼蔭下、戴手套保護雙手的「柔細、白皙、緊實、圓潤」。[6]

讓窮人變乾淨，近似是希望他們變老實、變乖。而讓資產階級人士心悅誠服地想把自己洗乾淨的理由，是為了讓自己符合自身所屬的社會階級的規範。富蘭克林（Franklin）的十三項智慧準則裡，清潔位居第十位，高於心靈的平衡與節操。[7]「保持衛生能確保身體健康，養成有秩序、純淨、節制的習慣，光是保持良好的衛生就已造就了美好的心靈；因為珍貴的美好心靈尤其需要有健康清新的身軀，和純淨的心靈作用為基礎。」[8]維達蘭看到了經濟與清潔之間，那條出乎所有人意料之外的關聯。[9]清潔，其意義衍伸擴大到極致時，能杜絕食物與衣物的浪費，有利於發現剩餘、控制剩餘，甚至還可能把剩餘的東西回收再利用；清潔於是成了減少損失的方案之一。[10]學著避免把自己弄髒，避免碰觸髒汙，並清除殘留皮膚的所有**排泄物**，這些都可說是初級衛生教育的最佳守則。

我們知道，強調女性要有羞恥心，對於身體衛生的推廣，是助力也是阻力。氣味也以相當奇特的方式，捲進了這張禁忌織就的網中。美國歷史學者桑尼特（Richard Sennett）就指出，維多利亞時代的資產階級，因為害怕在公眾場合中放屁，因而引發諸多生理與精神方面的毛病。[11] 老實說，禮儀手冊裡面完全沒有提到要憋住不能放屁，但仍然可以隱約察覺到，手冊裡頭暗示著那是一種新的嗅覺優雅之舉。所以，一八三八年，德布哈迪伯爵夫人（Comtesse de Bradi）寫下了這樣的字句，不要強求你的僕人，讓他們做任何會令他們感官不快之事；唯有生病的時候例外，「但絕對不要叫他們幫你脫鞋」。[12]

儘管有了這些有利的條件，身體衛生的發展依舊遭遇了許多阻力。首先，家戶設備更新緩慢，此乃因為醫生對於不合時宜的隨便用水，仍堅持一貫的質疑態度。長串的禁止事項與小心事宜，不僅讓衛生專家的主張，做起來顯得麻煩累贅，反而更像是支持醫生說法的大批實證。婦女每個月的經期仍然支配著洗漱清潔的日子。幾乎沒有專家建議一個月洗超過一次澡，而胡費蘭已經算是走在最前面的醫生了，他大膽呼籲每週洗一次澡。再來就是弗里蘭德（D.-M. Friedlander）了，他一方面抨擊過分無度的洗浴行為，但允許孩子們每週洗澡兩到三次。[13]

身體浸泡在水裡仍然存有風險，所以重點是要精密地計算，找出浸泡的安全時限、水溫與週期頻率。而這些會因為性別、年紀、個人體質、身體狀況與季節之不同而有差異。洗澡絕對算不上是每日的平常清潔手段，它會帶動有機體全身的深層運作。但洗澡給精神科醫生帶來希望，甚至在某些情況下，也振奮了道德家的心。可見洗澡這件事，代表的意涵有多麼歧異。[14]洗澡也讓婦產科醫生戒慎恐懼。德拉古（A. Delacoux）提醒大家，高級應召女就是因為盥洗過度，經常濃妝艷抹，所以才會不孕。據他的說法，這些女士當中有非常多的人被剝奪了為人母的喜悅，罪魁禍首就是這些「未經考慮冒失莽撞的清潔護理行為」。[15]更可怕的是，洗澡根本是美麗的一大威脅，洗浴過度的女性「一般而言，總是面無血色，豐腴的體態多半是因為水腫所致，而非身體組織正常的成長」，[16]年輕少女洗浴過度甚至可能導致氣虛衰弱。

杜泰勒主張飯後、身體虛弱，以及月經來潮時——這一點顯而易見地——千萬不可泡澡。胡斯坦醫生（Rostan）建議洗浴時，頭部也要弄濕，以免腦部充血。[17]身體「二度發抖」（deuxième frisson）之前，就要離開澡盆，盡快擦乾身體，然後躺在長沙發上休息片刻，等待洗澡產生的倦怠感消失，同時房間也不會因此水氣氤氳。

在大幅縮短了洗浴時間，與去除浴室裡帶有情欲色彩的淋浴設備風行之前，世人對於洗澡一直多有質疑。禁止裸身的禁令大幅阻礙了沐浴習慣的普及。擦乾生殖器的做法也引發疑慮。賽兒娜夫人（Mme Celnart）明文要求她的讀者：「在洗完澡之前，請一直閉著眼睛。」[18]水霧確實可能變身成為一片迷濛鏡面。德聖尤森醫師（P.-J. Marie de Saint Ursin）描述了少女沐浴時的迷惑窘樣，他這麼寫道：「紅著臉，毫無經驗地踏入晶亮水波，迎面印入眼簾的是初將發育的小寶貝，臉益發地紅了。」[19]這些浮誇的字眼底下，作者想要強調的是少女初識，並學習身體清潔行為之時，同時引發的女性羞怯感。[20]德布哈迪伯爵夫人做了結論：「如果有人叫你一定要洗澡，那就去洗，否則最多一個月洗一次澡就夠了。我也說不清楚，澡盆裡好像有某些東西會讓人變得好逸惡勞，變得軟綿無力，這對女孩來說不太合適。」[21]

說到這裡，我們已經很清楚地看到專業論述的大聲呼籲，與實際民間反覆思量謹慎為之的心態，兩者之間有著明顯的背離。[22]人民會洗澡是基於醫生的要求。就算是放鬆的盆浴，也都會謹記醫生的警語。洗澡習慣如此難以養成，也就不足為奇了。把水送來，放進水桶、大臉盆或白鐵澡盆，洗完後放水，清空這些容器，成為了大戶人家僕人週期性的重要工作，就跟洗衣服或季節性的家務一樣，年年重覆，卻始終在原地踏步。

因此，比較重大的革新多是從身體部位清潔這一塊的延伸。我們可以看到，雖然為數仍不多，但足浴、手浴、臀盆浴、半身坐浴開始逐漸普及。時刻擔心身體弄髒、定期沐浴淨身的覺醒，以及相關的準則獲得重視，使得沐浴清潔的衛生習慣開始在資產階級中間慢慢成形。布魯賽特別重視的分泌生理學（physiologie de l'excrétion），主宰了盥洗行為往身體各部位，個別單獨清潔的趨勢，同時也支配著市政部門的目標規劃與作為。資產階級所奉為圭臬，持久不懈的身體清潔衛生，與公共衛生專家緊盯的城市穢物排放問題，兩者實屬同一個根本原因，目的都是消除身體分泌的穢物可能帶來的危害，這裡所說的分泌穢物危害，已經不再是指染疫的風險了，而是分泌物堵塞累積引起腫脹的危險。

洗浴劑隨著清潔的多樣化，也如雨後春筍般應運而生。利用洗浴劑代替沐浴的做法開始流行，加上香水的療效已失去公信力，洗浴劑於是趁勢聯合了各方高度推薦的身體按揉法搶佔市場，並號稱能振奮精神。各種盥洗方法於是紛紛出籠。用香膏塗抹頭部的做法漸漸消失。[23]這一點很容易理解，頭髮衛生首重梳直梳順，要定期用齒梳細密的梳子梳開髮絲，睡前更要梳鬆然後綁成辮子。但人們依舊恪守義大利薩萊諾地區傳來的禁忌：不能洗頭。賽兒娜夫人建議，若想清除頭髮上的灰塵，可以拿乾毛巾揉搓頭髮。[24]更尊榮高貴的做法，則是拿海綿沾些香皂洗浴劑小心地抹在頭髮上。一直要到第三共和時期（IIIe République）才開始出現洗髮精。幸好，在此之前，頭髮散發的濃重氣味，仍普遍認為是女性魅力的一大王牌，也因此當時不建議在頭髮上噴灑過多的香水。

口腔衛生也開始受到關注。重點擺在消除難聞的口臭。隆德醫生建議每天刷牙，而且是全口的牙都要刷到，不同於當時多數人只刷前排牙齒的習慣做法。[25]賽兒娜夫人則強烈推薦使用香粉。[26]

身體氣味的清新，除了需要持久不懈的清潔之外，更要仰仗貼身衣物的乾淨程度。[27]這方面的進展也跟著加快。衛生專家呼籲強制規定每週更換。洗衣週期的縮短，[28]以及人們對於乾淨內衣的清香感受變得敏銳，跟著催生一波洗衣桶、收衣箱與五斗櫃抽屜的薰香風潮。就這樣，人們對身體清潔的意識加速抬頭，但嚴格說起來，這些都還不能算是真正的身體清潔衛生行為。[29]

就算在資產階級圈內，這波新興的沐浴行為，進展得也相當緩慢。光從浴廁間的罕見程度即可見一斑。坐浴桶的設置一直要到本世紀末的最後幾年，才見開展。[30]而從英國引進的**浴缸**，有很長的一段時間都是充場面顯氣派的裝飾品。一九〇〇年，巴黎的資產階級人士，依舊有很多人堅持只要定期清洗雙足即可。[31]如果我們採信當時的統計數字的話，當時擁有坐浴盆的醫生，為數頗多，那是因為他們肩負推廣衛生習慣的重責大任，必須身先士卒，以身作則。[32]

在那當下，還沒有人認為要強制規定平民百姓遵守這些衛生規範，因為連菁英人士都還沒認真地看待這件事。於是百姓只能被包覆在自身油膩難聞的汙垢底下，除非他們願意去酸臭淫穢的公共澡堂裡人擠人。杜里耶發現尼維爾的居民，一直要到一九三〇年，才開始有身體衛生的觀念。[33]在此之前，在學校、軍營與運動俱樂部裡推廣的衛生清潔習慣，都專注在表面外貌的打理。例如：挑戰傳統觀念，鼓吹用梳子梳頭的運動，還有像是法國作家傅業夫人（Mme Fouillée）在《兩個孩子遊法國》（*Le Tour de France par deux enfants*）一書中描述的，由老師進行的例行性儀容檢查，都是具體的事證。[34]

儘管如此，有好幾個場所已經開始認真看待這些專為資產階級人士所制定的衛生規範。實驗場仍然是落在監獄的身上，而非膳宿公寓。專家在監獄裡實驗了一些深具意義的前瞻性做法。一八二〇年起，維勒梅[35]規定每位受刑人一定要梳頭髮，每天早上要洗臉，一天要洗手數次，每週洗一次腳；並呼籲獄方每週進行一次清潔檢查；希望新的囚犯入監時要清洗身子，並敦請行政單位下令規定受刑人一律剪短頭髮。百年之後，衛生專家才開始要求學校的莘莘學子，遵行相同的衛生規範。

資產階級家庭為新生兒雇用的「居家」奶媽，同樣需強制遵守諸多的衛生規範。她們要遵守的規定，自然是比新生兒的家庭成員所需遵守的更加嚴格。醫生建議這些奶媽必須每個月至少洗一次澡，而且強制規定每天必須清洗口腔、乳房與生殖器。[36]而這些婦女完成哺育任務返家之後，能給家鄉帶來多大的影響，實難以估算。

來到鄉下，也就是傳統上所謂的骯髒階級之所在，這裡的居民唯一的清潔習慣，恐怕只有到河邊洗澡了。要將他們納入這個符號價值（valeurs-signes）系統，也就是衛生專家殷殷鼓吹的乾淨社會之前，得先要能夠提供他們水資源。關於這部分，本世紀中葉出現了重大的進展，但還沒有人深入予以研究。因此，米諾鎮的例子具有重大的指標意義。新的水道建設，包含了牲畜飲水槽、蓄水池、山毛櫸食槽、洗衣池和泉水池等一系列複雜系統，開始深入鄉鎮田地間。一八七五年，鎮裡開始供水。[37]此時，婦女的社交圈從老舊過時的水井欄邊，轉移到了新的供水地點，鄉間也開始採行城市運用的那套繁複策略，只是進展一如既往地非常緩慢。同樣地，在這個階級圈的供水問題解決後，人民的日常生活習慣將出現嶄新的面貌。

氣味與優雅的新意涵

納稅人選舉王朝時期，除了花花公子和那些性喜「反天性」（antiphysique）性行為的男人，幾乎所有的高貴男士都已經丟掉香水了。男人們身上頂多只散發淡淡的菸草味，[38]而且味道還得淡得不會驚擾到女士。[39]就男士來說，浮誇炫耀的時代已經過去。研究時尚衣著史的學者也證實了這一點。新興的男士優雅標準是專注細膩，嗅覺上的微小差異基本無傷大雅，只有一點要注意：一般人認為男士身上不該有強烈的氣味，這樣才能證明該位仁兄有仔細做好清潔，這是評判此人是否具有高尚品味的關鍵。衣衫的氣味是乾淨的象徵。衣服的氣味淡到幾不可聞，說明了此人屬於積極除臭的資產階級，他們毋須噴灑香水掩蓋身上的異味。

相反地，女性成了男性的門面，她們「照例是花用丈夫財產的消費主力」，[40]於是她們一肩扛起了炫耀父親或丈夫的身分地位與身家財產的重責大任。絲綢呢絨、炫麗色彩、高調奢華，全都專屬她們所有。她們用揮霍無度來洗盡別人懷疑她們需要工作賺錢的疑竇。

在氣味這一塊，所謂的高雅一直隨著時代在微調。持續到本世紀末為止，能雀屏中選的所謂高雅香氣寥寥可數。儘管流行時尚壽命短暫，更迭快速，上流社會一般仍多推崇遵循瑪麗安東妮皇后的宮廷美學觀點。尤其是在納稅人選舉王朝時代，醫生鼓吹的嗅覺衛生主張，仍多半維持著舊有的原則：要能傳遞優雅的訊息，堅持使用天然的淡雅香氛，遠離濃烈的麝香、龍涎香或是麝貓香之類的濃郁香味。[41]

對優雅的追尋，帶動了新的化妝風潮。這股風潮將美帶往了「高雅乾淨」。[42]首先是拋棄了濃妝艷抹（雪白與豔紅）、厚厚的蜜粉與精心塗抹香膏的習慣。[43]杜泰勒為新一代的時尚與衛生做出了最佳的詮釋：「真正的化妝品是清潔用的水溶性洗浴劑，也可以在身上塗油，用以去除油垢與保持肌膚柔嫩，像是一般的乳化物、新香油、鯨腦油、奶油、椰子油、肥皂、杏仁膏」，另外，他特別加註一條：「絕對不含任何氧化金屬」。[44]重點是，甩開遮瑕的掩飾性化妝產品與厚厚的粉底之後，肌膚得以透氣，毛細孔不再堵塞，而女性的氣息始得以恣意揮灑。

所有的觀察皆顯示，香水開始乏人問津。香水業者於是大感吃不消，尤其是當時數一數二的大商家，倫敦芮魅（Rimmel）。[45]＊高貴人士捨棄了居家薰香的做法，再三強調務必拋棄在此之前一直是感官教育要角的居家芳香設計。[46]一八六〇年，克拉葉（Louis Claye）發現，沐浴用香氛幾乎完全消失。[47]蜜粉熱潮消退之後，髮用香氛歷經了很長一段時間的論戰。好像也只有最時髦愛打扮的女性才敢用上一用。[48]

少女若使用香水會被認為沒有氣質。少女該有的矜持，與香水暗喻的撩撥完全不搭，使用香水等於大膽地表明自己想釣金龜婿。而且，這樣做豈不是毀了手上握有的最有利王牌？所以，絕不要用香水，就算是最清淡的香水也不要，千萬別蓋掉這些有著優美纖細身軀，保證未經男性精液糟蹋的少女們，身上自然散發的氣息：「處女身上散發出如馬驕蘭般的甜香，比來自阿拉伯的任何香氛都更加柔美，更加令人陶醉。」[49]

總之，狹義上的香水，無論如何都不能直接抹在皮膚上。只有添加了香料——如玫瑰、車前草、蠶豆或草莓蒸餾液——的化妝水與古龍水可以直接與皮膚接觸。[50]避免直接與香水接觸的勸誡，還有強調其嚴重後果的警語，喊得震天價響。這導致香氛產品類型大幅減少，販賣點驟減。雖然在衣櫥內放置香料薰染貼身衣物仍是品味的象徵，但散發香氣的盥洗用織品已不再時興。隱約的淡雅香氣如今多灑在手帕[51]與配件上，像是扇子、綁舞會用小花束的緞帶。再來就是最性感的那一群女子，可能會在手套、露指手套和拖鞋上灑一些。

這一波的禁令之下，還是有一些體貼女性心意的補償做法：在常用的物品裡添加香氛，由此散發的芬芳能讓人遠遠地就能感受到女性的魅力。這樣的做法等於發給每位女性一個個人專屬的香氛寶盒，一方面能讓人認出她的身分地位，一方面也凸顯放大了她的女性氣息。簡言之，這是不能妥協下的妥協做法。最終，保持距離的做法卻助長了誘惑遊戲，而情慾輕鬆擊敗厚顏無恥的矜持作態。

複雜的清潔衛生計畫逼走了動物性香氛，帶動了植物性香氛的風行，豈料植物香氣竟不想與女體氣息一爭高下，反而讓女性與花之間產生了一種奇妙的默契。

一八三八年，隆德醫生疾呼：「嗅覺應該運用在大自然的芳香，與旭日初昇的光芒之中。」[52]德布哈迪伯爵夫人放軟態度說：「我禁止你們使用所有人為調配的香水。但大自然的花香我覺得完全可以接受，只要不覺得刺鼻就好。」[53]香水的使用劑量就像來自大自然的芳香，是最頂級的保證。這一帖可接受的香水和化妝水處方一直存續到第二帝國（Second Empire）中期。大約一八六〇年，香水師開始致力提升自家的產品，但手帕專用香氛的配方基本上也只有那幾種。按照林梅爾的說法，有六種基本香氣：玫瑰、茉莉、橙花、金合歡、紫羅蘭與晚香玉。[54]調香師利用這六種基礎香氣的來源，創造出不同的組合。至於香膏，則還可添加黃水仙、白水仙、木犀草、洋丁香、山楂花、山梅花。這些並不能單純當作只來自理論家的禁令：一八六一年，法國醫生德拜伊

* 譯註：創辦人林梅爾（Eugène Rimmel）於一八三四年在倫敦開了一間香水店，並發明多款化妝品，尤以睫毛膏最富盛名。

（Auguste Debay）發現巴黎的調香師「不再採用濃烈、迷眩，會危害神經的香味……，只提供淡雅清新的香水」。[55]

當代人物為這股大眾對香水抱持的戒慎態度提出了解釋。醫界反覆重申十八世紀末風行一時的舊學說，在當時便把濃烈的動物性香氛當成腐臭物質看待。人們深感慶幸此時幾乎已經找不到動物性香氛的蹤跡，並認定呼吸的衛生護理需要加倍當心。害怕動物性香氛對使用者身心造成危害的恐懼心理持續升高，更隨著精神分析學的發展而加劇。胡斯坦醫生在一八二六年時就寫道：「過度使用香水，會引發各種神經緊張症候。歇斯底里、疑心病、憂鬱等都是很常見的後遺症。」[56]罹患萎黃病的少女尤其需要特別注意，她們跟孕婦一樣，都容易罹患嗅覺失調，甚至出現惡臭的幻覺。歐布里醫生（Z.-A. Obry）在一篇專門研究這些女性的論文中指出：「她們不僅能接受烙燒蹄角的氣味，或其他多少對健康會造成危害的氣味，還貪婪地搜尋汲取這類氣味。」[57]光是這樣的說法就足以讓擔心罹患萎黃病的少女們，對香水敬而遠之了。

會滲入人體且讓人感到窒悶的氣味，其象徵的曖昧與不道德意涵，在醫學論述的字裡行間比比皆是，特別是當作者希望讀者能夠深以為戒的時候。在巴斯德發表革命性的大發現之初，對這類氣味的抨擊聲浪來到新高。為香水著迷，只追求「低俗快感」[58]之人們，象徵了教育的「軟弱與怯懦」讓人們更加敏感易怒，催生了「女性主義」的萌芽，讓社會益發向下沉淪。法國知名法醫塔迪厄（Ambroise Auguste Tardieu）＊筆下的「逐味之夫」（renifleurs）不久也被列入了這份愈來愈長的墮落族群清單之中。這個時期是爽膚露和除菌消毒劑的天下。

這種心理戰策略，相較於濃郁香氛受到強烈抨擊的那個時代，道德說教的意味更加濃厚，它呼應了人們害怕染疫的恐懼心理，讓受到冷落的嗅覺器官學再次揚眉吐氣，就像克洛奎特出版了他那套大部頭的著作後，香水重獲青睞一樣，特別是在實驗心理學（psychologie expérimentale）方面，點燃了新一波對嗅覺感知研究的興趣。[59]

這樣就做出結論，未免太過容易了。天然香氣的持續風行，具煽動性的動物性香氛繼續遭到貶低，很顯然地，這裡面還有別的意涵存在。優雅的嗅覺行為，透露出一些社會的心態，為了保持立場公允，不偏頗任何一類行為，我想就先舉出幾條方向尚未明朗的線索來簡單描述。

莫茲曾寫道：除非必要，「資產階級人士不會炫耀財富」，[60]這句話便足以說明，如同我先前說過的，他們對香水的不屑一顧，因為香水是揮霍的象徵，噴灑香水代表的是難以忍受的損失，不符合他們用數據來評估一切的原則。事實上，這樣的論點若套用在十九世紀的資產階級上，恐怕已經有些不適用了。因為這一群資產階級人士已經不再是原先高舉道德大旗，抨擊任何享樂論調——亦即德國經濟暨社會學家宋巴特（Werner Sombart）歸入肉慾之林的逸樂——的正直盡責人士。由於時刻擔心他們的社會地位不夠穩固，此時的資產階級開始夢想著開山立派，鞏固門第。他們一心模仿貴族世家的恣意揮霍，大膽妄為。幾年下來，他們不再是徘徊在社交圈外的門外漢。從炫富的

* 譯註：塔迪厄是研究受虐孩童與同性戀的先鋒，他把同性戀視為一種疾病，且常常與犯罪連在一起。在他筆下，同性戀者常以對方身上的氣味來分辨是否為同道中人。

角度來看，我們甚至可以說他們比貴族有過之而無不及。豪華宅第整排連綿的紹塞－昂坦路（Chaussee d'Antin）的流行時尚，很快地便擠下聖日耳曼城的低調奢華。紹塞－昂坦路才是想去追根究柢的我們，最該去的地方。一直到七月王朝中期，什麼是風雅行為都是由這裡說了算。菲利普．貝羅，還有其他人，清楚地描繪了這個圈子對簡單大方的新訴求，是如何支配著所謂高雅行為的定義。從波旁復辟時期開始，社會的階級劃分愈來愈分明，而顯露於外的表徵也變得複雜起來，出現了一些頗讓人感到意外的階級區分界線。正當清潔習慣逐漸成為區分貧富的評判標準時，一些無法捉摸的標準也正瞄準著那些沒有養成清潔習慣的有錢人世界，將他們分成好幾塊。這套繁複的區分標準當然少不了嗅覺傳遞的風雅訊息。[61]

此外，在這個被重新定義的高雅圈子裡面的人士，他們對花草芳香的喜愛，與對動物性香氛的鄙夷，也可以被當成是一種芳香復辟。一方面見證了衰敗中的舊制度時代流行風尚的回歸；同時表示了對浮誇品味的排斥，或者也可說是對反革命代表人物的憎惡，也就是法國一七九四年熱月政變（Coup d'Etat du 9 Thermidor）後那一批保皇黨紈綺子弟（muscadin）。最起碼他們直接表達了對督政府時期「華麗浮誇服飾」風尚與暴發戶新貴時尚的不屑。這一切在在顯示了他們無法接受帝國宮廷的鋪張揮霍。另外還有一些圍繞著流行時尚的詮釋，以及複雜到彼此矛盾的假設，但相對而言，我覺得上面的解釋合理多了。

女性必備的所有美德當中，十九世紀特別強調女性要有羞恥心。禁止化妝跟禁止使用濃郁香水一樣，這背後有極其複雜的代表含義，不僅僅在道德層面上，還包括了視覺和美學方面。「不過分強調身體的清潔，保有身心靈雙方面的自然優雅與高貴、**活潑幽默**與羞恥心，這就是最強效的化妝品。」[62]汗水淋漓的肉體散發出的厚重蒸汽，強烈的麝香味香水和蜜粉，就留在高級應召女郎的小客廳，與妓院的會客室裡吧。以性工作者當作反面教材，似乎更容易解釋何謂高雅。

自然天成的女子如花，散發淡淡幽香，這樣強烈的象徵性意象，最終成了一副壓抑內心情感的枷鎖。優雅的氣息是白皙透亮身軀的外在表徵，也可說它反映了女性心靈之單純。這說法無非是肖想消除女性內心蠢動的獸性慾念，馴化並壓制女性的激情衝動。世人希望女人聞起來像玫瑰、紫羅蘭、百合，絕不可以有麝貓香或麝香味。[63]花草香把所有取材自肉食性動物的香氛一一逐出學界論述。就算是花草世界裡，人們想像中的純潔花卉仍多來自鄉野田園，至於會讓人心旌搖動的藤蔓植物、異國花草或有毒花卉也通通被排拒在外。少女蒼白纖弱的形象深入普及世人心中，但這方面的研究卻遲遲鮮少有人涉及，恐是怕壞了神壇吧，因為這個形象的後面隱藏了長期且驚人的造神運動。讓女人如花般盛開吧，一如花讓聖母祭壇綻放光輝；讓女人戴花裝飾自己吧，一如基督聖體聖血日（Fête-Dieu）用花來裝飾聖餐禮祭壇一樣；讓女人用滿滿的美德給自己的人生帶來馨香吧，就像描繪領聖餐儀典的畫作上，纏繞著滿滿花朵一般，再也毋需懼怕內心的獸性爆發了。除了醫學理論，也千萬別忘了衛道人士勸人潔身自好的敦敦教誨，因為在這群人的心裡，花香可能帶有更為廣泛的含意。

肉體訊息的深奧計算

總之，關鍵在於先得把羞恥心的深層意義講明白。充滿暗示的欲拒還迎、溫情的勸誘、坦承內心紛亂無以名狀，臉頰緋紅，常常不就究裡的頭暈，這些不正是充斥了微妙嗅覺訊息的高明色誘策略嗎？[64]少女處子之身的天然氣息，與通風良好的盥洗室不都被認為是帶有情色意味的陷阱？「我們必須好好調配香氣，臻至能激起嗅覺上的強烈慾望之境」，[65]德拜伊寥寥幾個字就概括了這門羞恥情慾學的精髓。在這個全球性的策略架構下，嗅覺發現自己又多了一重新角色。芬香的勸誘，更朦朧隱約、更低調、更文雅，或許比全裸更能讓人心旌蕩漾，這樣的做法更符合誘惑遊戲所需的曖昧。此外，這樣做還有一項好處，就是得以保住女孩天真無邪的顏面。身體的淡淡幽香所傳遞的愛意，當然不會比隱藏在衣服底下的微凸小腹，招來更多對女性羞恥心的質疑，尤其是當穿上馬甲時的孕肚更是無所遁形。

嗅覺的深奧含義，跟著上流社會的行事習慣一起出現了——或許更早就出現？只是以前從來沒有人如此關注個別的單一氣味。博學多才的巴輝埃爾聲稱找到了一種科學方法，可以一一辨識出各種氣味。他把自己關於血液氣味的研究發現，與司法警察分享。[66]早在指紋辨識技術出現之前，他就搶先發表了血液紋理技術。這是身分辨識史上鮮為人知的一頁。

此時，醫生仍口徑一致，悉數否認男性性器分泌物散發的氣味，在繁衍上也佔有一席之地。胡斯坦發現，這種氣味會刺激動物傳宗接代的本能，但認為：「這現象並不會出現在人類身上。」[67] 隆德更打包票地說，性功能的運作反而是仰賴觸覺感官，[68] 只有愛撫才能讓人感到興奮。克洛奎特寫道，動物的嗅覺是感受「強烈慾望的感官」，但人類的「感受是細膩的」。[69] 至於黑人，因為跟牲畜走得比較近，所以對氣味的催情能力比較敏感，甚至還說，這一點已經獲得德國人類學家布魯門巴哈（Johann Blumenbach）與索莫林（Samuel Soemmerring）的證實。[70]

回到家庭這個舞臺中央，婦女才是這個舞臺的導演。在不辱顏面的前提下，她們精心盤算布局，硬是將日常的家居轉化成充滿情色意象之國度。從那個時代對生活的想像來說，室內比其他任何地方都更容易引人遐想。巴爾札克就在《兩個新嫁娘》書中自曝：在不致引人非議的前提下，使用植物性香水能讓房間和仕女專用小客廳的氣氛更富情調。但注意，絕對禁止使用麝香、百合和晚香玉，連玫瑰都盡量不要用。

小巧的香料匣仍是上流社會年輕女孩必備的小物件。[71] 香氛錠也還沒有完全消失。[72] 話雖如此，香氛錠多半是買來放在病人的房裡。最新潮的流行物件當屬香氛蠟燭，[73] 蠟燭的意象又恰好符合純潔的概念。在此之後，重點在於如何以實用為藉口，實際是行引誘之詭計。貼身衣物薰香完全是出於衛生的考量嗎？信紙散發醉人清芬，教人如何不去猜想，用這信紙寫信的女性，身上就是這股自然芳香呢？

巴爾札克是刻畫這些更衣間和小客廳的高手，室內香氣氤氳繚繞，卻沒有人覺得被冒犯。[74] 這個精心設計的嗅覺舞臺出自宋默繆夫人（Mme Sommervieux）之手，逼得奧古絲丁（Augustine）

不得不低頭深想，自己一個出身聖丹尼（Saint-Denis）路上呢絨店的小女孩，與氣派貴族世家小姐無疑是雲泥之別。巴爾札克的文學世界裡，仕女專屬的小客廳總被描述為香氛薈萃的極致之境。這其實相當合理，因為在他的小說裡，與芬芳相關的詞彙多用來勾勒花朵／女子／巴黎仕女／青春／戀人／富裕／乾淨／開闊，相對地，臭味則多與沒見識／骯髒／擁擠／窮困／年老／老百姓，等字眼連在一塊。

接近小鳥跟接近鮮花一樣，都帶有純真無邪的意涵。德布哈迪伯爵夫人這麼說：「這是女人與生俱來的品味。」[75]就算沉淪成為妓女，女人依舊保有這樣的天性。根據浪漫主義的說法——從德國浪漫派詩人諾瓦利斯（Novalis）到法國詩人德內瓦爾（Gérard de Nerval）——都認為少女不食人間煙火，神秘莫測，纖細敏感，悟性極高，宛若鄉間野花，為人們開啟了一條芬芳之路，通往詩歌尚且未能及之浪漫境地。這樣的聯想，這般低調的天人合諧，啟發諸多帶有象徵意味的暗喻，也帶來了困惑。奧蘿莉雅（Aurélia）的身影融入繁花似錦的花園之前，塞南古如是描繪單純的紫羅蘭：「魅惑與一縱即逝的渴望，帶著那麼一點擔心害怕，和幾絲空虛感。隱約想要去愛，暗地裡渴望被愛，愛戀多微妙。」[76]米什萊跟一般追求肉慾的男人不一樣，他非但沒有辣手摘花，盡情飽嘗花香，反而要這些園丁——丈夫們——好好地培育「那可憐的花，讓花莖挺直，讓花自然茁壯」。「需要接枝，我們就給它接上別的新枝；它還青嫩，還未馴化。這株花，纖細柔軟，自會汲取四方養分，只需要時時澆水潤澤即可；只要讓它融入生活……，其他什麼都不必做，讓愛的塵土隨風飛舞；要小心呵護，全心全意地愛護它，謹記開完花後，要讓它結果。」[77]她必須是心甘情願地盛開綻放，如此在這純潔花蕾上，男性始得盡享雙倍歡愉，夢想結實累累。

獲得花蕾的首肯，這是個全新的概念。英格豪斯關於植物光合作用的發現剛好呼應了這個概念。他寫道：「花與葉子釋放的有害氣體，其性質與香水的香氣來源完全不同：前者依舊需要小心防範，後者本質上完全無害。」「植物的天然香氣跟它們釋放的有害氣體，完全是兩種東西」，[78]這樣劃時代的分割，讓香氣濃郁的植物終於洗清了帶有危害的罪嫌，花的潛藏危害也絕不會比葉子來得大。只要夜裡睡覺時離植物遠一些，白天盡可能地讓種有植物的地方空氣流通，並且在家裡避免擺放葉面寬闊的植物，就足以降低危害風險。更棒的是，日曬充足的花進行的呼吸作用，有助女性緩解神經衰弱的癥狀。「沒有神經系統的植物，本身就是一種溫和的補藥、鎮靜劑、醒腦丸，相對而言比較無害。」[79]不過，基於道德方面的考量，米什萊還是請大家要盡可能地不要讓「小女孩」觸碰花朵，因為小女孩的「懵懂無知」可能會破壞整捧花束。

這些新的學理讓花卉重新獲得青睞。在十八世紀，花在花園中的角色逐漸式微。窮人家的院子，花頂多只佔據菜園的邊緣。至於人工斧鑿的英式花園，我們先前已經探討過，嗅覺在其中只能算是輔助的角色，它的作用只是去凸顯視覺和聽覺傳遞的美妙感覺。稍微瀏覽十九世紀園林或鄉野景觀特色的研究文獻，便可知在這個領域，實際的情況幾乎沒有什麼改變。[80]創新的靈感來源不在天際遼闊的公園，而是溫室花房和資產階級的專屬私人花園裡。

十九世紀，溫室花房快速發展，這個現象值得鑽研私人生活史的學者加以研究。花房的類型繁多：有冬季花房、一年四季都看得到熱帶植物的溫室花房、溫帶植物花房、柑橘園苗圃，而在這些花房裡，植物得以安然渡過酷寒的季節。長久以來一直是貴族和富裕家族專利的溫室花房，如今如雨後春筍般冒出來，尤其是在英國[81]和中歐，然後是法國。

專家們要求花房一定要跟房子連在一塊，這樣就能不畏嚴寒，更不用怕下雨，讓人悠遊自在地漫步其中了。經過建築師簡單的路線規劃，花房直通**遊憩區**（pleasure ground），*在法國我們稱之百花圃（potager-fleuriste）或百花園（jardin-fleuriste）。[82]它是居家空間的延伸，詩意生活領域的擴張，是可以隨時信步遊逛的地方，因此有人會搭建一些花廊，或擺幾張長椅，於是這裡也成為了意外邂逅、約會、幽會之處。在這裡，沒有室內那種隨時會有人窺探監視的感覺。到了夏季，溫帶植物花房還能變身成為休憩小屋、閱讀沙龍、餐室，甚至舞會場地。[83]

總的來說，這樣一個地方不是沒有危險的，尤其要小心防治「致病因子」，例如：植物的發酵和土壤的腐臭，而且只要一個不小心，很可能就在自家門前積累出一灘危險水澤、腐臭死水。[84]因此，通風設備絕對不可少。

幾年下來，花房逐漸普及到資產階級住家。一八六八年，法國歷史學家厄爾努夫男爵（Baron Ernouf）就說：「這如今已是任何一座小有規模的花園裡，不可或缺的附屬建物。」[85]。此刻，[86]左拉小說《獵物》（*Curée*）裡描繪的那種花房沙龍，正在法國各地傳布開來。

其實很早，至少在中歐是如此，溫室花房裡，女性和花香之間就已經出現了一種奧妙的默契。某些極端的例子顯示，花房具有侵略性，它會意圖佔領主屋。花草植物會爬上牆，攀上樓梯，鑽入小客廳。而居家空間認可了這些花草的裝飾，讓屋內空氣瀰漫花草芬芳。我們來聽聽法國自然博物學家德聖文森（Bory de Saint-Vincent）如何形容他的震驚。一八〇五年，他意氣風發地踏進法國東南部城市維埃納（Vienne）時，驚嘆道：「這對我來說，是全新且欣喜的事。我發現這裡大多數高雅仕女的屋子都設有花房，連冬季都溢滿了最是宜人的花香。其中令我記憶最深刻的是C***伯爵夫人的小客廳，至今回想起來還不免有些陶醉，裡頭的沙發椅挨著爬滿地面和二樓的曼陀羅花藤上長出來的茉莉。從臥室也可以走到這裡，其間穿過叢叢非洲石楠、繡球和山茶花。一整片貨真價實的矮灌木叢，這些花在當時實屬罕見。裡頭還有栽成一長排的各種珍貴矮灌木花叢，夾雜了紫羅蘭、各種顏色的番紅花、風信子與密密麻麻長在草皮上的其他花卉。臥室的正對面是浴室，同樣是位在花房之中，大理石浴缸和水管四周，紙莎草和鳶尾花搖曳生姿，連同在雙層窗戶上微微顫顫的漂亮花草一起爭奇鬥豔……。」[87]

十九世紀前期，專為女僕、中產階級，以及後來的小資產階級設計的花園美學開始出現。這算是與本書內容有關的重大事件，但學者有些忽略了這點，因為當時他們關注的焦點都在外國的花園上。資產階級家庭的花園是園藝建築師受制於面積狹小而苦思得出的成果，因為倘若堅持要創造出能與大自然匹敵的景觀，無異癡人說夢。「資產階級宅院周邊的空地，面積不超過一英畝」，花圃加上「小樹叢（在這裡，這是獨一無二的景色）恐怕是最合適的組合了」。[88]在這樣有限的空間下，無法規劃出足以產生視覺愉悅，以及符合光學定律的大型構圖，所以設計師只好退而求其次，

* 譯註：英式花園裡比較靠近主屋的花園區。

改採以「能讓人展笑顏」為主軸的景觀規劃。在園林景觀的領域中，這是唯一能讓嗅覺嶄露頭角的安排。

這種設計發展成熟的時間點，恰好時逢法國景觀設計師圖因（Gabriel Thouin）大力在各個公園裡開墾花圃，廣植花卉之際。他的一些門生，尤其是巴伊里（Bailly），將老師的理念完整地應用在資產階級家庭的庭園中，更致力把這些園藝布局系統化來編纂成冊。

想要更高雅入流的園林景觀，首先必須跟百花圃或百花園完全切割，[89]必得捨棄在小資產階級風行良久，只在長條型花圃和庭園邊緣四周栽種花草的做法。[90]休憩庭園周邊圍起了樹籬，果園四周則架起了圍牆；這樣做也是為了徹底避免混淆這兩個空間。這片與住家相連的庭園空間，其架構逐漸成形，並與主屋出現區隔，但同時也讓居家生活空間變得更大。一八〇八年，法國政治家德拉伯德（Alexandre de Laborde）這麼形容庭園空間：「它就像是主屋外多加的公寓套房。」[91]

在這裡的生活，跟在主屋裡過的一樣。所以也要遵循同樣的衛生規範。保持「極度的」乾淨，如此才能散發「高雅與整齊的氣息」。這樣的花房「近似一間套房，與其說它是大自然的模仿品，不如說它是一座展示天然靜物的藝廊」。[92]只是清潔主屋時用的是掃帚，而這裡改用釘耙。

矛盾的是，在這樣小面積的植物套房空間，設計師卻得想盡辦法拉長蜿蜒其中的散步路徑。院子要能消除不能出門的窒悶感，所以必須是能讓人自在散步，自由呼吸的地方。迷宮般的曲徑設計出現了，這是圖因的設計。他擔心當時用許多圓形花壇和弧狀長條花圃來分割花園區塊的做法，會扼殺傳統法國式庭園的區隔方式與花草地毯的設計，所以想出來這個點子，但沒想到竟掀起了一波曲徑通幽的流行風潮。

為了顧及曲徑蜿蜒的效果，與漫步者可隨時駐足停歇的便利性，需要複雜的植栽建築設計。綠色廊道的茂密綠蔭清涼芬芳，隱蔽性十足，躲在裡面，行為儘管大膽到有傷體面也無妨。跟富豪的花房一樣，這裡是唯一能上演誘惑戲碼的舞臺。就這樣，在資產階級人士的私生活領域裡，花園幽徑扮演的角色逐漸壯大確立。[93]「走到這裡，雙唇顏色立刻變得紅艷，情不自禁地發出第一次愛的告白，初嚐雀躍悸動。」[94]

在納稅人選舉王朝時代短暫風行一時的綠色建物，如今幾乎已經完全失去了原先的樣貌，甚或消失了蹤跡。這些綠色建物被後來興起的溫室花房，以及專門栽種裝飾性花草的金屬棚架所取代，爾後更流行起建物型花園（jardin construit）。植物構築的綠色花園也只能期待後世的植物考古學，才能讓它重現了。

自此，此類由植物枝葉搭建出來，各式各樣的綠色建物，也都有特定的專有名詞來指稱。[95]博達（M. Boîtard）認為，廊道應該專指「有遮蔭的短距離小徑」，「枝葉修剪成圓頂，遮蔽住陽光」——同時也遮蔽了其他人的目光。這類迷你型步道，上頭架有輕巧的木頭棚架，滿植忍冬、茉莉或芳香的鐵線蓮。棚架一般多是圓弧形，上頭覆蓋小巧的金屬拱頂，加上穩固的木板柵，同樣是爬滿藤蔓花草，形成屋頂般的屏障。休憩點的規模縮小了，多半只是在靠近雕像或半身雕像的地方，設置一張長型石椅，這些雕像無疑是仿自英式花園的山寨版本。滿棚的洋丁香或金雀花，確保坐在這裡的人涼爽舒適。規模比較宏大的花園還會弄個小別院、綠屋、舞會廳、宴會廳、甚至綠茵劇場。

考慮到空間的有限，花園的步道常是盡可能提供嗅覺與視覺喜悅的地方。沒有綿延無盡的天際線可瞭望，鮮花於是一肩挑起負責提供視覺歡愉，當然還有嗅覺愉悅的重任。建物型花園裡的重點設計，即景觀噴水池或固定的水池興起風潮之前，資產階級的花園裡除了雀鳥的鳴囀之外，幾乎沒有聽覺上的愉悅可言。[96] 從感覺器官上的角度上來說，是該讓植物全面佔領廊道，覆蓋整個廊道空間的。女孩是因為常常來園子裡散步，而非吸多了花草交混的香氣，才學會了辨別「隱約曖昧的香氣」，和「單純花卉」的「奧秘」與花語。[97]

專家推薦的一些開花爬藤植物，它們所散發的沁人芬芳仍讓今日的讀者深深驚嘆。他們挑選花香植物的思考邏輯，完全呼應了鮮花在當時的香氛市場獨佔鰲頭的現況。只是有一些曾經風行一時的花，如今受歡迎的程度已大不如前。好比木犀花，涉嫌殺害丈夫而被判刑的拉法奇夫人（Mme Lafarge），移監到蒙佩里耶監獄服刑時，日夜思念的味道就是它。[98] 木犀花本身算不上美麗，由此可見過去之所以受到歡迎，靠得是全是它的香氣。還有香碗豆，後來被評定為窮人最喜愛的花卉之一。再來就是羅勒、紫茉莉、矢車菊。不過，資產階級花園的兩大臺柱，毫無疑問地，依舊是歐亞香花芥與紫羅蘭。[99]

花卉的身影也逐漸往主屋裡頭蔓延。它們不光是仕女妝容的門面而已。它們還攻進了「木箱花床」、「窗邊溫室」與「大型綠化植盆栽」。[100] 各式各樣盆裡、箱裡，栽滿玫瑰、茉莉、鈴蘭、木犀花與紫羅蘭，全都是高雅評判家推薦的花。[101] 一般仍認為熱帶植物過於煽情。在法國，把自家變成花卉展覽館還不是一件合乎世人觀感的事。[102]

在第二帝國流行時尚的帶動下，婦女在髮型設計上也加入了鮮花的元素。「一般都使用……真花來裝飾馬甲，而在衣袖上，還有裙子上也很常見，一般都別滿了花，不僅蓬蓬裙或皺皺的荷葉裙邊上面有，甚至直接在上衣前面別上兩三排的花。」[103]頭髮上插著玫瑰、金黃丁香、鈴蘭、茉莉、勿忘我，烘托著那些出生高貴的少女仍顯稚氣的臉蛋。[104]相反地，熟齡仕女按照禮法，不得穿戴真花。少女與花渾然一體的和諧感，會隨著年齡增長而消失。失去青春氣息的仕女只能戴假花，而且還得注意不要過分張揚。

這波流行時尚刺激花卉市場的成長動能。在巴黎，傳統的河畔花市已經不足以提供所需。花販於是聚集廣場形成小型市集，每週兩次，爾後更擴展到大街上。一八三五年時，英國小說家特洛普夫人（Mme Frances Trollope）走在新建的人行道上，心不甘情不願地承認，巴黎市居然有了能讓感官感到愉悅的東西，她寫著：「閉上雙眼，還以為踏進馨香洋溢的花圃。」[105]愈來愈多人喜歡逛花市。七月王朝之初，橋上、河畔和人行道上，賣花女熙來攘往，[106]而這些賣花女，看在衛道人士的眼裡，又是一層隱憂。

盆栽和花束日漸普及。德拜伊留意到：「連小女工都喜歡帶一束回家，裝飾自己的小閣樓。」[107]法國小說家德科克（Paul de Kock）描寫縫紉女工時，寫道：「她們不苛求一定要是最罕見的花，只要有丁香或木犀，就有心滿意足了。她們把花束塞進水瓶，希望這束花能維持一整個禮拜之久，讓屋子持續飄香。」[108]裁縫女學徒的笑顏，如花般綻放的意象讓人感到欣慰。她們的小房間裡洋溢著自然花香，這景象被形塑成一個與惡臭沖天的貧民窟，以及跟骯髒工廠形成的強烈對比。擺上鮮花意味著這是一個適合乾淨、勤勞的快樂女孩的工作場所。[109]就算是在屋頂閣樓間，花的美麗端莊仍是女孩美德的見證。只是擺在窗簾下沐浴陽光的花束，當然也可以搖身一變，幻化成為招攬客人的暗號，私娼也懂花語。

鄉間，鮮花的意涵似乎就沒那麼曖昧了。少女情感泉源的大片鮮花地毯有助於提升鄉里居民對純潔鮮花的欣賞。[110]這些情意綿綿的花蕾正悄悄地攻佔菜園的四周。鄉村的神職人員有了新的傳教守則，法國阿爾斯鎮（Ars）的聖維雅納神父（curé d'Ars）＊就豎立了最崇高的典範，這其中少女扮演了很重要的角色。[111]聖母的孩子與虔誠女僕會自動自發地負責讓祭壇的鮮花四季不斷，而如果神父住宅院子裡的花不夠用，多種一些就好啦，就這麼簡單。聖體聖血日來臨時，花籃裡要擺滿花，然後在遊行的華蓋隊伍經過的路上撒下花瓣，這也都是再簡單不過的事了。

回到資產階級的居家花園，少女與優雅鮮花之間則醞釀著發展出驚人的親近性（affinités）。百合、玫瑰與紫羅蘭，就跟鋼琴一樣，扮演著知交密友的角色，吸納少女初次悸動的激動嘆息。就算百合的雪白色澤掩蓋了它令人心神顫動的香氣，但有誰會去責難這種發洩壓抑慾望，純潔無害的方法？當吉里亞特（Gilliat）＊＊遭到暴風雨襲擊，渾身肌膚被尖銳暗礁撕裂之時，當可憐的窮人擠在臭氣沖天的**賈奎薩德區**之時，只見小花園裡，黛呂詩特（Déruchette）沐浴花朵芬芳，細訴衷腸，而這份內心告白將嚴嚴實實地被埋藏在這裡。雨果寫著：黛呂詩特親自為園裡長條花圃上的花澆水，她的叔父把她「當花一樣地培育，而不是當作女人」。[112]黃昏時刻，黛呂詩特來到花園裡，「她彷彿與幽暗陰影中的花魂產生了感應」。[113] 經過了整個春天，愛情強化了吉里亞特的洞察力，得天獨厚的他，參透了花與女孩之間的無聲交心。「透過觀察得知黛呂詩特摘了什麼花，她聞了哪些花香，由此猜到了她最愛哪種花香。她最愛牽牛花的花香，然後是康乃馨，再來是忍冬和茉莉。玫瑰只排第五。她凝視百合，卻從不湊近去聞。從這些受到青睞的花裡，吉里亞特的腦海裡逐漸建構出女孩的形象。每一種香氣都完美地嵌合於內。」[114]

歷史學家過於偏重研究**賈奎薩德區**人滿為患的景況，與男主角在礁石上近似神人普羅米修斯（Prométhée）一般的奮勇毅力，卻少有人願意傾聽黛呂詩特的喟嘆。他們恐怕因此誤解這群主導社交遊戲的迷人瘋狂資產階級人士內心的綺想與渴望。木犀花、百合與玫瑰的歷史，跟煤炭的歷史一樣，能教給我們很多東西。「對她（德蒙特朗西夫人〔Françoise de Montmorency〕）*** 來說，優雅的清芬就是幾乎源源不絕的歡愉；我曾看到她一整天沐浴在木犀花散發的香氣中歡喜顫慄的模樣，那是一個飄雨的早上，花魂孕育的時節……」，就這樣，著魔似的巴爾札克一頭栽進了大自然的氣息與少女之間天人合一的神秘和諧中。[115]

這一頁香花史，走到了第二帝國就完全變了樣。拿破崙三世（Napoléon III）強推的公園新美

---

* 譯註：聖維雅納神父（Jean-Marie Vianney）在阿爾斯鎮擔任神父時，慈悲律己，與鎮民同甘共苦的情操作風，深獲全鎮人民敬仰，所以後世亦稱之為阿爾斯的神父（curé d'Ars）。

** 譯註：雨果《海上勞工》一書的主角，喜歡黛呂詩特。

*** 譯註：她是納瓦拉（Navarre）國王，也就是日後的法王亨利四世（Henri IV）的情婦。

學，帶動園藝界的劃時代變革。法國景觀設計師安德烈（Édouard André）就指出：「近來，綠意盎然的植物興起，與開花植物同獲青睞。」[116]從這個時候開始，對於植物種類的選擇，不再囿於嗅覺感受，視覺美感的要求重磅來襲。植物的選擇標準轉而偏重大量栽種所展現出的磅礴之美，與數大便是美的震撼裝飾效果。顏色愈鮮豔愈受青睞。[117]各種熱帶植物變得隨處可見。園藝植栽開始工業化，出現了真正的「植物工廠」，[118]熱帶植物至此可說所向披靡。最有錢的資產階級人士，醉心搜羅奇珍異種。他們的巨大溫室花房裡瀰漫的香氣，已經失去過往的純真色彩。高貴女子與植物交融的新意象誕生，甚至早在捷克插畫家慕夏（Alphons Mucha）發跡之前的象徵藝術界，這樣的意象就已經俯拾皆是。無論是燦笑如花或毒如蛇蠍的女子，身旁都圍繞著藤蔓植物，總愛黏著美麗的花蕾，而她們再也不怕湊身呼吸百合的盪人香氣，鮮花也不已再是她們的心靈知交了。[119]

香水史的短暫波動

這裡要介紹的當然不是香水的歷史。這個主題可以寫上好幾大冊的書。我只是想挑幾個與感官史有直接關係的重大事件，簡單地說明一下。從路易十六登基，到科蒂（Coty）建立事業版圖，*時代的**潮流**可說是一路推崇植物性的甜美清芬。這句話雖然沒有問題，但這一路上還是出現了一些短暫的喜好與流行變化——雖然稱不上一種是流行循環——打斷了柔美清芬的單一調性。也就是說，差不多每隔半個世紀，麝香和龍涎香總會試圖捲土重來一次。

雅各賓黨專政的恐怖時期（la Terreur），香氣的選擇完全取決於政治，而香水被冠上新的名稱，變成了同盟間互相辨識的信號，例如：塗抹山森牌（Samson）髮膏是為了證明自己有強烈的愛國心。克拉葉發現：「在花邊領飾或手帕上灑百合花露，或皇后香水後，似乎就感覺比較不怕遭到驅逐，或被送上斷頭臺了。」[120]在共和曆熱月（Thermidor）**之後，保皇派紈絝子弟[121]常用的濃冽香水成了反動派的專屬味道。一八三〇年的革命，同樣帶動了一波嗅覺認同風潮，讓**憲政香皂**（Savon constitutionnel）和**三日香皂**（Savon des trois journées）大發利市。[122]

督政府時期，接著是執政府，乃至帝國時期，都可看到取材自動物的濃郁香氛強勢回歸。封建貴族與帝國體制下的皇親國戚對於這類香水的復興，的確功不可沒。他們迷戀古希臘羅馬的作風，讓抹油禮與香水浴重見天日。「然後，把貴得像黃金的古希臘香油擦在頭髮上。剛剛洗完草莓覆盆子香芬浴的塔蓮夫人（Mme Thérésa Tallien），拿海綿沾點乳液與香水，輕輕地往身上按。」[123]一些歷經了兩代王朝的人士說，杜樂麗宮廷（la Cour des Tuilerie）裡的香氣，比之路易十六的宮廷，絕對有過之而無不及。每天早晨，侍臣都會拿一小瓶最為精緻的古龍水，塗抹皇帝陛下的頭與肩。拿破崙很享受這種提神的按揉。我們都知道約瑟芬喜愛麝香、龍涎香與麝貓香的香氣。皇后殿下也會

* 譯註：科蒂（François Coty）創立的科蒂香水公司，可說是現代香水工業的創始者，如今已是一大跨國集團。

** 譯註：共和曆的第十一個月份，相當於公曆的七月十九日到八月十七日。

叫人把遠從中美洲屬地馬丁尼克島（Martinique）上貢的香水送過來。她在馬爾梅松城堡（Malmaison）裡的專用小客廳，瀰漫著麝香的濃烈香氣，而這香氣持續了六十年，久久不散。[124] 從拿破崙和約瑟芬這對夫妻的私人信件裡，可以看出這類充滿肉慾意味的香氣，對他們的性生活有多重要。這股嗅覺帶來的情慾感受，卻恰恰與衛生專家制定的規範背道而馳。當然，這與玫瑰露帶給雷蒂夫的情色遐思，亦不可相提並論。

如我們先前所看到的，波旁復辟時期在「香氛」的領域，也有值得一書的地方。此時期可謂「老女人的支配期」，[125] 一面倒地否定那些會引人心神蕩漾的香水。法國西北瓦洛涅鎮（Valognes）上，督菲黛莉絲家（Touffedelys）的小姐們覺得麝香已經過時。時至今日，一向鍾情於花草甜美清香的高雅評判家，她們的品味也算是落伍過時了，但仍極力把想她們認定的老掉牙喜好，傳承給她們的孫女。一八三八年，德布哈迪伯爵夫人就寫道：「這些香味已經不流行了，這篇文章就當作是它們的誄文吧。它們不僅有害健康，而且跟女性一點都不搭，太過引人注目了。」[126] 德守琉（Louise de Chaulieu）說在過世的祖母公寓裡，到處彌漫著元帥夫人香粉的香味，這味道讓她回想起小時候的時光。[127]

還記得嗎？也是在這個時候，菸草氣味開始闖進了人們的生活，還有樟腦的味道，樟腦在當時可說是掀起了一股巨大的風潮。[128] 窮人家的醫生多推薦病人使用，尤其是法國化學家兼醫生哈斯拜（François-Vincent Raspail），他特別推崇樟腦的保存效果，於是有人乾脆大口嚼食起來；有人則拿來當菸抽，或到處撒在病人床上；也有人把它當作香油往身上塗抹、搓揉，或搗成糊狀敷在身上。

大約一八四〇年，[129]香氛的品項愈來愈複雜多樣。人們不再需要面對面直接看著鮮花、或者嚼菸草才聞得到它們的氣味了。就在男性時尚逐漸成熟的當下，我們看到新的嗅覺美學緩緩羞怯地冒出頭來。或許是受到新拉馬克學說（néo-lamarckisme）*的影響也不一定，該學說主要強調身體功能進入休眠狀態下的危險。[130]無論如何，十三年後，拿破崙三世治下的宮廷可謂芳香處處，就跟之前他叔叔在位時一樣，但也不是完全一模一樣。[131]多項有關香氛產品的生產、銷售與從業人員的數據顯示，從那時候開始，香氛產業快速蓬勃地發展。[132]化學技術的引進、噴霧器的發明，以及更晚一點的粉末（hydrofère）噴霧器，均能很方便地將香精添加入洗澡水內，這些通通有利於香氛產業的快速成長。

除了古龍水之外，生產香氛的工廠多集中在巴黎和倫敦。一八六八年的博覽會上，兩大首都的香水業者可說是最大贏家。[133]西班牙、德國、俄羅斯與美國的工廠只能生產一些尋常的產品。各種商業條約的簽訂，遏止了萊茵河以東地區繼續生產山寨仿冒品。某些工廠的獲利呈爆炸性成長。早在一八五八年，婕洛芙世家（Maison Gellé）就已經在巴黎近郊的納伊（Neuilly）設立了一間工廠，並且分別在聖彼得堡、漢堡和布魯塞爾等地設立分公司。巴黎的香水業者往世界各地尋找香水

* 譯註：拉馬克學說是法國博物學家拉馬克（Jean-Baptiste de Lamarck）所提出，他認為「用進廢退」與「獲得性遺傳」是生物適應環境，產生變異的兩大法則，他的主張可說是演化論的先驅。

材料，買回來加工生產後，再出口到全球。他們的主要原料供應地依舊是蔚藍海岸的格拉斯（Grasse）與尼斯，還有英國，那裡有香味最濃郁的薰衣草。本世紀中期，與東方的貿易開始出現反轉，鄂圖曼帝國出現了貿易逆差。自此，舉世讚譽的玫瑰露，都來自巴黎了。[134]

自一八四〇年起，香氛產品一直不斷地改良精進。高級香氛業者小心翼翼地為未來的成功鋪路。有非常多的歷史記載，能解釋這股姍姍來遲，否定康德的主張，我們可以舉出一長串的理由：時尚行業的再次興盛、拿破崙重回杜樂麗宮廷、異國情調與世界主義的風靡，甚或還可加上大仲馬不遺餘力，一心想恢復十八世紀時期對香氛的喜好等等。此外，還有龔固爾家族與收藏家對路易十五時代風格的再度推崇與興趣。[135]自此，資產階級便能毫無顧忌，光明正大地追捧這些象徵氣派性的東西，來將自己比擬為貴族。這就是隱藏在「帝國狂歡派對」底層的含義。趁著世人抨擊奢華與頹廢的力道減弱的短暫喘息時刻，香氛業大發利市。此外，世人或許也在尋找美學上的折衷守則，為這個新時代下新定義。波特萊爾書信集是文明真相的投影。英國仙子的舞臺場景，出現了陣陣香霧裊繞。還有人想在歌劇《非洲女子》（*L'Africaine*）在巴黎首演時，複製這樣的場面。[136]

一八五八年，英國時裝設計師沃斯（Charles Frederic Worth）來到了巴黎，開設高級訂製時裝名店。[137]他的沙龍，恍若一座瀰漫雅緻香氣的花房，完全複刻仕女專屬小客廳的風格，立即再度引起世人的跟風。此時，巴黎跟倫敦，都已經是香氛大城了：艾斯金森（Askinson）、魯冰（Lubin）、夏丹（Chardin）、凡歐樂（Violet）、李葛蘭（Legrand）、皮埃斯（Piesse），尤其是嬌蘭（Guerlain）等知名品牌林立。花束不光只是單純的一束花了。時任凡歐樂香水調配師的克拉葉說：

從一八六〇年開始，香水的調製需要三到四年的研發功夫。新美學仍在牙牙學語的階段，還沒有跳脫由舊制度時代孕育的調香師們所制定，那些已太過僵化的守則。

香氛藝術界的音樂大師開始構思孕育自己的芳香曲目。一八五五年，英國香水商皮埃斯（Septimus Piesse）推出一系列香氛產品。[138]當時的化學家無不嗤之以鼻：香水商竟有膽子大談什麼和諧、完美搭配（香水草／香草／橙花），與不協調（安息香／康乃馨／百里香）。[139]這些人濫拾專業學院教授的牙慧，而且還不用提出專業論述來證明，根本是自己在胡亂調配。的確，絕大部分的香水調製配方一直以來都是商業機密，也是產品奧祕之所在。精美的香水瓶展現了另一種企圖心。永恆的水晶與瞬間即逝的香水互憐互惜，而皮羅托的天才舉措，也只有讓人搖頭覺得好笑罷了。[140]

最終還是于斯曼在一八八四年的時候，塑造出了現代芳香曲藝大師的典範模樣。他筆下的主角艾山特（Des Esseintes）*擁有一切譜就芳香名曲的必備技能。[141]他的偉大芳香曲由一連串有序的排列組合而成，既有序曲，也有尾聲。艾山特不用制式配方，任由腦中詩意的發想帶他走。他構思了背景（「繁花盛開的草原」），重設了氛圍（「人體精萃的細雨」），勾勒情感（「烈日下奔跑，汗水中開懷大笑」的芳香），並交織現代的尖銳（「工廠的氣息」）。二十多年後，科蒂推出了「牛至香精」。

* 譯註：《逆流》（*À rebours*）一書的主角，一個古怪、體弱的唯美主義者。

香氛語彙的優美化，體現了業界新一波的美學企圖心：擴大產品系列，搜尋與產品相符，能帶領想像力奔馳的詞彙。[142]好比所謂的大片濃密花海，實際可能是相對簡樸的鄉野田園，其中偶見幾叢大的花叢罷了。花卉修辭學的發展證實了鄉間樸實野花的迷人魅力（《偷得半日閒》〔*L'heure fugitive*〕）。但紫羅蘭、玫瑰與薰衣草還是香氛語彙的主流。東方國度仍保有其迷幻色彩。按照林梅爾的說法，這多要拜德國探險家尼布爾（Carsten Niebuhr）的《阿拉伯見聞》（*Description de l'Arabie*），與坊間許多埃及遊記大賣之賜。[143]而乾脆自己跑去尼羅河畔的福樓拜，也列舉了許多非常有意思的沙漠香料。[144]有關伊斯坦堡大市集，與蘇丹後宮的描寫同樣引人入勝。不過，在香氛業，他們採用的產品名稱多半只帶出朦朧的東方意象而已。艾德蒙與朱爾・龔固爾（Jules Goncourt）兄弟描寫巴索施（Anatole Basoche）只要一聽到君士坦丁堡這個地名，「心裡立刻浮現出如詩般芳香的夢幻畫面，交織了……他所知任何有關**蘇丹王妃香水**、伊斯蘭後宮用的香錠、與照射在土耳其人背上的陽光等，一切的點點滴滴」。[145]

香氛業的發展依舊大幅地受到統治階層家族與貴族的影響。高級香氛業者承認他們得與歐洲皇室保持密切的關係。第三共和時期，香水能否受到大眾的喜愛，一部分要靠王室貴族和名門佳偶們的牽成。對舊政權的懷念，激化了人們對奢華生活的想望，這時候，名門公主和貴夫人的推薦，自然是產品價值的保證。於是名門望族在世人的想像中，當然是選用**賽馬會**（Jockey club）或是**女皇精品**（Bouquet de l'Impératrice）的產品，不然就是**三國同盟香膏**（Pommade de Triple Alliance）。

往後的幾十年，嗅覺美學愈來愈趨於大眾化：香皂的價格變得親民、工業化大量生產的古龍

水、服飾與香氛產品大幅擴展銷售據點，擴大顧客層。連醫生和外省仕紳家的盥洗臺上，都擺上了一瓶瓶的香水。[146]在香皂的使用還沒有普及之前，古龍水是人們參與社交活動時最起碼的配備，由此可見，窮人也加入了這場對抗身上分泌物臭味的戰爭行列。

第四章　陶醉與瓶子

時間的呼吸

十九世紀初期的文化圈，可謂感覺主義獨霸的天下，[1]是追求感官喜樂的全盛期。有許多關於嗅覺喜悅的描寫文字可以為證，特別是在田園自然芬芳這一塊。巴爾札克的作品是描寫感官被大自然清香喚醒後，內心激動不已的最佳範例：鮮花、收割的麥稈（《瑪拉娜母女》〔*Les Marana*〕、《劊子手》〔*El Verdugo*〕）；鄉間紛雜的香氣（《農民》、《兩個新嫁娘》）；與激起書中主角激情慾望的樹林清香。巴爾札克筆下的人物布隆德（Blondet）說：「撲鼻而來的植物授粉香氣，傳遞了它們的想法或靈魂。當下，腦海浮現一件粉色長裙隱沒巷子轉角，隨風搖曳的畫面。」[2]春天的香氣入鼻，年輕女孩意識到了自己傳宗接代的宿命。[3]

沙岸與田野的氣味，雖然不是經過精挑細選的味道，卻能讓年輕的福樓拜心緒激盪：鹹鹹的海水與海藻氣味，青草的香氣與強烈的堆肥味道，無不觸動了他對克羅瓦塞（Croisset）*往事的追憶。他甚至充滿浪漫懷想地思念起那裡的排泄物與死屍臭味。[4]二十年後，龔固爾兄弟筆下的主角，植物園的員工巴索施，悠遊在「巨大的動物性喜樂之中」。他的態度顯示了人們重新回到了強烈氣味的懷抱。[5]

相較於內心「瞬間的情緒衝擊」，氣味更揭示了自我個體，與這個世界共存的事實。自此，氣味反映的是人的內心，與個人在那當下所處的氣味環境，兩者平行交纏的微妙變化。對隱約難尋的時間味道，人們出現了愈來愈濃的關切。在盧梭之後，德比朗接力鑽研，關於鐘點、日子、季節等時序的氣味，是如何牽引人們內心的心情氣壓學（météorologie interne），來試圖建立兩者之間的關聯。德比朗想跳脫孔狄亞克的哲學思想，不斷地嘗試回溯、追尋過去，將自己當成他試圖創立的實驗心理學之實驗品，也就是後希波克拉底時代的實證做法。他在一八一五年時這麼寫著：「從感官作用，或感官對於印象的敏感度裡，我能感覺到極大的差異性。好比說，有些日子，只要稍微有一點氣味，我的心緒便會波動不已，但在別的日子（大部分都是這種時候），我卻毫無感覺。」[6]碰上了幸運的日子，他的內心會洋溢著無上的喜悅，喜悅的情緒甚至強烈到，他覺得非得記錄下來不可，例如：一八一五年五月十三日：「呼吸著空氣中的芳香，我覺得好幸福。」一八一六年七月十三日：「空氣中滿是芬芳。」[7]

不過，這裡不得不說說年華逐漸老去的塞南古。他再一次地將季節更迭的氣味變化，與心靈活

＊譯註：法國東北小鎮，位於塞納河出海口之右岸，福樓拜在此地居住了三十五年之久。

動之間產生的無上和諧心境，詳實地記錄下來。「秋天裡，紫羅蘭也會開花。同樣的花香，卻是另一種喜悅，或者該說，此時的紫羅蘭喚醒的是另一種感動，它激盪出別的想法，或許少了些衝動，但有一種更貼近內心的滿足感，更為夢幻，而且沒有那般轉瞬即逝。」[8]

從此，嗅覺觸動往事的追憶篇章，在文學作品上比比皆是。德比朗絞盡腦汁地想描繪出這股奇特的緬懷感傷，套用他的話，這感覺彷彿一把扯下心靈感覺與理性思考之間的布簾，抹去現在與過去之間的距離，進入了人意識到自我當下的存在之後，一種**再也回不去的悲哀**。「這一類與嗅覺感受有連結的記憶，其性質與嗅覺感受本身應該是一樣的，也就是說，這是一種純粹的情感記憶。這是在氣味與內心的印象之間——構成兩者並存的印象——存在著有一種微妙的情感，這是專屬於嗅覺感官的情感。會勾起這類不可言喻、突發感慨的氣味，還有我們小時候常聞的氣味，多少都會喚醒類似的感受。於是，我們感覺自己恍然置身馨香樹叢裡，感覺自己變得年輕起來，心中滿溢著愛。其實，這都是你的心理在作祟，讓你脫離了理性的思考，而等到布廉拉上，我們就會感到悵然若失，哀傷的情緒開始佔據你我的心頭。」[9]

也有幾位詩人各別有一些體會，這些心情寫照很快變成了科學上的真理：一八一九年出版的《醫療科學大辭典》（*Dictionnaire des Sciences médicales*）裡就寫著：嗅覺是「溫馨回憶」的感官。[10]可登大雅之堂的香氛產品數目，跟氣味喚醒的回憶範圍都遭人刻意地縮減。一八二一年，克洛奎特出乎意料之外地變得感性起來：春天樹林的氣味，讓他想起「一位已經不在的知心友人」，而這些氣味攛掇著讓人「回想過去的英雄事蹟，或者讓人意氣風發，揮灑未來幸福藍圖，就算野心再大也無礙想像力的揮灑」。[11] 到了一八四〇年，貝哈德醫生（Dr. Bérard）在《醫學辭典》（*Dictionnaire de Médicine*）裡，[12] 說得更直白：氣味「玩弄回憶與幻想」。至於巴爾札克也一副醫學權威的模樣，在《路易．朗貝爾》（*Louis Lambert*）一書中寫下這兩行：「這個感官，相較於其他感官，與中樞系統的連結更直接，故而會藉由某種質變，讓思考器官一時無意識地晃神。」[13]

繼英國詩人丁尼生（Alfred Tennyson）、愛爾蘭詩人摩爾（Thomas Moore）以及其他許多詩人之後，桑（George Sand）也開始追憶起往日的快樂時光。她字字珠璣，重現了她母親在世時的嗅覺氛圍，與從本體論觀點出發的自我感受。「每當她（母親）看見牽牛花綻放，總會對我說：『聞聞看，這花聞起來像是香甜的蜂蜜，記得了喔！』記憶中，這是我第一次對香氣有了特殊的感覺，基於這層往事的鏈鎖，這種**大家都知道**，但卻無從解釋的連結，我只有到了西班牙山區的那個地方，那條我第一次摘下它的小路旁時，我才會湊上前去聞牽牛花香。」[14]

遙想「在這當下重現的過去，深邃、魔幻的魅惑，令人沉醉！」[15] 這已經成為當時最為常見的喟嘆了。再舉一個例子，這次是在完全不同的情境下，不過，這種心情感受跟聽覺比較有關係。一八七〇年，法國小說家卡爾（Alphonse Karr）寫著：「小時候，我親愛的父親做了一首曲子，在當時傳唱頗廣，主題有些陰鬱，寫的是一八二一年巴賽隆納地區的黑死病。所以，每當我哼起這兩句……我總會想起木犀花的味道；同樣地，聞到木犀花香，我總會聯想到巴賽隆納的黑死病，至今我還記得疫情爆發的日期。」[16]

至此已幾近淪為陳腔濫調的嗅覺感受，它的最後一個譬喻化身，自然是法國偵探小說家賈斯頓・勒胡（Gaston Leroux）筆下那位左右胡勒塔比警探（Rouletabille）＊查案，貫穿全書的黑衣女子身上散發的香水味。

這些俯拾皆是的氣味文字描寫，也慢慢地有了比較深刻的心靈剖析。在這方面，菲佛看到了有別於單純情感浮現的「追憶情結」（mémoire complexe）。下面這段節自《包法利夫人》（*Madame Bovary*）的簡短文字，便足以讓我們了解菲佛的說法：「艾瑪，雙眼微瞇，感嘆地呼吸著拂面輕風。他們沒有交談，完全沉醉在自身的幻想之中，不能自已。過往日子的美好，再度襲上心頭，安靜卻洶洶，宛如一條激流，河水柔滑帶著山梅花的清芬，卻在這些重現的往日美好上，鋪上一層陰影，那陰影比河岸草叢間那排靜止不動的楊柳樹灑下的影子更巨大、更悲傷。」[17]

多明尼克（Dominique）的情慾感受更加微妙，他從嗅覺帶來的往事重現中找到了肉體上的快感，那是連他最愛的人都無法給他帶來的歡愉。他在談到離他而去的瑪德蓮（Madeleine）時，坦承：「她的衣著穿戴、步履身段、任何稍微與眾不同的特點，還有那種她喜歡的異國情調香氛，就算我閉上眼睛也能知道是她，這一切，甚至她最近才開始感興趣的色彩……，這所有的一切，在我眼前一一重現，清晰得驚人，但也讓我產生了另一種感覺，彷彿出於遺憾似的，腦海中的她，有一種摸起來好舒服的感覺。」[18]對於情感受挫，隱居鄉間的他來說，這類受到聲音、景象與氣味的催化而浮現的歡樂往事，最好發的時間點就是冬季了。

芳香恆久遠，是波特萊爾最喜歡的主題，他賦予香氣一種喚醒舊事的強大能力，大到能讓人喘不過氣。一個人與他的愛，對那些他親愛的人來說，能剩下些什麼呢？不過是禁錮在瓶中的氣味，或藏在衣櫥、墳墓深處的一抹味道罷了。[19]某些氣味入鼻後，喚起了一個舊社會、舊文明的再現。一位受人尊敬的老太太，在路易十八的聖克盧城堡內，竟聞到路易十四凡爾賽宮裡慣常有的穢物臭味，令她感慨萬千。她後來私底下對法國城堡修復大師維奧來—勒—杜克（Eugène Viollet-le-Duc）說及此事，這股對王室貴族大不敬的糞臭味，勾起了她那埋葬在已逝舊制度時代下的青春年少記憶。[20]深受往事幻象所苦的哥提耶（Théophile Gautier），只能仰賴蓄積了古老氣味的「堅實花崗岩」來幫助他，「將靈魂置換到另一個時代」。[21]千年不腐的香氣無懼於時間的流逝，它散發出來的神聖香煙裊裊，在敏感纖細的信徒面前，鐫刻出一幅幅獻祭史話。「時間的酸苦氣味」[22]著實讓人心驚。香氛的使用說明手冊意外地有了歷史的靈魂，這類手冊的其中一位撰寫者克拉葉，坦承自己強烈地意識到，他對香氣的鑽研與愛好，常常與深藏其中的歷史底蘊所帶來的感動混在一起。艾山特嘗試著利用科學的方法，重建過去的嗅覺環境，期待能重溫往事，然而往事卻在重建的氣味環境當中，逐漸凋零散佚。呼吸見證了時間的唯一，一如它揭示了自我個人的獨一無二。

* 譯註：出自勒胡的小說《黑衣女子的香氣》（*Le parfum de la dame en noir*）。

既然學者幾乎一致認定每個個體都具有專屬的氣味，會開始去聞、去分辨自己身體上的嗅覺變化，這已然是意識到自己是獨特的個體了。左拉筆下的哥努（Pauline Quenu）在感受到自己青春期的發育氣息時，體認到了身為女人的宿命。[23]「女孩長大了」的自我陶醉感，使得她無論是孤單一人，或是有了跟隨自己的他人目光，都能讓她感到興奮。

顱相學（phrénologie）擴大了這些信念的解釋，在這個領域來說，「氣味是個人的表徵，就像線條、顏色與聲音」。[24] 我們都很清楚這門學說的影響力，特別是巴爾札克對此深信不疑。善良的皮羅托從事了調香師這個行業，而狡詐的公證人羅根（Roguin）則罹患了「臭鼻症」（punais）。

促進衛生發展的醫學與顱相學，也支配著情色行為規範的制定。假設氣味真能如此這般地表露出個人的本質，吸聞他人的氣味不就充滿了令人心神蕩漾的他念了。氣味雖隱含了社會的嫌惡，同時也象徵著文明有禮的一面。噴灑香水的體貼、雪白的肌膚、清新水嫩的妝容，全都是女性廣發的聞香之帖。[25] 愛人的肉體也在嗅覺的引導之下，重新浮現眼前，一方面延續了內心的激情，同時滋養了遺憾。這樣微妙的愛只見於資產階級。情婦的芳香氣息被列入了情感教育教學計畫裡。[26]

關於這部分，巴爾札克的作品充分反映了醫界的信條，與他那個時代的優雅禮儀規範。深受嗅覺訊息吸引的巴爾札克，把《幽谷百合》（*Le Lys dans la Vallée*）寫成了一首「香水魅惑」交響曲。[27]

「她輕輕地走了幾步，像是要讓白皙的妝容透透氣……我的百合啊！我對她說，總是純潔孤傲，挺直著莖桿；總是那麼純白無瑕、高貴傲人、芬芳撲鼻、卓爾不群！」[28]巴爾札克筆下的德旺登內斯（Félix de Vandenesse）似乎是從卡戴德沃那裡獲得靈感。在巴爾札克的文字裡，女性身體的自然香氣之所以吸引人，乃是因為其具有如花般的美妙馨香。有關嗅覺的文字若從數據上來分析，多集中在頭髮的描寫，再來是沒有衣服遮掩的身體部位，也就是新訂的衛生規範務求保持清潔的地方。而一般禮教也沒有禁止這些部位不得散發氣味，因為這些身體部位（脖頸、袒露的胸肩、上身、手臂、手、臉）的氣味在人際關係上至關重要。另外，也別忘了還有一些關於腰部和臀部，比較罕見的香氣描述。

女性與鄉野花香之間如詩般的和諧畫意，隨著波特萊爾的逝去而消失，取而代之的是情色世界中必然要有的香榭亭臺，也就是過去文人描寫情愛場景時慣常利用的背景。女性的嗅覺形象出現了轉變。女性氣息不再如同濛濛薄霧。赤裸肉體的濃重香氣，加上床褥的熱氣與濕氣，取代了純潔身軀的朦朧清香。視覺的隱喻逐漸消失，女性不再自比為百合花，她們化身成香袋與香氛花束，從頭髮、肌膚、嘴巴到血液，全身上下都散發出「如森林般茂密的香氣」。[29]女性的香氣帶著房事和床事的味道，就如同閨房裡的「香爐」，[30]散發多重的混雜氣味。儘管從負面的角度來說，女性的香味好比是近乎發酸的菸草味，但更慘的卻是，假如房裡冒出了潮濕的霉味，就這表示屋內沒有床第之歡。肉體的氣息讓屋子有了生氣，讓它成為氣味競技的舞臺。閨房的氣息能激起慾念，掀起雲雨風暴。

波特萊爾式的詩意，反映了社會往濃郁香氣靠攏的流行趨勢，與色情買賣的模式。溫潤肉體的吸引力、詩人對動物性香氛的品味，或許還要加上他對妓院不夠衛生的厭惡感，[31]這些都聲聲催促著：不如將妓院的精心裝飾與味道，整個置入一般居家環境中。[32]但法官怎能容忍這等情色買賣地點的轉換。[33]

矛盾的是，氣味卻讓左拉感到不安。[34]左拉屈從於帕西（Jacques Passy）的氣味偵測計，表現得畏畏縮縮。[35]貝納德（Léopold Bernard）忽略了這一點，他依舊認定左拉小說中關於氣味方面的吃重描寫，是一種自然主義的寫作方式。[36]左拉在《盧貢－馬卡爾家族》（*Rougon-Macquart*）系列裡頭精準的分析文字，讓法國歷史學者丹尼賽（Alain Denizet）有了更準確的評論。[37]左拉文字演繹的是，醫界在巴斯德發現細菌之前對氣味的戒懼執念，但這已經是很後來的事了。左拉對於公共空間與私人領域的氣味描寫，還有對窮人家與富人家的形容，在在反映了衛生專家呼籲之下揮之不去的恐懼，這一點從他描述一八三五年霍亂疫情大爆發前夕的文字裡可見一斑。

同樣地，左拉這種堅持鉅細彌遺地描繪個人體味的文字風格，是來自崇尚古風的信仰，而我正努力地想解開其中奧祕。左拉有系統地建立起地點、感覺與情愛之間的關聯後，看上去彷彿是衛生專家、建築師，與已經能闡釋部分親密氣味的藝術家，長年下來的耐心努力終於有了成果。就像卡丁妮（Cadine）與瑪若琳（Marjolin）天真的蹦跳玩耍、薩卡爾（Renée Saccard）的熱情行為一樣，都是受香氣的節奏引導，而庇蔭著薩卡爾與馬辛（Maxime）的愛之屋，屋內的空氣中都是她情感與歡愉的心緒變化。薩卡爾就在紛亂氣味交纏的花房裡，嚐到了最為醉人的情慾之歡。*

但左拉式的文字描述並不只是崇尚古風。嗅覺訊息一方面揭露了他筆下人物的慾望與內心本質，一方面也催生或遏止了他們的行動。貝納德早就指出，《盧貢—馬卡爾家族》裡面的人物，「採取行動的準則，無論他們是否真的意識到了這一點，經常總是嗅覺印象第一，理性思考擺在最後」。[38]人們無法原諒波特萊爾讓妓院裡淫穢與沉重的氛圍，移植到家庭中，但人們同樣無法原諒左拉，給氣味冠上這麼戲劇化的角色。左拉把理性與美學的感官、視覺與聽覺的感官，還有感受植物與動物生命的感官，通通放在同一個層級上，他這樣做，大概拋出了此生最受爭議的挑戰。

在左拉的世界裡，感官誘惑的形式，依照個人所屬社會階級而有不同。一般老百姓獨鍾觸覺行為，無論是在鄉下還是城市，能清楚看見身體線條的肉體接觸，最能打開慾望之門，也代表男性牢牢地抓住了手中的獵物。資產階級的情感衝動與色誘行為多從嗅覺著手。基於禮法無法肆無忌憚地直視對方，逼得他們只能去猜想對方肉體的魅力，而這是需要實際觸摸才得以一探究竟的，就算是最偷偷摸摸的都好。[39]異性散發的氣息引發無限遐想，以及裡頭透露出的好感，都能讓人血脈賁張。他們是透過身周氣層的再三評比來決定鴛盟。

* 譯註：這些都是左拉小說《盧貢—馬卡爾家族》裡的人物。

新的慾望節奏管理

一般百姓獨鍾觸覺，所以進攻行動的時間偏短。微妙的嗅覺訊息比較吻合資產階級偏愛的誘惑遊戲與進行遊戲時的延遲性節奏。香氣瞬間即逝的特質，益發彰顯了滿心期盼的興味與陶醉，象徵著戀人情感交流的無情中斷。耐住性子，吸取愛人的氣息，無疑是在預告之後愛撫的甜蜜。[40]跟觀淫癖一樣，某些嗅覺行為也催生出了新的慾望節奏管理。深深呼吸著屬於情婦的芳香物件，腦海浮現她的模樣，這比凝視她的照片，感覺更棒。在遠遠的地方，深吸對方氣息的舉動，更完美地詮釋了福樓拜對詩人柯萊特（Louise Colet）的那種遲來、間斷式的愛。她如謎一般想讓人碰觸，這渴望帶來的慾念讓福樓拜小說《情感教育》（*Éducation sentimentale*）裡的菲德烈・莫羅（Frédéric Moreau）深陷入阿爾努夫人（Mme Arnoux）的氣息當中不能自拔；讓《包法利夫人》裡的萊昂（Léon）無力招架艾瑪（Emma）的光與熱而深受煎熬。[41]雙方的往來通信，從信箋、拖鞋、手帕、連指手套，然後是芬香的頭髮，可說是氣味的大集合。這種串連起視覺與嗅覺感受的行為模式，很快地演變成了一種儀式，並且被鉅細靡遺地記錄下來：幾段節錄自一八四六年八月到九月間的通信內容，便足以讓我們明瞭：[42]

八月六日：「我望著你的拖鞋、手帕、髮絲、畫像，重讀你的來信，聞著上頭淡淡的麝香味。」

八月八日至九日：「我要再去看你的拖鞋一眼……我想我愛它們，就像愛你一樣的深……我聞著它們的味道，泛著馬鞭草，還有你的味道，充滿我整顆心。」

八月十一日：「我窩在你衣衫的裙擺裡，貼著你微捲的頭髮，恍如在夢中。我有你的頭髮！啊！好香啊！好想讓你知道，我有多想念你悅耳的聲音，還有我最愛湊近聞的香肩！」

八月十三日：「連指手套在這裡！聞起來好香，恍惚中以為我聞的還是你的香肩，與你裸露手臂上暖心的溫度。」

八月十四日至十五日：「告訴我，你用馬鞭草香水嗎？灑在手帕上嗎？灑一些在襯衫上吧，不要，你不要灑香水，你身上自然散發的氣息，就是最棒的香水。」

八月二十七日至二十八日：「謝謝你放了那朵小橙花。整封信都散發著芬芳。」

八月三十一日：「謝謝，再次感謝你的那些小橙花。你的來信都是滿滿的花香。」

然後，是一場香氣大薈萃：

九月二十日：「在這些長長的捲髮紙，印上千百個吻……我偶爾會聞一下那隻天青色小拖鞋，因為我把那絡頭髮塞在裡面；連指手套則塞進另一隻拖鞋裡，徽章就在旁邊，再過去就是信了。」

隨著通信往來，氣味想像愈發膨漲，隨著愛意愈發濃厚的時候，嗅覺定情物的數量跟著增加。

大約半個世紀後，這類的情慾舉動將被冠上戀物癖與神經質的名號。於是，除了是在精神科的研究領域內，這類舉動變得難以啟齒。左拉把它寫進小說，成為《生命的喜悅》探討的主題，本書描寫一位神經官能症患者，因為感官退化的緣故，偏執地追尋嗅覺的極致。有好幾次，都是靠露意絲（Louise）身上散發的香水草香氣來推動故事的發展。多虧了敏銳的嗅覺，好心的維若妮卡（Veronique）才有如此犀利的洞察力，能察覺出那對年輕愛侶心意互通，然後把此事告訴了寶琳。因為正是露意絲丟掉的手套味道，折磨了可憐的拉薩爾（Lazare）數個星期之久。

「那只手套，材質是來自薩克斯（Saxe）的皮革，有一股強烈的味道，一種特殊的猛獸氣味。而年輕女孩最喜歡的香水草香，外加另一抹淡淡的香草味道，將這股獸性氣味變得柔和許多。他對香氣極度敏感，而這股夾雜了**花香與肉體氣息**的味道讓他不能自已，久久無法平復。他將手套貼緊雙唇，狂飲它記憶中的肉慾歡愉。……等到四下無人，他拿出手套，深深地聞、親吻它，宛若她人就在他的懷中……。」[43]「沉溺在對方火熱激情記憶裡」的拉薩爾，因為這些「實實在在的縱情淫佚」而變得形銷骨立。[44]

皮革氣味能激起性慾的特質，成為大批性學論述的重要主題。[45]但在此之前，氣味的重要性因一宗棘手的自慰訴訟案受到牽連。但是，艾德蒙．龔固爾還是給左拉的拉薩爾添了一位同病相憐的姐妹。[46]這位年紀輕輕的少女雪莉（Chérie），她瘋狂愛上香氛，甚至弄到了一粒被視為禁忌的麝香。她總是躺在床上，偷偷地拿出來聞一聞，甚至整個人陶醉到全身抽搐。雪莉有個發了瘋的母親。她不想結婚，又因為沒有受過良好的教育，以為不需要男人就能懷孕生小孩。雪莉可說是艾德蒙·龔固爾作品中最奇特的女主角了，她命運多舛，醫生認定她是手淫癖患者，而她至死都維持著處子身，除了從替代性行為的手淫體驗過高潮之外，終身不識男女之歡。

當這本小說問世之時，其實精神科醫生已經花費了數十載的心力，努力地為嗅覺戀物癖制定標準定義。一八五七年，塔迪厄以拉丁文記錄了這些「逐味之夫」的可議行徑，有些人聞到了女性正在排便的味道便能出現高潮。[47]十年後，警察馬歇（G. Macé）又記錄了另一個這類逐味之夫令人匪夷所思的舉動，又名「捲髮控」或手帕賊，這些人迫不及待地貼近百貨公司裡的女客人，只為了聞幾秒她們的粉香脖頸。[48]法國醫生費赫（Charles Féré）針對氣味在情慾撩撥這方面所扮演的角色，進行了深入的研究。[49]法國心理學家、智力測驗的發明者比奈（Alfred Binet），[50]則專注心力研究戀物癖，他對雷蒂夫的行為有非常精闢的解析。弗里斯、哈根，以及後來的艾利斯都致力鑽研氣味對性的巨大影響。不過，走到這裡，已經是另一個時代了。

于斯曼帶我們走進了這樣的世界。艾山特，還記得他吧，那位藝術界的芳香作曲大師。他在從前的一位情婦身上，看到了超乎想像的嗅覺戀物癖行為：「這位女士，神經有些錯亂，總是緊張兮兮的，喜歡人用香水搓揉她的乳頭，但總之，她在別人拿梳子替她梳理頭髮的時候，才能達到高潮；不然就是在愛撫的時候，聞到了煙煤或興建中房子的石灰氣味；再不然就是下雨天，或是夏日驟雨傾瀉之時，大粒雨滴噴濕灰塵所散發的氣味，才能讓她欲仙欲死。」[51]

特別的是，于斯曼的書對於氣味優劣之說提出了質疑。一百多年來，優劣說一直是論氣味的基本教條。艾山特鍾愛收藏有缺陷，看似人造的花，他否定了自然的香味特別迷人之說。最讓艾山特著迷的是籠罩在工業氣味中的龐坦鎮，他認為工業氣味是給大自然增添新血，更盛讚這是現代化的味道。[52]

于斯曼寫這本書的時候，氣味史正經歷一段動盪，氣味乘載了當時社會的重大焦慮。沒多久，賈斯頓・勒胡作品的字裡行間，就隱隱暗示著犯罪會遺傳與遺傳退化的危險。胡勒塔比警探拜他那位江洋大盜的老爹遺傳所賜，所以懂得利用動物殘留的氣味來解開他面對的謎團，不過他那個大美人母親和她身上散發的撩人香氣，倒是沒有讓他覺得整個人跪倒在地，湊近泥土使勁聞有什麼不對。[53]

在後達爾文時代的人類學，有關某些種族或民族具有特殊氣味的說法甚囂塵上。法國象徵主義文人洛藍（Jean Lorrain）就認為一八六七年巴黎戰神廣場（Champ de Mars）舉辦的萬國博覽會，會場裡頭擠滿了黑人，而黑人的氣味到處瀰漫，讓他幾乎喘不過氣來。[54] 貝里隆醫生（Dr. Bérillon）則認為這股氣味是美國種族仇視的火種，也是因為這股味道，才有了「種族隔離政策」的出現。[55] 在愛國主義人士瘋狂地詆毀「德國佬」（Boche）的味道之前，卡巴內斯醫生（Dr. Augustin Cabanès）就曾說過英國人身上有淡淡的異味。據他的說法，這股味道深深鑽入英國人的房裡，幾年過去了也還聞得到。卡巴內斯醫生還說，經過追查，某些人認為這股味道來自附近的海草與海藻，另外有一些人則宣稱味道來自製造皮箱的皮革。日本學者足立文太郎（Adachi Buntaro）也直指西方人身上冒著難聞的氣味。貝里隆醫生為種族之間出現敵視態度的起源，下了一個結論：「沒有任何東西能壓過嗅覺上的嫌惡感。」[56] 他由是歸納出嗅覺具有驚人的重要性，認為維繫種族團結與存續，最有力的手段就是氣味，「最終家庭的建立，與家庭成員間的團結一心，無可否認地取決於嗅覺上的相投與好感」。

還有一個比較沒這麼敏感的議題：回想一下那些愛用霍比格恩特（Houbigant）推出的**花語香水**（Quelques Fleurs, 1912），或嬌蘭的**藍調時光香水**（L'Heure Bleue, 1913）的女性吧。多虧了高級香水業的興起，建立了新的高雅香氛規範，值此同時，女性的潔白無瑕與象徵潔白無瑕的花草裝飾，也正在搭建全新舞臺，準備粉墨登場。

第五章 「滿頭大笑」[1]

巴斯德的理論大放異彩之前，除臭策略主要針對的是公共區域、髒汙民宅的公共空間，以及有錢人家的宅邸。一般民眾大多數不在乎這些計畫的施行進展。一般平民百姓，大多是經由醫院、監獄或是軍營這些地方，得知並學習新的衛生行為規範。在一八六〇年代之前，衛生規範的推廣才剛剛進入校園。[2]那之前，學校只負責教學生認字、寫字、算術。後來，因為通過了一些有關徵兵制度與學校生活正常化的法律，再加上一般人對巴斯德理論堅信不移，這些在很早以前就制定的符號價值系統與標準行為才慢慢地普及。因此，那些習以為常的傳統做法，與長期以來一直與除臭行動背道而馳的行為，能夠一路頑抗延續下來，也就不足為奇了。在這場對抗水肥、油汙與有害空氣的戰爭中，市政官員與衛生專家的沮喪之情，就是民眾堅守舊有感官既定成見的明證。

艱辛的糞便戰役

在法國，想要把人跟糞便、堆肥與垃圾區隔開的政策，招致了強烈的反彈。反對的浪潮除了讓下水道的建置困難重重之外，還可從許多方面來了解。這個政策首先面臨到的是，西方國家學者們對於糞便具有療效的堅定信念。在阿藍達（Comte d'Aranda）內閣主政之前，馬德里市民的排泄物，還是往街上倒。而且舒維仍就堅持：醫界宣稱這類遠在十六公里外都還能聞得到的惡臭，能夠保障公眾的身體健康。[3]他還補上這麼一句：少了掏糞作業的臭味，「很快就會爆發黑死病」。[4]總之，有些學者始終抱持著這樣的看法。這些學者當中，有些人甚至建議在遭受瘟疫肆虐的城市街上潑灑糞便。弗夸伯爵雖然對排泄物所謂的療效存疑，但也不敢公開否定。[5]

這樣堅定的信念，只要碰到了機會，自然會轉為實際的醫療行動。英王查理二世（Charles II）在位期間，當局曾叫人打開倫敦城內所有的化糞坑，希望借助糞便的惡臭來戰勝黑死病。這類奉行希波克拉底學說的具體實踐，在一七八七年的《方法論百科全書》（*L'Encyclopédie méthodique*）中也有紀錄，而且是一本正經，不帶嘲諷地記錄下這些事蹟。[6]半個世紀後，帕宏－杜夏特雷仍持續宣稱排泄物具有療效。他認為，這是為什麼從事腸衣加工業的工人與下水道工人，身體都很強健的原因。[7]有三名婦女就是因為從事這類的加工處理工作，身上的肺結核不藥而癒。帕宏－杜夏特雷親自拜訪了她們，發現「她們臉色健康，身材圓潤，精神好得不得了」。他接著說：「我還得知，有好幾位勇氣過人的病患，大著膽子將手足四肢，或者整個身子埋進糞水池裡，因此治癒了腳痛、關節炎或其他導致患者行動不便的毛病，這些病患曾試過很多別的方法都沒有效。」[8]蒙特福孔垃圾場化糞坑排出的汙水也被拿來治療鄰近地區的馬匹。[9]利哲（F. Liger）在一八七五年時還曾提到，[10]邦狄鎮的化糞池附近從來沒有傳出霍亂疫情。另外，有些醫生則認為排泄物的臭氣，雖然聞著難受，但不會危害健康。

篤信這類理論的醫生，確實只佔少數，多數醫生仍認為排泄物的臭氣可能會危害健康。但不得不承認，這樣的理論剛好符合了一般民間認定排泄物具有療效的傳統信仰。一七八九年，巴伊里發現，[11]屠戶肉販多半把自己身體健壯的原因，歸於長時間浸盈在宰殺的牲畜血液、內臟與油脂的氣味中之緣故。一八三二年，在髒臭化糞坑工作的工人仍堅信，糞便散發的臭氣有益健康。[12]二十年後，布里史多（Bricheteau）針對掏糞工人做的一項研究調查顯示，他們覺得長期吸入的糞便臭氣，不會危害身體健康。[13]布里史多還強調，因為身上的糞臭味，這些工人更容易找到另一半或同居人。

除此之外，排泄物還有別的盟友。肥料商、農民和化學業者都大聲疾呼，除臭計畫害他們沒有賺頭，因為貨物品質下降，買家就不上門，產品價格自然下滑。[14]一八五八年，里爾市進行了化糞坑的消毒行動，業者因為怕排泄物品質下滑而大力反彈。[15]

對資產階級而言，除臭意味著財富，最起碼也意味著舒適方便，同時也代表他們不需要再尋求人力來清運穢物。渾身惡臭的窮人，時稱**水肥人**，當然表示反對，否則他們活不下去。農民堅持農作需要的的肥料，一定得擺在自家門前。[16]至於城裡，則有拾荒者群起反對除臭政令。[17]七月王朝之初，市警局決定採取措施，加速剷除糞泥，立刻引發一波堪稱暴動的抗議行動。拾荒者決定用武力來保衛他們撿拾堆積的穢物。一八三二年四月一日到十五日，[18]他們在這段期間阻撓糞泥清運業者的車輛進出，放火焚燒新購的兩輪載重車。暴動得到群眾的支持，因為一般民眾對這些消毒除臭的措施，同樣感到忌憚。大量噴灑氯化水的動作，更加劇了謠言散播，對某些人來說，此舉無疑坐實了菁英階級密謀屠殺百姓的傳言。

要更深入地了解人們對排泄物的信仰從何而來，必然得談談排泄物在孩童心理上所扮演的角色，還有肛門對心靈發展的重要影響。在嬰幼兒的眼睛發展到能看見母親之前，都是透過氣味來感受母親的存在。他們也是透過聽覺與嗅覺的差異性來感知空間。還有，小孩子是藉由人們身上散發的氣息來判斷男女。嬰兒的糞便氣味能喚來母親。小寶寶跟媽媽的互動中，包含「底下排出帶有味道的東西，與感應到上面有東西散發味道」，[19]上面的東西指得就是乳房或奶瓶。二十世紀初，隨著英式尿布的普及，開始禁止小孩子光著屁股隨意到處大小便，旁邊的人也不用跟在孩子的屁股後頭隨時清理了。尿布可說是推廣逐步落實的如廁行為規範的最後一道推手。

當然也得回頭再談談氣味在肉慾撩撥這方面所扮演的角色。維迪耶追蹤了一條非常有趣的線索。她在談到夏堤雍（Chatillon）的森林巡守員時，特別強調：「男性情慾感受成形之時，糞便氣味的角色。」[20]對於上個世紀人們的情慾觀點，我們所知道的均來自有教養的資產階級，也就是說，我們仍不太了解跟資產階級品味不同的其他階級人士，他們的激情慾望。儘管特權階級三申五令的申誡，大多數百姓仍明顯偏愛濃烈的氣味。這個面向可能是探索社會心理史的另一條道路。

在此時，學術論述多將隨地大小便的不文明行為歸於人的本能，這裡專就孩童與一般百姓而言。受過教育、理性成熟的資產階級，懂得把屬於人體基本內急需求的排便行為，隱身在公眾的視覺與嗅覺感知範圍之外的地方。王公貴族則持續在頗長的一段時間，高調嘲諷和忽視這類養成良好文明習慣的強制規定，而一般百姓平日在大白天裡，同樣是大模大樣地與排泄物混在一起。面對資產階級念茲在茲的文化風氣提升，貴族則是慷慨激昂地站在向下沉淪的那一方。[21]某些嘉年華會狂歡時也會出現與糞便有關的狂亂行為，比如胡亂拋擲穢物與垃圾。或在參觀展覽時，有些人依舊無視他人注目，大喇喇地放屁。這些行為顯示了，一般人對於體內積滿了尿糞時，必須立刻排掉的堅持。這樣浪費、揮霍的行為，與持續積累的化糞坑穢物形成對比。有人說這是人民拒絕接受排便規範的明證。更廣義的來說，這是他們在拒絕「抹滅身體的激情狂歡功能」。[22]當然，除非這樣脫序的行徑是逼不得已的，也就是說內急的程度已到達了忍耐的極限。

至於語言上的除臭淨化運動，從十七世紀初就開始推行。這方面，民眾的抗拒心態更加明顯。粗言穢語、咒罵鏗鏘不絕於耳的低俗文學，雖鮮少有人研究，其巔峰時期差不多與如火如荼推廣除臭策略的時間吻合。學者警告務必要小心躲開、極度危險的髒汙，在這些低俗文學裡到處皆是。「舉凡髒亂、潰爛、腐敗惡臭、發酸的臭肉、黏滑的液體、臭酸味、垃圾、渣滓、垃圾集中地、汙水坑、下水道等各式各樣的場景描述，不斷輪番上陣。人的糞便不過是其中一種形式的垃圾罷了，一種特別的廢棄物。」[23]

這種對髒汙穢物的偏執著迷，或許只是人民害怕腐臭物質的一種粗俗表現形式。這現象令當時的領導階級深感憂心。不過，還有另一種說法，例如：拉波特寫道：「國王的純淨語言」必然衍生了另一種對應的「低俗語言」，這就好比是語言上的「鳥獸糞便區」。[24]嘉年華會上丟擲糞便的行為與粗言穢語、一般人對所謂無臭掏糞作業的嘲弄，與幹話咒罵滿天飛的現象，都可以解讀成一種角色被接受了：百姓深知社會階級間在嗅覺容忍度上的差異，他們只能吞下這樣的社會區隔，然後更加堅定地把自己定位在反對除臭的那一邊，而且完全不怕攤開自己的立場。拒絕接受文明規範、肆無忌憚地投擲穢物，或滿口汙言穢語，都是為了藉此表明自己的立場。這些悲慘的人拋擲排泄物，只不過是向那些視他們如糞便一般，避之唯恐不及的資產階級們發出的挑釁行為，他們透過行動或藉由語言，特意強調自己被視同廢棄物一般的地位。

兩種空氣的概念

否定空氣流通的概念，是反對除臭行動的一環。在鄉間，當時並沒有所謂個人的觀念，家族圈裡彼此呼吸著相同的空氣，人畜共通。而在冬天時，大家擠在一張床上共同取暖是非常平常的事。我們也知道，晚上大夥聚在一起聊天時，有動物在附近閒晃是司空見慣的事，甚至是人們希望有動物在身邊。長期以來，醫界一直認為畜養正值青壯年牲畜的廄欄，裡面的空氣具有多重功效，於是農家與家畜共居的意願愈發根深蒂固。十九世紀初，學者針對所謂家畜欄空氣的療效，展開了相當激烈的辯論。衛生專家多數存疑，而巴黎專家們留下的會議紀錄，清楚地表明了他們的態度。但是這套理論亦不乏支持者，而且有些聲名頗著。嗅覺器官學大將克洛奎特雖然也頗認同衛生專家的建言，但仍然加入了支持傳統理論的陣營。他這麼寫著：廄欄裡的空氣有益健康，但有一個前提，裡面的牲畜必須得到妥善的照料。[25]翻閱有關健康的歷史檔案可以發現，整個十九世紀裡，仍然有非常多醫生將這類空氣治療法納入處方箋。就這樣，許多肺結核患者被送進了牲畜欄，吸取動物散發的蓬勃氣息。

此時，我們便能了解，何以平民階級如此公開地反對通風，尤其是老人家，他們總是怕冷而瑟縮在角落。弗德黑嘆道：「人們很喜歡拉上窗簾，還有關緊窗戶。」[26]年邁的教師渴望呼吸學生散發的青春氣息，他們同樣不願打開教室的窗戶通風。[27]霍華德說：「那些可憐的工人，已經習慣了密不通風的生活環境，當他們進到醫院或是救濟院時，自然也不喜歡室內通風、更新空氣的做法。」[28]一八一八年，勒葛拉醫生（Dr. Legras）發現，巴黎中央市場附近的老人家堅持不肯讓自己的房間空氣流通。[29]蘇格蘭衛生專家葛雷哥萊醫生（Dr. Gregory），權威地為此議題下了結論：「（他）去給貧窮人民看診時開立的處方箋，第一條經常是用拐杖打破一兩格玻璃窗。」[30]

這樣的態度，醫院裡也見得到。里昂主宮醫院的醫生「對於空氣流通一事，抱持著不可動搖的偏見」。[31]而倫敦某些醫院，好比龐普露那醫院（Pampelune），院方不願清洗病室，拒絕打開窗子。[32]

堅決拒絕空氣流通，是人民反抗意志的一種表現。醫院行政單位制定的衛生規範，有很長一段時間一直不獲支持。歷史學家新近的研究發現，也讓我們不得不去審視，不管是醫院，還是監獄，這些雷厲風行的強制規範，與無政府狀態似的反抗混亂行徑之間的扭曲現象。這些機構展現出的那股與公權力對抗的反制力量愈來愈明確強烈，然而這些機構正是執政者期望那些立法規範能獲得最大成果的地方。波旁復辟時期，里昂的公立醫院到處可見，[33]老人家吸菸談笑，孩子們奔跑嬉鬧，而護士就像鄉下小店的老闆娘。病患爆滿，同一張病床被迫塞上好幾個新來的病患，並縮減病床之間的距離。加之醫生對於醫院髒亂不堪的不滿升高，到了七月王朝時期，醫院的消毒除臭行動幾乎是迫在眉睫了。行政當局於是強勢執行公權力，嚴格執行維持秩序與衛生的相關法令規定，例如：強制設置時鐘，禁止探病時吵鬧，加裝小便池。舊制度時代改革派大力呼籲推行的空氣流通與自來水的建置工程，在延宕了半個世紀之久後，終於有了成果，雖然依然成效不彰。

社會階級的另一端，也就是資產階級圈裡，通風的概念同樣也面臨許多質疑的聲浪，只是反對的理由不盡相同。婚姻居所的退縮、不斷攀高的自我意識、害怕不愉快的接觸和不得體的氣味，在在催生出一種新型態的居家形式。這種居家形式與要求空氣流通的強制規定背道而馳。我們已經看到在臥房的部分，衛生專家如何努力地想在健康的要求——敞開窗戶，好比廢止臥室床位內凹的設計——，與顧及肌膚之親的隱密需求——加裝窗簾、掛壁毯與加厚被——之間做出巧妙的平衡。於是有了臨時性的通風標準規範，要求女僕必須依規定行事，好讓這些「世紀末」宅邸內的空氣，不僅充滿舒適的家居氣氛，又能有益身體健康，還要讓外面街道的臭氣鑽不進來。多虧了那群悄無聲息的僕人，艾山特才能夠醞釀培育他幾近神經質的敏感來享受他的收藏，不用再怕會胸悶窒息了。

油垢的功效

依照不同的社會階級，精準去分別研究禮儀規範的普及速度，是非常重要的，肯定會有出乎意料之外結果。一絲不苟的弗洛伊德醫生從樓下辦公室，上樓回到自家房間的這段路程裡，絕對不會解開襯衫的燕子領，一路保持衣服整齊，但當他到資產階級的病患家出診時，卻不覺得在人家樓梯的地毯上吐痰，有何不妥。[34]

我們都還記得波爾德的建議吧，他一心盼望著衛生措施能夠減弱他那些城市裡的病人，身上的「精氣」。他還認為窮人的高生育力，是因為身上強烈體味刺激性慾所致。[35]霍華德寫著，阿姆斯特丹醫院的醫生認為白色的內衣有害健康。[36]此外，我們也很清楚衛生專家明顯地對洗澡抱持著保留的態度。大多數人一直深信，油垢雖然不太好聞，但具有保護的功效，而事實的真相恐怕會讓他們大驚失色。

魯克斯（François Loux）與理查德（Pierre Richard）針對數千條的俗諺語進行了研究，[37]結果明白地告訴大家，資產階級那一套禮儀規範，套用在農民階層時遭遇到的反抗，裡頭隱藏著非常明確，但難以察覺的別種容忍標準。關於身體衛生這部分，農民相信的是源自古老醫學的民間偏方，還有想要保有不受拘束，想做什麼就做什麼的行動自由。[38]比起什麼文明禮儀規範，行動自由當然重要得多。身體必然會排泄分泌的生理現象，支配著人們的行為。民間流行的諺語大多建議大家不要強忍住大小便或放屁。有些俗語更暗指強忍尿意會感染疾病，對於洗澡一事也是多方警戒禁止。再說，洗澡多被當成是一種提振精神的行為，而非保持身體衛生的方法。有些俗語還提到，體味有刺激性慾的功能，但話裡很少帶有斥責的意味。這些俗語當中，凡有提到清潔部分的，一般都偏重道德倫理的說教：盛讚清潔有助於排出有害體液，或鼓吹人們去除襯衫異味，甚至毫無忌憚地直指，尿尿與喝酒對男性發展社交關係很有助益。更讓人吃驚的是，有幾條諺語還把心理分析師很晚近才後知後覺察覺到，金錢與糞便之間的關係，以直白或隱喻的方式點了出來。法國社會學者波坦斯基（Luc Boltanski）早就強調這種單一標準的系統，正是何以學校和軍隊兩地遲遲無法蛻變成功的原因。[39]

油垢可以說是美容的天然聖品。光靠它就能夠保護農村婦女肌膚不受日照的傷害。「在油垢保護下，臉蛋白裡透紅。」[40]「小孩愈髒，身體愈好。」[41]關於月經的禁忌對衛生推廣造成的阻力，之前已經談了很多，從更廣義的角度來說，這也可說是對女性私密處清潔的禁忌，這裡均不再贅述。比較少人提及的是某些靈修儀式對於衛生規範推廣的延宕，影響不謂不大。天主教聖人拉伯赫（Benoît Labre），與在埃及地區厲行苦修的沙漠神父（Pères du Desert）均無懼髒汙，[42]他們甚至拿寄生自己身上的害蟲為食。阿利埃斯寫道：他們相信「油垢具有保護的功效」。[43]五十年後，他的門徒，聖維雅納神父持續實踐這些不合禮儀規範的做法，也是說明這種態度的最佳範例。這幅軀殼既然必得經過聖父的鞭苔、折磨，而且都已經被視為是聖父的遺體了，為什麼還要去費心的照料它？聖維雅納神父堅定奉行古代偉大苦行僧之行事，兼之深受《黃金傳說》（*Legend dorée*）中聖人故事的影響，他拒絕讓任何人來為他的身心健康操煩。他把衣服都送給了窮人。要時時更換長袍這種事，他哪會放在心上。聖維雅納神父唯一關心的，只有盡心「侍奉仁慈的上帝」。他謙遜地追尋噁心惡臭，因為臭味是在預告這副肉皮囊即將走到盡頭，而自己迫不及待地想要拋掉它。聖維雅納神父更親自參與他教區學校的化糞池掏糞作業，之後更一路尾隨載運糞桶的車子，看到穢物傾倒完畢才回。[44] 根據他身邊的友人表示，他不太清潔牙齒，也不在乎口氣難聞。聖維雅納神父是要提醒我們，從耶穌受難地各各他山（Golgotha）傳來的氣味有多麼讓人難受。[45] 這樣我們就能了解，擁有許多教堂信眾的學校，何以遲遲不願接受身體衛生規範了。

鼻子大解放

無論是語帶嘲諷，或是大力抨擊，那些反對資產階級制定衛生規範的人，都喜歡拿資產階級新的嫌惡標的當作箭靶。他們故意挑釁的頑強態度，與將焦點全擺在糞便和腐敗惡臭之上的手段，在在說明了這些規範影響範圍之巨大。

年輕氣盛的福樓拜就曾向這些所謂良好行為規範下戰帖，比他後來針對既定成見的諷刺更為犀利。他這等於是在呼籲大家去徹底拋開所有規範，尤其是嗅覺的部分：「在靴子裡大便、往窗戶外小便、大叫幹你娘的、白地裡拉屎、大放響屁、抽菸抽到爆……對著人的鼻子放屁」，以上是他在一八四二年三月十五日寫給一位朋友，法國政治人物舍瓦列（Ernest Chevalier）的一封信上所給的建議。[46] 儘管這種拉伯雷式（Rabelais）的中學生粗口，文字全繞著糞便打轉。但舍瓦列仍維持著該有的禮貌，內心暗喜此舉定然會引發對方的憤慨，但兩位年輕男子間的默契，化解了稍許怒氣。福樓拜深惡痛絕資產階級對無產階級臭味的嫌惡，他也非常了解肛門在自戀情結裡扮演的角色，所以提升了糞便的角色，讓它成為自我的象徵。[47]

《情感教育》一書的作者（即福樓拜）年紀稍長之後，開始欣賞起女孩們說粗話、聽到「幹話」時一副無所謂的模樣，還有她們不再強忍內急與一味隱忍的反抗精神。[48] 他的這種態度讓人開始思考，當時許多乾淨體面的資產階級人士，甘於到汙臭的地方尋花問柳，到底這些地方哪來的吸引力。

有機生物的時限一直困擾著米什萊。他思索的是肉體從綻放到凋零的歷史進程。歷史學家在面對腐臭的穢物和身體的分泌物時，從來不會畏懼退縮。米什萊隨時都在等待著當排泄物與分泌物剛剛離開身體，還不至於讓人感到厭惡那一刻，想從那裡面尋找生命流逝的痕跡。所以，當我們看見這位知名的權威歷史學家，讚嘆著青春年少的雅典娜伊絲（Athénaïs）*月經來潮，或是大口深吸廁所裡飄散的淡淡麝香氣味時，無須感到驚訝，因為那他思考靈感的泉源。[49]

如此說來，作家瓦烈無疑是在造反了。他的「鼻子大解放」（libertinage du nez）[50] 一說，不再

---

* 譯註：她於一八四九年嫁給年長她許多的米什萊，是他的第二任太太，兩人年齡相差二十八歲。

只是單純的挑釁，也不是對死亡著迷。閱讀其作品《孩子》（*L'Enfant*）一書便足以了解瓦烈的想法。他在書裡大肆宣揚嗅覺情慾。透過書中主角凡特拉斯的行為，可知他顯然是站在所謂好品味的對立面：「我張大眼睛、撐開鼻孔，然後挑起耳朵」，[51]還有「我把鼻孔張得大大的……」。[52]他依照自己個人的喜好，絲毫不考慮文明禮儀規範那一套，設定了屬於自己的氣味優劣等級，而這套標準與上流社會制定的那一套可說是天差地遠。凡特拉斯喜歡隨心所欲地跟著本能與天性走，恣意揮灑生命力與他對生命的熱愛。他喜歡一般百姓喧鬧社交場所的氛圍，那裡瀰漫著堆肥、牲畜欄廄、沼地、奶油與起司、葡萄園與果園的味道，對他來說是最迷人的芳香。雜貨店裡的氣味在他眼中是最美妙的香氣，而且他尤愛鞣革工坊的味道，那味道可說是嗅覺敏感人士眼中最難以忍受的一種臭味了。歸根究底，他的這種品味是因為他是被虐待狂呢，[53]抑或是因為他心中根深蒂固的平民百姓情慾觀？真的很難判定。

「波伊鎮（Breuil）的深處，有一間鞣革工坊……飄散酸臭氣味。我很喜歡聞這股緩緩升騰的氣體，略帶芥末的微嗆，泛著綠光——如果可以用綠色來形容的話——像是在濕氣中逐漸變質的皮革，或是身上汗水被太陽曬乾的味道。再走遠一點，就進到了皮城（Puy）。隔一段時間，就在回程路上不久，便能感受、猜測到，鼻尖上跳耀的是波伊鎮鞣革工坊的味道，而每一回只要這些工坊當中有任何一座，位在我回程路上的方圓八公里之內，我就能聞到這個味道，任由已經非常熟悉這個味道的鼻子，帶著我拐彎。」[54]

凡特拉斯的嗅覺行為是他不羈性格的一部分。他的不羈來自痛苦的過去，因而他的嗅覺比其他

感官更為靈敏。嗅覺擾動回憶。嗅覺保有獨特的能力，能填補他對年少往事記憶裡出現的空白。瓦烈與左拉一樣，運用了一連串氣味大薈萃的寫作手法，卻絲毫不顯炫技。

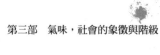

皮城裡有一區叫潘納薩克（Pannesac），裡面有一家雜貨店，「為市場祥和的氣味添加一抹滯悶、溫熱、衝嗆的味道，那是鹹魚、藍起司、肥肉、油脂與胡椒的氣味。鹹魚的味道最強，不禁讓人想起島嶼的氣息，還有茅草屋、膠水與煙燻海豹肉。」[55]

出了城，只有嗅覺記憶留下來。但這些氣味完全不是《醫療科學大辭典》中，心理學家們想的那種芬芳香氣。「我只記得我站在一個化糞坑邊上，那裡味道很臭，然後我穿過一堆雜草與植物，味道也不是很好聞。」[56]

凡特拉斯孩提時代表現的嗅覺行為，預告了他未來對這個問題的態度。[57]在出城的路上，路旁洋蔥園的味道讓他覺得難聞，這無疑透露了他對「在菜園裡勤懇工作」的不屑態度。[58]成年的凡特拉斯，把印刷自己叛逆不羈日記的墨水香，拿來與牲畜欄的芳香相比擬。他想盡一切辦法，要讓資產階級感到窒悶氣苦。所謂的革命就在鄉間，就是重新找回人的本能。瓦烈喜歡共和體制，就像他喜歡水肥，是一樣的道理。[59]

傳統將永遠留存，而嗅覺引發的舊時回憶，永遠會是年少輕狂叛逆的青春紀事，永遠會為了維護人的本能和自由的兒時時光而辯護。法國作家賽林（Louis Ferdinand Céline）的小說《信用死亡》（*Mort à crédit*）裡的主角，對於鄰近飄散的糞臭表現出高度容忍態度，並對於任何有關排便行為的規範都深惡痛絕。美國文學家米勒（Henry Miller）同樣不認同布魯克林區逐漸濃重的各種氣味需要改善，更不希望他這一生中遇見婦女的味道改變。[60]還有德國小說家葛拉斯（Gunter Grass）書中，矮子馬策萊特（Matzerath）的奶奶身上的裙子，那股讓人安心的氣息，[61]在在證明了，除臭是一場多麼艱鉅的戰役。

終章　「巴黎的氣味」

一八八〇年夏天，巴黎的臭味達到了群情激憤的頂峰。「人們見面只有一句問候：『你有聞到嗎？好臭啊！』這就像是一場大災難。巴黎市民驚慌，市長苦惱，部長震怒。」[1] 關於這個大災難，有許多文獻紀錄，栩栩如生地刻畫了各個層級對臭味的嫌惡感受。[2] 這些紀錄清楚地顯示，各方認知的混亂差異與依舊懸而未解的疑懼。輿論很自然並錯誤地把公共場所的垃圾與糞便，視為這場大災難的主因，而完全沒想到工業的頭上。

進入十月，媒體大聲疾呼。先是塞納河衛生保健委員會（Comité d'Hygiène et de Salubrité de la Seine），然後是市議會，都開會討論了這個問題。市長建議設立一個跨界委員會，延攬多位醫界人士加入。相關的文獻檔案，尤其是專家們提交的報告，[3] 在在顯示了公共空間除臭策略的施行成效不彰。儘管行政部門已經定出強制的規範，大馬路上的穢物依舊堆積如山。某些地區的居民仍舊把家中的糞便往外面人行道上倒，小孩也依然在馬路上隨地大小便。掏糞作業加劇了染疫的危險。首都圈對於馬匹的強烈需求，使得馬的數量快速成長，這讓政令更加窒礙難行。公共馬車驛站四周漸漸出現髒汙泥塘，臭味從戰神廣場一直瀰漫到巴黎西南方的格勒納勒與巨石區（Gros Caillou）。另外，對公共機構的建議也是三申五誡地說了又說：像是慈善醫院的廁所，就跟高級住宅區裡的僕人廁所一樣，臭得到了公眾意想不到的程度，由此可見普通民宅會有多臭了。要不然，看那一疊疊不停送來的陳情書，也能大致明瞭。自七月王朝以來，情況一點都沒有改變。不過，巴斯德革命很顯然讓民眾開始重新思考嗅覺警覺心的角色，以及過去對惡臭的容忍態度。加強巡查、共和體制的勝利，與當時市議會裡激烈的言詞攻防，皆有利於公共辯論與揭發濫權。

巴斯德之前的迷思破滅

「巴黎的氣味」事件，強而有力地證明了巴斯德的細菌說正迅速地廣為世人接受。一八八〇年，已經沒有任何專家質疑這些新的理論，惡臭於是被逐出科學的學術殿堂。[4] 單靠感官感覺的那一代專家學者已經找不到辯護人。自從學界採信了疾病是透過病菌傳染的說法之後，在他們的心裡，臭味與染疫危害完全脫了鉤。在一場辯論會中，保守派的法國病理學家布魯瓦岱（Paul Brouardel）說：「我們不能再宣稱，臭的東西不會殺人，殺人的東西不臭了。」[5] 第二年，《德尚博大辭典》（*Dictionnaire Dechambre*）隨即確認臭氣並不會誘發疾病。[6]

在此同時，人們也開始認為糞水爛泥，還有浸染了腐敗物質的土壤，並不會對身體造成危害。更棒的是，透過這樣一個哥白尼式的革命性翻轉，我們開始吹噓自己身體有過濾的能力，此乃經過施洛辛（Schloesing）證實，並得到巴斯德本人的確認。土壤裡面既然存有病菌，那麼大地散發的氣息和味道自然不再是空氣純淨的保證了。米蓋爾（P. Miquel）清楚表示，下水道散發的氣體裡可能「含有腐爛物質蒸散的水氣，但不含病菌」。[7] 新發現也解除了以前人們對墓園的疑懼。一八七九年，某個委員會作出結論，判定墓園對人無害。一八八一年，夏督葉（Chardouillet）寫道：「埋在土裡的腐爛物體所散發的氣體，均不含細菌」，[8] 柯林教授（Pr Colin）則舉證證明，掩埋後的動物屍體完全無害。

自此，專家認為，滯流不動的水所冒出的氣體，會導致惡臭的說法也是錯的。一八八〇年，米蓋爾就指出：「水裡的有機物質，已經是走到了腐爛的最終階段，可說是完全地蒸發乾燥了，微小的病菌不可能在裡面繁衍，更遑論被蒸氣帶出來。這些蒸氣凝結後形成的水，收集到一百公克的量，聞起來味道很臭，跟釋放出蒸氣的水源一樣臭，但這水絕對純淨，不含任何已知的瘴氣。」[9]

惡臭誘發疾病之說的式微，自然削減了嗅覺在臨床病徵學上的重要性。醫生無人再費心研究氣味。更何況，在這個領域裡，醫生跟他們所屬的中產階級一樣，對臭味也日漸感到不耐。自此，嗅覺研究轉交給化學工程人員接手。

密閉式迴流或強力水流

那些學者大力鼓吹、去除擾人臭味的解決方案，也就是在巴斯德之前盛行的科學迷思所主導制定的除臭策略，雖然被搧了個大耳光，卻仍得以持續施行。這點看似矛盾，其實不然，因爲所有專家皆一致認同，必須深入研究如何「徹底切除糞便毒瘤」，[10]此時的人們已經知道糞便是引發傷寒的主因。此外，秘魯海鳥糞、智利硝石，更多的是化學肥料，通通都是反對繼續使用人類糞便當作肥料一派的最佳助力。總之，有兩大除臭策略互相拉扯。其一奠基在優越的密閉式技術之上，在「巴黎的氣味」委員會（commission des «odeurs de Paris»）所出具的報告裡，可以看到完整的綱要。這個策略的重點在於，切斷任何疑似可能產生大量病菌的物質，所有與重點保護的人類生活環境之間的接觸。這個策略不求掌控空氣或水的流動，而是專注在防水、真空，與抽水及抽氣幫浦的運用。這裡，水不再只是具有稀釋的作用，而一躍成為清潔的主角。

委員會制定的計畫包含了繼續留用化糞坑，但化糞坑必須密閉包覆，而且是用金屬完整地包覆。金屬材質方面，以鋼和銅最受青睞。「廁所排出的排泄物，被送進絕對防滲的金屬糞管，與空氣和土壤徹底隔絕。這些連接的管線將把穢物帶離市區，送到某個工廠聚集的地方，以進行必要的處理」。「透過抽水幫浦和手壓幫浦、真空技術或其他各種方法來強力輸送。」[11]在這個計畫中，化糞坑是整個封閉式迴流系統的起點，穢物處理廠則是終點（除非這個系統，就像巴斯德預告的一樣，最後是把穢物都送進了大海）。這個計畫就是要讓大家看不見、聞不到排泄物，徹底切斷國民與穢物接觸的機會，以達到委員會裡的醫生委員們夢寐以求的理想境界。

這樣的理想造就了許多具體的成果：比利時的里爾謬（Liermur）系統；再來是一八八〇年，貝利埃重工的創辦人貝利埃（Marius Berliet）在里昂建置的氣動式排水網；一八六一年，工程師貝爾康也曾想過在首都試行同樣的方案。

公部門的工程師卻提出了一個與上面策略南轅北轍的方案。他們採信國外的具體成果，與一八七八年的國際衛生大會上所做出的建議，並不理會委員會的批評。工程師認為醫生們鼓吹的第一個方案，潛藏著積垢堵塞的危險，而且複雜的加壓幫浦與水流控制系統建置後，需要長期的維護，可以想見未來也必然需要加以整修。一旦開封整修，屆時難以忍受的惡臭將再次肆虐。

因此，用急速水流排出穢物的方式來防止病菌傳播豈不更好。工程師提出的方案側重動力學的應用，不依賴防水防滲，重心放在排流的速度上。糞便被湍急的水流帶到下水道後，便不會再對人造成危害。再見了化糞池、通風管、清糞作業、硫酸銨工廠，更不用儲存槽。只要「盡可能快速，不受任何阻礙地將糞水排掉」。[12] 糞水被排到野地裡淨化，在那裡的土壤中進行腐爛作用。

工程師所提出的計畫植基於，在巴斯德發現細菌之前的英國研究發現。英吉利海峽對岸的學者已經證明了糞便不具危害，而且糞便要在排出的第二天之後才會散發非常難聞的臭味。在這段空檔時間裡，還可以採取一些行動來延後糞便發臭的時間。英國的河流汙染改善工程結果顯示，下水道排放的汙水沒有毒害。至於歐陸這邊，法國的時任總理佛萊西奈（Charles de Freycinet）以他在公部門的權力為這些大膽的理論背書。[13]

大倫敦的下水道網絡早在一八六〇年代開始建置，自此成為各國工程師們的靈感來源。這套系統之後被搬到了布魯塞爾、法蘭克福與但澤市（Dantzig）。至於柏林也正在建置中。德國醫生菲爾紹（Rudolf Virchow）領導的委員會也做出了這套系統較優的結論。事實上，在英國和美國，討論的主題已經不再是下水道系統的優缺點了，已經跳到下個階段，開始討論是否能建置「分開的系統」，亦即建置兩套不同的網絡，分別排放雨水與使用過的廢水。

無論是在公共場所或是在私人場域裡，用強力水流將排出的穢物立即沖走，顯然是比較有效的除臭方式。法國行政部門長期以來不願採用的抗拒心態，就是城市惡臭無法根除的主要原因。

滯留或稀釋

法國在這方面落後其他國家的事實，本身就別具意義。衛生專家與社會各界所提出，相互牴觸的計畫之間，其實內容是有很大的相似性。這裡，我們再度面臨了滯留／密閉式處理，以及流通／稀釋，這兩大策略的角力。布魯瓦岱教授雖是密閉式方案的強力信徒，他卻是呼籲色情行業與妓院需納入立法管理的堅定管理主義派。然而，無論是前者或是後者，布魯瓦岱有關密閉式處理與行政部門管控的概念都已經落伍了，因為他關切的重點仍停留在如何顧全產業主的利益。他還化身律師，為妓院老闆、掏糞業者、動物骸骨處理業，與糞便堆肥交易商來爭取權益。在改革派輪番炮火的猛攻之下，兩邊的訴訟皆以敗訴告終。

支持流動與稀釋策略的人士，多強調他們計畫裡的平等特質。這個方案確實必須先讓「每個人有水可用」。這一派的論述裡，有相當大的篇幅集中在抨擊那些拒絕為名下的營利住宅裝設自來水的業主，批評他們自私自利。古龍水和香皂日漸普及的當下，巴黎市垃圾管理處的工程師——支持共和體制的一派——要求當局一視同仁，用同樣的態度處理有錢人與窮人的排泄物。他們援引了根據居住地區與社會類別（catégorie sociale），而有所不同的排泄物管理方法，讓他們的訴求得以勝出。

這時候，是探討巴斯德的革命性發現，如何對社會各階層和社會策略造成影響的最佳時機。微生物的大發現，給了維勒梅以降的流行病學研究帶來強烈衝擊。病菌傳播範圍更廣，而且更難以察覺，換言之，給人類帶來的致病風險更讓人聞之色變。法國化學家馬里耶—達維（Hippolyte Marie-Davy）宣布，要「小心提防」所有的用水。[14]人們更是擴大解釋為：要小心提防所有人。凝聚所有類別人口的生物一體說（solidarité biologique）變得更紮實，這一點學者們都了然於胸。「在大城市裡一起生活將我們彼此的關係變得更緊密……。這些有機物（微生物）在外部空氣擴散遊走，四處滲透，滲入我們的公寓、我們的肺臟、我們的飲料和我們的食物裡……。貧民區讓人皺眉掩鼻的情況若是依舊，城市怎麼可能乾淨衛生。」[15]這樣的信念激起了新一波的警戒形式，也逼得社會衛生策略不得不轉向。[16]

不過，我們得很謹慎地去避免過度誇大了人們追求現代化的心態。若單看革新一派的論述，我們很可能會忽略掉反制的力道。學界仍認為細菌與髒汙之間具有連帶關係，至此油垢與灰塵也被認定是髒汙了。一八八二年，馬里耶－達維宣稱：窮人住家裡的細菌量，是下水道裡的五十到六十倍之多。[17]味道愈臭不表示危害愈高，但有臭味仍意味著存在致病的細菌。噁心的人不再是傳染疾病的專門戶了，但仍然具高度的危害。

遺傳性退化的恐懼陰影持續籠罩資產階級家庭。關於這部分，某種恐怖的階級劃分之說正在醞釀：[18]細菌偏好，且容易在老百姓的血液裡繁衍；在罪惡與髒汙的環境中最為活躍；活躍的地方是街道、貧民窟與七樓。所以資產階級若與無產階級接觸，不僅會面臨細菌傳染的風險，還可能遭遇生物學上的突變危害：那些從萬惡淵藪的貧民窟爬上來的有毒病菌，非常有可能產生變異，在資產階級敏感的血液裡留下遺傳性缺陷的因子。這樣一來，整個資產階級的後代子孫都將受到危害，而他們世代承襲的優良遺傳因子可能因此出現質變。比起之前的惡臭，細菌顯得神祕，而且其危害似乎比較模糊，但作為切割社會階級的力道依舊，只是手法變得巧妙許多。最明顯的例子就是新的色情業管制規定，所有的計算數據都是採用大範圍策略，尤其是全面性的人口衛生檢查。

尾聲

「巴黎的氣味」持續不散，證明了市政措施的進展緩慢。儘管一八八九年就表決通過要建置下水道了，而且一八九五年，巴黎附近的阿謝爾（Achères）水道也已經竣工，但一直到一次大戰爆發前夕，巴黎每到夏天依舊臭氣沖天。每年，危害機構分級處（établissements classés）的總督察亞當（Adam）都會提出警告，甚至會列出哪些日子的惡臭危害最為嚴重。人人束手無策。就算該處在一八九七年重新改組了，一樣沒有進展。

這期間有一些零星的行動，像是道德警察（police des mœurs）試圖帶起輿論風向，抨擊市政府無能。一九一一年夏天，危機爆發。窒悶的惡臭連走在路上的行人都被逼得喘不過氣來了，尤其是傍晚時分。套用專家的說法，那是一種「烏黑油膩的，有機物受熱後產生的惡臭」。[19] 這次，多虧了法國化學家伐諾依（Auguste Verneuil），終於找出元兇：北部郊區的過磷酸鈣化工廠。[20] 這片工業區冒出的惡臭，堪可比擬之前的蒙特福孔垃圾場。至此，工業惡臭取代了糞便惡臭，雄踞臭味榜首，出現了新的環境生態警覺雛形。

結語

十九世紀的歷史滿是人們的慾望與喧嘩叫囂，震耳欲聾。民主派把共和國喻為「美女」；米什萊創作了《人民》（*Le Peuple*）；社會主義人士勾勒人類幸福的願景；實證主義者呼籲施行全民教育。但在這充滿希望的表象之下，又是另一回事了，好比惡臭、麝香和花香訴說的故事。濃烈的動物性香氛和稍縱即逝的香氣，各自訴說著嫌惡與鄙夷，好感與誘惑。

儘管費夫賀再三強調，歷史學家對這類的感官史仍未多加重視，嗅覺依然不受青睞。布豐伯爵認為嗅覺是屬於獸類的感官，慘遭康德逐出美學的範疇，後來更被生理學家當作只是演化下的殘餘。還有弗洛伊德，把它歸入肛交之流，在在都阻斷了有關氣味的研究論述。然而，認知革命終將發聲，舊時生活環境的嗅覺沉默終將被打破。

關鍵時期大約是在一七五〇年到一八八〇年之間，也就是在巴斯德發現細菌之前，各種神奇說法眾說紛紜。只專注事實，忽略謬誤對後世影響的科學史與目的論史話，至今依舊抱持著忽略的態度。約莫一七五〇年，普林格與麥布萊德開始針對腐敗物質進行研究、氣動化學的起飛，與城市病理學的奇想，引發了新的疑懼。每談及糞便、爛泥、淤泥、屍體，無不

讓人心驚膽顫。位居社會金字塔頂端的人士對惡臭深感疑懼，這使得他們對臭味更是難以容忍。於是，人們得重新仰仗嗅覺，來去除混雜的腐臭味，察覺臭味之所在，驅除可怕的臭氣危害。

當時的學者，個個都是無以倫比的觀察家，他們以氣味為基準，勾勒了一幅斷斷續續的城市區塊圖象，凸顯了當時對流行病溫床所在的髒臭民宅的恐懼。擔心受這座膿血沼澤浸染的菁英階層，選擇遠離社交氣體，轉而投向芳香的草地懷抱。在那裡，他們體驗了自然芬芳，傾吐著自我的衷曲，揮灑**再也回不去**的詩情，看見了心靈與萬物的和諧。

人們對於來自麝鹿腥臭麝腺的麝香，也就是從動物身上回收的「分泌物」，開始出現反感。麝香本身也具有危害。它與女性氣味的聯想讓人無法忍受。宮廷裡新興的甜美芳香時尚將它踢除在外。此時，正在規劃中的衛生策略，目標集中在公共空間的除臭與淨化。

法國大革命之後又有好一陣子，人們對屍體著迷，對植物性香氣不屑一顧，麝香重獲青睞，成為了一種象徵。皇帝皇后噴灑古龍水，沐浴動物香氛，摒棄風行一時的玫瑰露。波旁復辟時期，在嗅覺的範疇裡，也有自己的話要說。聖日耳曼城宛如罹患萎黃病的少女一般多愁多病。植物性香氛的甜美淡雅再次勝出，它們的任務是要澆熄女性的激情衝動，代表一種新的壓抑。

在此同時，一種危險的人類水沼出現，讓人如坐針氈。原本對蒸騰著有毒惡臭的腐肉與爛泥抱持的戒慎恐懼之心，轉而被這波新的疑懼所取代。人們的恐懼排行榜出現了移轉，從害怕身體染病慢慢轉移到了害怕社交群聚、害怕人的本能、獸性、有機物的臭味。比起酸臭擁擠、未加區隔的人群身上冒出來的窒悶蒸氣，更加可怕的是窮人的髒臭狗窩、茅廁、農民的堆肥，以及逐漸成為日後嗅覺嫌惡頭號公敵的工人，他們身上是滿滿的油膩臭汗。福樓拜因為吸入了無產階級公用馬車的臭味而失眠；滿是織布工人的里爾市，充斥著「堆滿人類排泄物的糞池」所散發的惡臭，逼得布朗基掩鼻倒退三步。

爾後，新興的複雜階級意識，更是讓氣味的角色益發重要起來。資產階級對悲慘階級氣息秉持的排拒心理，讓他們更加關注人體氣息傳送的微妙訊息，那是一種誘惑的媒介因子，其重要性雖與日俱增，但仍補償不了無法肌膚相親的遺憾。

最好遠離一般百姓的氣味，當時多認為女僕若長時間逗留，或有農婦登門，抑或是有一群工人經過門前，最好隨即通風。資產階級人士開始相當笨拙地淨化房屋的口氣。就這樣慢慢地消除了糞坑、廚房，以及盥洗間裡長久以來的惱人異味。拉瓦節的化學發現，讓空氣流動的定義更加準確。沙龍與仕女專屬的小客廳，成為精妙的嗅覺設計舞臺。不受歡迎的氣味再也不得走進臥房，這私密生活的殿堂、這居家空間重心所在的親密處所。

從諾瓦利斯的夢開始，一場無聲的交流，交織著各種象徵意涵的對談，在鮮花、少女與女人之間開啟。植物香氛，以淡雅細緻的言語，微妙地向她們招手。保持了肉體上應有的距離，但釋放了女性的撩撥與渴望。資產階級花園裡的芬芳小徑，給了愛情新的詮釋。至於一般庶民男子，他們被所謂的繁殖本能綁住，在鎖定征服目標後絕不放手。情人們滿心期待地前來此處品嚐醉人的歡愉。摯愛安靜耐心地聞著花香，欲拒還迎，讓情人慾望愈發難耐，更增添爾後愛撫觸動的心神蕩漾。腦中回想對方的肉體氣味，維繫了愛情的熱度，滋養著遺憾之情，也引發各種精神上的官能症狀。

說到心靈以外的範疇，就一定要提提街道的除臭工程了，多虧了氯化物，除臭進度得以加快。再者，想利用排泄物獲取利潤的功利主義，與人們無法再隱忍的工業惡臭，同樣強化了鞭策的力道。但除臭如今只是市政建設宏圖的一部分而已了。公部門開始剷除糞便，啟動貧窮階級「除臭」行動。還有就是勘查不潔住家、學校、軍營與運動俱樂部淋浴間等。但仍然等了好一段時日，身體清潔衛生才獲得決定性的勝利。身體外部的清潔，還有就是如廁行為的規範，在此時，還需要多花心力推廣。在這方面，除臭措施遭遇了無聲的抵抗。古老的觀念與癖好持續盤踞人心，人們堅持擁抱有機個體自古以來的行動自由。

氣味為這場消毒大夢，也為這些沖天惡臭給出了滿滿的資訊。相較於其他感官，它更能清楚指出：糞便問題捲土重來不容迴避、髒汙程度到令人髮指的程度，還有女性被聖潔化與植物的象徵意涵。氣味讓我們能夠以新的視角，重新審視當代的重大歷史事件，無論是自戀意識的提升、私密空間的退縮、原始安逸的破除，或是對人群密集、男女混雜的不耐。

空氣、油垢與糞便的正反概念對立，涇渭分明。它們呈現在慾望的香氣與節奏對抗行為。只是如今，在這麼一個無臭的環境中，也就是我們現今所在的世界，這樣的對立早在嗅覺沉默中煙消雲散了。

這一頁百年嫌惡史，或薰香淨化史，翻轉了社會樣貌與其象徵意義。不去好好認識它，我們無法評判十九世紀的社會衝突之深，深至何種程度。同樣地，也無從去解釋今日生態主義夢想的深刻蘊意。

社會史尊重底層人士，卻長期不願傾聽他們的情感（affect）。且不管這些情感是否難登大雅之堂，我們都不該再抬出達爾文時代的瘋狂人類學教條當作藉口，來扭曲這方面的研究，阻止這些基本感受發聲了。

11. A. Durand-Claye. *op. cit.*, pp. 21-22.

12. *Ibid.*, p. 23.

13. *Ibid.*, p. 50.

14. Déclaration citée, p. 69.

15. *Ibid.*, p. 69.

16. 關於這部分，參閱：Lion Murard et Patrick Zylberman, Rapport manuscrit cité, C.O.R.D.A., 1980.

17. P. 68.

18. Cf. A. Corbin, « L'hérédosyphilis ou l'impossible rédemption », *Romantisme*, 1981, n° 1.

19. O. Boudouard, *Recherches sur les odeurs de Paris*, 1912, p. 6. 作者布杜瓦（O. Boudouard）引用了一篇一八九九年督察處針對各分級的危害建築進行勘驗後提交的報告。

20. 巴黎東北部的奧貝維埃鎮（Aubervilliers）有十一座，另有兩座在聖丹尼、三座在伊夫里（Ivry）、維提（Vitry）有兩座、巴黎市區有一座。參閱：Brouardel et Mosny, *Traité d'hygiène*, t. XII, « Hygiène générale des villes et des agglomérations communales », 1910, p. 161.

53. 法國文學評論家狄迪耶（Béatrice Didier）在介紹「Folio」出版的系列叢書時，曾特別指出這一點。
54. *Ibid.*, p. 87.
55. *Ibid.*, p. 73.
56. *Ibid.*, pp. 87-88.
57. 除非作者堅持認定他成年後具有暴力傾向。
58. *Ibid.*, p. 89.
59. *Ibid.*, p. 373. 共和時期坐落在巴黎市中心科克—艾洪路（Coq-Héron）上的那間印刷廠：「那裡的氣味跟水肥一樣難聞。熱得跟馬廄差不多。」
60. *Tropique du Capricorne*, éd. « Le Livre de Poche », 1952, pp. 159-162.
61. Le Tambour, *passim*. 相反地，愛爾蘭文學大師喬伊斯（James Joyce）藉由筆下主角布盧姆（Bloom）之口，闡述女性體味所扮演的角色（*Ulysse*, Gallimard, 1948, pp. 368-369），於是創造出一長串的典型範例，都柏林的小資產階級顯然不明白「鼻子的解放」是怎麼回事。

終章　「巴黎的氣味」

1. Émile Trélat in *De l'évacuation des vidanges*..., p. 25.
2. Par exemple, J. Chrétien, *Les Odeurs de Paris*, p. 8.
3. *Ibid.,* pp. 10 *sq.* et Alfred Durand-Claye, *Observations des ingénieurs du service municipal de Paris au sujet des projets de rapport présentés par MM. A. Girard et Brouardel*, 1881, *passim.*
4. 有一段時間，還偶爾有人會把微生物稱為微生物瘴氣。
5. *De l'évacuation des vidanges*..., p. 36.
6. Dr François-Franck, art. « olfaction », p. 99.
7. Marié-Davy, *De l'évacuation des vidanges*..., p. 65.
8. Cité par Philippe Ariès, *op. cit.*, p. 533.
9. Marié-Davy, déclaration citée, p. 64.
10. Émile Trélat, *ibid.*, p. 19.

34. Sigmund Freud, *L'Interprétation des rêves*. Paris, P.U.F., 1967, pp. 209-210.

35. *Op. cit.*, p. 426.

36. *Histoire des principaux lazarets..., op. cit.*, t. II, p. 354 然而，這是下個世紀時，廣大人民深信不疑的信念。A. Corbin, *Archaïsme et modernité..., op. cit.*, t. I, p. 80.

37. Françoise Loux et Pierre Richard, *Sagesses du corps*, 1978.

38. 貝干（*art. cité, Politiques de l'habitat*, p. 257）的定義顯示了這整個行為習慣的複雜多樣。嗜酒、容忍擁擠的環境、不願工作的傾向、容易沈溺聲色之中、願意在街上閒晃、希望安穩過日子，全都被納入這個概念之中。「無拘束的身體自由」意味著需要更能容忍髒汙，這將使得嗅覺負擔加重且產生混亂。貝干反對強行推動的福利經濟改革。法國作家雷納爾（Jules Renard）借他筆下的小說人物哈歌特（Ragotte）之口說：「大腿要能互相碰觸得到，才能安適地行走」，所以她拒穿長褲。

39. *Prime éducation et morale de classe,* 1969, pp. 83 *sq.*

40. 有關利穆讚的地方諺語： A. Corbin, *Archaïsme et modernité...*, t. I, p. 81.

41. 魯克斯的研究顯示，這些諺語傳承下來的民間禁忌確實起了作用。反對洗掉孩子頭上油垢的聲浪，與希望自家門窗能完整保留下來的急切心態，兩者相互呼應。

42. Gilles Lapouge, *art. cité*, p. 104.

43. *L'Homme devant la mort*, p. 472.

44. A. Corbin, « La vie exemplaire du curé d'Ars », *L'Histoire*, mai 1980.

45. Gilles Lapouge, *art. cité*, p. 108.

46. *Correspondance*, t. I, p. 97.

47. Lettre à Ernest Chevalier, 23 octobre 1841, t. I, p. 86.

48. Cf. Jean-Paul Sartre, *L'Idiot de la famille*, t. III, p. 523.

49. 關於這點，參閱：*Gilles Lapouge, art. cité*, p. 111.

50. Jules Vallès, *L'Enfant*, p. 102.

51. *Ibid.*, p. 257.

52. *Ibid.*, p. 321.

18. Gisquet, Mémoires, *op. cit.*, t. I, pp. 458-465.

19. Cf. Françoise Dolto, « Fragrance », *Sorcières*, n° 5, p. 12, ainsi que, pour tout ce paragraphe, pp. 10-17.

20. *Op. cit.*, p. 329.

21. Cf. Pierre Bourdieu, *La Distinction*, 1978, p. 574.

22. Alain Faure, *op. cit.*, p. 167. 在里爾（Pierre Pierrard, *op. cit.*, p. 148），市政官員跟他們口中所謂的「籬笆下小解人士」，纏鬥了數十年之久。該市在第二帝國時期開始設置小便盆，當時引發一陣譏諷，人們笑稱這是巴黎的時尚小便法（p. 53）。

    到了一八八一年，塞納河衛生委員會出具的報告中（p. 284），還寫著：「大家都會留意船的清潔，卻沒人注意廁所馬桶的清潔。」「我們缺少的 ……是感覺，我們都大言不慚地高談人的本性是愛乾淨的。但真是這樣嗎？」

23. Alain Faure, *op. cit.*, p. 74.

24. *Histoire de la merde*, p. 27.

25. *Op. cit.*, p. 115.

26. *Op. cit.*, t. VI, p. 539.

27. Ingenhousz, *op. cit.*, cf. *supra*, pp. 57-58.

28. *Histoire des principaux lazarets..., op. cit.*, t. II, p. 262.

29. Cité par le Dr Henri Bayard, *op. cit.*, p. 88.

30. Cité par François Béguin, « Savoirs de la ville et de la maison au début du XIXe siècle », *Politiques de l'habitat*, p. 259. 杜里耶（*Pour une histoire.., op. cit.*, p. 39）在二十世紀初仍大聲疾呼，強調尼維爾省的工人還是必須在密閉的房間內工作。他還提到一段工會與資方之間的對抗故事，有助於了解衛生政策失敗的原因。

31. Howard, *Histoire des principaux lazarets..., op. cit.*, t. I, p. 153.

32. *Ibid.*, t. II, p. 52 et État des prisons..., op. cit., t. II, p. 26.

33. Olivier Faure, « Hôpital, santé, société : les hospices civils de Lyon dans la première moitié du XIXe siècle », *Bulletin du Centre d'histoire économique et sociale de la région lyonnaise*, 1981, n° 4, pp. 45-51.

中，看到美國文學家福克納（William Faulkner）對種族氣味這個議題有多麼重視。

第五章　「滿頭大笑」

1. J.-K. Huysmans, cf. p. 232.
2. 關於利穆讚地區教育方面的實際情況研究，請參閱：*Archaïsme et modernité..., op. cit.*, t. I, pp. 337-362.
3. Op. cit., p. 7. 關於這個問題，西班牙政府曾向歐洲各大學請益。
4. *Ibid.*, p. 8.
5. *Op. cit.*, p. 561.
6. R.-P. Cotte, art. « air et atmosphère », pp. 587, 1787.
7. Parent-Duchâtelet, par exemple : « Essai sur les cloaques et égouts de la ville de Paris. » *Hygiène publique*, t. I, p. 252.
8. *Recherches pour découvrir la cause et la nature d'accidents très graves... Hygiène publique*, t. II, p. 274.
9. Thouret, *Supplément au rapport sur la voirie..., op. cit.*, p. 26.
10. *Op. cit.,* p. 12.
11. *Op. cit.*, p. 586.
12. Parent-Duchâtelet, *Les Chantiers d'équarrissage...*, n. 40.
13. Bricheteau, Chevallier, Furnari, « Note sur les vidangeurs ». *Annales d'Hygiène publique et de Médecine légale*, t. XXVIII, 1842, p. 50.
14. Cf. *supra*, p. 176，有關謝弗勒爾的部分。V. oléon, *op. cit.*, année 1839, p. 495.
15. Bertherand, *op. cit.*, p. 7 et Pierre Pierrard, *thèse citée*, p. 54.
16. 法國中部上維埃納省（Haute-Vienne）的小鎮，聖里果牧師鎮（Saint-Priest-Ligoure）的農民對鎮長說：「得霍亂病死，總比餓死好。」因此這位地方官表示鏟走肥料是絕對行不通的。A. Corbin, *Archaïsme et modernité..., op. cit.*, t. I, p. 77.
17. Alain Faure, *Paris Carême-prenant*, p. 107.

49. Charles Féré, *La Pathologie des émotions*, 1892, pp. 438-441, et *L'Instinct sexuel, évolution et dissolution*, 1890, pp. 126 *sq. et* 210 *sq.*

50. Alfred Binet, *Études de psychologie expérimentale*, 1888. « Le fétichisme dans l'amour », p. 4. 比奈提到無論是對法國精神科醫生奧古斯丁．莫雷爾（Augustin Morel）或是法國精神科醫生馬格南（Valentin Magnan）來說，這些毛病只不過是退化性遺傳因子的小發作。比奈覺得最緊要的是，有「嗅覺」盲目崇拜的人，氣味會誘發一種連他們自己都無法抗拒的衝動：他們會跟蹤一些身上散發出讓他們感到興奮的氣息的女性。根據費赫的說法（*op. cit.*, p. 439），法國浪漫派詩人拉馬丁（Alphonse de Lamartine）之所以對小酒館的女侍情有獨鍾，原因就在於此。

51. À *rebours*, 1884, éd. 10/18, p. 203.

52. Cf. Pierre Cogny, « La destruction du couple Nature-Société dans l'À rebours de J.-K. Huysmans ». Françoise Gaillard, « De l'antiphysis à la pseudo-physis : l'exemple d'À rebours ». *Romantisme*, 1980, n° 30.

53. *Le Mystère de la Chambre jaune*, Le Livre de Poche, 1960, par exemple, p. 84.

54. Jean Lorrain, *La Ville empoisonnée* (Chroniques du *Journal*, 1896-1902). 8 juillet 1896, pp. 106-107. 關於「黑人村的惡臭」：「黑人的氣味，一種類似奶油裡面加了鹽與胡椒的味道直衝上來，在暴風雨的夜裡聞著，更是覺得噁心。」我們可以看到，這裡描述的語氣變了。

55. Dr Bérillon, « Psychologie de l'olfaction : la fascination olfactive chez les animaux et chez l'homme », *Revue de l'hypnotisme*, octobre 1908, pp. 98 *sq.*
在貝里隆醫生的文章中，我們可以看到當時引發社會焦慮的普遍看法：文明必然走向衰敗。文章中也從這個角度研究了嗅覺角色的滑落。不過，貝里隆醫生也深知嗅覺行為重獲重視，同樣意味著衰敗，再一次地凸顯了這兩種奇想（fantasme）之間，轉圜的餘裕有多狹窄。

56. *Op. cit.*, p. 306. 貝里隆醫生先是鑽研猶太族異味（*foetor juadacius*）。後來在一九一五年發表了一篇研究論文，令他聲名大噪：《德意志民族的臭汗症，日耳曼民族異味》（*La Bromidrose fétide de la race allemande, foetor germanicus*）。再晚一些時候，我們可以從小說《墳墓闖入者》（*L'Intrus*）

高境界，還有對所有感官混合交融感受的追尋，可以被視為是一條漫長尋覓之路的終點。而這樣的追尋，我們從夏依克斯（M. A. Chaix）的舊作《當代詩歌中的藝術對應》（*La correspondance des arts dans la poésie contemporaine,* 1919），以及法國藝術史學者波米耶（Jean Pommier）的《波特萊爾的神秘狂熱》（*La mystique de Baudelaire,* 1932）當中找到一些脈絡。我們在前面已經看到，歷久不衰的香氣主題一直盤踞波特萊爾同時代的文人心頭，而嗅覺追尋之旅也算是本書之前分析過的群體想像。

34. 若要研究左拉作品中氣味所扮演的角色，需要寫上好幾本書，而事實上已經有人深入專研這個主題了。在此，我就直接扼要地借用了。
35. Dr Édouard Toulouse, *Enquête médico-psychologique sur les rapports de la supériorité intellectuelle avec la névropathie. Émile Zola*, Paris, 1896, pp. 163-165 et 173-175.
36. Léopold Bernard, *Les Odeurs dans les romans de Zola*, s. d.
37. Alain Denizet, *Les Messages du corps dans les Rougon-Macquart*, Mémoire de maîtrise, Tours, 1981.
38. *Op. cit.*, p. 8.
39. 關於此節，最典型的莫過於在穆法特伯爵夫人（Comtesse Muffat）晚宴上的那些男士。他們避開眾人私下講的悄悄話（*Nana*, ch. III）。
40. 參閱《一頁愛情》（*Une page d'amour*）中德貝勒醫生（Deberle）勾引格蘭尚（Hélène Grandjean）一段。
41. Cf. Jean-Pierre Richard, *Littérature et sensation*, 1954, p. 189.
42. *Correspondance*, éd. La Pléiade, t. I.
43. *La Joie de vivre*, p. 1019.
44. *Ibid.*
45. 英國醫生艾利斯精簡之大綱，*op. cit.,* pp. 169 *sq*。哈根認為皮革的氣味會讓人聯想到性器官的味道。
46. *Chérie,* 1889.
47. Ambroise Tardieu, *Les Attentats aux moeurs*, éd. 1867, p. 183.
48. G. Macé, *La Police parisienne. Un joli monde*, 1887, pp. 263, 266, 272.

mort, Œuvres complètes, Paris, Conard, t. 22, p. 121）

18. Eugène Fromentin, *Dominique*, 1862, p. 88 de l'éd. du Livre de Poche.
19. 這一點，香水業者心裡很清楚，他們推出「墳墓」造型的香水瓶，裡頭裝的是已經仙逝的女士香氣。
20. Viollet-le-Duc, *Dictionnaire de l'Architecture*, t. VI, p. 164. 菲德烈（Frédéric）與羅珊妮特（Rosanette）在楓丹白露（Fontainbleu）散步時，聞到了這股「留存了幾世紀的氣體」，參閱：Jean-Pierre Richard, *Littérature et sensation*, 1954, p. 190.
21. « Le pied de momie » et « Arria Marcella ». *Récits fantastiques*, éd. Garnier, 1981, pp. 184 et 251.
22. Charles Baudelaire, « Le Flacon ».
23. Émile Zola, *La Joie de vivre*, p. 857.
24. T. Thoré, *Dictionnaire de phrénologie et de physiognomonie àl'usage des artistes, des gens du monde, des instituteurs, des pères de famille, etc.*, 1836, p. 314.
25. 與病魔搏鬥的心愛女人的味道，在多爾維利（Jules Barbey d'Aurevilly）的想像中翻騰，這些氣味好像比任何東西都更能表達內心的苦痛。「一定要去感受她那可憐發燙臉蛋四周的氣息，裡頭充斥我們所愛女人身上皮相的生命力……。」（*Un prêtre marié*, Gallimard, « Folio », p. 223）
26. 法國作家聖波夫（Charles Augustin Sainte-Beuve）的小說《情慾》（*Volupté*），在這個問題上似乎已經刻畫了一個範本了，詩人桑（《萊莉亞》〔*Lélia*〕）與巴爾札克（《幽谷百合》）皆曾從中獲得靈感。
27. 這是套用菲佛的用詞，*op. cit.*, p. 49。
28. *Le Lys dans la Vallée*, t. IX, p. 1114.
29. Charles Baudelaire, « La chevelure ».
30. « Chanson d'après-midi. »
31. Cf. « La propreté des demoiselles belges. »
32. 莫泊桑（Maupassant）有異常精準的描繪（*L'Ami Patience*）。
33. 若說到香氣、幻想旅程、情感的對應與往事重現這些個主題，詩人變化多端的觀點，超出了我想討論的範圍。我們只要記住一點，波特萊爾對於忘我至

的惡臭。

5. 「大自然輕輕吻上他所有的感官……，渾然忘我的他，什麼也看不見、聽不見、聞不到。」「巴索施呼吸的空氣中，有開花的維吉尼亞煙草香。……香霧蒸騰，花園入口的粉紅色精靈肌膚（cuisse de nymphe）玫瑰花叢，散發甜美清芬，其中隱約夾雜了麝香的香氣與粗獷的氣息。」（*Manette Salomon*, p. 425）
6. Maine de Biran, *Journal*, éd. Vrin, t. I, p. 79.
7. *Ibid.*, pp. 77 et 165.
8. Senancour, « Promenade en octobre », *Le Mercure du XIX*[e] *siècle*, 1823, t. III, p. 164.
9. *Journal*, t. I, p. 152.
10. Art. « odeur », p. 229.
11. *Op. cit.*, p. 112.
12. (Béchet) art. « olfaction », p. 19.
13. T. XI, p. 607.
14. George Sand, *Histoire de ma vie*, La Pléiade, t. I, p. 557.
15. Charles Baudelaire, « Le Parfum ».
16. 林梅爾著作的前言部分，p. VI。
17. *Madame Bovary*, La Pléiade, 1951, p. 473. 回憶起往事五味雜陳的另一個例子：《如死一般強》（*Fort comme la mort*）的主角貝爾丹船長（Bertin），在海上聞到故鄉科西嘉島的氣味，舊日時光隨即浮現腦海。「這些消逝的回憶，早已深陷遺忘之中的舊事，就這樣不明究理地突然躍出。它們來得如此之急，各式各樣、數量驚人，一股腦全來了。他覺得彷彿有一隻手在攪動他的記憶……這種讓人措手不及的往事重現，自然其來有自，原因並不虛幻，其實簡單明瞭，那是一股味道，經常是一種芳香。數不清有多少回了，女子長裙飄散的淡淡芳香，喚醒沈睡往事，將他推回到到過去！他在這些老舊的化妝品瓶罐底下，經常能尋回自己人生的片段；這些漂浮不定的氣味，街衢、田野、屋舍、傢俱的味道，美好的或不堪的，夏日晚間的暑熱，冬季夜晚的寒涼氣息，總能勾起久遠的往事……。」（Guy de Maupassant, *Fort comme la*

個不同廠家的文宣。

141. 有關嗅覺形式、嗅覺句法與嗅覺作曲家的概念，請參閱莫雷諾（O. Moréno）、布爾東（R. Bourdon）、胡德尼茨卡（E. Roudnitska）合著的美妙作品，《香水的親密》（*L'Intimité des parfums*, 1974）

142. 參閱註釋 132。

143. 其中包括鑽研東方文化的英國學者雷恩（Edward William Lane ）的作品《現代埃及人》（*Modern Egyptians*）、法國博物學家索尼尼（Charles Sonnini）的《埃及記行》（*Voyage en Égypte*），以及達克特（William Alexandre Duckett）《美哉土耳其》（*La Turquie pittoresque*）。巴爾多宮（Palais de Bardo）的縮小版在一八六七年的世界博覽會上大放異彩，也造就了東方文化的另一波風潮，其實早在克里米亞戰爭時就已經出現了一波東方熱。這股風潮正是艾梅夫人重新開始用豔麗彩妝的引信，雖然她仍不敢太明目張膽。

144. *Correspondance*, t. I, p. 558 (le 5 janvier 1850) et 568 (15 janvier 1850).

145. Edmond et Jules de Goncourt, *Manette Salomon*, p. 131.

146. Jacques Léonard, *thèse citée*, t. III, p. 1468. 普拉松鎮（Plassans）鎮長的櫃子裡擺滿了一瓶瓶的香水，馬卡（Antoine Macquart）看得目不轉睛；他這才驚覺自己與盧貢（Rougon）之間的階級差距，但最終，還是這些香水瓶子慢慢平息了他內心的不忿之火（*La Fortune des Rougon*, La Pléiade, t. I, pp. 271-272）。

第四章　陶醉與瓶子

1. Cf. le témoignage de Charles de Rémusat, *Mémoires de ma vie,* Paris, Plon, 1958, t. I, pp. 110 *sq*.

2. *Les Paysans*, La Pléiade, t. IX, p. 53.

3. *Le Curé de village*, t. IX, p. 654.

4. 參閱《書信集》（*Correspondance*）裡有關他的姐妹臨終前的那段。當時，法國西南部科雷茲市（Correze）的上流社會仕女們，正絡繹不絕地前往中南部蒂勒市（Tulle）的法庭，吸取肚破腸流的可憐拉法奇（Lafarge）屍體散發

126. *Op. cit.*, p. 211.

127. *Mémoires de deux jeunes mariées*, La Pléiade, t. 1, p. 200.

128. A. Debay, *Nouveau manuel du parfumeur-chimiste*, 1856, p. 40.

129. 德吉哈丹夫人（*op. cit.*, p. 329）明確地指出，就是在一八三九年，人們捨棄了僵化的做法，重新質疑所謂的簡單高雅作派，再度吹起大膽的作風。請注意，儘管園藝植栽極度風行，德吉哈丹夫人依舊不改其性，偏好茉莉和忍冬的甜美芬芳。

130. Cf. Georges Vigarello, *op. cit.*, p. 167.

131. 帝王宮廷持續禁用麝香與龍涎香，這既是品味，亦是道德的表現。關於此節，從嬌蘭專為皇后特製的**女皇花束**（Bouquet de l'Impératrice）香水，其中的成分即可見一斑。一八五五年，維多利亞女王（Victoria）到法國進行正式訪問，她所用的香水，誠然是最高級的名品，但仍脫不了裡頭成分含有麝香的嫌疑。引得杜樂麗宮廷的高貴仕女競相強調這一點。（Mme Amet née d'Abrantès, Le Messager des modes..., 1er juin 1855, p. 4）

132. 這些論點源自數據上的研究，其中的細節就不在這裡表述。

133. Cf. M.-L. L'Hôte, *Rapport concernant la parfumerie*. Exposition internationale de 1889, classe 28.

134. Louis Claye, *op. cit.*, p. 56.

135. Cf. Albert Boime, « Les hommes d'affaires et les arts en France au XIXe siècle », *Actes de la Recherche en Sciences sociales*, n° 28, juin 1979.

136. Eugène Rimmel, *op. cit.*, p. 24.

137. Philippe Perrot, *op. cit.*, pp. 325-328.

138. S. Piesse, Des odeurs, des parfums et des cosmétiques, 2e éd. 1877, pp. 4-18. (Ire éd. à Londres, 1855 : The art of perfumery.)

139. Cf. A. Debay, manuel cité, p. 107.

140. 光是自己旗下的女用髮油與亮光產品，法國婕洛芙兄弟（Gellé frères）品牌在一八五八年就推出了扁平瓶身、方形瓶身、圓形瓶身、「陵墓型」、「提琴型」、「風箏型」、「筆盒型」、「水壺型」等多款包裝瓶。《香水產業》（*Parfumerie*），為 B.N. V. 403 系列進行之意見調查，集合十九到二十世紀各齊博伯格讓我們看到了通俗小說家有多愛寫花與鳥。

110. Cf. Yvonne Verdier, *op. cit.*, p. 185.

111. 也可參閱《穆雷神父的過失》（*La faute de l'abbé Mouret*），小說開頭部分那段瑟吉的傳教守則（pastorale de Serge）。

112. *Les Travailleurs de la mer*, « Folio », p. 151.

113. *Ibid.*, p. 482.

114. *Ibid.*, p. 171.

115. *Le Médecin de campagne*, t. IX, p. 477.

116. *Op. cit.*, p. III.

117. *Ibid.*, pp. 687-717.

118. A. Alphand et baron Ernouf, *op. cit.*, p. 326.

119. 但在鄉間（參閱《克蘿丁妮》〔*Claudine*〕系列），鮮花與少女相互襯托的純潔意象始終未變，這一點與巴黎不斷翻新變化的流行趨勢形成對比。此外，值得注意的是，象徵主義藝術依舊不斷地強調甜美少女與鮮花相似的論調。關於此節，德國現實批判小說家馮塔納（Theodor Fontane）的浪漫情愛作品中尤其明顯，特別是布里斯特（Effi Briest）的花園所代表的微妙花草象徵意涵。

120. *Op. cit.*, p. 24.

121. Claude Rifaterre, « L'origine du mot muscadin », *La Révolution française*, 1909, janvier-juin, pp. 385-390. 黎法岱（Claude Rifaterre）覺得保皇派紈袴子弟（譯按：muscadin，與 musc〔麝香〕拼音相近）這個字最早（一七九二年八月）是下層階級的無套褲漢（sans-culottes），也就是革命的主要支持者，對他們最看不慣的公子哥兒們的統稱。這些公子哥兒包括里昂國民自衛軍（garde nationale）、大家族裡的少爺、商店與銀行的職員，而這些遭到隱射的人，也立刻大方驕傲地接受了這個稱號。

122. Mme Celnart, *Manuel du Parfumeur*, 1834, p. 225.

123. Louis Claye, *op. cit.*, p. 35.

124. Charles-Léonard Pfeiffer, *op. cit.*, p. 27.

125. Alexandre Dumas, *art. cité.*

102. 戴堤安（Marcel Détienne）重現了女子模仿古希臘女子在阿多尼斯園圃（jardin d'Adonis）裡的模樣。她們在室外假裝忙著蒔花弄草，好像真的在幹農活似的畫面，與耕種五穀的農事成強烈對比。到了十九世紀，菁英階層的婦女喜歡在花臺上植花種草或種盆栽，這些活動背後代表的意義是，這些女子只是在打發時間，根本毫無生產力，幸好她們的丈夫用真正的生產活動來補足了她們的無用。

103. Mme Amet née d'Abrantès, *Le Messager des modes et de l'industrie*, 1er mars 1855.

104. 艾梅夫人（Mme Amet）繼續寫道：「皇后上一次的髮型非常迷人，額頭上方綁了一條鮮花與髮絡交纏的美麗髮辮。用的花是純白雛菊的花苞。」

105. *Op. cit.*, t. II, p. 170. 一八五二年出版的《巴黎浮世繪》（*Tableau de Paris*）裡面，特席耶（Texier）花了很長的篇幅，鉅細靡遺地描寫鮮花商業活動的發展，以及冬季花園的萬紫千紅。他認為馬比爾花園露天舞會（Jardin Mabile，譯按：最早由舞蹈教師馬比爾〔Mabile〕在一八三一年舉辦，一開始只限他的學生參加，後來擴大規模逐漸成為巴黎的一大盛事，一直持續到一八七〇年巴黎圍城遭到砲戰轟炸為止）場地的香氣比以往更盛。艾梅夫人寫道：「皮羅多交響樂團（Pilodo）的和諧樂音與茉莉和玫瑰花香融合一體，塑造出淫佚享樂的氛圍。」（*Le Messager*..., 15 juillet 1855）無論在何地舉辦，皇家舞會總是大量盡情地運用甜美花香。

106. Cf. Davin, « Le printemps à Paris », *Le Nouveau Tableau de Paris*, 1834, t. I, p. 209.

107. *Les Parfums*..., *op. cit.*, p. 216.

108. Paul de Kock, « Les grisettes », *Le Nouveau Tableau de Paris*, t. I, p. 174.
達凡（Davin）認為香碗豆，尤其是木犀花，是縫紉女工與女傭的「最愛」，她們「非常享受用它們來薰香她們的胃」。這些女孩一起床，立刻跑到她們的小花園裡（*op. cit.*, p. 211）。一八五二年，特席耶（*op. cit.*, p. 153）將木犀花香歸屬於縫紉女工的品味，紫羅蘭香則較合乎大學生品味。「那位感情豐富的步兵」最愛帶一盆丁香給故鄉的女友。

109. 關於這部分，參閱：Marie-Hélène Zylberberg-Hocquard, *art. cité*, p. 614. 作者

88. M. Boîtard, *L'Art de composer et décorer les jardins*, t. II, p. 22.
89. J.-C. Loudon, *Traité de la composition et de l'exécution des jardins d'ornement*, 1830, p. 194.
90. 法國大革命的政治人物羅蘭夫人（Mme Roland）回憶道，她小時候的花園就是這個樣子（*Mémoires particuliers*, éd. Mercure de France, 1966, p. 205）。
91. *Op. cit.*, p. 210.
92. Bailly, *op. cit.*, t. II, p. 47.
93. 例如：法國小說家杜蘭蒂（Louis Edmond Duranty）筆下《海莉葉．傑哈的不幸》（*Le Malheur d'Henriette Gérard*）的主人翁就見證了花園在她的人生中所扮演的重要角色。書中，年輕女主角醒來時的描述非常意象：「她起身，聽見鳥兒鳴囀，聞到花香，望著天空浮雲蒼狗……。」（Éd. « L'Imaginaire », Gallimard, 1981, p. 112）
94. Bailly, *op. cit.*, p. 57.
95. 本書下面的詞彙定義，均借用博達作品中的定義。
96. 參閱巴爾札克小說《茉黛絲特．米尼翁》（*Modeste Mignon*）裡關於花園裡雀鳥鳴囀的描寫。
97. J. Michelet, *La Femme, op. cit.*, p. 129.
98. Mme Lafarge, *Heures de prison*, 1853, p. 92. 她玩耍時吸取的木犀花甜美芬芳，反倒讓德斯塔斯維爾夫人（Mme de Stasseville）回想起棺槨中的孩子遺體，因棺槨埋藏地點的上方就長滿了木犀花。她的沙龍瀰漫著濃濃的木犀花香，香氣濃郁到令敏感的仕女都不願前往（Barbey d'Aurevilly, « Le dessous de cartes d'une partie de whist », *Les Diaboliques*, éd. « Folio », 1973, p. 219）。
99. 巴伊里問：「哪一家的花園裡不是滿滿的紫羅蘭？」（*op. cit.*, p. 174）；至於歐亞香花芥，「也是長條花圃與圓形花壇上最常見的花之一」。這花一般稱之為「淑女丁香」，之所以受到大眾的歡迎，端拜它的香氣所賜。相反地，晚香玉的香氣卻不受青睞。
100. Cf. M. Boîtard, *Le Jardinier des fenêtres, des appartements et des petits jardins*, 1823.
101. Comtesse de Bradi, *op. cit.*, p. 221.

76. Cité par Marcel Raymond, *op. cit.*, p. 157.

77. Jules Michelet, *La Femme, op. cit.*, pp. 242-243.

78. J. Ingenhousz, *op. cit.*, p. LXXXVIII.

79. Jules Michelet, *La Femme, op. cit.*, pp. 127 et 128.

80. 我們頂多能察覺到隱約的轉變。不再完全仰賴大自然，理論派學者建議在草坪上隨意種些香花：鳶尾花、鈴蘭、紫羅蘭、草原天竺葵。眾人開始留心周遭一切與呼吸有關事物，因此對於香味愈來愈重視。「河流兩岸長滿芳香的植物、宜人的香草，這些芬芳的氣息，加上松樹散發的松脂香氣，瀰漫空氣中，滿滿地被吸入胸肺。」（J. Lalos, *De la composition des parcs et jardins pittoresques*, 1817, p. 88）

81. 關於英國的領先地位，參閱：Edmond Texier, *Tableau de Paris*, 1852, p. 154.

82. Comte Alexandre de Laborde, *Description des nouveaux jardins de la France et de ses anciens châteaux*, 1808, p. 210.

83. 一八五七年，莫特瑪德伯斯男爵為高貴仕女的公寓居所下了如此的結論：「一樓的每一扇窗都可以看到花房，到了冬天，花房在壁毯工匠的巧手下，大約四到五次左右，變身為小型遊藝室，供仕紳淑女在此玩猜格言遊戲。」（*op. cit.*, p. 90）

84. C. Bailly, *Manuel complet théorique et pratique du jardinier, Paris, Roret*, 1829, t. I, p. 223.

85. Baron Ernouf, *L'Art des jardins*, 3e éd., p. 238.

86. Cf. Édouard André, *Traité général de la composition des parcs et jardins*, 1879, p. 192.

87. Arthur Mangin, *Histoire des jardins, anciens et modernes*, 1887, p. 372, cite le *Musée des familles*, t. I, 1834.

關於德聖文森的說法，一般咸認為他太早下定論了，他的說法和左拉筆下那位蛇蠍般的高級名伶住處相去非常之遠，再者，十八世紀末的代表性裝飾也並非如他所的言那樣。宋波瓦（Sombreval）為了「敏感的」卡莉克斯特（Callixtte），在魁奈（Quesnay）建造的花房完全遵循了該世紀初的準則——低調。（Barbey d'Aurevilly, *Un prêtre marié*）

58. Dr Alexandre Layet in *Dictionnaire Dechambre*, 1880, article « odeurs ».

59. Cf. Antoine Combe, *Influence des parfums et des odeurs sur les névropathes et les hystériques*, 1905. 作者孔伯（Antoine Combe）對這個問題做了非常詳盡的剖析。

60. *Op. cit.*, p. 271.

61. 賽兒娜夫人在香氛產品這一塊，她特別強調昂貴與低調是一體的兩面：植物性香氛比動物性香氛揮發得更快，由此可證，選用淡雅香水，花費必然更高，因此用淡雅香水的必然是有錢人。

62. L. Rostan, *Cours élémentaire d'hygiène*, t. I, p. 528.

63. Cf. Jean Borie, *Mythologies..., op. cit.*, p. 57.

64. Cf. Michel Foucault, *La Volonté de savoir*, 1977*, passim.*

65. *Les Parfums et les Fleurs..., op. cit.*, p. 50.

66. M. Barruel, « Mémoire sur l'existence d'un principe propre à caractériser le sang de l'homme et celui des diverses espèces d'animaux », *Annales d'Hygiène publique et de Médecine légale, 1829*, pp. 267-277.

67. *Dictionnaire...* (Béchet), art. « odorat ».

68. *Op. cit.*, t. I, p. 59.

69. *Dictionnaire des Sciences médicales* (Panckoucke), 1819, art. « odeur », p. 229.

70. *Dictionnaire de Médecine* (Béchet), 1840, Dr Rostan, art. « odorat », p. 237.

71. 德守琉的化妝包裡就有個小香料匣（*Mémoires de deux jeunes mariées*, p. 213）。

72. Chaptal, *op. cit.*, p. 109.

73. A. Debay, *Parfums..., op. cit.*, p. 43.

74. 關於這部分，靈感明顯地源自法國作家塔布蘭特（Laure d'Abrantès）。據嘉祐的說法（*op. cit.*, p. 134），督政府時期，仕女專屬的小客廳變得無比重要，尤其是在政治方面。就是這個時候，美髮師變得非常搶手。一八五七年，莫特瑪德伯斯男爵（Baron Mortemart de Boisse）在提到小客廳的時候，宣稱：「女人全都在這裡……不然就是在臥房裡。」（*La Vie éléganteà Paris*, p. 89）

75. *Op. cit.*, p. 221.「她們欣喜若狂地招呼寒暄，彷彿找回失散的姊妹一般。」（Jules Janin, *Un été à Paris*, 1844, p. 238）

41. 一八二五年，居福夫人（*op. cit.*, pp. 31 et 83）強調麝香退場，改由古龍水和檸檬香水擅場。一八三三年，賽兒娜夫人就倡議：「像麝香、龍涎香、橙花、晚香玉這類的濃郁香氣，應該完全禁絕。」（*op. cit.*, p. 11）
42. E. Tourtelle, *op. cit.*, t. I, p. 434.
43. Comtesse de Bradi, *op. cit.*, p. 214.
44. *Op. cit.*, t. I, pp. 434-435. 胡斯坦醫生也持同樣的看法，*op. cit.*, pp. 528-529。
45. Eugène Rimmel, *Le Livre des parfums*, Bruxelles, 1870, p. 25 (éd. française).
46. *Ibid.*, p. 350.
47. *Op. cit.*, p. 75.
48. 德守琉使用它來留住賈斯東（Marie Gaston）（*Mémoires de deux jeunes mariées*, p. 381）。
49. A. Debay, *Les Parfums et les Fleurs*, p. 49.
50. Cf. Londe, *op. cit.*, t. II, p. 501.
51. 賽兒娜夫人（*op. cit.*, p. 92）的看法比較寬容，她覺得在襯衫和絲襪上灑「幾滴古龍水」是可以的。
52. *Op. cit.*, t. I, p. 59.
53. *Op. cit.*, p. 220. 循著同樣的原則，德拉古（*op. cit.*, p. 233），與賽兒娜夫人（*op. cit.*, p. 92）分別在一八二九年和一八三三年各列出了一張可以使用的香水清單。
54. *Op. cit.*, p. 369.
55. *Les Parfums et les Fleurs, op. cit.*, p. 42.
56. *Dictionnaire de Médecine* (Béchet), article « odeur ». 弗里蘭德也有同樣的批判，*op. cit.*, p. 70。
57. Z.-A. Obry, *Questions sur diverses branches des sciences médicales*, p. 13. 賽兒娜夫人為她高雅的女性讀者給了些許醫學建言：「臉色蒼白、身形瘦削、黑眼圈、虛弱無力、神經緊張，都是人類過度使用香氛的常見後遺症，畢竟人的神經多少都有些敏感」（*op. cit.*, p. 91）。德拜伊不建議使用香水手套，它們可能是許多意外事故的肇因（*Hygiène des mains et des pieds, de la poitrine et de la taille*, 1851, p. 20）。

27. 這類穿在裡面「不外露的衣服」飛快地在民間普及的現象（參閱：Philippe Perrot, *op. cit.*, p. 259），就本書來說，是非常重要的大事件。

28. Cf. Guy Thuillier, *op. cit.*, pp. 124 *sq.*

29. 米諾鎮的情況似乎就是這樣，參閱：Y. Verdier, op. cit., pp. 111-112. 對這位正值青春期的年輕女孩來說，新衣裳散發的清新香氣，是吸引她冬天到女裁縫店裡當學徒的原因之一（p. 215）。

30. 據杜里耶的說法（*op. cit.*, p. 52），尼維爾的資產階級，在一九〇〇年時已經使用坐浴桶，還有月經布墊，而一直要到一九二〇年後，坐浴桶的設置才普及到其他階級。

31. Anne Martin-Fugier, *op. cit.*, p. 110.

32. Jacques Léonard, *thèse citée*, t. III, p. 1468.

33. 鑄鐵琺瑯瓷技術成熟普及，大幅降低了大型水盆的製作成本，使得清潔衛生更往前邁了一大步。這類的衛生新要求在當時造成了相當大的代溝。

34. 前面舉的例子，參見：Guy Thuillier, *op. cit.*, pp. 54-55.

35. *Des prisons…, op. cit.*, p. 34.

36. Fanny Faÿ-Sallois, *Les Nourrices à Paris au XIXe siècle*, Paris, Payot, 1980, p. 216.

37. Yvonne Verdier, *op. cit.,* pp. 122-128. 杜里耶的書顯示尼維爾也有類似的供水建設。一八二〇到一八三〇年的這十年裡，政府大刀闊斧地施行「洗衣池政策」。偏避村鎮的供水普及率，在一八四〇年到一八七〇年間大幅地提升。儘管如此，還要等到一九〇二年二月十五日的立法通過後，才總算有了系統化、一貫性的衛生政策（*op. cit.*, pp. 14 *sq*）。

38. 據德吉哈丹夫人（*op. cit.*, p. 317）說，在一八三七年時，就算是巴黎的高貴人士身上都飄著濃濃的煙味。

39. 參閱《假情婦》（*La fausse maîtresse*）的主人翁帕茲（Paz）的體貼之舉：他很怕薰臭了拉琴絲卡夫人（Laginska）的馬車，因為他剛剛抽了一根雪茄。（La Pléiade, t. II, p. 218）

40. Veblen, *op. cit.*, pp. 56, 58 et 97. 關於此節，參閱：Philippe Perrot, *op. cit., passim.*

閱：Marie-Hélène Guillon : « L'apprentissage de la propreté corporelle à Paris dans la deuxième moitié du XIXe siècle », Mémoire de D.E.A., Paris VII, 1981.

11. Richard Sennett, à propos de la « maladie verte », *Les Tyrannies de l'intimité*, Paris, Le Seuil, 1979, p. 145.
12. *Op. cit.*, p. 180.
13. D.-M. Friedlander, *De l'éducation physique de 'homme*, 1815, p. 54.
14. 一八〇四年，德聖尤森（*L'Ami des femmes*, p. 169）建議：「當面容蒼白、唇無血色，雙眸不自禁地籠上迷濛淚水的少女，站在肉慾的甜美與奉行美德的喜樂中間猶疑不決時，請以孤獨為伴吧，悠然沉浸於惆悵夢幻裡吧。長時間泡在熱水裡，激起了這股情色慾念，摧殘這個大自然呵護的孩子體內的精力。」這裡，再次提到了時間的重要，時間決定了沐浴的屬性，到底是「賣弄風情的清潔衛生」，抑或是「強健人格的清潔衛生」。
15. Delacoux, *Hygiène des femmes*, 1829, pp. 223 et 224.
16. *Ibid.*, p. 226. 帕宏—杜夏特雷將妓女身型臃腫的主因，歸咎在過度洗浴上。
17. *Op. cit.*, p. 507.
18. *Op. cit.*, p. 37.
19. *Op. cit.*, p. 117.
20. 關於這一點，參閱：Marie-Françoise Guermont, *La Grande Fille. L'image de la jeune fille dans les manuels d'hygiène de la fin du XIXe siècle et du début du XXe siècle*, mémoire de maîtrise, Tours, 1981.
21. *Op. cit.*, p. 210.
22. Cf. Philippe Perrot, *op. cit.*, p. 228.
23. Comtesse de Bradi, *op. cit.*, p. 191.
24. Op. cit., pp. 8-12. 值得注意的是，她還提到也可以在頭髮上塗抹蛋黃液，去除油垢。杜維寧醫生（Dr. Thouvenin）也建議他的讀者偶爾要用溫水和肥皂洗頭（*Hygiène populaire à l'usage des ouvriers des manufactures de Lille et du département du Nord*, 1842, p. 27）。
25. *Op. cit.*, t. II, p. 5.
26. *Op. cit.*, p. 23.

the water closets, London, 1960.本書（p. 206）附有許多維多利亞時代奢華廁所的插圖。陶瓷器上最常見的不是老鼠簕葉（feuille d'acanthe），就是藍色木蘭花。最經典的當屬那座以一頭獅子雕塑為底座的坐式馬桶。

78. Cf. Lion Murard et Patrick Zylberman, *op. cit.*, p. 291.

第三章　親密的香水

1. Comtesse de Bradi (née Agathe Caylac de Caylan, elle a été l'élève de Mme de Genlis), *Du savoir-vivre en France au XIXe siècle*, 1838, p. 210.
2. Duveen et Klickstein, *art. cité*.
3. 由布魯賽首創的新詞。
4. 認知感官方面的衛生事項佔據了衛生手冊相當大的篇幅。胡斯坦醫生（*op. cit.*, t. I, p. 530）由此特意強調觸覺層面上的衛生。
5. 克拉葉如此這般地定調：「臉龐的色澤必須永遠是揉和了玫瑰紅與百合白……，白皙、細緻、柔滑和清新的肌膚上掛著一抹純淨的紅暈。」（*Les Talismans de la beauté*, 1860, pp. 90-91）
6. *Ibid.*, p. 94.關於「自然生成的白皙光彩」，與象徵著亞當起源，且總是與星辰的永恆雪白相提並論的白色花朵，理查德（*L'Univers imaginaire de Mallarmé*, 1961, pp. 92 et 61）提出了非常精闢的看法。我們知道象徵主義重新掀起了一波肌膚泛著珠光才是美的追求。法國詩人馬拉美（Stephane Mallarmé）本人都會盛讚美白霜的功效。
7. Werner Sombart, *Le Bourgeois*, Paris, 1926, p. 134.
8. Mme Celnart, *Manuel des dames ou l'art de l'élégance*, 1833, p. 100.
9. *Op. cit.*, p. 159.
10. 海勒（Geneviève Heller）在《清潔還要整齊》（*Propre en ordre*）一書中，鉅細彌遺地描寫了瑞士沃州（Vaud）採取的綜合性策略。該策略自一八五〇年起，便朝著將瑞士變成一個乾淨國度的方向邁進。保持乾淨被認定是最崇高的德性，因為要持續堅持下去非常困難。海勒證實直至一次大戰之前，人們努力的重點始終擺在內心的清潔，而非身體的潔淨。關於這一點，也可參

間），列舉了許多巴黎行政部門在這方面的積極行動。全面性系統化地汰換蹲式廁所與臨時性的暫時廁所；市府官員將希望寄託在學校上，詳盡地制定了廁所的規範（cf. p. 79）；行政部門規劃中的廁所將「設在開闊的學校操場空間，獨據一角，面朝北。每兩百名學生要配置兩間廁所，並要有恰當的通風或空氣流通設計」，由門房負責清潔除臭的工作。在這場對抗糞便的大戰裡，門房於是身居總指揮的角色。按照這個規範設置的廁所，在座落於合利路（rue de Reuilly）七十七號的一間學校內仍可看到，這要感謝一位老太太每日勤勞不懈地清潔（p. 32）。

這些文獻裡讓人感到震驚的地方是（cf. p. 34），關於這些建議的描述超乎尋常地詳盡。我們因而從中得知，中學獲致的成效比小學好，而女子學校落實的速度比男子學校來得快。

67. P. 34

68. Cf. p. 29. 關於此節，拉波特（*Ornicar ? Analytica, art. cité*, pp. 224 *sq*）引用了一段很美的文字，但那是很後來的事了。督察員出具的報告中，常見暗示學校氣味難以忍受的文字，而報告裡的這些文字卻常被拿來當作學校關閉的理由。

69. Roger-Henri Guerrand, « Petite histoire du quotidien : l'avènement de la chasse d'eau », *L'Histoire*, n° 43, 1982, pp. 96-99.

70. 戴高樂在描寫各國國民性格時，寫到德國人建造高聳的「哥德式宮殿來解手」。*Vers l'armée de métier*, 1934, éd. Plon, 1971, p. 27.

71. *Rapport cité*, p. 29.

72. Lecadre, *art. cité*, pp. 256-257.

73. 弗維爾在一八九四年時，曾參與里爾市居住環境的勘查計畫，他筆下的里爾市典型民宅，二樓皆設有廁所（A. Thalamy, *Politiques de l'habitat*, p. 33.）。

74. *Op. cit.*, p. 807.

75. 嘉祐（*op. cit.*, t. II, p. 100）指出，從一八二七年開始，女性對於舒適方便的如廁要求，加速了廁所的普及。

76. Alfred Picard, *Exposition de 1900, le bilan d'un siècle*, t. VI, « Hygiène », p. 3.

77. Lawrence Wright, *Clean and decent. The fascinating history of the bathroom and*

49. Cf. Denis I. Duveen et Herbert S. Klickstein, « Antoine Laurent Lavoisier's contributions to medicine and public health », *Bulletin of the history of medicine, 29*, 1955, p. 169.
50. François Béguin, « Évolution de quelques stratégies médicospatiales », *La Politique de l'espace parisien..., op. cit.*, p. 236.
51. É. Péclet, *Instruction sur l'assainissement des écoles primaires...*, 1846. Félix Leblanc, *Recherches sur la composition de l'air confiné*, 1842, p. 21.
52. 特別是巴索。 *op. cit.*, p. 16.
53. *Op. cit.*, p. 65.
54. *Op. cit.*, p. 89.
55. 十八世紀後半，建築師比較不再糾結於衛生議題，反而更注重居住的愉悅與安適。於是，衛生成為便利舒適的一環。 Cf. A. Thalamy, *Politiques de l'habitat*, p. 50.
56. Cité par Anne Thalamy, *ibid.*, p. 34.
57. *Art. cité*, p. 224.
58. François Béguin, « Les machineries anglaises du confort ». *L'Haleine des faubourgs, Recherches*, 1977, n° 29, pp. 155-186.
59. Mille, *art. cité*, pp. 219 et 221.
60. 一八三二年，特洛普夫人這麼寫著（*op. cit.*, p. 302）：「我記得去年在加萊（Calais）碼頭下船時，聽見一位常年在外的旅行者與一位首次出門的菜鳥旅人之間的對答，我覺得非常有趣。『這是什麼可怕的味道啊！』那位年輕的外來客一邊拿出手帕掩住鼻子，一邊說。老經驗的先生，老神在在地回答：『這是歐洲大陸的味道。』他說得對極了。」
61. 除了里昂之外。
62. « Hygiène corporelle et espace domestique, la salle de bains », p. 292.
63. *Des habitations..., op. cit.*, pp. 130 et 131.
64. *Rapport cité*, p. 28.
65. *Ibid.*, pp. 29 et 30.
66. 塞納省不潔住家審議會提交的眾多工作《報告》（一八六二年到一八六五年

35. Jean-Pierre Richard, *Proust et le monde sensible*, 1974, p. 101.

36. Cf. *La Poétique de l'espace*, Paris, P.U.F., 1957, pp. 32 et 83. 巴舍拉讚嘆：「獨一無二的衣櫥，氣息獨特的衣櫥，親密的印記」，「整齊有序」的衣櫥，薰染了植物芳香。跟著薰衣草走進「四季更迭的衣櫥。唯獨薰衣草能在一層層的床單之中，存續一段伯格森式（bergsonienne）的時光（譯按：伯格森〔Henri Bergson〕為法國哲學家，是一九二七年的諾貝爾文學獎得主）。等到床單，套用我們老家的說法，薰衣草薰得入味了，再拿出來用。」記住這段文字中關於整齊有序與植物芳香的連結，雖然這話說得好像是唾棄動物性香氣，其實就是唾棄凌亂。

37. 後面會再回過頭來探討。*infra,* pp. 273 *sq.*

38. 巴舍拉（*La Poétique de l'espace*, pp. 44, 47 et 130）闡述了「避風港的原始意義」這個主題，它「讓一個凝聚了強烈孤寂感的中心地帶變得更吸引人」，驅使人們在屋內尋覓「簡單的中心」，這樣的追尋讓屋裡任何一個足以容納孩子捲曲身子躲藏的小角落，具備了「房間的雛形」。

39. Cf. *infra,* pp. 303 *sq.*

40. 我們已經研究過這一頁衛生史話（*supra*, pp. 156 *sq*）。只是先前只討論了消毒的部分；這裡要探討的是人們日常行為守則的起源。

41. *Histoire des principaux lazarets, op. cit.*, t. I, pp. 59 *sq.*

42. *Op. cit.*, t. I, pp. 406 et 407.

43. *Op. cit.*, p. 577.

44. 杜里耶（*op. cit.*, p. 41）發現，在一九〇〇年以前，尼維爾省的學校仍然不習慣用水來清掃。

45. 皮奧里（*Des habitations*..., p. 34）提出了一份名單，上頭赫然出現法國經濟學家德夏托訥（Louis-François Benoiston de Châteauneuf）的名字。

46. *Op. cit.*, t. I, p. 198. 他補充道：「掃帚掃過每一個角落和箱子的後面、中間與底下，為此還必須移動箱子。這些都是最容易藏汙納垢的地方，最深最底之處，也就是最需要監控的地方。」

47. *Histoire des principaux lazarets*..., *op. cit.*, t. II, p. 228.

48. Tenon, *mémoire cité*, pp. 186 *sq.*

的新生兒，同時誇讚「法蘭西帝國各個中學的井然有序。每一位學生有分隔開的室內空間，但仍在同一個屋簷下，這樣一來，室內空氣不僅得以在各處自由流動，還能從早到晚，隨時監看每位學生的動靜」（t. V, p. 48）。因為這的確是個問題：要能隔絕異味，卻不能阻礙通風；要排除擁擠群聚和同性間的愛慕接觸，又要防止手淫，這需要巧妙做法來達到平衡。

29. Dr C. Londe, *op. cit.*, t. I, p. 404.

30. 並詳盡地列出《人間喜劇》裡出現過的嗅覺描寫，以茲證明。

31. 就辦事員而言，「所處的空氣環境包含了，走廊的空氣、沒有通風設備的房間內的男性氣體、紙張和鵝毛筆的氣味」（*Physiologie de l'employé*, 1841, p. 44）。法國作家加伯里歐（Émile Gaboriau）的《坐辦公桌的人》（*Les gens de bureau,* 1862）一書中有很大篇幅關於味道的描寫（cf. Guy Thuillier, *La Vie quotidienne dans les ministères au XIXe siècle, Paris*, 1976, pp. 15, 16 et 41）。跟工人的寢室一樣，這裡也充斥著各地區的省市氣味。「阿爾薩斯省辦公廳有酸白菜的味道，普羅旺斯省辦公廳則飄著大蒜味。」約莫在一九〇〇年，因為職員人數激增，各辦公廳的嗅覺環境也出現了變化。酸嗝油膩的氣味換成了廉價香水和花的香氣，這股被杜里耶稱作是「一八八〇年代的時代臭氣」，就這樣慢慢消失了。值得注意的是，後來針對辦公廳的抱怨，多與男性和單身未婚一族有關。箇中原因，不言而喻。

32. 法庭的臭味一直都是學者研究的主題，敏銳纖細的菁英們，置身於悲慘惡臭的犯罪場景之中，貪婪地領略這嗅覺強烈震撼。對法庭持續不斷的關注，可說是「監獄熱病」帶來的恐怖經驗的後遺症。Cf. l'ouvrage récent de Jean-Louis Debré, *La Justice au XIXe siècle. Les magistrats*,1981, p. 176.

33. *Le Père Goriot*, éd. La Pléiade, t. III, p. 53. 中學生的宿舍臭得更厲害（cf. *Louis Lambert, passim*）。這是十九世紀男性初次體驗感官感受的地方，這裡的嗅覺環境自然是再怎麼反覆強調都不為過的。對宿舍氣味的厭惡，再次地與男女分居聯想到一塊。中學生的宿舍匯聚了牆壁的陳年臭氣、宿舍員工的社交異味，以及舍監與學生自慰後散發的精液味道，這些異味，一律均為男性氣味，在在加劇了這塊地方對女性的渴望。

34. Charles Baudelaire, *L'Invitation au voyage* (poème en prose).

7. Cité par Passot, *op. cit.*, p. 16.

8. Michel Lévy, *op. cit.*, 1844, t. I, p. 544.

9. *Ibid.*, p. 545. 而本段落中出現的引用文句，亦皆出於此。

10. *Ibid.*

11. *Ibid.*

12. P. 131

13. *Art. cité*, p. 199.

14. Jules Michelet, *Histoire de la Régence*, 1863, p. 394.

15. Piorry, *Des habitations..., op. cit.*, p. 126.

16. *Ibid.*, p. 57.

17. *Op. cit.*, p. 470.

18. *Principes d'hygiène extraits du code de santé et de longue vie de sir John Sinclair*, par Louis Odier, 1823, p. 574.

19. C. Londe, *op. cit.,* t. I, pp. 405 *sq.*

20. *Op. cit.*, p. 577.

21. Anne Martin-Fugier, *La Place des bonnes. La domesticité feminine* à *Paris en 1900*, Paris, Grasset, 1979, p. 113.

22. Piorry, *Des habitations..., op. cit.*, p. 85.

23. *Ibid.*, p. 104, Londe, *op. cit.*, t. II, p. 322. 他們兩人均指暖爐飄出的臭味讓人無法忍受。

24. *Op. cit.*, p. 41.

25. 杜里耶指出尼維爾省的婦女喜歡用小腳爐，多抗拒以熱水袋來取代之（*op. cit.*, p. 48）。Cf. aussi Dr Cabanès, *op. cit.*, pp. 67 *sq.*

26. 胡斯坦醫生認為是那些是「對身體有害的味道」（*op. cit.*, t. II, p. 44）。

27. 這樣的小動作顯示了新的感官警戒出現。J.-P. Chaline, *La Bourgeoisie rouennaise au XIXe siècle*, thèse Paris IV, 1979, p. 805. « Trois choses sont interdites dans la chambre : les parfums, les eaux de toilette et les chaussures, le tout à cause des odeurs. »

28. 弗德黑（*op. cit.*, t. V, p. 44）持續要求增購單人搖籃給馬賽育幼院裡擠在一起

107. Mille, *art. cité*, p. 223.

108. *Ibid.*, p. 213.

109. 他於一八四八年七月十三日，在下議院公開支持艾默里（Émery）於十二日提出的法案時這麼說。值得注意的是這項法令的討論議程安排在巴黎工人六月起義遭到鎮壓的兩個禮拜之後。十七日，議員德梅倫（Anatole de Melun）提出了他自己的版本。議員黎安塞（Henri-Léon Camusat de Riancey）則進行專案報告，於一八四九年十二月八日宣讀。

110. 其實莫羅醫生（Dr. Moreau）早在霍亂疫情大爆發的第二天，就開始在巴黎四處探查，當時他已經為每間房屋設計了單獨的表單。大體而言，巴赫—克里潔（*op. cit.,* pp. 119 *sq*）的看法沒有錯，她認為這件事是訪查史上的一大技術性革新。

111. *Op. cit.,* p. 92.

112. *Op. cit.,* p. 20.

113. 有關巴黎的部分，參閱：R.-H. Guerrand, *op. cit.*, pp. 55 *sq.*, A. Thalamy : *Politiques de l'habitat*, p. 59. 特別是：Danielle Rancière : « La loi du 13 juillet 1850 sur les logements insalubres. Les philanthropes et le problème insoluble de l'habitat du pauvre. » *Ibid.*, pp. 187-207. 關於里爾市的部分：Pierre Pierrard, *op. cit.*, pp. 92 *sq.* 至於此法在尼維爾省室礙難行的情況，參閱：Guy Thuillier, *op. cit.*, pp. 36 *sq.*

第二章 「房屋的口氣」

1. Edmond et Jules de Goncourt, *Manette Salomon*, éd. 10/18, p. 158.
2. *Op. cit.*, pp. 294-295. 另關於勒杜的部分，參閱：Mona Ozouf, *art. cité*, pp. 1279-1280.
3. *Op. cit.*, p. 281.
4. *Op. cit.*, p. 90.
5. Cité par Louis Chevalier, *op. cit.*, p. 179.
6. Erving Goffman, *La Mise en scène de la vie quotidienne*, 1973, t. II, p. 62.

排斥（répulsion olfactive）對象。也是因為軍營臭味的問題，讓剛入伍的法國象徵主義詩人路易斯（Pierre Louys）覺得一定要加以改革（參見詩人未出版的書信，感謝杜蒙〔Paul-Ursin Dumont〕慷慨借閱）。

89. Cité par le Dr E. Monin, *op. cit.,* p. 72.

90. Cf. Carl Vogt, *Leçons sur l'homme*, Paris, 1865. 德裔瑞士科學暨哲學家福格特（Carl Vogt）他如是寫道（p. 161）：「肌膚散發的氣味各有其獨特的味道，在某些種族身上，這味道無論怎麼樣都不會消失，甚至全身洗得乾乾淨淨了也一樣。別把同一種族的人身上的獨特氣味，跟源自食物的氣味搞混了……可以發現黑人的特殊氣味也是一樣的，無論他們洗得多乾淨，或吃進了什麼樣的食物。這氣味是這些民族天生具有的，就像麝鹿會分泌麝香一樣……。」

91. A. Blanqui, *op. cit.,* p. 151.

92. Luc Boltanski, *Prime éducation et morale de classe*, 1969, p. 110.

93. T. I, p. 199.

94. De Gérando, *Le Visiteur du pauvre*, 3e éd. 1826, p. 227.

95. *Op. cit.,* pp. 91 et 89.

96. *Ibid.*, p. 89.

97. *La Joie de vivre*, éd. La Pléiade, p. 1026.

98. Cf. Philippe Perrot, *op. cit.,* p. 227.

99. Cadet de Vaux, « De l'atmosphère de la femme et de sa puissance », *Revue encyclopédique*, 1821, p. 435.

100. P. Passot, *op. cit.,* p. 20.

101. *Op. cit.,* p. 21.

102. Cf. p. 249

103. Cf. Piorry, *Des habitations..., op. cit.,* p. 93.

104. Villermé, « Sur les cités ouvrières », *Annales d'Hygiène publique et de Médecine légale*, janvier 1850, t. 43, notamment pp. 246-258.

105. Cf. par exemple, R.-H. Guerrand et E. Confora-Argandona, *op. cit.,* pp. 33-41.

106. *Mémoire de M. Gisquet*, 1840, t. I, pp. 423-424.

76. Cervantès, *Don Quichotte*..., Ire partie, éd. Bordas, 1946, p. 219.

77. *Op. cit.,* pp. 447-448.

78. Cf. *supra*, p. 118.

79. 甚至更久遠，參閱：Rose-Marie Lagrave, *Le Village romanesque*, Actes-Sud, 1980.

80. Cf. Neil Mac Williams, Communication au colloque de l'université de Loughborough, septembre 1981. 相對地，該世紀初的民族誌研究計畫，捨棄了物質生活的研究與生態社會學（écologico-sociale）的觀察，完全忽略醫療局部解剖學所開闢的物質人類學（anthropologie matérielle）。（Cf. Mona Ozouf, « L'invention de l'ethnographie française : le questionnaire de l'Académie celtique. » *Annales E.S.C.* mars-avril 1981, p. 213）

81. Cf. Henry Roberts, *Des habitations des classes ouvrières*, 1850, pp. 30 *sq*.楊格則拿法國西北部的小鎮孔堡（Combourg）的農民，與北美的原住民休倫族人（Hurons）對照比較（*op. cit.,* p. 229）。於是鄉野史編纂學上的隱喻愈發根深蒂固。美國歷史學家韋伯（Eugen Weber）新近出了一本書《從農夫晉升為法國人》（*Peasants into Frenchmen*），追溯這個隱喻的演變軌跡，非常有意思。

82. *Les Paysans*, t. IX, p. 121.

83. *Archaïsme et modernité en Limousin au XIXe siècle*, Paris, 1975, t. I, pp. 74-94. 關於這個主題，亦請參閱：Guy Thuillier, *Aspects de l'économie nivernaise au XIXe siècle*, Paris, A. Colin, 1966.

84. Cf. Dominique Laporte, *Histoire de la merde*, p. 42.

85. Analysée par Pierre Barral in *Les Agrariens français de Méline à Pisani*, Paris, A. Colin, 1968.

86. *Extrait..., op. cit., passim.*

87. Guy Thuillier, *Pour une histoire du quotidien*..., p. 64. 杜里耶在書中寫到尼維爾省的鄉村人民，一般仍堅信衛生設施毫無用處，且這樣的想法至少持續到二十世紀初。

88. 軍營通鋪的異味問題仍然未獲得解決，這是資產階級青年眼中最典型的嗅覺

61. Cf. C. Lachaise, *op. cit.,* p. 198. 只是，瀏覽完塞納省保健委員會的報告後，可以看出公衛專家開始關切起在市區豢養動物的業者，首先是酪農業（一八一〇年到一八二〇年間）與養豬業（一八四九年到一八五八年間）。再來是一八五九年以後，關切的範圍更形擴大，基本上只要是家畜家禽養殖業，衛生專家都希望加以防堵。一八八〇年，有人抱怨犬隻收治所散發惡臭。

62. Piorry, *Extrait..., op. cit.,* p. 17.

63. *Op. cit.,* p. 182.

64. Cf. A. Corbin, « Les paysans de Paris », *Ethnologie française*, 1980, n° 2, pp. 169-176.

65. Martin Nadaud, *Mémoires de Léonard, ancien garçon maçon*, éd. commentée par Maurice Agulhon, Hachette, 1976, p. 103. O. d'Haussonville, « La misère à Paris. La population nomade, les asiles de nuit et la vie populaire », *Revue des Deux-Mondes*, octobre 1881, p. 612. Pierre Mazerolle, *La Misère de Paris. Les mauvais gîtes*, 1874, pp. 28-31. 十九世紀初，納多、艾居隆、都松維爾子爵、馬濟霍爾等美食家都刻意忽略起司，難道只是巧合？

66. 請參閱這份針對附家俱的出租屋所進行的調查報告：*Statistique de l'industrie à Paris résultant d'une enquête faite par la Chambre de Commerce pour les années 1847-1848*, Paris, Guillaumin, 1851.

67. Victor Hugo, *Les Travailleurs de la mer*, éd. « Folio », p. 220.

68. P. Piorry, *Extrait..., op. cit.,* p. 17.

69. Cf. Jean Borie, *Mythologies de l'hérédité au XIXe siècle*, Paris, Galilée, 1981, p. 113.

70. Par exemple, Dr Joiré, *art. cité*, p. 318.

71. *Ibid.*, p. 320.

72. P.-A. Piorry, *Des habitations..., op. cit.,* p. 74.

73. « Sur la chlorose », *« Sangs »*, numéro spécial de la revue *Romantisme*, 1981, pp. 113-130.

74. Dr Joiré, *art. cité*, p. 296.

75. J. Michelet, *La Femme* (1859), éd. Flammarion, 1981, p. 90.

衣服上的釦子……，絕對不要吞口水。任何時候，只要一有必要，就要馬上把口水吐掉或擤鼻子，就像在醫院一樣，穿上圍裙、隨時擦拭雙手……，還有在掀開被褥時，不急著低下身子，先等待片刻，免得吸入迎面竄來的（病患身體）氣味。此外，我們還要非常小心，避免吸入他們呼出的氣息，並與病人的嘴巴保持一定的必要距離」（*op. cit.*, t. VI, p. 111）。就這樣，一套與染疫病體保持距離的準則出現了。不辭辛勞地往返監獄、檢疫站與醫院探勘的霍華德坦承，他一直很有自覺地不讓自己處在病患的下風處。同時，隨時隨地盡可能地屏住呼吸（*État des prisons…, op. cit.*, t. II, p. 451；*Histoire des principaux lazarets, op. cit.*, t. II, p. 309）。

50. *Op. cit.*, p. 90.
51. « Des logements du pauvre et de l'ouvrier considérés sous le rapport de l'hygiène publique et privée dans les villes industrielles », *Annales d'Hygiène publique et de Médecine légale*, t. XLV, janvier 1851, p. 310.
52. Adolphe Blanqui, *op. cit.*, pp. 103 et 98.
53. Michel Foucault, *Naissance de la clinique*, p. 167.
54. Paul Gerbod, *La Condition universitaire en France au XIX*e *siècle*, Paris, P.U.F., 1965, p. 629.
55. 左拉的小說《穆雷神父的過失》（*La faute de l'abbé Mouret*）中，有關阿尚吉亞修士（Archangias）身上公羊氣味的描述，即可見端倪。
56. Norbert Truquin, *Mémoires, vie, aventure d'un prolétaire à travers la révolution*, Paris, 1888, réed. Maspero, 1977, p. 129.（這段話的背景時間是在一八五二年）。有關這一塊勞工階層的描述，也可參閱：Jacques Rancière, *La Nuit des prolétaires*, Fayard, 1981.
57. P. Passot, *op. cit.*, p. 16.
58. *Art. cité*, pp. 627-628. 關於里爾市的地窖與小院子的描寫，特別推薦以下兩本書：*Euphrasie, histoire d'une femme pauvre* (1868) de Mathilde Bourdon et dans *Les Réprouvées* de M.-L. Gagneur.
59. Adolphe Blanqui, *op. cit.*, p. 71.
60. *Op. cit.*, p. 49.

30. C. Forget, *op. cit.,* p. 126.

31. *Ibid.*, p. 128.

32. *Ibid.*, p. 135.

33. Par exemple, P. Passot, *op. cit.,* p. 7.

34. Gustave Flaubert, *Correspondance*, éd. La Pléiade, t. I, p. 103. 35.

35. *Thèse citée*, t. III, p. 1140.

36. Cité par Pierre Arches, « La médicalisation des Deux-Sèvres au milieu du XIXe siècle », *Bull. de la Soc. Hist. et Scient. des Deux-Sèvres*, 3e trimestre 1979, p. 261.

37. Jules Vallès, *L'Enfant*, éd. « Folio », p. 65.

38. Cité par Pierre Pierrard, *thèse citée*, p. 87.

39. Thierry Leleu, « Scènes de la vie quotidienne : les femmes de la vallée de la Lys : 1870-1920 », *Histoire des femmes du Nord*, 1981, p. 661.

40. Marie-Hélène Zylberberg-Hocquard, « L'ouvrière dans les romans populaires du XIXe siècle », *Histoire des femmes du Nord*, p. 629.

41. 這個主題的研究範圍太廣，無法在此詳述。關於本議題，可參閱法國作家席瓦（Ned Rival）的新書：*Tabac, miroir du temps. Histoire des mœurs et des fumeurs*, Paris, 1981.

42. Théodore Burette, *La Physiologie du fumeur*, p. 21.

43. Cf. Maurice Agulhon, *op. cit.,* p. 53. 這確實是胡斯坦醫生的看法：L. Rostan, *Cours élémentaire d'hygiène*, 1828, t. I, pp. 546 *sq*.

44. Michelet, *Histoire de France*, t. XI, 1857, pp. 285-287 et Adolphe Blanqui, *Des classes ouvrières en France pendant l'année 1848*, 1849, p. 209.

45. *Op. cit.,* pp. 292 et 294.

46. P. 86.

47. *Ibid.*, p. 79.

48. *Ibid.*, p. 75.

49. 關於這一點，最具代表性的是帕宏—杜夏特雷的態度。有關防禦措施的部分，下面兩個例子供參考：弗德黑建議，到病人家出診時，「應該……扣好

遇。Cf. D. Roche, *Le Peuple de Paris*, pp. 76 *sq*.

20. Présentation de l'ouvrage cité de Parent-Duchâtelet, Le Seuil, 1981.

21. 特別是：Jean-Jacques Darmon, « Sous la Restauration, des juges sondent la plaie si vive des prisons », *L'Impossible Prison*, Paris, Le Seuil, 1979, pp. 123-146, et Hélène Chew, « Loin du débat pénitentiaire : la prison de Chartres durant la première moitié du XIXe siècle », *Bulletin de l'Institut d'histoire de la presse et de l'opinion*, Tours, n° 6, 1981, pp. 43-67.

22. Cité par Villermé, *Des prisons…, op. cit.*, pp. 25 et 26.

23. V. MolV. de*op. cit.*, p. 225. 此外，關於拾荒者惡臭與身上全是穢物的描寫多得不得了，例如：Dr Moreau, *op. cit.*, p. 41. C. Lachaise, *op. cit.*, pp. 190-192. *Commissions des logements insalubres*, année 1851, p. 12. P. Passot, *op. cit.*, p. 3.若想進一步了解里爾市的拾荒者問題，參閱：Pierre Pierrard, *op. cit.*, p. 54.

24. 節錄自植物園保健委員會（commission sanitaire du Jardin des Plantes）一份發表於一八三一年十一月八日的報告。*Annales d'Hygiène publique et de Médecine légale*, janvier-avril 1832, p. 200.

25. *Politiques de l'habitat, op. cit., p.* 130.

26. Cf. Jean-Paul Aron et Roger Kempf, « Canum more », *Le Pénis et la démoralisation de l'Occident*, 1978, pp. 47 *sq*.

27. Félix Carlier, *Études de pathologie sociale. Les deux prostitutions*, 1887. 卡利耶在書中指出：「這類地方飄散出來的氣味，是人數眾多的雞姦型嫖客尋找的條件之一，要領略他們尋覓的歡愉，這個味道不可或缺。」（pp.305 et 370）本書這部分的章節，最近經過重新編排出版：Paris, Le Sycomore, 1981, sous le titre : *La Prostitution antiphysique*.

28. C. Forget, *op. cit.*, p. 127.

29. Dr Itard, *Premier rapport… sur le sauvage de l'Aveyron*, p. 88.伊塔爾醫生認為，這樣的莽撞無禮是因為缺乏認知訓練的緣故。這份報告新近由金涅斯特（Thierry Gineste）重新編排出版：*Victor de l'Aveyron, dernier enfant sauvage, premier enfant fou*, Paris, Le Sycomore, 1981. 若有興趣，也可參考：H. Lane, *The wild boy of Aveyron*, Harvard University Press, 1976.

的人永遠討厭洗手的人，洗手的人永遠鄙視不洗手的人。你永遠看不到他們聚在一起，他們根本不可能生活在一起……因為有一種東西，我們永遠無法戰勝，那就是嫌惡；還有另一種東西，我們無法忍受，那就是侮辱。」

5. Charles-Léonard Pfeiffer, *Taste and smell in Balzac's novels*, University of Arizona, 1949, p. 118.
6. Victor Hugo, *Les Misérables*, éd. Garnier, 1963, t. II, p. 513.
7. Cf. *supra*, note 2.這裡有必要稍微釐清一下，如果單論出版品的數量，納稅人選舉王朝時期可說是「醫療局部解剖學」（topographies médicales）的黃金時代。
8. Cité par le Dr Henri Bayard, *Mémoire sur la topographie médicale du IVe arrondissement de Paris*..., 1842, pp. 103 *sq*.
9. 食物方面之外。關於這點，參閱：Jean-Paul Aron, *Le Mangeur au XIXe siècle*, 1976.
10. *Les Misérables, op. cit.,* t. II, p. 512.
11. *Histoire des principaux lazarets..., op. cit.,* t. I, p. 101.
12. 此為哈梅爾的建議，*op. cit.,* pp. 271-272。很有意思的社會學消毒說。
13. *Encyclopédie méthodique*, « Air des hôpitaux de terre et de mer », p. 571.
14. 值得注意的是，從梅西耶書裡的某些篇章，可以看得出來他率先以這樣的口吻來描述當他看到巴黎聖馬賽爾區（faubourg Saint-Marcel）充斥著野蠻人時，驚異地直往後退的情景（ cf. Daniel Roche, *Le Peuple de Paris, op. cit.,* p. 100）。梅西耶指出醫學界當時還猶疑著是否該衝破私生活這條界線。
15. *Op. cit.,* p. 10.
16. *Ibid.*, p. 8. 這個主題在西班牙黃金時代（l'Espagne du siècle d'or）發展了非常長的一段時間（Cf. Gilles Lapouge, *art. cité*, p. 117）。
17. Rammazzini, *op. cit.,* p. 383.
18. *Op. cit.,* p. 55.
19. C.-F. Hufeland, *La Macrobiotique ou l'Art de prolonger la vie de l'homme*, 1838 (1re éd. allemande, 1797), p. 472. 孩子的房間除了禁止僕人進入外，還要避免放置夜壺或在暖爐旁烘衣服。值得注意是，此時社會持續在改善僕人的待

4. L. Peisse, introduction au livre cité de Cabanis.
5. 艾利斯寫道：「五十多年了，這個領域……沒有出現任何重大進展，嗅覺議題反倒是旁落到那些只對某些詭異主題有興趣的人手裡。」（*op.cit.*, p. 89）
6. 一八一五年，杜泰勒就這麼斷然地宣告：「感覺的原理與知性的原理，兩者在本質上毫無關係。」（*op. cit.*, p. 479）
7. *Op. cit.*, p. 293.
8. *Ibid.*, pp. 543 *sq*.
9. Cf. Hippolyte Cloquet, *op. cit.*, p. 45.
10. *Des odeurs…*, *op. cit.*, p. 256. 有關感官的敏銳度、感官學習與感官行為的觀察皆屬於法國人類學家德傑哈朵定義下的人類學調查計畫的環節。關於這點，參閱：Jean Copans et Jean Jamin, *Aux origines de l'anthropologie française*, Paris, Le Sycomore, 1981, p. 149.
11. *Op. cit.*, pp. 32-34.
12. *Des odeurs…*, *op. cit.*, p. 256. 他的靈感來自庫克的觀察。這篇論文後來經克洛奎特引用（*op. cit.*, p. 137）。法國作家圖尼埃（Michel Tournier）小說《邁泰奧拉》（*Météores*）裡那位辛苦的垃圾回收者亞歷山大（Alexandre），果然是噁心惡臭的最佳分析師。
13. Michel Lévy, *Traité d'hygiène*, 1856, t. I, p. 91.

第一章　窮人的臭味

1. Piorry, « Extrait du Rapport sur les epidémies qui ont régné en France de 1830 à 1836, lu le 9 août 1836 », *Mémoires de l'Académie Royale de Médecine*, t. VI, 1837, p. 17
2. *Op. cit.*, p. 26.
3. 關於這點，參閱：Maurice Agulhon, *Le Cercle dans la France bourgeoise, 1810-1848, étude d'une mutation de sociabilité*, Paris, A. Colin, p. 79.
4. 一八三七年十月二十一日，德吉哈丹夫人寫下的字句（Charles de Launay, *Lettres parisiennes*, p. 190）不都隱約地點出來了嗎？她這麼寫著：「不洗手

是在這樣的藍圖之下，夢想著建設下水道系統，規劃把糞便的運輸系統地下化。他的藍圖確實讓人振奮，他宣稱排汙的方法只不過是在呈現社會力量消長的樣貌（p. 46），此點值得更深入的分析。儘管如此，歷史學者的研究，尤其是蓋拉德（Jeanne Gaillard）與勒尤昂（Jean Le Yaouanq）這兩位的研究，展現了傳統城市是以怎樣強烈的反抗力道，對抗第二帝國的強制令，而且反抗成功的例子比比皆是。把窮人與社會邊緣人驅離市中心的做法與念頭，無人敢像奧斯曼男爵說得理直氣壯，明目張膽，因此他的這番話經常被後人反覆引用。所以我們都看到了，下水道系統一直到本世紀末才真正的在法國開花結果。總之，除了第八區之外，巴黎的市中心區始終還是「非城市」的模樣。

21. Daniel Roche, colloque franco-québécois, E.H.E.S.S., mai 1981. 關於這一點，羅歇認為不同地方對危害投訴的處理方式，不能完全一概而論。帕宏—杜夏特雷在談到另一個議題的時候，表現得正是這種的社會學說法。他寫到費多路（rue Feydeau）上的某間妓院被法院判定為違法營業一事，他認為若該妓院是開在某個「低下」地區的話，很可能完全不會引起注意，便能夠安靜地繼續營業。

第三部　氣味，社會的象徵與階級

1. Cabanis, *Rapports du physique et du moral de l'homme*, éd. De 1844. (1re éd. 1802) pp. 526, 527 et p. 528.
2. *Ibid.*, p. 528. 這裡必須再次說明一下德比朗對純粹被動式的感覺（sensation），與一般認為是器官運作而主動產生的認知（perception），兩者必須清楚區分。法國哲學家得特拉西（Antoine Destutt de Tracy）認為認知是更細微深入，而且是理智思考下的感受。關於這點，見：Jean-Pierre Richard, *Littérature et sensation*, pp. 112 et 28.
3. Wilhelm Fliess, *Les Relations entre le nez et les organes génitaux féminins présentés selon leur signification biologique*, Le Seuil, 1977 (1re éd. 1897).

moyens d'améliorer son cours... 1822.

12. *Op. cit.*, pp. 173 *sq*.
13. 這一波讓人忍無可忍的新現象，在外省地區出現的比較晚：尼維爾直到一八五四年才開始有比較多針對黑色塵霾的投訴案件（Guy Thuillier, *op. cit.*, pp. 38-39）。
14. 德羅奈（Charles de Launay，德吉哈丹夫人〔Mme Émile de Girardin〕之筆名）在一八三七年就曾對這無處可躲的臭味，苦悶地抱怨：「你無時無刻，不被一股可怕的味道燻得快無法呼吸……，街道的每個角落，都可以看到大火燃燒的巨大鍋爐，和臉孔怪異的小傢伙在底下撥旺柴火。」（*Lettres parisiennes* [1836-1839], lettre XIX, p. 181）多明尼克初到巴黎時，撲鼻的強烈瓦斯味讓他震驚不已。（Fromentin, *Dominique*, 1862, éd. Livre de Poche, 1972, p. 132）
15. 法國中部羅亞爾河畔的富爾尚博市（Fourchambault），早在一八五〇年之前就曾經採取這些行動，企圖降低黑煙和塵霾（Guy Thuillier, *op.cit.*, p. 35）。
16. *Op. cit.*, pp. 327-351.
17. 巴黎市不潔住家審議會確認了嗅覺的首要地位，與新一波疑慮的加劇。該會於一八五〇年十一月成立，與會成員率先提出了一個先決性的問題：「何謂對身體有害？……他們與保健委員會達成共識，認為危害身體的物質到處皆有，舉凡有異味飄散、濕氣太重、髒亂、缺乏氣流與陽光，都會使得住居的空氣變壞。」（*Rapport général des travaux de la Commission [...] pendant l'année 1851* [Paris 1852], p. 4）
18. 從《保健委員會工作總報告》（*Rapports généraux des travaux du Conseil de Salubrité*）可以看出，這樣的憂心出現於一八四七年（cf. pp. 1075 *sq*）。
19. Jacques Léonard, *thèse citée*, p. 1151.
20. Georges Knaebel, *op. cit.*, pp. 242-243 et Gabriel Dupuy et Georges Knaebel, *Choix techniques et assainissement urbain en France de 1800 à 1977*, Institut d'Urbanisme de Paris. 柯納貝（Georges Knaebel）寫道（p. 242）：在奧斯曼男爵的眼裡，有一種美化的城市，那裡的居民代表是中產階級。在這座城市裡，沒有任何東西會引發感官的不快——為此，必要的工程包含掃除髒汙、窮人、穢物、噁心惡臭。還有另一種叫「非城市」（non-ville）。奧斯曼男爵

92. Cité par C. Grassi, *Rapport..., op. cit.,* p. 37.

93. Edmond Duponchel, « Nouveau système de latrines pour les grands établissements publics et notamment pour les casernes, les hôpitaux militaires et les hospices civils », *Annales d'Hygiène publique et de Médecine légale*, juin 1858, pp. 356-362.

94. Ph. Grouvelle, *Collection..., op. cit.,* p. XXIII.

95. François Caron, *Histoire économique de la France. XIX*[e]*-XX*[e] *siècle*, A. Colin, 1981, p. 65.

第三章　政策與危害

1. Cf. Conseil de Salubrité. Recueil des plaintes. Archives de la Préfecture de police, usuels.

2. Piorry, *op. cit.,* p. 38.

3. Arlette Farge, « Les artisans malades de leur travail », *Annales E.S.C.*, septembre-octobre 1977.

4. Rapport du ministre de l'Intérieur, exposé des motifs du décret du 15 octobre 1810. Cité par le Dr Maxime Vernois, *Traité pratique d'Hygiène industrielle et administrative*, 1860, p. 14.

5. Cité par le Dr Vernois, *ibid.*, p. 28.

6. V. Moléon, *op. cit.,* t. II, p. IV

7. 即危險或有害健康的廠房，引發微恙感的廠房，暨其他廠房三種等級。

8. *Op. cit.,* p. 172.

9. Cf. B.-P. Lécuyer, « Démographie, statistique et hygiène publique sous la Monarchie censitaire », *Annales de démographie historique*, 1977, p. 242.

10. 有關軍營的部分，參閱：V. Moléon, op. cit., année 1829, pp. 123 *sq*. 關於監獄的部分，參閱同書：pp. 141-150.

11. Cf. Moléon, *op. cit.,* année 1821, p. 185. À ce propos, ParentDuchâtelet, *Recherches et considérations sur la rivière de Bièvre ou des Gobelins, et sur les*

79. 本書的主旨不在分析這些相同的計畫以何種方式影響了社會各階層；但我們已知它們是如何引導我們徹底地、封閉式地管理賣淫活動。

80. Philippe Grouvelle, *Collection…, op. cit.,* p. VI.

81. Villermé, *Des prisons…, op. cit.,* p. 18.

82. *Chauffage et ventilation de la Nouvelle Force par Philippe Grouvelle*, p. 25.

83. 關於這個問題，參閱：Félix Leblanc, *Recherches sur la composition de l'air confiné*, 1842. 勒布朗綜整了分別在臥室、幼兒園、小學教室、索邦大學（Sorbonne）半圓形大講堂、國會眾議院、戲劇廳、巴黎喜歌劇院（Salle Favart）、軍用馬廄、皇家花園溫室內進行的實驗結果。以上列出的所有地方，每一處都標註「室內容載量、人數、封閉的時間、溫度、暖氣裝置種類、是否裝設……通風系統」，然後用法國工程師孔波（Charles Combes）的風速計測量風量（p. 11）。

84. 關於密閉空氣的分析，也請參閱 E. Péclet, *Instruction sur l'assainissement des écoles primaires et des salles d'asile*, 1846.Cf. Dr Grassi, *Rapport […] sur la construction et l'assainissement des latrines et fosses d'aisances*, 1858, p. 32.

85. Ducpétiaux, « Extrait du rapport sur les deux systèmes de ventilation établis à titre d'essai dans la prison cellulaire des femmes, à Bruxelles », *Annales d'Hygiène publique et de Médecine légale*, 1853, t. L, pp. 459 *sq*.

86. *Ibid.*, p. 461.

87. *Ibid.*, p. 461.

88. C. Grassi, *De la ventilation des navires*, 1857, p. 23.

89. Cf. Geneviève et Bruno Carrière, « Santé et hygiène au bagne de Brest au XIXe siècle », *Annales de Bretagne et des Pays de l'Ouest*, 1981, n° 3, p. 349. 一八二二年，工程師德拉羅歇（Trotté de la Roche）針對監獄有這樣的描寫：「入夜後，男人根本懶得跑廁所解尿急，本該順著水管流走的尿液，滴淌上了地板，滲進木頭……。」

90. Cf. *infra*, p. 253.

91. Cf. Dominique Laporte, « Contribution pour une histoire de la merde : la merde des asiles, 1830-1880 », *Ornicar ? Analytica*, vol. 4, juillet 1977, pp. 31-48.

362.

64. Troche, *Notice historique sur les inhumations provisoires faites sur la place du marché des Innocents en 1830*, 1837 ; et Parent-Duchâtelet, *Note sur les inhumations et les exhumations qui ont eu lieu à Paris, à la suite des événements de juillet 1830*, p. 81.
65. *Mémoires de M. Gisquet*, 1840, t. I, pp. 425-427. 關於這段史實，有可參閱：Blandine Barret-Kriegel, *op. cit.,* p. 108.
66. Cf. *supra*, p. 47 et V. Moléon, *op. cit.,* rapport de l'année 1823, p. 264.
67. Parent-Duchâtelet et d'Arcet, *De l'influence et de l'assainissement des salles de dissection*, 1831.
68. Labarraque, *op. cit.,* p. 5. 拉巴拉克引用了多位專家的觀察所得。
69. V. Moléon, *op. cit.,* rapport de l'année 1838, p. 428.
70. H. de Balzac, *Un début dans la vie*, éd. La Pléiade, *Scènes de la vie privée*, t. I, 1976, p. 777.
71. H. Sponi, *op. cit.,* p. 8.
72. 在這裡，我們發現有好比布珊高、達賽、法國醫生杜皮特朗（Guillaume Dupuytren）、弗夸伯爵、艾勒、拉巴拉克、帕宏—杜夏特雷、佩恩、杜赫與特萊布謝等人。關於這點，參閱：H. Sponi, *op. cit.,* p. 10.
73. Cf. Thomas Tredgold, *Principes de l'art de chauffer et d'aérer les édifices publics, les maisons d'habitation, les manufactures, les hôpitaux, les serres*..., Paris, 1825.
74. 這一點與法國歷史學家暨化學家竇瑪（Maurice Daumas）的看法稍有不同（*Histoire générale des techniques*, t. III, pp. 522-523），他認爲這段時期的通風技術並沒有進展。
75. Introduction à J.-P. d'Arcet, *Collection de mémoires relatifs à l'assainissement des ateliers, des édifices publics et des maisons particulières*, t. I, 1843, p. VII.
76. *Ibid.* 下面所援引之文字一同出於此。
77. Thomas Tredgold, *op. cit.,* p. 271.
78. D'Arcet, « Rapport sur des [...] fourneaux de cuisine salubres et économiques », 1821, *Collection*..., *op. cit.,* p. 113.

45. Georges Knaebel, *Les Problèmes d'assainissement d'une ville du Tiers Monde : Pointe-Noire*, thèse 3e cycle, octobre 1978, ch. VI : « Construction du réseau d'égouts parisiens au XIXe siècle », p. 249.

46. Parent-Duchâtelet, *Les Chantiers d'équarrissage de la ville de Paris envisagés sous le rapport de l'hygiène publique*, 1832, p. 29.

47. *Ibid.*, p. 100.

48. C. Lachaise, *op. cit.,* p. 139.

49. V. Moléon, *op. cit.,* année 1815, p. 89.

50. Cf. Parent-Duchâtelet, *Les Chantiers…*, p. 28.

51. 此為蒙法爾恭與拉波林尼耶的看法，他們估算了這個產業的利潤（*Traité de la salubrité dans les grandes villes*, 1846, pp. 220 *sq*）。

52. Cf. V. Moléon, *op. cit.,* rapport de l'année 1827, p. 16.

53. V. Moléon, *op. cit.,* rapport de l'année 1825, p. 325.

54. V. Moléon, *op. cit.,* rapport de l'année 1824, p. 286.

55. Parent-Duchâtelet, *Rapport sur les nouveaux procédés de MM. Salmon, Payen et Cie…, Hygiène publique*, t. II, p. 295 et *Projet […] d'un rapport […] sur la construction d'un clos central d'équarrissage pour la ville de Paris, Hygiène publique*, t. II, p. 310.

56. Monfalcon et Polinière, *op. cit.,* p. 224.

57. Parent-Duchâtelet, *De l'influence et de l'assainissement des salles de dissection, Hygiène publique*, t. II, pp. 22-24.

58. J. Chrétien, *Les Odeurs de Paris*, 1881, p. 33.

59. 西部地區的醫生廣泛地採用這個方法，參閱 Jacques Léonard, *Les Médecins de l'Ouest au XIXe siècle*, 1979, t. III, p. 1141.

60. Reutter de Rosemond, *op. cit.,* t. II, p. 286.

61. A.-G. Labarraque, *…observations sur l'emploi des chlorures*, 1825, p. 5.

62. 有關拉巴拉克的主張，詳見法國作家杜康（Maxime du Camp）之記載，刊於《醫學編年史》（*La Chronique médicale,* 1915, p. 280）。

63. Parent-Duchâtelet, *Rapport sur le curage des égouts…, Hygiène publique*, t. I, p.

27. M.-A. Chevallier, *mémoire cité*, p. 318.

28. 皮耶哈德發現在第二帝國時期，企業主聘僱的清潔工有一半是殘疾人士和老人。

29. M.-A. Chevallier, *mémoire cité*, p. 307.

30. *Ibid.*, p. 319.

31. *Ibid.*, p. 313. 我們特別強調。

32. Cf. Bertherand, *op. cit., passim*。拉波特也特別強調過。

33. *Op. cit.,* p. 26.

34. *Histoire de la merde*, pp. 99 *sq*.

35. 有關用量的起伏變化，參閱：L. Liger, *op. cit.,* pp. 87 *sq*. 利哲還提供了價格的演變。

36. V. Moléon, *op. cit.,* rapport concernant l'année 1835, p. 234. 分離機催生了為數眾多的專題文獻。

37. Pierre Pierrard, *op. cit.,* p. 49.

38. Gabriel Désert, in *Histoire de Caen*, Privat, 1981, pp. 199 et 228.

39. Guy Thuillier, *op. cit.,* p. 34.

40. « Rapport d'Émile Trélat sur l'évacuation des vidanges hors des habitations » lu le 25 janvier 1882 in *De l'évacuation des vidanges dans la ville de Paris*, 1880-1882, p. 29.

41. Gérard Jacquemet, « Urbanisme parisien : la bataille du tout-à-l'égoût à la fin du XIXe siècle », *Revue d'Histoire moderne et contemporaine*, octobre-décembre 1979, pp. 505-548.

42. *Op. cit.,* p. 42.

43. Cf. Marié-Davy in *De l'évacuation des vidanges dans la ville de Paris*, pp. 67 *sq*. 從一般民宅回收的未摻水排泄物，與從大宅邸的化糞坑裡回收來的穢物相比較，兩者每立方公尺的氮含量分別是九公斤與兩百七十公克。

44. 帕宏—杜夏特雷大力鼓吹使用這類產品，他提議在市區的人行道上舉辦現場示範，直接向大眾展示產品的效能（*Rapport sur les améliorations à introduire dans les fosses d'aisances, Hygiène publique*, t. II, p. 397）。

quotidien au XIXe siècle en Nivernais*, 1977, p. 34.

14. Cf. Louis Chevalier, *op. cit.,* pp. 461-463.

15. 關 於 這 點， 可 見：Alain Faure : « Classe malpropre, classe dangereuse ? » *Recherches. L'Haleine des Faubourgs*, 1977, pp. 79-102.

16. V. Moléon, *op. cit.,* t. II, p. 46. 我們重回里爾市可怕的聖艾涅斯（Saint-Agnès）化糞場（Pierre Pierrard, *op. cit.,* p. 53），農民前來挖糞的場景。深怕這惡臭危害，從沉痾日重的市郊城鎮，往市中心擴散的夢魘揮之不去。

17. 落實公衛政策，尤其是以一八二二年三月八日頒布的保健法令為基礎的隔絕和分離原則。關於這點，參閱：Blandine Barret-Kriegel, « Les demeures de la misère », *Politiques de l'habitat*, p. 93.

18. V. Moléon, *op. cit.,* p. 75.

19. Mille, « Rapport sur le mode d'assainissement des villes en Angleterre et en Écosse ». *Annales d'Hygiène publique et de Médecine légale*, juillet-octobre 1855, pp. 199-226, p. 210.

20. *Ibid.*, p. 209. 米爾還寫道（p. 210）：肥料的價值應該「依據臭味的消失來估算」。

21. Cf. Alexandre Parent-Duchâtelet, *Rapport sur les améliorations à introduire dans les fosses d'aisances, leur mode de vidange et les voiries de la ville de Paris* (avec MM. Labarraque et Chevallier), 1835, p. 371.

22. Alexandre Parent-Duchâtelet, *Rapport sur les nouveaux procédés de MM. Salmon et Payen et Cie pour la dessiccation des chevaux morts…*, 1833, p. 293.

23. Dr E.-L. Bertherand, *Mémoire sur la vidange des latrines et des urinoirs publics*, 1858, p. 7.

24. H. Sponi, *De la vidange au passé, au présent et au futur*, Paris, 1856, p. 29. L'estimation du *Journal de Chimie médicale* figure dans l'article cité de R.-H. Guerrand, p. 97.

25. 參閱他著名的「循環」（circulus）理論。

26. 請注意這樣的憂慮根植於十八世紀，當蒙特福孔垃圾場附近蓋起肥料粉製造廠之時。

médicale de Paris, 1822, p. 139); le Dr F.-I. Moreau, *Histoire statistique du choléra-morbus dans le quartier du faubourg Saint-Denis*, 1833, p. 40. 對於一八三二年疫情爆發前的聖羅蘭市集（foire Saint-Laurent），有這樣的描寫：「許多地方地面覆蓋著滿滿的穢物，根本看不到泥土。」看著無處不在的排泄物，那種打心底冒出的反感，捕捉最到位的大概當屬法國醫生海丹了（*Essai médico-philosophique sur les moyens d'améliorer l'état sanitaire de la classe indigente...*, 1832）。他親眼目擊聖母院周邊的慘況：「我們這一群人，自詡高尚知禮，然身處髒汙之中，這髒汙是大自然打從我們襁褓起，就時時刻刻提醒我們有多殘缺虛弱的證據。我們偉大的建築四周充斥人們消化後的排泄穢物，我認為再也沒有比這更讓人震驚憤怒的事了。」（p. 3）

至於巴黎有多臭，我們還可以翻翻特洛普夫人的作品（*op. cit.,* p. 146）：「就在這同一座城市裡，每往前邁出一步，視覺與嗅覺同步受到的衝擊和嫌惡，是你完全無法想像的。」與法國哲學家孔希德朗（Victor Considérant）的見證（參閱：R.-H. Guerrand et Elsie Canfora-Argandona, *La Répartition de la population. Les conditions de logement des classes ouvrières à Paris au XIXe siècle*, 1976, pp. 19-20）。另外還有巴爾扎克的《金睛少女》（*La fille aux yeux d'or*）。我查閱過的資料文獻中，只有法國文人嘉祐（Antoine Caillot）的作品例外（*Mémoires pour servir à l'histoire des mœurs et usages des Français*, 1827, t. I, p. 303），他讚揚自執政府以降，公共空間飄散的惡臭有了改善，他還舉了一個確切的地點為例：皇宮花園，十八世紀以來隨處可見的排泄物都清空了。

若想了解北部里爾市如地獄般的髒汙景象，則不可錯過皮耶哈德的文章（*op. cit*），特別是關於糞桶只用幾根麥稈隨便蓋住一段：一般都由被叫作「糞童」（berneux）或「糞工」（bernatiers）的小孩沿街叫賣，他們推著推車，大街小巷高喊：「四便士一桶」（p. 54），賣給想製作堆肥的農家。一八五〇年，里爾市仍未設立公共廁所，只「靠著牆面擺了幾個桶子權充，滿了就拿到市政府附近的一處水槽倒掉」（p. 53）。

至於在法國中部的尼維爾和羅亞爾河畔夏黎特（Charité-sur-Loire）等地，因糞便危害所引發的民怨，時序更晚，可見：Guy Thuillier, *Pour une histoire du* des systèmes de représentations visuelles.

2. Robiquet, « Considérations sur l'arôme », *Annales de Chimie et de Physique*, t. XV, 1820, p. 28. 下面引用的文句亦出自此處。

3. 洛克就曾有此一說，換言之，他採信了笛卡兒主義一派的說法來解釋感覺的特質。J. Locke, *op. cit.,* pp. 436-437.

4. Cf. Leblanc, *Recherches sur la composition de l'air confiné*, 1842, p. 4, d'après le « mémoire sur les altérations qui arrivent à l'air dans plusieurs circonstances où se trouvent les hommes réunis en société ». *Histoire et Mémoires de la Société Royale de Médecine*, 1782-1783 (1787).

5. *Op. cit.,* p. 191.

6. Piorry, *Des habitations..., op. cit.,* p. 85.

7. *Ibid.*, p. 91.

8. *Op. cit.,* p. 7.

9. *De la ventilation des navires*, 1857, p. 5.

10. 關於這點，參閱：Louis Chevalier, *Classes laborieuses et classes dangereuses à Paris pendant la première moitié du XIXe siècle*, Plon, 1958, pp. 168-182.

11. J.-B. Huzard fils, *De l'enlèvement des boues et des immondices de Paris*, 1826.這一年，法國獸醫雨薩德（子）（J. B. Huzard, Fils）大力倡議將汙染蘭登城堡街（Château-Landon）、瓦利路（Voirie），與蒙特爾城門（barrières de Montreuil）、富爾諾城門（Fourneaux）、煉獄城門（d' Enfer）的化糞坑，遷移到城外。

12. V. Moléon, *Rapports généraux sur les travaux du Conseil de Salubrité*, Paris, 1828, p. 265 (rapport concernant l'année 1823).

13. 說到有關糞便的戲謔文學的消失，誠如同蓋蒙特所言：「用屎尿說笑的時代結束了。」（« Petite histoire du quotidien. L'avènement de la chasse d'eau. » *L'Histoire*, n° 43, 1982, p. 97）對於穢物的深切疑懼，文獻中不乏許多人的親身見證。這些人的抱怨是十八世紀民眾恐懼的延續。此外，關於嗅覺的分析研究則是更加精進。以下幾個參考資料可以讓我們了解到，這股厭惡之情有多深：關於蒙特福孔垃圾場之惱人氣味，參閱：Lachaise, *Topographie*

116. Howard, *Histoire des principaux lazarets..., op. cit.,* t. II, p. 408. (Lettre de John Haygarth à l'auteur, 30 mai 1789.)

117. *Ibid.*, p. 411. 庫克船長的同伴，福爾諾船長（Furneaux）的《歷險記》（*l'Adventure*）裡也描述了一模一樣的防疫措施，參閱：James Cook, *Relations de voyage autour du monde*, Maspero, t. I, 1980, p. 302.

118. Boissieu, *op. cit.,* p. 66.

119. Cf., p. 74.

120. *Encyclopédie méthodique*, art. « air », « air des hôpitaux de terre et de mer », p. 575.

121. Cf. le rapport de de Lassonne et Daubenton, 20 juin 1787.

122. Etlin, *art. cité*, p. 132.

123. *Encyclopédie méthodique, art. cité*, p. 575.

124. Howard, *Histoire des principaux lazarets..., op. cit.,* t. II, p. 37.

125. Cf. Pierre Saddy, *art. cité*, p. 209.

126. Howard, *Histoire des principaux lazarets..., op. cit.,* t. II, p. 170.

127. *Ibid.*, p. 172.

128. *Ibid.*

129. *Ibid.*, p. 247.

130. Cf. *infra*, p. 185.

131. Lavoisier, *op. cit.,* p. 469

132. Howard, *Histoire des principaux lazarets..., op. cit.,* t. II, p. 271.

133. 此為瑞士歷史學者海勒著作之書名（éditions d'En-bas, 1979）。

134. Howard, *Histoire des principaux lazarets..., op. cit.,* t. II, p. 231. 下面引用文字亦出於此。

135. *Op. cit.,* pp. 474 *sq*.

第二章　氣味暨社會秩序生理學

1. 有關視覺系統的部分，參閱：Roland Barthes, *Sade, Fourier, Loyola*, à propos

好處。

98. *Op. cit.,* p. 119.

99. Thouret, *Rapport sur la voirie de Montfaucon*, pp. 7-8.

100. 當然，聖水的功效不在此討論之列。一七九五年，俄國艦隊爆發傳染病之初，最先採用的方法就是用聖水消毒（Guyton de Morveau, *op. cit.,*p. 45）。

101. *Op. cit.,* p. 64.

102. *Histoire des principaux lazarets*, t. I, p. 33.

103. 「監獄的每個部分、每個房間，除了平常的清掃之外，還必須用石灰水刷洗和刮乾淨，每年至少兩次……。如果病人感染了傳染病，他住過的房間必須用醋清洗乾淨，同時以石灰水漂白，再以煙燻法反覆燻上數回。病人用過的傢俱、衣物則需扔進烤箱，破爛的衣服就燒掉。硫礦、菸草、杜松子讓煙燻充滿包覆力。」Howard, *État des prisons…*, pp. 59 et 62.

104. *Op. cit.,* p. 39.

105. Cité par Thouret, *Rapport sur la voirie…*, p. 14.

106. Navier, *op. cit.,* p. 46.

107. Guyton de Morveau, *op. cit.,* p. 272.

108. *Ibid.*, pp. 10-13. 下面兩個引文亦出同源。

109. *Instruction sur la manière…*, pp. 7-8.

110. Guyton de Morveau, *op. cit.,* pp. 93-94.

111. Dr James Carmichael-Smith, *Observations sur la fièvre des prisons, sur les moyens de la prévenir […] à l'aide des fumigations de gaz nitrique, et sur l'utilité de ces fumigations pour la destruction des odeurs et des miasmes contagieux*, 1801, p. 88. 克魯克山克跟基東德莫沃一樣，也使用加氧的鹽酸進行燻蒸。

112. 關於這點，參閱：Marcel Spivak, « L'hygiène des troupes à la fin de l'Ancien Régime », *XVIIIe siècle*, 1977, pp. 115-122.

113. 此為夏尼歐（Jean Chagniot）的見解，他專精法國舊制度末期歷史，也就是皇家御林軍衛兵隊（gardes françaises）的歷史。

114. *Op. cit.*的確，夏尼歐以病患為優先考量。

115. 他的方針後來經杜默德孟梭精簡歸納。*op. cit.,* pp. 73 *sq.*

79. Cf. Richard Etlin, *art. cité*, p. 132.

80. Mona Ozouf, *art. cité*, p. 1279.

81. Maurice Garden, *Lyon et les Lyonnais au XVIII*[e] *siècle*, 1970, p. 12.

82. Bruno Fortier, *La Politique*..., pp. 41 *sq*.

83. *Ibid*., p. 92.

84. 範例請參閱：Louis-René Villermé, *Des prisons telles qu'elles sont et telles qu'elles devraient être* [⋯] *par rapport à l'hygiène, à la morale et à l'économie politique*, Paris, 1820, ch. V, « Chauffage », pp. 39 *sq*. 85. *Op. cit.,* p. 123.

85. *Op. cit.,* p. 123.

86. Jean-Louis Flandrin, *Familles, parenté, maison, sexualité dans l'ancienne société*, Paris, Hachette, 1976, pp. 97-101.

87. Philippe Perrot, *Les Dessus et les Dessous de la bourgeoisie*, Paris, Fayard, 1981, p. 288. Daniel Roche, *Le Peuple de Paris*, p. 133. 在羅歇的書中可見十八世紀末的租屋一族，每個人都有自己的床。

88. *Mémoire cité*, pp. 165 *sq*.

89. 關於這點，參閱：Michel Foucault, *Naissance de la clinique*, 1963, pp. 38 *sq*., et Robert Favre, *op. cit.,* pp. 246 *sq*.

90. Philippe Ariès, *L'Homme devant la mort*, pp. 484 *sq*.

91. Vicq d'Azyr, *Essai sur les lieux*..., p. CXXIX. 關於馬赫建議的規範，維克達吉爾深表贊同。

92. Thouret, *Rapport sur les exhumations du cimetière et de l'église des Saints-Innocents*, 1789. 整個搬遷行動從一七八五年十二月展開，一直持續到一七八七年十月。

93. 關於這次的調查，參閱：Jean-Noël Hallé, *Recherches sur la nature*..., p. 10.

94. Jean-Noël Biraben, *op. cit.,* t. II, p. 176.

95. *Op. cit.,* p. 54.

96. Jean-Noël Biraben, *op. cit.,* t. I, p. 235.

97. Lavoisier, *Œuvres*, t. III, p. 477.的確，這個方法確實抄錄在拉瓦節的燃燒理論（combustion）中。值得注意的是，香薰法（parfum）兼具了火和「香氛」的

54. *Op. cit.,* p. 384. 這個方法並非完全沒有風險，因為作者同時強調（p. 126），沼氣會讓女孩跟婦女變得放浪形骸。

55. Cf. Tournon, *op. cit.,* p. 24.

56. 法國作家居福夫人（Mme Gacon-Dufour, *Manuel du parfumeur*, p. 111）於一八二五年寫道：「（被關在汽車內的）所有旅客為了自身安全起見，都該隨身必備一小瓶醋。」

57. Bruno Fortier, *op. cit.,* p. 60.

58. *Op. cit.,* p. 63.

59. *Op. cit.,* t. II, p. 177.

60. *Op. cit.,* p. 163.

61. *Op. cit.,* p. 68.

62. Guyton de Morveau, *op. cit.,* p. 7.

63. *Op. cit.,* pp. 53 *sq*. et 78.

64. *XVIIIe siècle, art. cité.*

65. *État des prisons..., op. cit.,* t. II, p. 195.

66. 關於這點，參閱：Jean-Noël Biraben, *op. cit.,* t. II, p. 170.

67. François Béguin, in *Les Machines à guérir*, p. 40.

68. De Genneté, *op. cit.,* p. 24.

69. 關於這點，參閱：Richard Etlin, « L'air dans l'urbanisme des Lumières », *XVIIIe siècle*, n° 9, 1977, pp. 123-134.

70. 霍華德對此非常的擔憂，ouvrages cités, *passim.*

71. *État des prisons..., op. cit.,* t. I, p. 74.

72. *Op. cit.,* p. 184.

73. T. 2, p. 686.

74. *Mémoire cité*, p. 166.

75. Cf. Richard Etlin, *art. cité*, p. 132.

76. *Op. cit.,* pp. 85 *sq*. 衛生城市的藍圖。

77. *Op. cit.,* p. 128.

78. *Op. cit.,* p. 184.

30. *Op. cit.,* pp. 58-59.

31. Pierre Saddy, « Le cycle des immondices », *XVIIIe siècle*, 1977, pp. 203-214. À Farge. « L'espace parisien au XVIIIe siècle… » *Ethnologie française*, 1982-2.

32. 一七八〇年十一月八日的政令。

33. 從一七五〇年開始。

34. Cf. Pierre Saddy, *art. cité*, p. 206.

35. 對此，利哲的書中有極為詳實的記載，參閱：F. Liger, *Fosses d'aisances, latrines, urinoirs et vidanges*, Paris, 1875, p.550。

36. *Op. cit.,* p. 31.

37. 關於這點，在法赫的書裡有大篇幅的描寫，參閱：Robert Favre, pp. 378 *sq*.

38. 尚—克勞德．貝羅寫著，改變空氣「不僅有益病人的康復，而是真的能治癒病人」(*op. cit.,* t. II, p. 890)。

39. *Description du ventilateur…,* pp. 103-105.

40. Géraud, *op. cit.*

41. François Béguin, « Évolution de quelques stratégies médicospatiales », *La Politique de l'espace parisien à la fin de l'Ancien Régime*, p. 208.

42. 關於這點，參閱：F. Béguin, *art. cité,* p. 228.

43. Samuel Sutton, *Nouvelle méthode pour pomper le mauvais air des vaisseaux,* Paris, 1749.

44. Hales, *Description du ventilateur…, op. cit.,* p. XVI.

45. De Genneté, *op. cit.,* p. 21.

46. Sutton, *op. cit.,* p. 4.

47. Laborie, Cadet le Jeune, Parmentier, *op. cit.,* pp. 26 et 27

48. *Ibid.,* p. 29.

49. Baumes, *op. cit.,* p. 186.

50. *Op. cit.,* pp. 162-163.

51. *Histoire des principaux lazarets…,* t. 1, p. 293.

52. Banau et Turben, *op. cit.,* pp. 53-57.

53. *Op. cit.,* p. 162.

13. 這樣的訴求的確跟萬一出現危害時，身上能有「重重防護」的心理脫不了關係。在學者專家的豐富想像力驅使下，大家紛紛開始使用繁複的護具。弗夸伯爵（*op. cit.,* p. 313）建議澱粉製造業者「脖子戴上一個漏斗狀的紙護具，開口較大的一邊面朝向頭部，以防止粉霧撲面而來。」藥房則開始賣起奇怪的防護油。巴諾醫生（*op. cit.,* p. 99）為此專門配製了一個煎劑方子，只要將燕尾服浸泡在這副湯藥裡，便能獲得防護力。這還不算什麼，弗德黑（*op. cit.,* t. VI, p. 112）穿上一種抹了防護油的塔夫塔綢防護套，還大力推薦同僚、家人、甚至病患的鄰居使用，來蓋住衣服、靴子和帽子。
14. *État des prisons..., op. cit.,* t. II, p. 15. Daniel Roche (*Le Peuple de Paris*, p. 140). 羅歇在書中提到老百姓家裡掛壁毯的風氣日盛：十八世紀末，百分之八十四的民宅室內掛了壁毯。
15. Cf. *infra,* p. 146.
16. *Op. cit.,* p. 10.
17. *Op. cit.,* p. 59.
18. *Op. cit.,* p. 12.
19. Robert Favre, *op. cit.,* p. 249.
20. *Études de la Nature* (1784), pp. 220-222, cité par Robert Favre, *op. cit.,* p. 250.
21. Jean-Noël Biraben, *Les Hommes et la Peste en France et dans lespays européens et méditerranéens,* 1975, t. II, p. 179.
22. Pierre Deyon, *Amiens, capitale provinciale,* 1967, p. 22.
23. *Ibid.,* p. 27.
24. 關於這點，史瓦利埃的論文有很詳盡的記載，參閱：M. A. Chevallier, « Notice historique sur le nettoiement de la ville de Paris », *Annales d'Hygiène publique et de Médecine légale,* 1849
25. *Op. cit.,* p. 28.
26. *Op. cit.,* p. 16.
27. *Op. cit.,* p. 90.
28. *Op. cit.,* p. 34.
29. *Œuvres*, t. III, p. 496.

油然而生的感覺，甫至旋即無蹤，再怎麼尋找皆枉然。一陣微風帶來它的香氣，風把它找回來了，拖著它再次回來了，它無常的任性，讓我們心旌動搖。」我們還可以再加一個例子，熱情的德國浪漫派作家霍夫曼在《黃金罐》（*Le Vase d'or*），藉由情感洋溢的書信往還，從法國耶穌會教士卡斯岱神父（père Castel）與塞南古那裡獲得啟發，夢想著製作一架香氣大鍵琴（Béatrice Le Gall, *op. cit.,* p. 331），比于斯曼筆下的主角艾山特的香氣交響樂更早一步。

127. 值得注意的是，《奧伯曼書信集》（*Oberman*）直到一八〇三年才出版。

第二部　淨化公共空間

第一章　除臭策略

1. Jean-Claude Perrot, *Genèse d'une ville moderne. Caen au XVIIIe siècle,* 1975, p. 9，以及後面援引文字見：pp. 945, 950 et 10。
2. Cf. Gilles Lapouge, « Utopie et Hygiène », *Cadmos,* 1980, n° 9,. 120.
3. 這是勒嘉德醫生的看法。« Le Havre considéré sous le rapport hygiénique », *Annales d'Hygiène publique et de Médecine légale*, 1849, t. 42, p. 255.
4. Cf. Ramel, *op. cit.,* p. 251.
5. 就本書的主題來說，重點是這些論文作者口吻中流露出的長期焦慮。
6. *Op. cit.,* p. 69.
7. Françoise Boudon, *art. cité*, p. 178.
8. 雅各賓修道院（couvent des Jacobins）旁的街道，四十年間路面石板換了四次。 J.-C. Perrot, *op. cit.,* p. 95.
9. Ainsi, Baumes, *op. cit.,* p. 179.
10. Howard, *État des prisons..., op. cit.,* t. 1, p. 47.
11. 例如：一七二九年十一月八日的警察命令。
12. Fodéré, *op. cit.,* t. VI, p. 256.

19 decembre 1980.

110. Robert Mandrou, *Introduction à la France moderne. Essai de psychologie historique,* Paris, Albin Michel, 1961, pp. 70 *sq*.

111. Saint-Lambert, *Les Saisons,* p. 35, cité par Robert Mauzi, *op. cit.,* p. 320.

112. T. II, p. 268.

113. Robert Mauzi, *op. cit.,* p. 114.

114. 盧梭對花的興趣可媲美植物學家。他俯身靠近花叢，細細欣賞花的構造，而不是要聞嗅花的香氣，更像是要「平息內心的悸動，而非強化它」（Béatrice Le Gall, *op. cit.,* t. I, p. 331）。他自比是花草圖誌（herbier），時常流連花草之間，主要的原因是出於「緬懷往事」，只是他仍然認為視覺才能讓往事立即浮現。（J. Starobinski, *op. cit.,* p. 197）

115. Cf. *infra,* pp. 205 *sq*.

116. *Op. cit.,* cité par Robert Mauzi, *op. cit.,* p. 195.

117. Alfred Franklin, *op. cit.,* p. 31.

118. *Op. cit.,* t. VI, p. 526.

119. Senancour, *Oberman,* t. II, p. 269.

120. *Ibid.*, t. II, p. 268.

121. *Op. cit.,* p. 317.

122. Cité par Robert Mauzi, *op. cit.,* p. 319.

123. Cf. *supra*, p. 15.

124. *Op. cit.,* t. I, p. 113.

125. *Ibid.*, t. I, pp. 244 et 245.

126. 瑞士文學家馬塞爾·雷蒙（Marcel Raymond, *Senancour, Sensations et révélations*, 1965）分析了塞南古作品中透過感官感受的幸福追尋。對氣味的獨特敏銳度，讓他領略到了怦然心動的瞬間。馬塞爾·雷蒙把這種感覺比作諾瓦利斯作品裡的顯影感覺（sens de l'apparition）。勒嘉（Béatrice Le Gall）則認為，紫羅蘭和黃水仙喚醒了塞南古之前的兩段戀情。她補充道（p. 271）：「他喜歡紫羅蘭，因為當紫羅蘭被野草淹沒時，就變成純然的一抹香。」塞南古確實在自己的作品《奇想》（*Rêveries*）當中這麼寫著：「那股

95. Milton, *Paradise Lost*, livre V, 294, éd. Aubier, 1971, t. I, p. 258.《失樂園》（*Paradise Lost*）的第四和第五書散發野花和草原的自然芬芳。失明的米爾頓請讀者運用嗅覺，想像那條灌木叢、玫瑰、茉莉、紫羅蘭等陣陣香氣瀰漫的綠色長廊，更精準的說法是，瀰漫了整個亞當和夏娃偷嚐禁果的隱密禁地。

96. *Op. cit.,* p. 48.

97. *Ibid.,* p. 132.

98. *Op. cit.,* t. I, p. 51.

99. Watelet, *op. cit.,* p. 34.

100. Havelock Ellis, *ibid.,* p. 173. 就算是最純潔端莊的女子，當她深吸一口花香，閉上了雙眼，「若她是個敏感的女孩，肯定會全身顫抖，表現出在其他任何情況下，她絕對不會表露的一種私密狀態，除非，或許只有對自己的情人才會有這種失態」。作者提醒，在十九世紀，某些衛道人士，單純因為這個緣故，便大力批判鮮花讓人道德淪喪。

101. Loaisel de Tréogate, *op. cit.,* pp. 174 et 80.

102. Andréa de Nerciat, *Félicia ou mes fredaines,* rééd. 1979, p. 196. 另一個例子： de la Morlière, *Angola,* t. II, p. 16.

103. Hirschfeld, *op. cit.,* t. V, p. 66.

104. *Ibid.,* p. 19.

105. *Op. cit.,* p. 165.

106. À ce propos, Jean Starobinski, *La Transparence et l'Obstacle,* Paris, Gallimard, 1971, pp. 196, 197 et 281.

107. *Op. cit.,* p. 88. 這個例子經常被引用，首見：Maine de Biran dans son Journal, t. I, p. 151. 在山巔之上，特別容易興起懷舊之情。多半是因為那裡平靜、無聲，陽光如慈父般和煦，令他想起了母親的面容，重溫起兒時的歡樂。之後米什萊亦發表諸多論文，進一步探究（參閱：François Dagognet, *art. cité,* pp. 81 *sq*）。

108. *Oberman,* t. II, p. 58.

109. Communication à la table ronde sur l'histoire des prisons tenue à l'E.H.E.S.S., le

79. H.-B. de Saussure, *op. cit.,* t. II, pp. 480 *sq*.
80. *Op. cit.,* p. 128.
81. Watelet, *Essai sur les jardins,* 1764, p. 34.
82. Girardin, *op. cit.* 這裡引用的是該書某一章的章節回目。
83. *Op. cit.,* t. X, p. 72.「不喜歡新割下的乾草香的人，無福領略這股最令人心神暢快的香氣。」
84. *Op. cit.,* p. 88.
85. Loaisel de Tréogate, *Dolbreuse,* 1783, p. 81.
86. Page 23. Cette sensation est étudiée dans la thèse de Béatrice Le Gall, *L'Imaginaire chez Senancour,* 1966, p. 43. 在文中對這個感受有非常詳盡的解析。收割乾草的清香是初入青少年階段的象徵之一。
87. Liane Lefaivre, Alexander Tzonis, « La géométrie du sentiment et le paysage thérapeutique », *XVIII*e *siècle,* 1977, p. 74.
88. *Op. cit.,* p. 123.
89. C.C.L. Hirschfeld, *Théorie de l'art des jardins,* Leipzig, 1779, t. I, p. 185.
90. *Ibid.*, p. 186.
91. Thomas Whately, *L'Art de former les jardins modernes ou l'Art des jardins anglais,* 1771. Jean-Marie Mord, *Théorie des jardins*, 1776.
92. *Op. cit.,* p. 185.
93. Girardin, *op. cit.,* p. 52.
94. Horace Walpole, *Essai sur l'art des jardins modernes*, trad. 1784. 赫希菲爾德（*op. cit.,* t. II, p. 94）寫道：「人總是在休憩的地方時，最能放任思緒和想像力奔馳，在那裡，人喜歡感覺而非思考。各類香花散發淡淡清新芬芳，一種新的感官獲得滿足，美好的感覺更上層樓。不管是用來休憩和睡覺的地方，還是書齋、餐廳和浴室，處處聞得到紫羅蘭、鈴蘭、歐亞香花芥……丁香……白水仙、白百合、風信子、康乃馨、木犀草，或是埃及木犀草……黃水仙等花的微微芬芳。這些花香不知怎地竟能給人帶來內心的平靜與閒適感，在心靈播下安詳的種子，一股怡然自得之情油然而生，然後心底慢慢地湧出一股暖意。」

60. *Ibid.*, pp. 148-149.

61. *Ibid.*, p. 202.

62. « Le Cabinet de toilette. »

63. *Émile*, p. 201.

64. Godard d'Aucourt (*Thémidore*, 1745), rééd. J.-C. Lattès, 1980, p. 226 此書中暗指巧妙運用不同香水，刻意營造暗示性氣息，是那些放浪形骸的「香水愛用者」最有力的武器之一。朵莉妮夫人（Mme de Dorigny）散發迷人香水的妝容，預告了戴蜜朵（Thémîdore）的失敗。

65. Cf. *infra*, pp. 225 *sq*.

66. R.-L. Girardin, *De la composition des paysages*, Paris, 1777, p. 59.

67. Senancour, *Oberman*, *éd.* citée, t. I, p. 71.

68. *Ibid.*

69. Ramond, *Observations faites dans les Pyrénées pour servir de suite à des observations sur les Alpes,* 1789, p. 346.

70. Robert Favre, *op. cit.,* p. 251.

71. *Op. cit.,* p. 95.

72. 達戈涅（François Dagognet, *art. cité*）極其精妙地分析了這種「社會睡眠療法」（cure de sommeil social），「情感冬眠」（hibernation affective）（p. 85），與「圍繞著山林間清新提神的空氣打轉的風潮」（p. 76）。他參考了榮格（Jung）所謂的救贖吸氣（aspiration salvatrice）與氣體重生的論點，來解析這份迫不及待地想吸取山頂活力的渴望。山居的風行應該與更為普遍的登高風氣有關。

73. Par exemple, Étienne Tourtelle, *op. cit.,* p. 271.

74. *Op. cit.,* p. 95.

75. Horace Benedict de Saussure, *Voyâges dans les Alpes,* Neufchâtel, 1779, t. I, p. 518. 「海拔一千或一千兩百米以上的高山，上面的空氣有其他氣體毒害……。」

76. Senancour, *Oberman,* t. I, p. 54.

77. Ramond, *op. cit.,* p. 348.

78. Senancour, *Oberman*, t. II, p. 174.

37. *Op. cit.,* p. 423.

38. *Ibid.,* p. 431.

39. Buchoz, *op. cit.,* 1771, 1re partie. En outre, témoignage de L.-S. Mercier, *op. cit.,* t. VI, p. 153.

40. Mme Campan, *Mémoires sur la vie de Marie-Antoinette, reine de France et de Navarre*, 1849, p. 97. 在此書中裡面記載了路易十六的宮廷裡，貴夫人頭飾普遍大量使用花卉的盛況。

41. L.-S. Mercier, *op. cit.,* t. II, p. 158.

42. *Op. cit.,* p. 295. 同類型的反應見 p. 176.

43. *Ibid.*, p. 185.

44. *Ibid.*, p. 139.

45. Alexandre Dumas, « Les parfums », *Le (Petit) Moniteur universel du soir*, 16 octobre 1868.

46. Traité des parfums, *Le Parfumeur royal,* 1761, p. 83.

47. *Op. cit.,* p. 4.

48. *Op. cit.,* p. 427.

49. À titre d'exemple, lettres XIV (juin 1783) et XXIII (8 mars 1784), *Lettres choisies du marquis de Sade,* J.-J. Pauvert, 1963, pp. 169 et 222.

50. Casanova, *op. cit.,* p. 435.

51. *Le Parfumeur royal*, p. 150.

52. Déjean, *op. cit.*, p. 447.

53. 關於此節，記載眾多：*Encyclopédie*, art. « parfum » ; Buchoz, *op. cit.,* p. 137, *Le Parfumeur royal,* p. 7.

54. *Le Parfumeur royal*, pp. 152-153.

55. *Ibid.*, p. 158.

56. Buchoz, *op. cit.,* p. 67.

57. *Ibid.*, p. 233.

58. *Le Parfumeur royal*, p. 158.

59. *Ibid.*, p. 159.

23. S. Freud, *Malaise dans la civilisation*, Paris, P.U.F., 1971, note, pp. 49 et 50. 弗洛伊德寫道：「人類的直立，或說站起來，開啟了文明必然的進化過程。從那時候起，一連串連鎖反應接連發生，從嗅覺認知的被貶抑，女性月經來潮時遭孤立，一直到視覺認知的絕對獨大，生殖器官不再遮掩，進而到性興奮的持續，家庭的建立，就這樣走到了人類文明的門前。」

24. Hartley, *op. cit.,* t. I, p. 332.

25. Déjean, *op. cit.,* pp. 8 *sq*. 我們必須把這個演變過程，與影響了服裝時尚的色彩光譜演變連在一起看：柔和的雅緻色調引領風騷，而在此同時，水仙花香正強壓麝香（關於此節，參閱：D. Roche, *Le Peuple de Paris,* p. 177）。

26. 十七世紀時，玫瑰露的使用已經非常普及了，參閱：Blégny, *op. cit.,* p. 687.

27. *Op. cit.,* p. 275.

28. Cf. Dr L. Reutter de Rosemont, *Histoire de la pharmacie à travers les âges*, t. II, p. 438.

29. *Ibid.*, p. 441. 一七四〇年，秘魯的紫色天芥菜就這樣被植物學家德如修（Joseph de Jussieu）移植到了法國。

30. Casanova, *op. cit.,* p. 255.

31. 尤其是弗夸，*op. cit.,* p. 186。

32. Cf. déjà Blégny, *op. cit.,* p. 697, et Déjean, *op. cit.,* p. 303.

33. Restif de La Bretonne, *L'Anti-Justine, passim.*

34. 舉例來說，他的那位威尼斯修女，他寫道：「我用玫瑰露清洗她美麗的喉頭。」（*op. cit.,* p. 448）

35. 同樣見於莫里哀（La Morlière）的小說《安哥拉，印地安的故事》（*Angola, histoire indienne,* 1746）。

36. Roland Barthes, *Sade, Fourier, Loyola,* Paris, Le Seuil, 1971. 薩德在肉體的安排上，著重於視覺。花卉和糞便只是標記道德淪喪歷程的里程碑罷了。「文字描述下的糞便，沒有真實的糞臭味。薩德卻有辦法讓他的夥伴彷彿被糞臭淹沒一般，我們感受不到半點氣息，卻隱隱然感到一種不快的抽象跡兆。」（p. 140）儘管如此，薩德的筆下，仍可見到些許對口氣、精液氣味，與想當然耳，硫磺氣息的描述（參閱：les sortilèges de la Durand）。

也喜歡上了沐浴的感覺。以至於新建的房子，都附設有浴室，而且富裕階級人士在租公寓時，往往把浴室看作一項很重要的設施」。幾乎所有的水井都裝上了汲水幫浦。於是，大戶人家的僕人不再凡事省著用水。他們毫不吝惜地大量打水刷洗院子、廚房，甚至車子。

9. *Op. cit., p. 110.*

10. 關於在學校推行禮儀規範一節，請參閱：Dominique Julia, Roger Chartier, M.-M. Compère, *op. cit.,* notamment, p. 145.

11. M. Déjean, *Traité des odeurs*, Paris, 1764, p. 147.

12. Roger Chartier, *op. cit.,* p. 144.

13. *Op. cit.,* p. 427.

14. *Op. cit.,* p. 457.

15. Article « parfum ». 與裘谷騎士在〈麝香〉（article musc）一文中表達的意見相符。

16. Claude-Nicolas Le Cat, *Traité des sensations et des passions en général et des sens en particulier*, Paris, 1767, t. II, p. 256. 麝香釋放之氣味，可以使所有女性和部分的男性昏厥。

17. *Op. cit.*, p. 91.

18. 只是它的功效變了，因為今日一般大眾多傾向於認為它是男性專屬的香氣。動物性香氛成了男性氣概的象徵。至此麝香徹底擺脫了刺激發情的意味。

19. Havelock Ellis, *Études de psychologie sexuelle,* t. IV : « La sélection sexuelle chez l'homme », Paris, 1912, p. 169. 二十世紀初，艾利斯寫道：長期以來，專家學者一直在強調這個氣味與性行為之間的關聯。法國精神科醫生艾斯吉羅（Jean-Étienne Esquirol）記錄了幾位女性在哺乳期間，因為吸入了麝香而癲狂的案例。五十年後，費赫肯定地說，所有的香味當中，麝香最能有效地刺激性愛激素的分泌。

20. *Ibid.*, p. 162.

21. Iwan Block Hagen, *Sexuelle osphrésiologie*, 1901.這本書裡面，以及上述艾利斯的著作中，都附有關於這個議題的絕佳參考書目。

22. Havelock Ellis, *op. cit.,* p. 169.

具有的療效。

112. Parmentier et Chaptal cités par Guyton de Morveau, *op. cit.,* pp. 138 et 139.

113. Cf. Fourcroy, *Encyclopédie méthodique,* art. « air », p. 577.

114. Hallé, Leroux, Henry et Richard, *Codex des médicaments ou pharmacopée francaise,* 1818.

第五章　重新評量嗅覺帶來的歡愉

1. 好比賈肯教士（*op. cit.,* p. 283）就說：「清潔是避免造成他人感官不悅的細心之舉。此為社會的主要美德之一。」關於學校裡所教的，由喇沙神父所制定的禮儀規範之演變歷程，請參閱：Roger Chartier, Marie-Madeleine Compère et Dominique Julia, *L'Éducation en France du XVI*^{e} *au XVIII*^{e} *siècle*, 1976, pp. 143-144.
2. Idées de Platner exposées par Baumes, *op. cit.,* p. 189.普拉特納其理論近似法國人口學學者莫侯的論點。*Recherches et Considérations sur la population de la France*, 1778, livre II, p. 109.
3. Baumes, *op. cit.,* p. 191.
4. Hallé, *Recherches..., op. cit.,* p. 111.
5. Cf. Lion Murard et Patrick Zylberman, *Sanitas sanitatum, et omnia sanitas*, Paris, C.E.R.F.I., 1980, pp. 275-280. À ce propos, cf. aussi Jean-Maurice Bizière, « Before and after » : Essai de psychohistoire », *Revue d'Histoire moderne et contemporaine*, avril-juin 1980, pp. 177-207.
6. 關於這一點，在羅歇的新書《巴黎人》（*Le Peuple de Paris*）問世後，有必要在此稍做說明：在某些人民的住所裡，亡者留下的遺物當中，有為數不少的尿壺和糞桶，特別是那些與貴族有往來的階級。（p. 122）
7. Cf. Bruno Fortier, « La maîtrise de l'eau », *XVIII*^{e} *siècle*, 1977, pp. 193-201.
8. Cf. notamment Ronesse, *op. cit.,* p. 91. 一七八二年時，何內斯指出：「家戶的用水量，比起十五年前確實是大幅上升了。由此可證，民間沐浴次數變頻繁，而今日的醫生，相較於早期的醫生，更推薦病人常洗澡，此外大眾似乎

怖的危害。吸菸過度會導致嗅覺喪失，毒素會慢慢破壞嗅覺神經，此點經解剖嗜菸者的頭顱後得到證明。

97. Cf. L.-S. Mercier, *op. cit.,* t. VI, p. 47.「一名守門員端坐門口，打從他面前經過的每個人，他都湊上去聞，還反覆追問：『您身上沒有半點味道吧？』」

98. J. Howard, *Histoire des principaux lazarets..., op. cit.,* t. I, p. 170.

99. Virey, « De l'osmologie… », *art. cité*, p. 216.

100. 說真的，這問題正反爭執了好久。柏拉圖在《共和國》（*La République*）一書中，譴責香氛是將人推向軟弱與逸樂的溫床。古希臘時代，使用香料是高級妓女的特徵，「有軟香溫玉生活的誘惑性暗示」。香氛在男女交歡上扮演的角色愈小，使用的正當性就愈大。（Préface de Jean-Pierre Vernant, à l'ouvrage cité de Marcel Détienne, pp. XIII et XXXVI）。在那個時代，人們對我們現今討論的動物性物質，尚未有真正的認識。古時候，香料不僅不會有腐爛的危害，在神聖火光附近予以加熱和乾燥後，容我們在此再次強調，它是永不腐爛的象徵。對奢侈品的抨擊，請參閱：abbé Pluquet, *Traité philosophique et politique sur le luxe*, Paris, 1786, 2 vol.

101. Abbé Jacquin, *De la santé, ouvrage utile à tout le monde*, 1762, pp. 290 *sq*.

102. *Ibid.,* p. 290.

103. Caraccioli, *La Jouissance de soi-même,* 1759, p. 333.

104. *Ibid.*

105. Cf. Georges Vigarello, *Le Corps redressé,* pp. 87 *sq*.

106. Cf. Veblen, *Théorie de la classe de loisir,* Gallimard, éd. 1978, p. 101 (1re éd. 1899).

107. *Op. cit.,* p. 11.

108. *Instruction..., op. cit.,* p. 8.

109. *Op. cit.,* p. 82.

110. Guyton de Morveau, *op. cit.,* p. 93.

111. 德拉松（父）（Delassone père, *mémoire cité*）進行了多次實驗，反覆驗證了所謂的香料煙燻法，結果只讓鐘型罩子變臭而已。這位化學家當時還不知道此種現象是燃燒所導致，所以他的實驗結果並不足以抹煞這些香料物質聲稱

改善空氣，同時又能為當地居民……提供工作機會」(p. 165)。他比當時的許多人更樂觀的看待工業發展，他還說：「此外，結構簡單的窯，燒的是煤炭，有利於避免木材的消耗……，燃燒產生的大量煙霧，有助於散播含硫氣體，而含硫氣體對淨化空氣的功效已經是無庸置疑了。」

84. Cf. de Blégny, *op. cit.,* t. II, p. 167, « Parfum pour la guérison de la vérole ».

85. À titre d'exemple, le chevalier de Jaucourt dans *L'Encyclopédie*, « article musc », 1765.

86. *Ibid.*

87. Chevalier de Jaucourt, *art. cité.*

88. J.-J. Virey, *Des odeurs..., op. cit.,* p. 174, et Hartley, *op. cit.,* p. 331.

89. À ce propos, de Sèze, *op. cit.,* p. 159.德塞茲不贊同布豐伯爵的論點。

90. J.-J. Virey, *Des odeurs...*, p. 254.

91. Cf. Paul Dorveaux, *Historique de l'Eau de la Reine de Hongrie*, 1921, p. 6. 對於匈牙利皇后香水，布勒尼（Blégny, *op. cit.*, p. 684）指出：「不少人喜愛它濃烈的氣味，不住地湊近聞」。作者還一一列出它的眾多功效。

92. *Op. cit.*, p. 318.

93. *Op. cit.,* p. 128.

94. *Ibid*, p. 221.

95. J.-J. Virey, « De l'osmologie », p. 206. 個性熱情如火的人，尤其應避免一些刺激肉慾的氣味。正因如此，韋海才認為他們身上會散發臭味。這又回到了「精氣」說的論調了。的確，噁心難聞的氣味太強的時候，也會產生同樣的危害。「拉馬奇尼（*op. cit.,* pp. 180-181）提到，我有好幾次觀察到，住在那些（燭臺）商店附近的婦女，常抱怨那股難聞的味道讓她們心頭狂亂。」為此，他提醒文人作家不要經常熬夜工作。萊比錫（Leipzig）的醫生普拉特納對吸入惡臭可能造成的危害，仔細編列索引（*De morbis ab immunditiis*）。

96. À titre d'exemple, Boissier de Sauvages, *op. cit.,* p. 56, et surtout Hippolyte Cloquet, *op. cit.,* pp. 80-98.克洛奎特的論點多植基在加佩里尼（Thomas Cappelini）的《論香味的影響》（*Mémoire sur l'influence des odeurs*），與特里勒（Triller）的觀察結果。克洛奎特強調菸草本身（*ibid.*, p. 352）潛藏恐

68. Commentaire de l'ouvrage de Ramazzini, *op. cit.*, p. 332.

69. Parent-Duchâtelet, *Rapport sur le curage des égouts Amelot, de la Roquette, Saint-Martin et autres, Hygiène publique,* t. I, p. 364. 這一次，帕宏—杜夏特雷先是用小袋子，後改為小瓶子，都裝了能散發氯氣的東西。

70. Duhamel du Monceau, *op. cit.*, pp. 132 *sq*.

71. Selon Delassone, père, et Cornette, « Mémoire sur les altérations que l'air éprouve par les différentes substances que l'on emploie en fumigation…», *Histoire et Mémoires de la Société Royale de Médecine,* 1786, p. 324. 關於薰香的方法，亦可參酌：Hales, *op. cit.,* p. 76, et J.-N. Hallé, article « air » de l'*Encyclopédie méthodique*, pp. 572-575.

72. *Encyclopédie,* art. « parfumoir ».

73. 一七九六年，傑克森（Jackson）和莫瑟（Moser）在倫敦推出薰香燈，專門焚燒新出品的化學煙燻產品。Guyton de Morveau, *op. cit.*, p. 147.

74. Procédé décrit par Ramel, *op. cit.,* p. 301.

75. Papon, *op. cit.,* t. I, p. 329.

76. Cf. notamment Fodéré, *op. cit.,* t. VI, p. 159.

77. Tenon, *mémoire cité*, p. 451. 此為田農的看法，他宣稱自己跟林德神父很熟。

78. Cité par Duhamel du Monceau, *op. cit.,* p. 138.

79. Attesté par Chaptal en 1803, *Éléments de chimie,* t. III, p. 111.

80. Vicq d'Azyr, *Instruction sur la manière de désinfecter une paroisse*, Paris, 1775, pp. 7-8.

81. « Des magasins immenses de cette plante, et d'autres drogues, furent un obstacle puissant à l'invasion », J.-J. Menuret, *op. cit.,* p. 60.

82. *Histoire et Mémoires de la Société Royale de Médecine,* t. III, p. 44 des Mémoires, cité par Baumes, *op. cit.,* p. 164. 如此一來，波姆對煙霧的大力推崇，就很好理解了。他繼續寫道：「一部分要感謝它的良好功效，大城市裡才能有良好的空氣。」(p. 163）

83. 波姆繼續寫道：「在髒汙的地區，視地點和情況，建立石灰窯、玻璃工坊、肥皂廠、蒸餾酒廠、或硫酸製造廠。這些工業機構有雙重功效，一方面能夠

在地中海東岸和北非一帶施行的衛生防護措施計有通風、「香薰」和隔離。

54. Cf. E. H. Ackerknecht, « Anticontagionism between 1821 and 1867 », *Bulletin of the History of Medicine,* 1948, pp. 562-593.

55. J. Pringle, *Mémoire sur les substances..., op. cit.*, pp. 317-318 et 367.

56. *Op. cit.,* p. 69.

57. *Op. cit.,* p. 67.

58. Bordenave, « Mémoire sur les antiseptiques », concours cité de l'Académie de Dijon, pp. 190 *sq*.

59. 關於此點，值得關注的是，香脂與健康，還有惡臭與不健康，它們之間的關聯係數一直沒有獲得實質的證據支持。在實際應用上，這些科學理論顯得有些前後矛盾，它們彼此接合、彙集，像是屋頂瓦片，互相支持著。貝歇爾堅信連最噁心的糞臭都具有療效。早在英格豪斯發現光合作用之前，醫界也有人指出某些芳香植物會危害身體的健康。

60. 艾德蒙與朱爾・龔固爾兄弟（p. 395）寫道：法國攝政時期，人們習慣把晚餐前在聖靈教堂（Chapelle du Saint Esprit）進行的禮拜，稱為「麝香彌撒」（messe musquée）。

61. J.-P. Papon, *De la peste ou époques mémorables de ce fléau et les moyens de s'en préserver*, an VIII, t. II, p. 47.

62. *Op. cit.,* p. 7.

63. *Op. cit.,* p. 892. 巴蓬特別推薦隨身攜帶混合了麝香、龍涎香、麝貓香、安息香的護身符，「經常嗅聞」它的「強烈氣味來壓制腐壞空氣」。

64. 據波姆的記載（*op. cit.,* p. 224），行經沼澤地帶的旅人，入夜抵達旅店時，會請店家在房內焚燒硫磺，或飲用花草茶，吸食菸草等「各種芳香物質」，同時盡量不去吞口水（*ibid.*, p. 226）。

65. L.-B. Guyton de Morveau, *Traité des moyens de désinfecter l'air,* Paris, 1801, p. 149.基東德莫沃曾指出淨化空氣的方法，儘管他認為這種做法的效果仍值得商榷。

66. *Op. cit.,* p. 224.

67. *Op. cit.,* p. 209.

分吻合了先前提出的質疑。「嗅覺警覺心的提高」是漸進式的，而且是緊跟著財富的提高而升高。(t. I, p. 300)「而我們（在英格蘭）所做的是儘量遠離可能讓感官受到震撼，或感覺不快的一切事物。當我們不再去看，不再去聽，不再去感受那些惹人不快的事物時，我們自然就不再去講。」(p. 301)「遠離所有可能引發感官不快的事物，比較像是撫慰心靈的習慣做法，卻斷絕了任何可能產生難受感覺的源頭，也意味著人類意欲讓世界更趨美好的創造力，也走到了盡頭。」(p. 306) 或許這過分的優雅作風，會加速將英格蘭推入文明衰亡的深淵。這位英國貴夫人幾乎完全忽略了健康的面向，一味只在肉體慾求、渴望優雅、與至高但危險的心靈撫慰上打轉。值得注意的是，她認為語言的淨化應該走在環境的淨化之後，而非靠語言淨化去帶動環境的淨化。

42. 「味道」(odeurs) 這個詞，加上引號後，在十八世紀專指香氣。
43. P.-J. Buchoz, *Toilette de flore à l'usage des dames*, 1771, p. 192.
44. Nicolas Lémery, *Pharmacopée universelle*, Paris, 1697.
45. Outre le mémoire déjà cité, J.-J. Virey, « De l'osmologie, ou histoire naturelle des odeurs », *Bulletin de pharmacie*, mai 1812, pp. 193-228.
46. « Observations sur les parties volatiles et odorantes des médicaments tirés des substances végétales et animales : extraites d'un mémoire de feu M. Lorry, par M. Hallé », *Histoire et Mémoires de la Société Royale de Médecine*, 1784-1785, pp. 306-318.
47. *Op. cit.,* p. 892.
48. *Op. cit.,* p. 90.
49. Cf. Ramazzini, *op. cit.,* p. 198.
50. *Op. cit.,* pp. 896 et 914.
51. 這個醫學概念淵遠流長，參閱：Jean Delumeau, *op. cit.,* p. 114.
52. M. de Blégny, *Secrets concernant la beauté et la santé... recueillis par M. Daquin*, Paris, 1688, notamment p. 696.
53. Cf. Françoise Hildesheimer, « La protection sanitaire des côtes françaises au XVIIIe siècle », *Revue d'Hist. mod. et cont.,* juilletseptembre 1980, pp. 443-467.

22. Thouret, *op. cit.*, p. 4.
23. *Op. cit.*, p. 28.
24. Edmond et Jules de Goncourt, *La Femme au XVIIIe siècle*, 1862, p. 368.
25. Damours, *Mémoire sur la nécessité et les moyens d'éloigner du milieu de Paris, les tueries de bestiaux et les fonderies de suif*, 1787, p. 9.
26. *Art. cité*, p. 172.
27. *Op. cit.*, pp. 49 et 41.
28. 法國史學家艾居隆（Maurice Agulhon）特別強調這一點的政治層面。
29. Jacques Guillerme, *art. cité*, p. 65.
30. Pierre Chaunu, cité par Madeleine Foisil, *art. cité*, p. 323. 只是在這部分，始終沒有辦法很客觀地測量出其中的變化，歷史學者只能將主觀的記載見證全數吸納。
31. Cf. Bruno Fortier, *op. cit.*, p. 19. L'auteur se réfère à un article du *Journal de Paris*, 25 juillet 1781.
32. Dominique Laporte, *Histoire de la merde*, Paris, Bourgois, 1979.
33. *Op. cit.*, p. 60.
34. *Ibid., p.* 18.
35. 他這本書的的主題，確實不在此處。
36. *Ibid.*, p. 97. 關於此節，我為帕宏—杜夏特雷《性交易…》（*La Prostitution...*, *Le Seuil*,1981）一書所寫的序當中，有詳盡的說明。
37. Dominique Laporte, *op. cit.*, p. 97.
38. Marcel Mauss, *Sociologie et anthropologie*, P.U.F., 1980, p. 361.關於這一點，牟斯特別強調康德暨德國哲學家費希特（Johann Fichte）的影響。
39. *Op. cit.*, p. 41.
40. *Op. cit.*, p. 51.
41. 一八三五年，英國小說家特洛普夫人在其書《一八三五年的巴黎與巴黎人》（*Paris et les Parisiens en 1835,* 1836）中指出，她也快要被歐陸的惡臭嗆到窒息了，她於是想方設法，想進一步了解這場正在推進中的感官革命。她覺得這場革命，在英國，進行的步調比較快，事實的確是如此。她的分析結果部

第四章 重新定義容忍度

1. Tournon, *Moyen de rendre parfaitement propres les rues de Paris*, 1789, p. 60.
2. Daniel Roche, *Le Siècle des Lumières en province:Académies et académiciens provinciaux*, Mouton, 1978, t. I, p. 378.
3. *Op. cit.,* t. I, p. 222.
4. *Op. cit.,* p. 18.
5. L.-S. Mercier, *op. cit.*, t. I, p. 267.
6. Robert Favre, *op. cit.*, p. 40.
7. À ce propos, Madeleine Foisil : « Les attitudes devant la mort au XVIIIe siècle : sépultures et suppressions de sépultures dans le cimetière parisien des Saints-Innocents », *Revue historique*, avril-juin 1974, p. 322.
8. Bruno Fortier, *op. cit.*, p. 34.
9. Arthur Young, *op. cit.*, p. 142.
10. *Ibid.,* p. 130.
11. *Ibid.,* p. 383.
12. Cf. Jean Delumeau, *La Peur en Occident*, Paris, Fayard, 1978, pp. 129 *sq*.
13. *Op. cit.*, p. 51.
14. *Art. cité*, p. 311.
15. Cadet de Vaux, *Mémoire historique et physique sur le cimetière des Innocents,* 1781. 卡戴德沃在書中按日期記錄了這些申訴。
16. *Op. cit.*, t. VIII, p. 340. Souligne par nous.
17. *Ibid.*, p. 341.
18. 一七二六年頒布的法令就已經在一場掏糞工辱罵鄰居的訴訟案中，站在掏糞工的立場為之辯護了。
19. Examen du mémoire cité de Laborie, Cadet le jeune et Parmentier par Lavoisier, Fougeroux et Milly, p. 105.
20. *Op. cit.*, p. 43.
21. 此事的確拖了長達半世紀之久，遲遲沒有下文。

128. *Ibid.,* p. 223.

129. *Ibid.,* p. 238.

130. 在軍營爆發連番事故之前，也就是在一七四三年間，法國軍隊就遭到傳染病大流行的肆虐，那時候的將領把病因歸咎為人員過度密集，與空氣滯留不動。參閱：André Corvisier, *L'Armée francaise du XVIIe siècle au ministere de Choiseul. Le soldat,* t. II, p. 672

131. L.-S. Mercier, *op. cit.,* t. VII, p. 309. 為此，梅西耶強烈抨擊舞會。

132. *Op. cit.,* t. II, p. 48.

133. *Ibid.,* p. 191.

134. Edna Hindie Lemay, « La vie parisienne des députés de 89 ». *L'Histoire,* n ° 44, 1982, p. 104.

135. Robert Favre, *op. cit.,* p. 252. 其中提到伏爾泰的投入，p. 259.

136. Philippe Ariès, *L'Homme devant la mort,* pp. 474-475.

137. Ramazzini, *op. cit.,* p. 199. 拉馬奇尼特別提到他搜集了「散陳各家著作內，有關這個主題的敘述」。

138. *Ibid.*, p. 513.

139. *Ibid.*, p. 336。對浣衣坊的疑懼由來已久，七月王朝時期，巴黎市興起新一波環境清潔的訴求，保健委員會收到許多市民針對洗衣服時冒出的水蒸氣的投訴。

140. *Ibid.*, pp. 152-153.

141. 猶太人例外（cf. *infra*, p. 211），不過，我們都知道這股信念是如何在西方世界的宗教歷史裡生根的。

142. L.-S. Mercier, *op. cit.,* t. I, pp. 137-138. 相同主題也見，pp. 126-130.

143. Françoise Boudon, « La salubrité du grenier de l'abondance à la fin du siècle », *XVIIIe siècle*, 1977, pp. 171-180.

144. À ce propos, Bruno Fortier, *op. cit., passim.*

145. Françoise Boudon, *art. cité*, p. 176.

146. Jurine, *op. cit., pp. 71 sq.* 朱林針對「床鋪的空氣」採樣並測量。還列出了一張「有人居住的公寓」裡，空氣受汙染的等級表（pp. 90-91）。

108. Senancour, *Oberman*, t. I, p. 83.

109. Livret de *Fidelio* de Beethoven, traduit et adapté de J.-N.Bouilly. 在該劇中，監獄守衛羅可（Rocco）允准囚犯短暫放風。

110. Michelet, *Histoire de France*, t. XIII, pp. 317-318.

111. J. Howard, *État des prisons…, op. cit.,* p. 13.

112. *Histoire Naturelle,* p. 914, cité par Pringle, *Observations sur les maladies des armées dans les camps et dans les garnisons,* Paris, 1793 (nouvelle édition), p. 293.

113. *Ibid.,* p. 293 (d'après la chronique de Stowe).

114. J. Howard, *État des prisons…, op. cit.,* p. 22.

115. J. Pringle, *Observations…, op. cit.,* p. 295.

116. *Ibid.*

117. Fodéré, *op. cit.,* t. V, p. 311.

118. 這起事故有多人引用。參閱：Dr Banau et Turben, *Mémoire sur les épidémies du Languedoc*, 1786, p. 12.

119. Cf. *supra,* p. 38.

120. 這裡對監獄與醫院的區分稍顯過時。然而，一直要到十八世紀末，兩者的劃分才開始顯得有些道理。

121. Genneté, *Purification de l'air croupissant dans les hôpitaux, les prisons et les vaisseaux de mer…*, 1767, p. 10 吉奈特在書中寫道：這股「可怕的混合腐臭氣體」是窮人的墳墓，「那裡的人，嘴巴呼出的口氣臭不可當，傷口腐爛，汗水聞起來就像是屍臭」。

122. 他在描述英國的醫院時，舉出的惡臭事例明顯少了許多；此舉頗具深意。

123. L.-S. Mercier, *op. cit.,* t. VIII, pp. 7 et 8.

124. Extrait de J.-R. Tenon, *Mémoires sur les hôpitaux de Paris*,1788.

125. Michel Foucault…, *Les Machines à guerir, aux origines de l'hôpital moderne,* Paris, Pierre Mardaga, 1979.

126. Tenon, *op. cit.,* p. 208.

127. *Ibid.,* p. 223.

46）

90. Senancour, *Oberman*, éd. « Les Introuvables », t. II, p. 48.

91. *Op. cit.,* pp. 241 et 242.

92. *Op. cit.,* p. 56.

93. C. Forget, *Médecine navale ou nouveaux éléments d'hygiène, de pathologie et de thérapeutique médico-chirurgicales*, Paris, 1832, t. I, p. 332.要注意，弗傑的書出現的時間，比本書此章裡的其他見證案例要晚。

94. M.-E. Hales, *Description du ventilateur par le moyen duquel on peut renouveler facilement l'air des mines, des prisons, des hôpitaux ou des maisons de force et des vaisseaux*, 1744, p. 61.

95. 這是弗傑的說法，*op. cit.,* p. 184。以下幾段則是當時眾多文集的彙整。尤其是杜默德孟梭的紀錄，*op. Cit*。

96. *Ibid.*, p. 29.

97. Joseph Conrad, *Ligne d'ombre*.

98. C. Forget, *op. cit.,* p. 186.

99. *Ibid.* Voir aussi Fodéré, *op. cit.,* t. VI, pp. 476 *sq*.

100. Parent-Duchâtelet, *Recherches pour découvrir la cause et la nature d'accidents très graves, développés en mer, à bord d'un bâtiment chargé de poudrette*, 1821. 帕宏—杜夏特雷在書中指出船員死亡逾半，餘者染疾。

101.杜默德孟梭寫道：「他們自身的汗水暴雨」無法「散至空氣中排出」(*op. cit.,* p. 30）。

102. Hales, *op. cit.,* p. 53.

103. 莫洛格子爵於是計算一艘配備三十尊大砲的軍艦上，流汗或呼出的蒸氣重量，得出結果如下：排出的難聞氣體總量大約等同五立方呎的水（Duhamel du Monceau, *op. cit.,* p. 44）。

104. 特別是馬肯、拉瓦節與維克達吉爾都參與其中。

105. *Op. cit.*, t. VIII, p. 1.

106. J. Howard, *État des prisons…*, *op. cit.*, p. 214.

107. Casanova, *Mémoires, éd.* Garnier, pp. 547 et 588.

Capricorne）時，這個主題才開始能在公開場合中提及，才開始被納入公眾可討論的氣味一覽表之中。在作者看來，認識這些氣味，是嗅覺發展進程上的一道儀式。

81. Jean-Baptiste Silva , « Dissertation où l'on examine la manière dont l'esprit séminal est porté à l'ovaire », *Dissertations et consultations médicinales de MM. Chirac et Silva*, 1744, t. I, pp. 188 *sq*. 席爾法（J. B. Silva）對這個問題有非常長篇深入的探討。
82. 關於這一點，歡迎延伸閱讀法國歷史學者肯妮比埃勒（Yvonne Kniebiehler）的總體研究成果。
83. 雷蒂夫選擇使用這個常見的字彙，他試圖把這個字「putain」（混蛋）的字源與拉丁文的「putida」（發臭的）做連結。
84. *Op. cit.*, p. 189. 相反地，古時候的人（參閱：Marcel Détienne, op. cit., p. 173）認為禁慾使得女性身上產生一股讓人走避的臭味。夫妻性關係的中止，太陽和地球的分離，可能是引發希臘利姆洛斯島女子（Lemmniennes）的嗅覺倒錯，還有歡慶希臘地母節（Thesmophories）的女子（譯按：古希臘的宗教節日，在深秋播種時慶祝，但只限成年女子），身上味道沒那麼難聞的原因。就我所知，這類問題在十八世紀時已經沒有人感興趣了。
85. Cf. Boissier de Sauvages, *Journal des savants*, février 1746, p. 356, cité par Fodéré, *op. cit.,* t. VI, p. 232. 作者在日記中記下蹂躪法國東部韋瓦萊區（Vivarais）的牛瘟疫情：當人們「近距離的吸入牛隻胃裡釋放出來的臭氣，就算牛隻還活著，他們常也會染上腸絞痛，甚至上吐下瀉，此乃肚子異常鼓脹的常見原因」。
86. *Ibid.*, t. V, p. 298.
87. *Ibid.*
88. 「人呼出的口氣可以置人於死」，盧梭振振有詞地說。關於這一點，參閱：François Dagognet, « La cure d'air : essai sur l'histoire d'une idée en thérapeutique médicale », *Thalès*, 1959, p. 87.
89. 維迪耶發現米諾鎮的居民是如此深信不疑。一位老婦人訴說著一位女性朋友的遭遇：「她噴出的口氣，像在傳播流行病，害我的姊妹染疫。」（*op. cit.,* p.

61. *Ibid.*, p. 48.

62. *Ibid.*, p. 113.

63. Mirabeau, *Erotika Biblion*, 1783, p. 19.

64. Introduction aux *Mémoires*.

65. Épisode bien étudié par Gérard Wajeman (« Odor di femmina », *Ornicar*, nº 7, pp. 108-110).

66. Dr Augustin Galopin, *Le Parfum de la femme et le Sens olfactif dans l'amour. Étude psycho-physiologique*, Paris, E. Dentu, 1886.

67. À ce propos, cf. *infra*, p. 203.

68. Goethe, *Le Second Faust*, traduction de Gérard de Nerval.

69. 維迪耶由此推論女性氣息屬於一種宇宙氣息（souffle cosmique）。

70. Cadet de Vaux, « De l'atmosphère de la femme et de sa puissance », *Revue encyclopédique*, 1821, pp. 427-445 (p. 445).

71. Cf. Yvonne Verdier, *op. cit.,* pp. 52 *sq*.

72. Cf. Jean Borie, « Une gynécologie passionnée », *Misérable et glorieuse la femme du XIXe siècle*, Paris, Fayard, 1980, pp. 152-189. 關於這一點，也歡迎延伸閱讀女權作家德雷絲・莫羅（Thérèse Moreau）的總體研究成果。

73. Parny, « Le cabinet de toilette » ; M. de Bernis (*Les Saisons et les Jours. Poèmes*, 1764) chante des nymphes « le parfum de leurs tresses blondes » (« L'été »).

74. Cf. Roland Barthes, *Fragments d'un discours amoureux*, 1977, p. 227.

75. Cité notamment par J.-J. Menuret, *Essai sur l'action de l'air dans les maladies contagieuses*, 1781, p. 41.

76. Havelock Ellis, *La Sélection sexuelle chez l'homme*, p. 126.

77. 十九世紀末，的確，這個主題再度廣泛被討論。心理學家費赫（Féré）認為這個氣味能引發興奮作用。它可用於工業生產之中……疲憊的熨燙女工聞了自己貼身馬甲的氣味，便能振奮起精神。

78. *Émile…*, éd. Garnier, 1966, p. 201.

79. 他在自己的作品《反瑞絲丁》（*L'Anti-Justine*）一書中坦承此事。

80. 就我所知，一直要到美國文學家米勒出版《南迴歸線》（*Tropique du*

44. *Ibid.*, p. L.

45. *Ibid.*, p. LI.

46. *Ibid.*, pp. LI-LII.努加雷與馬裳（《敏感的掏糞工》）筆下的人物在舞臺上，恣意比較掏糞工和肉販身上的臭味。

47. 亞里斯多德全集之《論問題》（*Problèmes*）亦提過這個問題。

48. 這裡面臨的是可怕的失衡狀態，活體內部的腐化作用因而凌駕其他作用之上。

49. Bordeu, *op. cit.,* p. 470.

50. Brieude, *op. cit.,* p. LV.

51. Brieude, *op. cit.,* p. LXII, et Landré-Beauvais, *op. cit.,* p. 431.

52. H. A. P. A. Kirwan, *De l'odorat et de l'influence des odeurs sur l'économie animale*, Paris, 1808, p. 26.

53. 先前引用的英格豪斯著作，其中有一篇描寫了這些實驗的過程（pp. 151 *sq*）。

54. 他提出一份長篇論文，鉅細靡遺地記錄了他所採用的氣體搜集法（Jules-César Gattoni, « Mémoire sur les avant*âges* que la médecine peut retirer des eudiomètres », *Histoire et Mémoires de la Société Royale de Médecine,* 1789, lu le 28 août 1787, pp. 19-100）。

55. Jules-César Gattoni, *ibid.*, p. 132.

56. 朱林進行的內臟氣體分析，頂多只能說他確認了貝托萊的想法：腸內積氣來自肉類的腐爛。

57. *Op. cit.*, p. 523.

58. Cité par le Dr Monin, *op. cit.*, p. 239. 一想到畢夏為死亡下的定義，這項觀察發現自是意義無窮。

59. 有關艾科特，請參閱：Jean Ehrard, *art. cité*, p. 55 ; Hartley, *Explication physique des sens, des idées et des mouvements tant volontaires qu'involontaires*, 1755, t. I, pp. 449-451. 至於同情者理論的學者，請參閱：Robert Mauzi, *op. cit.,* pp. 313-314.

60. Tiphaigne de la Roche, *L'Amour dévoilé ou le Système des sympathistes*, 1749, p. 45.

32. Cf. Brieude, *op. cit.,* p. LV, et Dr Monin, *op. cit.,* p. 51.

33. Brieude, *op. cit.,* p. XLIX.

34. Cf. Virey, *art. cité*, p. 249.

35. 法國作家俞艾奈特（Jean-Noël Vuarnet），《女性高潮》（*Extases féminines*, 1980, pp.38-45）一書詳述了這個問題的始末。此外，在他的書裡還有一段關於「聖潔氣味」的摘要。所謂聖潔之氣經常與聖物之說（myroblitisme）與不壞之身相連結。關於這一點，莫寧做了些補充（*op. cit.,* p. 61）：活著的聖人，好比聖女泰薇爾（sainte Trévère）身上有玫瑰、百合和沉香的味道；聖女羅絲（sainte Rose）散放玫瑰香氣；聖人卡哲堂（saint Cajétan）帶著柑橘氣味；聖女凱薩琳（saint Catherine）聞著像紫羅蘭；聖女大德蘭飄散茉莉與鳶尾花香；聖女黎德懷（sainte Lydwine）身上有香草的氣息（參閱法國作家于斯曼）。升天的聖人，例如：德巴奇（Madeleine de Bazzi）、德穆雷特（saint Étienne de Muret）、聖斐理伯乃利（Philippe Néri）、聖帕坦尼安（saint Paternien）、聖歐梅（saint Omer）、歐藍帕（saint François Olympe）死後均散放美妙馨香。十九世紀的精神科醫生將這種現象視為「一種神經官能症的表徵」（cf. Dr Monin, *op. cit.,* p. 61）。

36. Brieude, *op. cit.,* p. XLVIII.

37. Landré-Beauvais, *op. cit.,* p. 423.

38. H. Cloquet, *op. cit.,* p. 66.

39. *Art. cité*, p. 248. 這篇文章記錄了許多旅人在野外對臭味的觀察，並備有詳細的資料出處供參考。

40. H. Cloquet, *op. cit.,* p. 15.

41. 根據布豐伯爵和法國哲學家艾爾維休（Claude A. Hevétius）給氣候下的廣義說法，氣候在這裡指的不僅是某個區域，或該地在氣象學上的特徵而已，同時包含了土壤特性和當地居民的生活方式。換言之，總覽了一切當地自然環境，和人類在當地開發適應過程中衍生的結果（cf. M. Duchet, *op. cit.,* p. 322）。

42. *Op. cit.,* p. 66.

43. Brieude, *op. cit.,* p. LX.

12. *Op. cit.,* p. 411.

13. *Ibid.*, p. 414.

14. *Ibid.*, p. 412.

15. *Ibid.*, p. 413.

16. Brieude, *op. cit.,* p. LI.

17. A. de Hallér, *Éléments de physiologie*, Paris, 1769, t. II, p. 253.

18. 暗指先前曾引用的莫寧醫生之作品。

19. 亞里斯多德（Aristote）認為，體液若未經足夠的消化，或在消化過程中衍生的產物若沒有排出，它反而會成為壞死的元凶。

20. *Op. cit.,* p. 469.

21. 一八四四年編輯印行的法國醫生夏巴尼全集，《人類生理與心靈研究》（*Rapports du phusique et du moral de l'homme*）一書的註釋部分，佩斯（L. Peisse）對於特定的身體氣味這樣寫道：「體弱的物種或個體，身上的這種氣味較淡。獸性化程度高的物種，和異常勇猛健壯的個體散發的氣味較重。」

22. Ingenhousz, *op. cit.,* p. 151.

23. Cf. *infra*, pp. 317-318.

24. *Op. cit.,* p. XLVII.

25. *Ibid.*, p. 428.

26. Par exemple, abbé Jacquin, *De la santé, ouvrage utile à tout le monde*, Paris, 1762, p. 283.

27. Xénophon, *Le Banquet ;* Montaigne, *Essais*, « Des senteurs », éd. La Pléiade, p. 351.

28. Chevalier de Jaucourt, article « musc ».

29. Cf. Michèle Duchet, *Anthropologie et histoire au Siècle des Lumières*, Paris, Flammarion, 1977. 說真的，作者杜歇表示當時並不應該以人類學統稱之，裡面包含了有好幾門學科（p. 409），後來出現的都納入布豐伯爵建議的譜系表中。

30. Brieude, *op. cit.,* p. XLVII.

31. M. Duchet, *op. cit.,* p. 203.

89. Baumes, *op. cit.,* p. 7.

90. *Ibid.*, p. 7.

91. *Op. cit.,* t. V, pp. 164 *sq*.

92. *Op. cit.,* p. 196.

第三章　社交氣味

1. 德塞茲（*op. cit.,* p. 85）認為一七八六年以後，是波爾德和羅里（cf. *infra,* p. 165），再加上巴特茲（Barthez），共同確立了機械論、暨其彈性、幫浦與槓桿之說的失敗。

2. Théophile de Bordeu, *Recherches sur les maladies chroniques*, t. I, p. 378.

3. *Ibid.*, p. 379.

4. *Ibid.*, p. 383.

5. *Ibid.*

6. Brieude, « Mémoire sur les odeurs que nous exhalons, considérées comme signes de la santé et des maladies », *Histoire et Mémoires de la Société Royale de médecine*, t. X, 1789. J.-J. Virey, « Des odeurs que répandent les animaux vivants », *Recueil periodique de la Société de Médecine de Paris*, t. VIII, an VIII, pp. 161 *sq.* et 241 *sq.* A.-J. Landré-Beauvais, *Séméiotique ou Traité des signes des maladies*, 2e éd., Paris, 1815, « Des signes tirés des odeurs », pp. 419-432.

7. Isis, Edmond, Charles Falize, *Questions sur diverses branches des sciences médicales*. I « Quelle est la valeur des signes fournis par l'odeur de la bouche ? » Thèse, Paris, 12 avril 1839.

8. Dr E. Monin, *Les odeurs du corps humain*, Paris, Doin, 1885.這段時期，嗅覺器官學風潮再起。

9. Cf. *infra*, p. 219.

10. *Op. cit.,* p. 435.

11. Yvonne Verdier, *Façons de dire, façons de faire*, Gallimard, 1979. Notamment, pp. 20-77.

*les tueries de l'intérieur de Paris.*沿著聖馬丁路、市政廳路、到蒙特莫朗西（Montmorency）街走，一共發現十六起在大白天裡屠宰牲畜的案件，鄰近街道還有六件。

77. Thouret, *op. cit.,* p. 28. 臭味是研究都會病理學的基本要素，關於這一點，亦可參閱：Emmanuel Le Roy Ladurie, « la ville moderne », t. 3 de l'*Histoire de la France urbaine*, Paris, Le Seuil, 1981, pp. 292 *sq*.
78. Cf. L.-S. Mercier, cité *infra*, pp. 82-83.
79. Cf. notamment, M. F.-B. Ramel, *De l'influence des marais et des étangs sur la santé de l'homme*, Marseille, an X (rédigé dès 1784 pour le *Journal de médecine*).
80. Malouin, *op. cit.,* p. 62.
81. Duhamel du Monceau, *op. cit.,* p. 40.
82. Abbé Bertholon, *De la salubrité de l'air des villes et en particulier des moyens de la procurer*, Montpellier, 1786, pp. 6 et 7.
83. 汙染（pollution）這個字，在當時並沒有如今我們賦予它的意義
84. Joseph Raulin (1766), cité par Ramel, *op. cit.,* p. 63.
85. 關於這部分，請參考：Jean-Baptiste Monfalcon, *Histoire des marais*, 1824, p. 32.該書附有一篇關於「沼氣性質」的綜合報告（pp. 69-78），資料非常完備。夏朗德（Charente）沿海的「碼頭岸梯」在十九世紀初期的文學作品裡佔有重要的地位。請參閱：A. Corbin, « Progrès de l'économie maraîchine » in *Histoire du Poitou, du Limousin et des pays charentais*, Toulouse, Privat, 1976, pp. 391 *sq*. et bibliographie, pp. 413-414.
86. Fodéré, *op. cit.,* t. V, p. 168.
87. Baumes, *op. cit.,* p. 99.
88. 英格豪斯認為這些地方充斥著燃素氣體、有毒氣體和腐爛氣體。這樣的說法印證了當時學者的想法：沼澤瘴氣含納各種危害（Ingenhousz considere, *Expériences sur les végétaux, spécialement sur la propriété qu'ils possèdent à un haut degré soit d'améliorer l'air quand ils sont au soleil, soit de le corrompre la nuit ou lorsqu'ils sont à l'ombre,* Paris, 1787, publié pour la première fois en Angleterre en 1779, p. 167）。

在打擊嘲弄大眾裝出厭惡至極的那種「裝腔作派」(p. XIV)。本劇見證了糞便興起的風潮,與新的警戒心。

63. Jean-Noel Hallé, *Recherches Sur la nature et les effets du méphitisme des fosses d'aisances,* Paris, 1785, pp. 77-81.前面列出的拉伯里和杜赫的著作裡,同樣可以找到精確的分析。

64. Thouret, *op. cit.,* p. 21.

65. L.-S. Mercier, *op. cit.,* t. VII, p. 229.「百姓排出的糞便,與這些糞便衍生出的多種髒汙,不斷地出現在公爵夫人、侯爵夫人和公主們的眼前。」十九世紀時,上層階級企圖將糞臭歸為貧苦百姓專屬,同時不斷地將窮人與糞臭劃上等號。(cf. *infra*)

66. Cf. notamment : Philippe Ariès, *L'Homme devant la mort*, 1978, Ph. Chaunu, *La Mort à Paris, XVI*[e]*, XVII*[e]*, XVIII*[e] *siècles*, 1978. Pascal Hintermeyer, *Politiques de la mort*, 1981, sans oublier la thèse de François Lebrun, *Les Hommes et la Mort en Anjou aux XVII*[e] *et XVIII*[e] *siècles*, 1975.

67. Abbé Porée, *Lettres sur la sépulture dans les églises*, Caen, 1745.

68. Haguenot, *Mémoire sur les dangers des inhumations*, 1744.

69. Vicq d'Azyr, *Essai sur les lieux et les dangers des sépultures*, 1778, p. CXXXI.

70. De Horne, *Mémoire sur quelques objets qui intéressent plus particulièrement la salubrité de la ville de Paris*, 1788, p. 4.

71. Cf. Cadet de Vaux, *Mémoire historique et physique sur le cimetière des Innocents*, 1781.

72. Charles Londe, *Nouveaux éléments d'hygiène*, Paris, 1838, t. II, p. 348.

73. F.-E. Fodéré, *Traité de médecine légale et d'hygiène publique ou de police de santé...*, 1813, t. V, p. 302.

74. 關於這一點,非常適合引用納維耶匯整歸納的理論,根據該理論的說法,屍臭的致命危害影響範圍更大(*Sur les dangers des exhumations précipitée et sur les abus des inhumations dans les églises,* 1775)。

75. De Horne, *op. cit.,* p. 11.

76. Cf. Daubenton, Bailly, Lavoisier…, *Rapport des mémoires et projets pour éloigner*

44. Alfred Franklin, *La Vie privée d'autrefois*, t. VII, *L'hygiène*, Paris, Plon, 1900, pp. 153 *sq*.法國歷史作家阿弗雷德．富蘭克林在書中介紹了這個沉痾長期發展生成的過程。

45. 持平而論，其實應該說是巴黎警察的公權力不彰，參閱：Arlette Farge, *Vivre dans la rue à Paris au XVIIIe siècle*, Gallimard, 1979, pp. 193 *sq*., et notamment p. 209.

46. 這些工匠們確實使用發酸的尿液，參閱：Ramazzini, *op. cit.,* p. 149.

47. *Op. cit.,* t. XI, p. 54.

48. Pierre Chauvet, *op. cit.,* p. 18.

49. La Morandière (1764), cité par le Dr Cabanès, *Mœurs intimes du passé*, Paris, 1908, p. 382.

50. Arthur Young, *Voyages en France*, Paris, Colin, 1976, p. 382.

51. John Pringle, *Observations sur les maladies des armées dans les camps et dans les garnisons*, 1793 (1re édition, 1755), p. 300.這裡普林格採用了一七一一年荷蘭化學家霍姆貝格（Wilhelm Homberg）的實驗結果。

52. *Op. cit., p*. 38.

53. Laborie, Cadet le jeune, Parmentier, *Observations sur les fosses d'aisances et moyens de prévenir les inconvénients de leur vidange*, Paris, 1778, p. 106.

54. Pierre Chauvet, *op. cit.,* p. 38.

55. L.-S. Mercier, *op. cit.,* t. XI, p. 55.

56. *Op. cit.,* p. 15.

57. Géraud, *op. cit.,* p. 66.

58. *Ibid.*, p. 96.

59. Parent-Duchâtelet le prétend, *Rapport sur les améliorations à introduire dans les fosses d'aisances. Hygiène publique*, t. II, p. 350.

60. *Dictionnaire philosophique*, article « déjection ».

61. *Op. cit.,* t. X, p. 250.

62. 努加雷與馬裳合著的戲劇《敏感的掏糞工》（*Le Vidangeur sensible,* 1777）。光想到要將這部劇搬上舞臺，就讓人反胃想吐了。本劇的目標非常前衛，旨

Pierrard, *La Vie ouvrière à Lille sous le Second Empire,* Paris, Bloud et Gay, 1965）。

27. E. Chevreul,« Mémoire sur plusieurs réactions chimiques qui intéressent l'hygiène des cités populeuses » (lu les 9 et 16 novembre 1846), *Annales d'Hygiène publique et de Médecine légale*, 1853, p. 15.
28. *Ibid.*, p. 36.
29. *Ibid.*, p. 38.
30. P.-A. Piorry, *Des habitations et de l'influence de leurs dispositions sur l'homme en santé et en maladie*, Paris, 1838, p. 49.
31. L.-S. Mercier, *op. cit.,* t. IV, p. 218.
32. J. Howard, *État des prisons, des hôpitaux et des maisons de force*, Paris, 1788 (traduction de l'édition de 1784), t. I, p. 240.
33. Philippe Passot, *Des logements insalubres, de leur influence et de leur assainissement*, 1851 ; l'auteur cite, à ce propos (p. 24), l'ouvrage du Lyonnais Francis Devay, *L'Hygiène des familles*.
34. Ph. Passot, *op. cit.,* p. 25.
35. *Ibid.*, p. 25.
36. Mathieu Géraud, *Essai sur la suppression des fosses d'aisances et de toute espèce de voirie, sur la manière de convertir en combustibles les substances qu'on y renferme*, Amsterdam, 1786, p. 34.
37. Lind, *Essai sur les moyens les plus propres à conserver la santé des gens de mer*, Londres, 1758, p. 17.
38. Duhamel du Monceau, *Moyens de conserver la santé aux équipages des vaisseaux ; avec la manière de purifier l'air des salles des hôpitaux*, Paris, 1759, p. 131.
39. J. Howard, *État des prisons…, op. cit.,* p. 14.
40. J. Howard, *Histoire des principaux lazarets de l'Europe*, Paris, an VII, t. II, p. 144.
41. 羊毛的吸濕力同樣強大，但那又是另一回事了
42. Pierre Chauvet, *op. cit.,* p. 17.
43. L.-S. Mercier, *op. cit.,* t. VII, p. 226.

自然》（*De la nature*）則為宇宙生機論（vitalité universelle）做足了宣傳。

17. M. Thouret, *Rapport sur la voirie de Montfaucon* lu le 11 novembre 1788 à la Société Royale de Médecine, p. 13.
18. « Rapport fait à l'Académie Royale des Sciences le 17 mars 1780 par MM. Duhamel, de Montigny, Le Roy, Tenon, Tillet et Lavoisier, rapportéur. » *Mémoires de l'Académie des Sciences*, 1780, Lavoisier, *Œuvres*, t. III, p. 493.
19. 參閱雨果作品中，黑牢代表的象徵價值，與它所扮演的訊息保存者的角色，尤其是他的兩部作品《九三年》和《笑面人》（*L'Homme qui rit*）。
20. Cf. Boissier de Sauvages, *op. cit.,* p. 54.
21. In *La Politique de l'espace parisien à la fin de l'Ancien Régime*, Paris, Corda, 1975 ; Bruno Fortier, « La politique de l'espace parisien », p. 32.
22. Louis-Sébastien Mercier, *Tableau de Paris*, Amsterdam, 1782-1788 ; t. I, p. 21.
23. Bruno Fortier, *art. cité*, pp. 116-125.
24. Robert Favre, *La Mort dans la littérature et la pensée françaises au siècle des Lumières*, P.U.L., 1978, p. 398.
25. Pour Gaston Bachelard, *La Terre et les Rêveries de la volonté*, Paris, 1948, pp. 129 *sq.*巴舍拉認為民眾對泥濘物質的高度關注掩蓋了一種情緒的矛盾，反映了晦暗慾望的沉溺，而心理分析師又大量撰文將這種倒退現象往不潔的方向帶。在這方面，垃圾功利主義（utilitarisme du déchet）（cf. *infra*, pp. 169 *sq.*）只不過是一方螢幕，透視學者的熱血衝動。帕宏—杜夏特雷所謂的生命種類（genre de vie）、謝弗勒爾的分析、沙普塔呼籲善加利用糞泥等，在在顯示了這股下意識的功利慾望。然而，在此同時，糞泥的研究也是一種對未來的展望，因為人們深深關切著未來可能的各種發展。更重要的是，我覺得它見證了人們擔心利益受損，一心只求顧全獲利的強烈意志。
26. Cf. Pierre Chauvet, *Essai sur la propreté de Paris*, 1797, p. 24.更重要的是梅西耶（*op. cit.,* t. I, p. 213）以及何內斯的《關於巴黎市街道清潔之看法》（*Vues sur la propreté des rues de Paris*, 1782, p. 14）。後面這兩位對巴黎街道的糞泥與「爛泥」的精準分析，顯示了他們對這個問題的重視。有關里爾市的爛泥分析，歷史學家皮耶哈德（Pierre Pierrard）援引的文章同樣描述精確（Pierre

小說《海因里希・霍夫丁根》（*Les Songes de Heinrich Hofterdingen*）。

42. Jacques Guillerme, *art. cité*, p. 62.

第二章　嗅覺警戒的兩端

1. Jean Ehrard, *L'idée de nature*..., p. 710.
2. Boissier de Sauvâges, *op. cit.*, p. 51.
3. *Ibid.*
4. 貝歇爾於一六六九年在法蘭克福出版了同名作品。
5. 去除汙染臭氣，予以矯正的概念暗合亞畢諾的論述。*op. cit., passim.*
6. Cf. Robert Boyle, *op. cit.*
7. Ramazzini, *Essai sur les maladies des artisans*. Traduction de Fourcroy, 1777, p. 533 (de l'ouvrage paru à Padoue en 1713).
8. *Ibid.*, p. 327.
9. *Ibid.*, p. 534.
10. Cf. *infra*, pp. 182 *sq*.
11. M. de Chamseru, « Recherches sur la nyctalopie », *Histoire et Mémoires de la Société Royale de Médecine*, 1786, pp. 167 *sq*.
12. J.-B. Theodore Baumes, *Mémoire [...] sur la question : peut-on déterminer par l'observation quelles sont les maladies qui résultent des émanations des eaux stagnantes*..., 1789, p. 234.
13. *Ibid.*, p. 165. 一八一五年，杜泰勒的作品一出，民怨更是沸騰。（*Éléments d'hygiène*, Paris, 1815, t. I, p. 277）
14. Paul Savi, « Considérations sur l'insalubrité de l'air dans les Maremmes », *Annales de chimie et de physique*, 1841, p. 347.
15. *Op. cit.,* p. 278.
16. 羅傑（Jean Roger）前不久才又討論了這個隱晦的議題，《十八世紀法國思維下的生命科學》（*Les Sciences de la vie dans la pénsée française du XIII*[e] *siècle,* Paris, 1963, pp. 642-647.）法國博物學家羅比內（Jean-Baptiste Robinet）在《大

範藥材，與之相對應的是溼冷易腐的植物，以萵苣為代表。參閱：Marcel Détienne, *Les Jardins d'Adonis, La mythologie des aromates en Grèce*, Paris, Gallimard, 1972.

28. John Pringle, *Mémoire sur les substances septiques et antiseptiques*, lu le 28 juin 1750. David Mac Bride, *Essais d'expériences*, Paris, 1766.
29. Les mémoires de Barthélemy-Camille Boissieu, Toussaint Bordenave et Guillaume-Lambert Godart dont il est fait mention ici sont publiés sous le titre collectif : *Dissertation sur les antiseptiques*..., Dijon, 1769.
30. Ainsi que les citations suivantes, Gardane, *op. cit.,* p. 121.
31. Robert Mauzi, *L'idée du bonheur au XVIIIe siècle*, pp. 273 *sq*.
32. Mme Thiroux d'Arconville, *Essai pour servir à l'histoire de la putréfaction*, Paris, 1766.
33. *Op. cit.,* pp. 253-258.
34. Cité par Gardane, *op. cit.,* p. 220.
35. 這是哲學家們建立的感官優劣分級，再次強調，此乃從柏拉圖學派一脈傳承下來。
36. Gardane, *op. cit.,* p. 124.
37. Jacques Guillerme, *op. cit.,* p. 61.
38. Jean Ehrard, *art. cité*. 厄哈研究了瘴氣理論的源起與演進，和早先承自波以耳研究發現的微粒論（théorie corpusculaire）之間的關聯。厄哈將這個瘴氣理論分割成酵母菌理論和蠕蟲理論，一稱昆蟲理論。
39. *Art. cité*, p. 63.
40. John Cowper Powys, *Morwyn*. 繼作家項福（Sébastien-Roch Nicolas de Chamfort）之後，法赫（*op. cit.,* p. 403），再一次提醒大家，聖女大德蘭（Sainte Thérèse d'Avila）筆下的地獄：「那是個臭氣熏天，一刻都待不下去的地方。」
41. 浪漫派人士篤信，甚至到了偏執的程度：必先有死亡，而後才有新世界的誕生。因此，雨果小說《九三年》（*Quatre-vingt-treize*）裡的葛萬（Gauvin）和西姆丹（Cimourdin）都得死。更早以前，則有德國浪漫派詩人諾瓦利斯的

13. Thouvenel, *op. cit.,* p. 27.「作者將這麼寫著，儘管遲了些，但必然是要循著這條路子走的：空氣不要太純淨，也不要太強烈，不要太乏味，也不要太活潑，不要過於沉重，也不要過於窒礙，不要濃萃太過，也不要稀釋太過，不要太漫無邊際，也不要太平淡無奇，不要太讓人興奮，也不要營養過高，感染性不要太強，也不要太弱，不要太乾，也不要太濕，不要太鬆弛⋯⋯。」（*op. cit.,* p. 24）
14. Arbuthnot, *op. cit.,* p. 275.
15. Cf. Jean Ehrard, « Opinions médicales en France au XVIIIe siècle : La peste et l'idée de contagion » , *Annales. Économies. Sociétés. Civilisations*, janvier-mars 1957, pp. 46-59.
16. Jacques Guillerme, « Le malsain et l'économie de la nature », *XVIIIe siècle, op. cit.,* pp. 61-72.17.
17. Et mieux encore le *Supplément au traité chimique de l'air et du feu de M. Scheele* et le *Tableau abrégé des nouvelles découvertes sur les diverses espèces d'air* par Jean-Godefroi Léonhardy, Paris, 1785.
18. Priestley, *Expériences et observations sur différentes espèces d'air*, Paris, 1777-1780, 5 vol. Traduction de travaux parus entre 1774 et 1777.
19. Cf. Jacques Guillerme, *art. cité*, p. 63.
20. *Ibid.*, p. 61.
21. À ce propos, Pierre Darmon, *Le Mythe de la procreation à l'âge baroque*, Paris, J.-J. Pauvert, 1977.
22. Thouvenel, *op. cit.,* p. 13.
23. Dans son *Histoire naturelle*; à propos de l'histoire des recherches sur la putréfaction, J.-J. Gardane, *Essais sur la putréfaction des humeurs animales*, Paris, 1769.
24. *Ibid.*, p. v.
25. *Ibid.*
26. 這裡指的是，油狀。
27. 古希臘時代極為看重香料、陽光、防腐。而沒藥就是集此三效於一身的的典

ou la vie animale, Paris, Prault, 1786, p. 241）

6. À ce propos, cf. le bel article d'Owen et Caroline Hannaway, « La fermeture du cimetière des Innocents », *XVIIIe siècle*, no 9, 1977, pp. 181-191.
7. 在他們的眼裡，基本上，電流的本質就是神經液（fluide nerveux），並藉此貶抑動物本能論。
8. À ce propos, cf. J. Ehrard, *op. cit.,* pp. 701 *sq.*
9. Robert Boyle, *The general history of the air*, London, 1692. À ce propos, voir aussi John Arbuthnot, *Essai des effets de l'air sur le corps humain*, Paris, 1742, notamment pp. 92 *sq.*
10. Cf. Thouvenel, *Mémoire chimique et médicinal sur la nature, les usages et les effets de l'air, des aliments et des médicaments, relativement à l'économie animale*, Paris, 1780.
11. 有關希波克拉底的貢獻，與他所代表的意義，請參閱：Robert Joly, *Hippocrate, médecine grecque*, Gallimard, 1964 ; notamment : « des airs, des eaux, des lieux », pp. 75 *sq.*

    古希臘學派學者和醫生賦予空氣的影響效力極其複雜，參見：Jeanne Ducatillon, *Polémiques dans la collection hippocratique*, thèse Paris IV, 1977, pp. 105 *sq.* 希波克拉底醫書將醫學納於人體結構組織學之下，此舉無異與啟發哲學家的「古典醫學」漸行漸遠。古典醫學宣稱疾病的源頭只有一個，而且永遠是同一個。他們深信天降病厄說，因此，風的重要性，自然就比科斯派醫生們所認同的來得大了許多。關於這部分，請參閱：« Des Vents » à laquelle se livrent Robert Joly (pp. 25-33) et Jeanne Ducatillon.

    狄斐（Antoine Thivel）新近出版的作品也值得注意（*Cnide et Cos?, Essai sur les doctrines médicales dans la collection hippocratique*, Paris, 1981）。狄斐認為兩大學派如此涇渭分明，是毫無道理的事。關於醫學學門的建立，請參閱：Jean-Paul Desaive, Jean-Pierre Goubert, Emmanuel Le Roy Ladurie, Jean Meyer..., *Médecins, climats et épidémies à la fin du XVIIIe siècle*, Paris, Mouton, 1972.
12. J. Arbuthnot, *op. cit.,* p. 268.

26. 裘谷騎士（*art. cité*）：「生命的本質與氣味體（corps odorant）之間存在著一種未知的連結。」

27. 布豐伯爵筆下《人類》（*De l'homme,* éd. Maspero, 1971, p. 215）的第一個人驚嘆道：「我開始能不帶情感的看，不受紛擾地聽，當我感受到一陣清涼微風拂面，隨之而來的清香撲鼻，我的內心整個綻放，深深的對我自己產生一股愛慕之意。」

第一部　認知革命或可疑氣味

第一章　空氣與腐臭的威脅

1. 於是乎，波希耶德索法之獲得了一七五三年狄戎研究院舉辦的空氣研究論文競賽首獎。他自始至終篤信機械論。他認為空氣是由細小的圓粒或微小粒子所組成，粒子與粒子之間的空隙則充滿了其他物質。上個世紀的布爾哈夫則認為空氣只是單純的工具，不是媒合任何化學變化的中介質（Boissier de Sauvages, *Dissertation où l'on recherche comment l'air, suivant ses différentes qualités, agit sur le corps humain,* Bordeaux, 1754）。

2. 一七五五年，法國化學家馬盧因寫道：「這就是為什麼人會依照吸入空氣的不同，而以不同的方式消化相同的食物。」因此鄉村的人消化能力往往比住在城裡的人好（M. Malouin, *Chimie médicinale*, 1755, t. I, p. 54）。

3. 有關十八世紀時，纖維概念之舉足輕重，請參考：Jean-Marie Alliaume, « Anatomie des discours de reforme » in *Politiques de l'habitat (1800-1850)*, Paris, Corda, 1977, p. 150.

4. Jean Ehrard, *L'Idée de nature en France dans la première moitié du XVIIIe siècle*, Paris, 1963, pp. 697-703. 對此議題的各種現象，與它們的發展有非常精闢的解說。

5. 法國醫生德塞茲（Paul Victor de Sèze）指出，文人深知早晨的空氣「更能讓人靜心於研究。」（*Recherches Physiologiques et philosophiques sur la sensibilité*

芳醇氣體，也就是十八世紀末我們所謂的香氛，是一種油性物質。話雖如此，可以肯定的是，芳醇氣體沒有固定統一的形體。法國當時聲譽最響亮的化學家馬肯（Pierre Macquer）曾試著為多變的氣味編纂索引。

然而，正是氣味本身展現得多變性，打倒了布爾哈夫的理論。既然香氛的本體會不斷的變換，那麼香氣即本體的說法就無法成立了。至少當時的法國醫生勒卡就已經有這樣的想法了（參見：*Traité des sensations et des passions en général et des sens en particulier,* 1767, t. II, p. 234）。此外，在一七六五年時專責編撰《百科全書》（*L'Encyclopédie*）〈氣味〉（odorat）篇的裘谷騎士也有同感。微小粒子之說，最早由古希臘先哲提奧弗拉斯特提出，後來雖有笛卡兒主義一派的認可，仍屬於假設的階段，一直到法國化學家弗夸伯爵和化學家貝托萊才提出明確的實證。艾勒那個時代的人，多數還是認為物質會釋放帶有味道的分子，而這些氣味分子是構成該物質的一部分。

15. 特別是法國博物學家布豐伯爵。

16. Cf. le rôle du langage selon Condillac, Jean Ehrard, *thèse citée*, p. 686.

17. 〈氣味〉篇，增列補充。不禁讓人聯想到書中二九一頁有關弗洛伊德學說發展的那段文字。

18. Père du Tertre, *Histoire naturelle et morale des îles Antilles..*, 1658 ; Père Lafitau, *Mœurs des sauvages américains...*, 1724 ; A. Humboldt, *Essai politique sur le royaume de la Nouvelle-Espagne*, 1811.

19. 特別是德國這兩位人類學先驅：索莫林和布魯門巴哈。

20. 哈勒在一七七七年還這麼寫道：「我們觀察到一個在荒野中長大的孩子，他會跟羊一樣的嗅聞野草，靠氣味決定自己想吃哪種草。然而一旦回歸社會，習慣了不同的食物後，隨即失去這項特殊能力。」

21. Cf. Le Cat, *op. cit.*, t. II, p. 230, et Kant, *Conjectures*, p. 113.

22. C'est encore l'avis de Haller, Éléments de physiologie, 1769, t. II, p. 33.

23. Chevalier de Jaucourt, *art. cité.*

24. Haller, *art. cité.*

25. *Émile, éd.* Garnier, 1966, pp. 200-201.請注意這一句：氣味「的魅力不是來自它的給予，更多是來自對它的期盼。」

的問題，便妄想記錄氣味的歷史，到頭來可能只是一場空，因為語言淨化本就是去味除臭過程中的一個重要面向。

7. À ce propos, cf. Jean Ehrard, *L'Idée de nature en France dans la premiére moitié du XVIIIe siécle*, 1963, p. 676.

8. *Ibid.*, p. 685

9. Claire Salomon-Bayet, *L'Institution de la science et l'Expérience du vivant*, Flammarion, 1978, pp. 204 *sq.*薩洛蒙—巴耶（Claire Salomon-Bayet）詳盡地分析了學者如何運用觀察不懂社會規範與人類語言的野孩子、哲學假想（孔狄亞克筆下的雕像）、實驗假想（法國科學家莫佩爾蒂〔Pierre Maupertuis〕描述之重見光明的盲者），或無法預測的意外（盧梭《一個孤獨者的漫步遐想》〔*Les reveries du promeneur solitaire*〕漫步之二之中，他被狗衝撞摔倒暈死的意外事故），來試著解開經驗主義的盲點。

10. Jacques Guillerme, « Le malsain et l'économie de la nature », *XVIIIe siècle*, n° 9, 1977, p. 61.

11. 他在《自然奇觀》（*Spectacle de la nature*, t. IV, p. 162），中寫道：「滋味、氣味、聲音、顏色所呈現出的各種多樣變化，一言以蔽之，全都是我們的感覺，全都是上帝之作，只是因著我們個人的需求不同，而有不同的面貌呈現。」

12. Lucien Febvre, *op. cit.*, pp. 461-472.

13. 洛克在《人類知性論》（*Essai philosophique concernant l'entendement humain,* 1755, p.78）中特別強調這一點。

14. 波以耳注意到，麝香雖然散發濃郁的氣味，卻完全無損——或者說幾乎無損——它的重量。艾勒（參見：*Éléments de Physiologie* t. IV, p. 157）只用了一小顆龍涎香，就能讓文件保持四十年芳香，而且香氣濃郁依舊。排山倒海般的各家觀察所得，重創了荷蘭醫生布爾哈夫拼湊堆疊出來的芳醇氣體說。布爾哈夫認為氣味不是發出味道的本體分解散發出來的微粒，味道本身就是一種難以捉摸的氣體的本體，「極具揮發性、轉瞬即逝、能迅速擴散、無重力、看不見也摸不著，只有嗅覺黏膜能攔截」（摘自：Hippolyte Cloquet, *Osphresiologie ou Traité des odeurs*, 1821, pp. 39-40），當時大多數的學者認為

之頭一人。

法國作家阿隆（Jean-Paul Aron）的《論十九世紀巴黎人對食品的感受》（*Essai sur la sensibilité alimentaire à Paris au XIX*[e] *siècle*）開啟了一系列關於味覺史的漫長研究。法國味覺研究所（Institut français du goût）定期在杜爾開會，搜羅各路人類學學者發表的論述，裡頭舉凡與食物相關的行為歷史或心理學研究均予留存。與會學者不得不承認，這些研究論文裡，關於味覺感受的部分實是少之又少，因為給食物增添風味的要素，在於香氣。

說到嗅覺感官歷史，絕不能漏掉《洛杉磯時報》（*Los Angeles Times*）的記者，溫特（Ruth Winter）。她寫了一本很有意思的書，一九七八年曾出版法文譯本，書名為：《味道之書》（*Le Livre des odeurs*, Paris, Le Seuil, p.170）。裡面可以找到近年來心理和生理學方面的實驗性研究，資料非常豐富，內文中特別介紹了兩位法國嗅學專家勒馬格能（J. Le Magnen）與霍利（A. Holley）。

若想了解氣味之美，則不能錯過法國調香大師魯尼茨卡（Edmond Roudnitska）的大作《所謂美》（*L'ésthétique en question*, Paris, P.U.F., 1977）。書中專篇分析了康德對嗅覺感官的貶抑與蔑視，非常有趣。

最後，當然不能不提到德國社會學教授格萊希曼（Peter Reinhart Gleichmann）畢生的研究貢獻。多年來他延續德國社會學家伊里亞斯（Norbert Elias）的研究，致力闡述情感變遷、肉體意象的轉變，與社會控制的技術之間彼此牽制的關係，揭示了保健系統的建立方向。他將生理功能融入家庭領域，並將此一家庭化所衍伸的行為互動鍊往外延伸。這項研究的發展成果與我們息息相關（請參考他的文章：« Des villes propres et sans odeur », *Urbi*, avril 1982）。他的探討重點擺在一八六六年到一九三〇年的中歐地區，打得一幫子在巴斯德學說出現前風行一時的神話嘎然而止，本書對這段時期的闡述篇幅也就可以大大地縮小了。

屬於嗅覺範疇的還有法國作家拉波特的《屎的歷史》（*Histoire de la merde*, Paris, 1979）。至於拿「屎」這個字來當書名，且不說如今已不是嫌其粗俗、必須尋找同義詞取代它的時代了，更談不上是要吊人胃口，事實上，這類行為已經成為語言學家研究的主題了（關於粗口的研究，參閱：*Aimer en France,* 1979, t. II, p. 414）。此外，不往後退個幾步來思索這個氣味語言淨化

註釋

前言

1. J.-N. Hallé, « Procès-verbal de la visite faite le long des deux rives de la rivière Seine, depuis le Pont-Neuf jusqu'à la Rappée et la Garre, le 14 février 1790 », *Histoire et Mémoires de la Société Royale de Médecine*, 1789, p. LXXXVI.
2. J.-N. Hallé, *Recherches sur la nature et les effets du méphitisme des fosses d'aisances*, 1785, pp. 57-58.
3. *Encyclopédie méthodique. Médecine*, t. I, 1787, article « Air ». « Air des hôpitaux de terre et de mer », p. 571.
4. 關於十八世紀的視覺歡愉，參閱： Mona Ozouf, « L'image de la ville chez Claude-Nicolas Ledoux », *Annales E.S.C.* novembre-décembre 1966, p. 1276.
5. Lucien Febvre, *Le Problème de l'incroyance au XVI*^{e} *siècle*, 1942.
6. Dans son *Introduction a la France moderne. Essai de psychologie historique. 1500-1640*, Paris, 1961.法國年鑑派史學家曼杜從費夫賀之說獲得靈感，為初露曙光的現代感知歷史做出重要貢獻，就我所知，本書是這個領域裡唯一一部綜合性的論述。

   自法國藝術史學者佛朗卡斯泰爾（Pierre Francastel）的作品問世以來，透過視覺來進行歷史分析的書籍便如過江之鯽。最近出版的有英國藝術史學家巴山戴爾（Michael Baxandall）的作品。一九八一年出刊的第四十期《社會科學研究學報》（*Actes de la Recherche en Science Sociales*, 1981），全本的主題都是透過視覺認知感官看出去的社會層層面象。再加上米爾納（Max Milner）的重量級巨作《千變幻影》（*La Fantasmagorie*, Paris, P.U.F., 1982），書中探討了影像之千變萬化，與認知世界在奇幻文學裡的扭曲變形，可謂是繼康德之後，針對感官歷史和自身認同之間盤根錯節的連結，予以深入分析

國家圖書館出版品預行編目 (CIP) 資料

惡臭與芬芳：感官、衛生與實踐,近代法國氣味的想像與社會空間 / 阿蘭.柯爾本(Alain Corbin)著；蔡孟貞譯. -- 初版. -- 新北市：臺灣商務印書館股份有限公司, 2022.01
面；　公分. -- (歷史)
譯自：Le miasme et la jonquille : l'odorat et l'imaginaire social, XVIIIe-XIXe siècles
ISBN 978-957-05-3387-3(平裝)
1.嗅覺 2.感覺生理 3.歷史 4.法國

176.14　　110020567

從感官史看世界

惡臭與芬芳：

感官、衛生與實踐，近代法國氣味的想像與社會空間

Le miasme et la jonquille: L'odorat et l'imaginaire social, XVIIIe-XIXe siècles

作　　者—阿蘭・柯爾本（Alain Corbin）
譯　　者—蔡孟貞
發 行 人—王春申
審書顧問—林桶法、陳建守
總 編 輯—張曉蕊
責任編輯—徐鉞
助理編輯—陳怡潔、廖雅秦
封面設計—兒日設計
版型設計—菩薩蠻
行　　銷—張家舜
業　　務—王建棠
影　　音—謝宜華
出版發行—臺灣商務印書館股份有限公司
231023 新北市新店區民權路 108-3 號 5 樓（同門市地址）
電話：（02）8667-3712　傳真：（02）8667-3709
讀者服務專線：0800056196
郵撥：0000165-1
E-mail：ecptw@cptw.com.tw
網路書店網址：www.cptw.com.tw
Facebook：facebook.com.tw/ecptw

局版北市業字第 993 號
初版 1.55 刷：2022 年 02 月
初版 2 刷：2023 年 01 月
印刷廠：鴻霖印刷傳媒股份有限公司
定價：新台幣 570 元
法律顧問—何一芃律師事務所